규슈 역사 문화 여행

九州 규슈 역사 문화 여행

유일상 지음

깊이 있는 여행을 위한
규슈 안내서

스토리존

일러두기

1. 이 책에 등장하는 인명, 지명 등의 고유명사는 일본어 발음을 한글로 고쳐 쓰고 한자병기를 한 다음에 그 한자의 우리말 훈독을 넣었다.(예:도쿠가와 이에야스德川家康덕천가강)

2. 일본 역사책에는 역사상 등장하는 인물들의 성이나 이름만 쓰는 경우가 많다. 일본에서는 성이 그 가문을 나타냈다. 우리나라에서는 위인이나 역사상 인물의 성명을 같이 쓰지만 성씨만을 표기하여 유 씨, 이 씨, 김 씨라고 쓰지 않는다. 유 씨, 이 씨, 김 씨 등은 그 자체가 이미 존칭이기 때문이다. 일본에서 쓰는 '오토모大友 씨', '헤이平 씨'라는 표현은 이미 존칭이고, 그 가운데 우리나라에서 몹쓸 짓을 한 적장도 많으므로 객관적 서술이 되려면 '씨'를 붙여 존칭으로 표기해서는 안 된다고 생각한다. 그래서 이 책에서는, 쇼군이나 다이묘를 막론하고 오토모, 헤이 같이 성만 쓰거나, 때때로 '○○가家', '○○ 집안'이라고 표기했다.
   부자父子간이거나 숙질叔姪 등 특별한 가족관계가 있는 경우에는 구별하기 위해 성 대신 이름만 쓴 경우도 있다.

글머리에

이 책은 우리나라 사람에게 지리적으로 아주 가깝지만 마음으로는 먼 일본의 주요 4대섬 가운데, 가장 남쪽에 위치한 큰 섬인 규슈九州구주를 인문학적 관점에서 취재하여 다큐멘터리 기사 식으로 정리한 기행문이다. 한 권으로 보통 한국 사람이 규슈를 역사적으로, 지리적으로, 문화적으로 더욱 잘 이해하면서 가보고 싶은 곳을 찾아갈 수 있도록 백과사전 방식으로 글을 전개했다.

책을 저술한 근본적인 동기는, 연합국이 제2차 세계대전에서 우리나라를 괴롭히던 일본제국주의를 패망시켰음에도 우리나라에 실질적 자유와 진정한 평화가 정착되지 않은 이유를 일본에서 찾아보려는 사회과학적 호기심이었다. 나는 우리나라와 가장 가까운 일본 규슈를 자유롭게 여행하면서 그들이 우리나라 선조들과 교류한 흔적을 살폈고, 특히 도요토미 히데요시豊臣秀吉풍신수길의 명으로 규슈 각지의 영주들이

글머리에   005

임진왜란에 출정하여 벌인 전투와 논공행상을 우리의 역사기록과 함께 비교하며 심층적으로 취재했다. 규슈 여행에 앞서, 또는 여행을 하면서 독자들이 규슈에 대한 전반적인 이해에서 출발해 한일 근현대사의 기원을 더듬어보고 양국 관계를 숙고하기를 바란다.

해외여행은 그 달콤한 맛과 이국적 신비로움이 주는 환희 때문에 우리들의 마음을 유혹하지만, 남들을 따라다니는 패키지 투어만 갈 때는 그 질서정연함 때문에 군사훈련 같은 느낌이 들 때가 있다. 여행이 주는 쾌락에 더해 어떤 보상을 얻고 싶다면, 책이나 자료로 간접적으로 알았던 부분을 직접 확인해 자신만의 느낌을 정리하는 것도 보람 있는 일이다.

최근에 어떤 지식인 부부가 여행에 대해 서로 다른 의견을 낸 것을 들은 적이 있다. 여행을 가는 쪽은 복잡한 일상을 떠나 책이나 영상으로 본 외국의 모습을 직접 찾아가 확인하고 싶다는 것이고, 여행을 가지 않는 쪽은 책이나 TV·인터넷으로 외국을 더 잘 살펴볼 수 있는데 구태여 돈과 시간을 들여가며 낯설고 물설고, 말마저 잘 안 통하는 곳에 가서 생고생을 할 필요가 무어냐는 것이다. 서로 일리가 있는 주장이다. 나는 이들이 각자의 주장에서 한 발짝씩 물러나 국경선이 희미해지는 이 시대에, 그곳에서 살아볼 수도 있겠다는 자세로 다른 나라를 공부한다면 여행의 욕구와 필요성에 대해 서로가 곧 합의에 이르리라고 생각한다. 그래서 이 책은 일본 규슈에 여행을 가겠다는 사람과 가지 않겠다는 사람이 소통하기 위한, 정보와 지식을 제공할 수 있을 것이다.

여행저널리즘이 영국을 비롯해 구미 선진국의 저널리즘 교과목으로 등장한 것은 10여 년이 넘었다. 특히 해외여행은 세상에 대한 견문을 넓힘으로써 다른 나라와 외국 사람을 바르게 이해하는 데 큰 역할을 한다. 여행이 일상이 된 시대에 안내자를 앞세운 여행은 남의 여행에 얹히는 것이지 자신의 여행이 아니다. 자신이 보거나 들은 자료를 기초로 고유의 목적을 갖고 여행에 동참하려는 사람들에게 책 발간의 동기를 아래의 글로 밝힌다.

장 자크 루소Jean Jacques Rousseau는 일찍이 그의 선진적인 교육론인 『에밀』에서, 20세가 넘은 사람이 결혼하기 이전에 외국여행을 다니는 것은 견문을 넓히고 자신이 앞으로 살아갈 나라를 찾기 위해 반드시 받아야 할 교육의 하나라고 설파하고 있다. 그는 어른에게 여행은 단순히 경치를 보는 것이 아니라 쾌적하게 살기 위해 자신에게 가장 좋은 장소를 찾아내는 일이라고 했다.

그는 이어 세계의 많은 책이 실제 세계를 잊어버리게 하므로 더 많은 지식을 알기에 앞서 관찰해야 할 사실이 무엇인가를 알기 위해 여행에 나서기를 권한다. 한 나라의 국민으로 한 나라에만 머물러 있는 사람은 인간 사회의 보편성을 알지 못하므로 외국과 외국인을 알기 위해 여행을 떠나야 한다는 것이다. 특히 해외여행에서는 다른 나라의 다양한 정부, 통치제도와 통치형태를 살펴보고 자신이 어떤 통치제도 아래에서 살아가는 것이 가장 좋을지 알아야 한다고 생각했다. 자신이 소속한 공동체가 있는 나라를 떠나 자유롭게 외국의 자연, 정치, 예술, 인물을 비롯하여 진기한 것을 찾아가보고 느낀 뒤에야 제대로 가정과 사회로 되돌아오게 되는 것이라고.

물론 오늘날 우리는 그가 살던 시대의 유럽인처럼 국적을 마음대로 선택할 자유가 없다. 하지만 그의 선견지명은 교육받은 사람들의 수가 점점 늘어나는 우리 현실에서는 더없이 절실하다. 반도 남쪽, 정치사회적으로 섬나라가 된 우리가 나가봐야 할 세계는 정말 넓다.

그의 예지와 설명에 영향을 받아 나는 나름의 여행관을 가지게 되었다. 어른은 우선 여행에서 자기와 같은 인간과 그의 이웃인 자연을 관찰해야 한다. 동시에 여행자는 시간이라는 역사와 공간이라는 지리를 성찰해야 한다. 여행은 인간을 알고 성장할 절호의 기회이다. 여행을 거쳐 사람들은 더 현명해지고, 더 뛰어난 사람이 되어 돌아올 수 있다.

여행은 현실에서 벗어난 방랑이 아니라 진실로 마음이 큰 사람이 되기 위해 세상의 땅이 얼마나 넓은가를 아는 것이어야 한다. 아무것도 더 필요한 것이 없어서 남의 땅을 탐내지 않는 미개인은 자신의 땅 외에 다른 땅이 있음을 모르고, 또 알려고 하지 않으며, 알 필요도 없다.

하지만 문화생활이 필요하다고 해서 생각 없이 여행에 나서거나, 지식만 획득하기 위해 여행을 떠나면 단순한 즐거움과 단편적이고 피상적인 지식만 얻을 수 있다. 그런데 이와 같은 여행 스타일은 자신이 여행지에서 체험한 것을 자신의 것으로 정리하여 타인에게 설명하지는 못하므로 타인에게 부러움이나 궁금증만 만들어줄 뿐이다.

이 여행기에는 내가 정년퇴직할 때까지 캠퍼스라는 좁은 공간에서 경험한, 강의·발표·토론·평가를 뛰어넘는 것들을 담았다. 우리와는 사용하는 언어와 담고 있는 문화가 서로 다른 일본을 바르게 이해하기 위해 일본, 특히 규슈 여행 전후에 준비한 지리와 역사 공부의 내용을 포함시켰다. 내가 보고 느낀 것만 쓴 것이 아니고, 내가 탐구하고 조사한 내용까지 정리했다는 말이다.

누구에게나 여행은 학술 연수 이상으로 어떤 지역과 문화를 종합하는 데 절실하게 필요한 살아 있는 지식을 제공하므로 매우 중요하다고 믿기 때문에, 나는 적극적으로 여행을 권유하려는 의도를 글과 사진, 그림 등으로 표현했다.

　일본 어느 지역에나 있는 신사는, 그들만의 신앙이기에 잘 찾아가지도 않았지만 특별한 경우가 아닌 한 따로 소개하지 않았다. 각지의 신사는 그 지역 지배자의 복락을 기원하는 성소였는데, 19세기 메이지유신 이전의 규슈는 대부분의 땅이 임진왜란 때 우리나라를 침략한 일본 영주들과 그 후손이 통치했던 곳이다. 나는 신사를 제외하고 이들과 관련된 규슈 각지의 이야기와 유적을 세밀하게 살펴보았다. 임진왜란뿐만 아니라 우리나라에 영향을 준 각종 사건과 관련된 규슈 사람들의 역사·지리·사회문화도 조명했는데, 이 모두가 우리가 세계화 시대를 살아가면서 공유해야 할 정보이고 대국적 안목을 갖기 위해 다시 뒤져봐야 할 중요한 자료이다.

　각 장은 다음과 같이 구성되었다.

　제1장은 규슈 지역 관광에 나서는 사람들이 여행 전에 이해해야 할 일본이라는 나라와 규슈 지방 전체에 관한 글이다. 그래서 이 장은 일본의 지역을 구분하고 일본과 규슈의 자연과 문화, 역사와 지리를 주로 소개했다.

　제2장은 규슈의 관문인 후쿠오카 현의 현청 소재지인 후쿠오카 시와 그 주변 주요 관광지를 다루었고, 특히 기타큐슈北九州북구주 일대와 좁은 바다를 건너지만 동일한 사회문화권인 야마구치 현 시모노세키 등을 살펴보았다.

제3장은 임진왜란 당시 전선 총지휘부인 나고야名護屋명호옥 성이 있었던 사가佐賀좌하 현을 중심으로, 왜구들의 근거지인 마쓰우라 연변과 가라쓰, 우리나라 도공들의 비애가 얽힌 아리타와 이마리 등 주요한 관광지를 다루었다.

제4장은 근세의 서구문화를 받아들인 주요 창구였지만 제2차 세계대전 때 미군이 투하한 원자폭탄으로 초토화되었던 나가사키 시와 미군기지 사세보 일대, 그리고 운젠雲仙운선 온천 지대와 시마바라島原도원 반도를 둘러본 이야기이다.

제5장은 가토 기요마사加藤清正가등청정가 쌓은 구마모토 성과 구마모토 일원, 많은 백성과 함께 일본 초기 천주교도가 처참하게 죽어갔던 아마쿠사天草천초의 민란 현장과, 여전히 마그마를 내뿜는 아소산 주변 곳곳과 온천들을 찾아보았다.

제6장은 온천의 본향이라고 일컬어지는 벳푸와 영주 오토모大友대우가 가톨릭으로 귀의하면서 일찍이 서양 문화가 유입된 오이타 현 일대, 7세기에 백제가 패망한 이후 그 유민인 우리 선조들이 살았던 백제마을 등을 소개했다.

제7장은 규슈의 동쪽 태평양에 인접한 따뜻한 남쪽 나라 미야자키 현 경승지와 규슈 남부의 대영주 시마즈島津도진 일가의 발상지인 미야코노조都城도성, 일본의 건국신화가 얽힌 기리시마霧島무도의 동쪽인 이 현 지역의 사회문화사와 여행안내를 모색해보았다.

제8장은 규슈의 최남단에 위치하면서 일본 역사에 밝은 햇살이 되기도 했고 깊은 그림자를 드리우기도 했던 가고시마와, 늘 화산과 온천을 생활의 일부로 받아들이며 살았던 하야토隼人준인의 땅, 그리고 임

규슈 역사 문화 여행

진왜란 때 우리 선조들이 잡혀가 수백 년 동안 도자기를 구우며 살고 있는 미야마美山미산를 여행한 기록이다.

나는 글이 담고 있는 함축성에 더해, 인터넷 시대를 살고 있는 현대인들에게는 사진이 주는 강렬한 자극이 필요할 것 같아 책에 시각적인 자료를 나름대로 많이 실었다. 그중에는 현장을 찾은 인증 사진도 있고, 풍광이나 정물을 찍은 것도 있다. 더러는 페이스북이나 블로그에 맛보기로 실은 글을 다시 다듬거나 첨삭하기도 했다.

여행길에 나설 때는 짐을 최대한 줄여야 해서 나는 큰 책을 장별로 분책해서 필요한 부분, 꼭 읽을 부분만 가져간다. 이 책은 장별로 일본과 규슈, 후쿠오카 현, 사가 현, 나가사키 현, 구마모토 현, 오이타 현, 미야자키 현, 가고시마 현을 분리할 수 있다. 혼행(혼자 여행) 인구가 점점 늘어나는 추세에 맞춰 많은 정보를 담은 책이 필요하지만, 여행할 때는 나누는 편이 훨씬 편리하다.

독자들의 시선을 잡고 팔리는 책을 만들기 위해 애를 썼고, 책이 좀 더 많은 사람에게 읽히기를 바랄 뿐이다. 우리나라 출판계가 매우 어려운 사정임을 잘 알기에 이 책의 출판을 맡아준 동아시아 출판사 한성봉 사장의 결단에 경의를 표하며, 나의 기행문이 독사의 공감을 받아 더욱 많은 성과를 얻기를 빌겠다.

2018년 1월
청담동에서 유일상 씀

차 례

九
州

규슈는 '불의 나라'라고 할 만큼 각지에 화산과 온천이 많다.
여름에는 무덥고 태풍도 잦지만 겨울에는 온난한 기후와
아름다운 자연환경으로 일본 전역과 각국에서 관광객이 몰려드는 곳이다.

일본과
규슈

후쿠오카
사가
나가사키
구마모토
오이타
미아자키
가고시마

Kyushu

일 본

●   일본이라는 나라

개관   ① 일본은 우리나라 동해 바다 건너에 있는
큰 섬 혼슈本州본주와 남해 바다 건너에 있는 규슈九州구주, 큰 섬의 동남쪽
에 붙어 있는 시코쿠四国사국, 그리고 19세기 들어 개척한 홋카이도北海道북
해도 등 네 개 큰 섬과 그 부속 섬으로 구성된 나라이다.

일본은 남부, 동부 및 북부가 태평양, 서쪽이 동해, 동남쪽이 동중국
해, 남쪽이 필리핀해, 동북쪽이 오호츠크해에 둘러싸여 있다. 혼슈와
시코쿠 사이의 바다는 세토나이카이瀨戸内海세토내해, 세토 내해라고 부른다. 바
다를 건넌 국경은 러시아, 남북한, 중국, 타이완, 필리핀, 미국과 접하
고 있다.

면적은 37만 7,930제곱킬로미터로 대한민국(10만 3,033제곱킬로미

터)의 3.67배, 북한(12만 538제곱킬로미터)의 3.14배, 남북한을 합친 면적의 1.7배에 이른다. 미국 CIA 통계에 따르면 간척지 등을 제외한 탓인지 남한은 9만 9,700제곱킬로미터, 남북한 전체 면적은 22만 258평방킬로미터이며, 일본은 37만 7,915제곱킬로미터이다. 일본 국토 전체 면적은 남한의 3.8배, 남북한을 합친 한반도 면적의 1.7배이다.

인구는 2014년 기준으로 1억 2,600만 명으로 세계 10위이다. 대한민국은 5,130만 명(세계 26위)이고 북한은 2,490만 명(세계 48위)이며, 남북한을 합한 인구가 7,620만 명이니까 일본의 인구는 남북한 합계 인구의 1.7배이다. 그러니까 남북한을 합치면 우리나라는 국토면적이나 인구만으로 볼 때 일본의 60% 정도 되는 나라이다. 일본의 땅 넓이나 인구가 우리 한반도보다는 1.7배 넓고 많다. 대한민국 인구는 일본의 40%, 땅은 27.3% 정도로 한국의 인구밀도가 훨씬 높다.

② 일본은 고대부터 현재까지 한반도와 각종 문화 교류를 이어온 나라이다. 특히 기원전부터 7세기에 걸쳐 우리나라 서남부의 백제는, 고대 일본에 중국 문물을 많이 전파했다. 고려 중기인 13세기에 몽고가 고려를 여섯 차례에 걸쳐 공격한 끝에 고려를 굴복시키고, 병력과 군선을 징발하여 일본 정벌에 나섰다. 제1차 여몽麗蒙연합군은 1274년 여진인, 한인(중국인)을 포함한 3만 수천여 병력으로 쓰시마對馬島대마도와 이키壹崎일기의 두 섬을 공격하고, 10월 20일 하카타(현재의 후쿠오카)에 상륙해서 일본군을 육상전으로 제압했지만 다음 날 기상 악화와 일본군의 군선 기습 공격 때문에 철수해야 했다文永の役. 일부에서는 제1차 여몽연합군 공격을, 몽고가 남송을 전면 공격하기 전에 남송과 일본의 제휴를 미리 차단하기 위한 작전이라고 해석한다. 몽고 황제 쿠빌라이

는 1268년에 이어 1275년에도 일본을 회유하기 위해 사신을 보냈으나 당시의 가마쿠라鎌倉겸창 막부는 몽고 사신을 처형하고 고려 침공을 계획하는 등 적극적인 대결 자세를 취했다.

몽고는 1279년 남송을 멸망시키고 1281년 5월, 1차 전쟁 때의 다섯 배 정도 규모인 동로군(다국적군)을 편성해 일본 정복과 주둔을 목표로 한 대규모 공격을 펼쳤다. 일본 막부도 방어진지를 건설하고 해전용 선박을 징발하는 등 방어체제를 강화했다. 동로군은 하카타 만에 상륙했으나 일본군의 저항으로 이키 섬으로 후퇴하여 대기하다가 중국에서 내항한 강남군(옛 남송군)의 증원 부대를 보강하고 재침의 기회를 엿보던 중, 7월 1일(양력 8월 23일) 태풍의 내습으로 군선이 대부분 파손되고 다수의 병력 손실을 입어 퇴각하지 않을 수 없었다. 일본은 이 태풍을 가미카제神風신풍이라고 불러 몽고 침략 격퇴가 신의 가호라고 대중들에게 주입하며 신국神國 일본의 이미지를 굳히는 데 활용했다.

일본은 몽고 침입을 계기로 규슈 지역에 강력한 무력을 주둔시키면서 긴장 상태를 유지했지만 몽고군 격퇴에 따른 논공행상 요구 때문에 가마쿠라 막부의 구심력이 급속히 약화되었다. 하지만 이 내외부적 요인들이 훗날 일본 전 국토를 영국領国(영주들이 다스리는 나라라는 뜻으로 오늘날의 영지)으로 나누어 군웅들이 영지를 기초로 무력에 의해 합종연횡하는 막부제도를 유지하는 뼈대를 형성하게 되었다.

③ 고려 시대와 조선 시대에는 쓰시마 섬과 규슈를 근거지로 한 왜구倭寇가 한반도와 중국 남송 지역(항주杭州, 영파寧波) 일대를 자주 침입했다. 왜구는 원나라 이후에 관官이 대륙과의 무역을 독점함에 따라 사적 무역으로 상업적 이익을 꾀하던 무리들이 무장세력과 결탁함으로써

자주 발생했다.

1592년에는 도요토미 히데요시豐臣秀吉풍신수길가 주도하여 임진왜란을 일으키는 등 우리나라와는 적대관계를 지속하다가, 난후에 조선의 통신사 파견으로 다시 한일 교류가 재개되었다. 그러나 메이지明治명치유신 이후에 등장한 일본제국이 1905년 러일전쟁 승리를 기점으로 조선의 외교권과 군사권을 박탈하고 1910년 대한제국을 병합한 뒤, 1945년까지 40년 동안 식민 통치를 행했다. 하지만 일본은 한반도 점령에 따른 정신적·물질적 배상이나 진정성 있는 반성과 사과를 하지 않았다. 그래서 양국이 그렇게 많은 교류를 했음에도 국민감정이 매우 좋지 않은 것이 냉엄한 현실이다.

일본의 선사시대　　　　일본 열도의 역사는 약 10만 년 전에서 3만 년 전 사이에 시작되었다. 2만 년 전까지 일본의 여러 섬은 우리나라와 사할린 등과도 육지로 붙어 있었다. 동해는 바다가 아니라 육지에 둘러싸인 큰 호수였다. 당시 일본 열도는 아시아 대륙과 붙어 있었기 때문에 시베리아나 화베이華北(베이징, 허베이, 내몽고 등 지역을 총칭하는 말) 일대에 살고 있던 여러 종족, 특히 몽골 인종이 서로 살기 좋은 곳을 찾아 오가기도 했다. 북쪽에서 매머드 등이 일본 열도로 내려오기도 했고, 남쪽에서 큰뿔사슴 같은 덩치 큰 동물이 올라오기도 했단다.

한때 부정되기도 했지만 일본인의 원류는 구석기시대에 이동해온, 키가 작고 이마가 넓은 남방 계통일 것으로 보고 있다. 이 시대는 토기의 특성으로 보아 빗살무늬櫛文 시대라고 부르고 이 시대의 사람들을 즐문인櫛文人(일본말로는 조몬인)이라고 말한다.

　　　　　　　　　　　　　　　　규슈 역사 문화 여행

이 시대의 유적 중에 대표적인 것은 혼슈 북쪽의 아오모리青森청삼 부근에 있는 산나이마루야마三內丸山삼내환산 유적지 내에서 확인해볼 수 있다. 거기에서는 이 시대의 거대 집락, 대형 주거, 묘지, 혈거穴居, 도로 흔적이 발견되며, 흙이나 나무, 돌, 동물 뼈 등으로 만든 각종 그릇이 출토되고 있다.

빗살무늬 시대, 빙하기의 시베리아에서 살아남은 몽골계 인류가 한반도를 경유해서 규슈 북부에 들어가 먼저 이곳에 살고 있던 남방계 인류와 혼혈을 거듭하면서 현대 일본인이 형성되었다.

남방 계통 선조가 북상한 이후인 약 1만 2,000년 전에 빙하가 녹고 해수면이 올라가면서 일본 열도가 대한해협(현해탄)과 쓰가루津輕진경해협(혼슈의 북쪽과 홋카이도 사이의 해협)이 생성되면서 유라시아 대륙에서 완전히 분리되었다.

지리적인 분리 후에도 당시 일본 열도에 살게 된 인류는 문화 수준이 높았던 대륙이나 한반도 인류와 계속해서 교류했고, 일본 열도도 중국 중심의 동아시아 문화권에 점차 편입되었다. 하지만 농북아시아 지역의 최농난이라는 지리적 요인과 남방 문화와 결합한 다소 이질적인 문화가 혼합하면서 일본 고유의 문화가 발달하게 되었다.

▲ 일본 역사에 관한 참고서적

고고학자들의 연구에 따르면 일본으로 인류가 유입된 경로는 한반도를 경유하는 경로, 시베리아에서 홋카이도를 거처 일본 열도에 유입된 경로, 동중국에서 이동한 경로, 남방에서 오키나와를 경유하는 경로 등이라고 한다.

간추린 일본의 역사

서술 체계에 따라 연대기적 순서로 한일 양국의 여러 사료에 근거해 서로를 비교·대조하면서 일본 역사를 좀 더 자세히 다음과 같이 간추려본다.

원시·고대　　　　　① 구석기인들은 나이프 모양의 도구를 사용해 대형 동물을 수렵하고 식물성 식료를 채취하면서 일정 범위 내에서 이동생활을 했다. 화살촉과 즐문토기를 만들면서 이들은 4~6세대, 20~30명 정도가 동굴이나 움막에서 정주定住 생활을 하며 통혼과 교역을 행했다.

탄소연대측정법으로 조사한 결과, 지금부터 3000년 전인 기원전 1000년 무렵부터 야요이彌生미생 시대(기원전 3세기에서 기원후 3세기까지 약 600년)에 이르기까지 중국의 양쯔강揚子江양자강 인근에서 시작된 벼농사가 한반도 남부를 경유해 규슈 일대에 유입되었다. 이 시기에 철기와 청동기가 만들어지고 도구를 이용한 옷감 생산도 가능해졌다. 습기나 홍수로부터 수확물을 지켜내기 위해 농기구도 제조되고 땅 위에 고상高床창고도 만들었다. 사람들은 외적이나 짐승들을 방어하는 목적으로 주위에 해자垓子(적의 침입을 막기 위해 성 밖을 둘러 파서 만든 못과 수로)

를 파고 집단 부락을 만들어 거주하면서 사람이 죽으면 장사를 지내고 묘지에 묻었다. 그 대표적인 유적이 사가 현에 있는 요시노가리吉野ケ里에 있다.

기원전 8세기 무렵에 대륙에서 벼농사를 중심으로 한 농경문화가 전해지면서 각지에 '무라村촌', '구니国国' 같은 정치조직이 형성되고 1~2세기 전후에는 각 구니의 연합체로 왜국倭国이라는 대규모 정치조직이 출현했다. 이 연합 정치조직은 3세기에서 4세기 사이에 야마토大和대화 정권으로 발전했다.

② 서기 3세기에는 왜의 여왕 히미코卑弥呼비미호(175~247년 또는 248년)가 야마타이고쿠(야마토고쿠)邪馬台国사마대국를 중심으로 왜국을 지배했고 봉호는 친위왜왕親魏倭王이라고 한다(『삼국지 위지왜인전三國志 魏志倭人傳』). 우리나라 『삼국사기』 신라본기 아달라 이사금(신라 제8대 왕. 154~184년 재위) 기사에 따르면 서기 173년 왜의 여왕 히미코가 신라에 사자를 보냈다고 한다(아달라 이사금 20년 여름 5월, 왜 여왕 비미호가 사신을 보내와 예방했다二十年 夏五月 倭女王卑彌乎 遣使來聘.『삼국사기』, 권 제2, 신라본기 제2).

일본의 고대사학계에서 야마타이고쿠의 영토에 대해 규슈 지역설과 긴키近畿긴기 시역설이 대립하고 있다. 히미코가 죽은 후에 친속인 일여壹與가 여왕으로 즉위했다. 한편 『일본서기』 등에서는 당시 추아이仲哀중애 천황의 아내인 진구神功신공 황후(201~269년 재위)가 천황이었다고 해서 히미코와 그 일족의 통치 사실에 대한 기록이 없다. 진구 천황의 후임은 오진應神응신(송서에는 산讚, 양서에는 산贊으로 되어 있음) 천황으로 일본 역사상 실재한 것이 확인된 최초의 천황이며, 이때 백제의 왕인 박사가 논어와 천자문을 전하면서 일본에 귀화해 가와치노후미우西文서

^문 씨의 시조가 되었다고 기록하고 있다.

우리나라 삼국사기에는 히미코가 신라와 중국의 여러 정권에 사절단을 보내는 등 일본 열도 내에서 지위를 강화했다고 기록되어 있다. 왜는 4~5세기 무렵에 우리나라의 3국과 많은 관계를 가졌다. 일본의 비문조작설이 있는 호태왕비문好太王碑文(광개토왕릉비문)을 전거로 일본 학자들은 왜군이 391년 백제와 신라를 공격했다고 하지만, 우리 학자들의 연구 결과 왜가 침략했다는 것은 해석의 오류이고 고구려가 왜를 공격했고, 백제가 신라를 공격했다고 한다. 일본의 주장은 우리나라 역사에 나타나지 않는다.

우리나라 역사서에 따르면 이해 백제는 제16대 진사왕辰斯王(?~392년/385~392년 재위)이 고구려의 침입에 대비해 국경을 방비하면서 389년과 390년에는 고구려를 선제공격하기도 했지만 고구려 광개토대왕(391~413년 재위)의 공격을 받아 한강 이북의 많은 땅을 빼앗겼다고 한다. 신라는 내물왕(356~402년 재위)이 재위하던 시절로 고구려의 세력이 강해지자 392년에 아들을 볼모로 보냈고, 399년 백제, 가야, 왜의 연합군이 공격하자 고구려의 4만 원군이 도와서 이를 물리쳤다고 한다. 『일본서기』 등에는 왜군이 고구려와 신라를 여러 차례 침입하고 그들과 교전한 기록들이 보인다. 일본 고대사의 대외 부분은 일본이 19세기 이후 동북아의 강대국이 되면서 조작하거나 잘못 해석된 것이 많은 것 같다.

③ 중국 역사에 일본 천황이 등장한 것은 동아시아 여러 나라와 교섭이 시작된 서기 400년 무렵의 15대 천황 오진応神응신이 처음이다. 1대 천황 진무神武신무 이후 진구 황후의 남편인 14대 천황 추아이까지는 별

기록이 없다. 이어서 16대 닌도쿠仁德인덕, 그 아들들인 17대 리치유履中이중, 18대 한제이反正반정, 19대 인교允恭윤공가 천황이 되고, 인교 천황의 아들(진무 천황의 손자) 20대 안코安康안강, 21대 유리야쿠雄略웅락의 순이다. 『일본서기』에 나오는 오진 천황부터 인교에 이른 다섯 천황과 중국 문헌에 등장하는 왜의 5왕에 대해서는 여러 기록이 있고 각각 다른 학설이 있다. 천황의 재위연대가 확인된 것은 진무 천황의 5대손인 게이타이繼體계체 천황(507~531년 재위) 이후부터이다.

④ 우리나라에서는 삼국시대 후기가 일본의 아스카 시대(538~710년)이다. 이 시대는 정치의 중심이 나라奈良나량의 남쪽인 아스카에 있었다.

552년 백제 성왕이 일본에 불교를 전래하면서 588년 백제 고승 혜총惠聰이 파견되고 소가노 우마코蘇我馬子소아마자(백제계 씨족이라는 견해가 있음)가 백제의 첨단 기술로 호코지法興寺법흥사('元興寺' 또는 '飛鳥寺'라고도 불림)의 건립을 개시했다. 595년(고구려 영양왕 6년), 혜자惠慈가 일본 최초의 여자 천황인 스이코推古추고 천황의 섭정攝政이었던 쇼토쿠聖德성덕, 574~622 태자의 스승이 되어 백제 출신 혜총과 함께 호코지에 머물며 불법을 전수했다. 소가노 우마코는 생질甥姪인 스이코推古추고를 33대 천황으로 즉위하게 했다. 실제가 확인된 최초의 천황인 스이고 천황의 소카였던 쇼토쿠 태자(소가노 우마코의 외손자)는 고모인 스이코와 함께 중앙집권을 강화하고 관료제를 확립시키면서 천황의 절대적 지위를 명백히 하였다. 천황이라는 칭호도 이때부터 쓰였다.

일본사에서는 554년(신라 진흥왕 15년/고구려 양원왕 10년/백제 성왕 32년)에, 일본이 백제·가야군과 연합해 관산성(현재의 옥천 부근)에서 신라를 상대로 전투를 벌였으나, 백제 성왕이 전사하면서 결국 패퇴했다고 한다. 우리 『동국통감』에는 백제와 신라의 전투로만 기록되어 있다. 561년(신라 진흥왕과 백제 위덕왕 재위 기간) 백제와 가야 연합군이 신라로 쳐들어갔다가 패퇴했지만 그 후에 백제는 다시 신라와 연합해 고구려에 쳐들어가 한강 부근의 빼앗겼던 땅을 수복했다. 562년에 신라의 이사부異斯夫(내물왕의 4대손) 장군이 가야 연맹의 대국인 대가야(고령)를 급습해서 멸망시켰다.

200년 가까운 이 기간의 일본은, 그들의 문화사적 분류에 따르면, 불교가 우리나라와 중국에서 전래되면서 시작된 아스카 문화와 신라의 불교 문화가 수입되어 융합한 하쿠호白鳳백봉 문화가 전개된 시기였다.

하지만 일본의 고대사 서술 가운데 한반도와 관련된 것으로 우리가 믿기 어려운 주장들이 많으므로 19세기 이후에 동아시아의 실세 국가가 된 후에 정리된 일본의 역사 기술을 그대로 믿어서는 안 된다. 이때는 일본의 국력이 통일되지 않아 강대하지 못했던 시기로 역사적 열등의식에서 일본의 역사 연구자들이 과장했거나 오판한 기록일 가능성이 높기 때문이다. 우리 역사학자들이 밝혀야 할 몫이다.

이 시대의 문화는 백제 문명의 연장이라고 할 만큼 백제에서 많은 제도·문물을 수입했고 600년에 백제가 나당연합군에 멸망하면서 많은 백제 유민遺民이 이주했다.

⑤ 620년 쇼토쿠 태자와 626년 소가노 우마코가 사망하면서 645년 내란이 일어나 고교쿠皇極황극 천황이 고토쿠孝德효덕 천황으로 바뀌면서 수나라·당나라에서 유학을 마치고 귀국한 세력들이 주동이 되어 강력한 중앙집권 국가를 수립하기 위한 다이카개신大化改新대화개신이 단행되었다. 이해에 다이카라는 연호가 처음 사용되었고, 모든 토지와 사람이

규슈 역사 문화 여행

천황의 소유가 되었으며, 행정기관이 설치되고 각 지방에 행정관을 파견해 통치했다.

663년에는 백제 부흥 운동이 일어나자 백촌강白村江(우리나라에서는 백강 또는 백강구라고 함) 전투 등으로 백제를 도왔다가 나당연합군에 패배하고 백제의 지배계층이 대량 이주하면서 7세기 후반 한자문화권에 본격적으로 흡수되고 중국식 법체계와 사회제도를 급속도로 받아들여 8세기 초 고대 율령국가 체제가 완성되었다.

⑥ 나라 시대는 710년 겐메이元明원명 천황이 나라로 수도를 옮긴 후, 794년 간무桓武환무 천황이 헤이안쿄平安京평안경, 京都경도로 천도할 때까지 나라(헤이조쿄)가 정치의 중심이 된 84년간이다. 이 시대에는 당나라나 통일신라, 발해 등과 교류하면서 여러 문화를 받아들였고, 이를 바탕으로 10~11세기에 장원을 중심으로 한 봉건체제와 귀족문화가 형성되었다. 천황의 외척인 후지와라藤原 가문은 아스카 시대부터 시작해 나라 시대를 거쳐 헤이안平安 시대(794~1185년)까지 약 400년 동안 일본의 강력한 정치권력으로 부상해서 섭정(천황이 어리거나 여제일 경우에 정치를 대행하는 일)과 관백(성인이 된 천황 곁에서 섭정의 직무를 담당하는 것)의 자리를 거의 독점했다.

중세　　　　　　　① 헤이안 시대 중엽인 10세기경에 일본은 중국과 신라, 발해 등의 선진 문명을 받아들였지만 이들 국가가 멸망하면서 선진 문물을 일본의 고유 문물과 조화하려는 국풍國風운동이 일어났다. 이 국풍운동 과정에서 가장 눈에 띄는 것으로 한자와 다른 일본말을 표현하기 위해 한자의 음과 훈을 간략하게 한 히라가나와 가타카나가 출현한 것이다. 가타카나는 주로 한문으로 된 불교 경전의 일본말 훈독으로 쓰였고 히라가나는 상류층 여성들이 사용했다. 일본 고유의 노래인 와가和歌화가와 산문인 모노가타리物語물어가 이 시대에 성립되었고, 일본 풍경화인 야마토에大和繪대화회가 등장했다.

우리나라에서는 제5공화국 시절 KBS와 MBC 양 방송사가 행사 준비와 운영을 맡아 1981년 5월 28일부터 6월 1일까지 여의도 광장에서 개최된 '국풍81'이라는 문화행사가 있었다. 이때 민속제, 전통예술제, 가요제, 연극제, 학술제 등 다양한 행사가 벌어졌는데, 이는 쿠데타로 집권한 신군부가 정권에 대한 국민의 불신을 희석시키기 위해 계획한 선전활동의 하나였다. 하지만 하필 일본이 이미 1,000년 전에 벌인 문화운동의 이름을 그대로 사용한 것은 무식했거나 자주적이지 못하고, 일제를 떠올리게 하여 효과적이기보다는 반작용이 큰 선전이었다는 점을 지적해두고자 한다.

② 1068년 제71대 고산조後三条후삼조 천황(1034~1073년, 1068~1073년 재위)이 즉위하면서 후지와라 집안의 피가 직접 섞이지 않은 천황(부친은 69대 천황, 모친은 배다른 고모할머니)이 즉위하고, 그가 아들 시라카와白河백하 천황에게 자리를 양보하면서 약 100여 년 동안 인세이院政원정가 실시되었다. '인세이'란 퇴위한 천황이 사는 집인 원院이 정치의 중심이 되는 정치이다. 원은 사원세력에 맞서 권력을 유지하기 위해 시라카와 천황 때부터 출가해 승려로 있으면서 무사들을 이용하고 이들에게는 장원을 나누어주었다. 무사들은 원의 권력이 미치지 못하는 사찰의 무장세력들과 권력투쟁을 벌이지 않을 수 없었다. 그래서 드디어 무사들이 역사의 주역으로 활동을 시작한다.

규슈 역사 문화 여행

사찰의 권력과 천황의 권력을 조정하기 위해 상황上皇이 출가하는 경우에는 이를 법황法皇이라고 불렀다. 상황과 결탁해서 크게 성장한 세력은 천황가의 후손인 헤이平(다이라) 가문이었다. 헤이 가문은 주로 천황가와 혼인관계를 맺어 다시 국가 권력을 농단(독점)하면서 구세력과의 싸움이 잦았다. 이렇게 귀족들의 세력투쟁 과정에서 성장한 무사(사무라이) 계층 가운데 역시 천황의 후손에게서 유래한 미나모토源源 가문도 정치의 전면에 등장하게 되었다. 미나모토 가문의 미나모토노 요리토모源賴朝원뢰조는 수대에 걸쳐 대립해온 헤이 가문과의 공존을 모색하여 자신은 근거지인 동쪽을, 헤이는 서쪽을 분할하여 통치할 것을 제안했다. 하지만 헤이 쪽이 이를 거부하자 도고쿠東国동국 지방 무사들을 모아 12세기 말 헤이가와 두 집안 간에 생사를 건 일대 혈전을 벌였다.

③ 미나모토가의 요리토모는 1185년 단노우라壇ノ浦(현재의 시모노세키下関하관. 이 책 제2장에 나옴) 전투에서 헤이 가문을 섬멸한 후에 관련된 호족과 자신의 동생들까지도 축출하고 1192년 스스로 쇼군征夷大将軍(정이대장군)에 임명됨으로써 가마쿠라 막부를 세워 정치적 주도권을 잡았다. 이후에 교토의 천황과 소성이 막부를 견제하려고 시도했다. 그러나 주도권은 몇 차례 바뀌었지만 약 700년 동안 무사의 정권인 막부가 메이지유신 무렵까지 정치의 중심이었다.

④ 13세기 초엽 몽고의 칭기즈칸成吉思汗성길사한이 세계정복에 나서면서 먼저 고려를 항복시키고, 가마쿠라 막부 시절인 1274년에는 여몽연합군, 1281년에는 항복한 남송의 군대까지 포함하는 연합군을 조직해 두 차례 일본에 침입했다. 그러나 두 번 모두 태풍을 만나 여몽연합군

은 막대한 병력을 잃고 패전했다.

일본의 가마쿠라 막부 역시 방어전을 펼치느라 많은 국력을 소비했고, 황실은 내분에 휩싸였다. 무사 중심의 지배세력 내에서도 불만세력이 늘어나면서 악당(영주나 체제에 저항하는 무사들로서 연공 납입을 거부하거나 약탈하는 자)과 해적(자칭 수군)이 날뛰었다.

⑤ 사회 혼란은 지배세력 내부의 갈등을 증폭시켜 두 명의 천황이 공존하는 남북조시대로 이행되었다. 1323년에 고다이고後醍醐후제호 천황이 막부 타도를 추진하면서 미나모토가의 후손들인 닛타新田신전와 아시카가 다카우足利尊족리존가 대결하게 되었다. 닛타는 1333년 천황을 설득하여 가마쿠라 막부를 토벌하러 출정했다. 이에 맞서 아시카가 다카우는 1336년 가마쿠라에서 교토로 쳐들어가 고묘光明광명 천황을 옹립했다. 고다이고 천황은 1337년 교토를 탈출하여 나라 분지의 남쪽 요시노吉野길야에서 자신이 진짜 정통 천황이라고 주장하면서 조정을 꾸렸다. 아시카가는 1338년 스스로 쇼군이 되어 무로마치室町실정 막부를 출범시켰다. 이 정권교체는 후에 영지소유권 문제로 무사세력의 불만을 샀다.

이로써 요시노의 남조와 교토의 북조가 병립하는 남북조시대가 개시되었다. 북조 내부의 권력자 다카우는 동생인 다다요시直義직의와 권력을 분점했으나 지배가 궤도에 오르자 관점 차이로 불화가 싹텄다. 북조의 내분으로 다다요시는 남조의 힘을 빌려 형의 세력을 꺾었고 다다요시의 양자이며 조카(형의 서자)인 다다후유直冬직동가 남조와 연합하여 교토를 점령하기도 했다. 황권의 정통성 다툼과 지배세력의 가족 분쟁으로 분리된 남북조는 1392년 북조가 남조를 흡수·합병함으로써 55년 만에 합체되었다. 아시카가의 무로마치 막부는 1336년부터 오다 노부나가織田信長직전신장(1534~1582)에 의해 1573년에 사실상 멸망할 때까지 약 56년간의 남북조시대(1336~1392)를 포함해 약 250년 동안 정권을 장악했다.

남북조가 합체된 1392년은 공교롭게도 우리나라에서 이성계가 조선을 건국한 해이기도 하다. 하지만 조선의 대마도정벌 때인 1419년까지도 남북조 지지세력의 통일은 이루어지지 않았다.

무로마치 막부는 한때 명나라에 조공을 바치며 중국의 힘을 빌려 천황의 권력까지 넘보았다. 그러나 1467년 쇼군 가문의 후계자 계승 문제로 지방의 슈고 다이묘守護大名수호대명(군사·경찰 기능인 슈고 직과 토지를 소유한 영주로서의 다이묘 직을 겸직한 각 지방 실권자)들이 두 패로 나뉘어 오닌應仁응인·분메이文明문명의 난(1467~1477년)을 일으켰다. 이 난은 오닌 1년부터 분메이 9년까지 일어난 내전으로 쇼군 간의 상속 분쟁이었다. 이 난에서 다이묘大名대명(에도 시대에 봉록이 1만 석 이상인 무사)들은 동군(호소카와 가스모토細川勝元세천승원 지지) 16만 명, 서군(야마나 모치토요山名持豊산명지풍 지지) 11만 명의 병력을 동원해 교토를 불태우고 혼슈는 물론 규슈 북부지방으로까지 난이 확산되면서 두 개의 막부가 등장했으나, 동군과 서군의 우두머리가 1473년 사망하고 양군 병력이 교토를 떠남으로써 1477년에 전쟁을 끝냈다.

하지만 이 난이 끝난 후에 막부나 슈고 다이묘의 힘은 급격히 쇠퇴하면서 무로마치 막부체제는 힘을 잃었다. 이때부터 1세기 남짓 다이묘들 간의 전쟁이 계속되는 센고쿠戰國전국 시대로 전환되었고, 전국全國이 황폐해졌다.

근세　　　　　① 일본의 근세에 대해서는 학설상 많은 차이가 있고, 서양식 분류인 근세에 대한 개념화 자체를 부인하는 학설도 있다. 근세를 분류하는 것도 (1) 도요토미 히데요시가 멸망한 1615년부터 근세가 시작되었다는 학설, (2) 아즈치 모모야마安土桃山안토도산 시대(1573~1603)와 에도江戸강호 시대(1603~1868)를 합친 시기라는 설, (3) 전국시대(1467/1493~1590), 아즈치 모모야마 시대와 에도 시대를 합친 시기(1868년까지)라는 설 등이 있다.

대체로 근세의 출발로 인정하는 (2) 설에 따르고 막부(정권)를 기준으로 보면 오다 노부나가가 여러 지방전투에서 승리하면서 1573년에 교토로 쳐들어가 무로마치 막부를 쓰러트린 사건이 역사의 큰 획을 그었다. 혼간지本願寺본원사를 비롯한 사원의 무장세력들이 오다에 맞섰지만 교토의 상공인을 주축으로 한 니치렌종日蓮宗일연종과 오사카에 뿌리를 둔 조도신종淨土真宗정토진종 등 불교 교파 간의 교리 싸움을 부추겨 사원세력을 제압하면서 자신의 세력권을 더욱 확장해갔다. 불교세력 간에 이권 다툼을 벌이는 틈새로 남만(유럽) 무역업자들의 이익과 천주교 선교사들의 활동도 가능하도록 지원하는 치밀한 계산도 했다. 그의 천하통일은 가신의 한 사람인 아케치 마쓰히데明智光秀명지광수(1526/1528~1582)가 주군을 배신하고 혼노지本能寺본능사에서 그를 피살함으로써 좌절되었다.

② 1582년 오다의 또 다른 가신이었던 도요토미 히데요시(1536~1598)는 아케치를 제압한 뒤, 1584년 오다의 차남 편을 들던 도쿠가와 이에야쓰德川家康덕천가강(1543~1616)와 전투를 벌이다가 교착 상태에 빠지자 화해 모드로 돌아서 그를 자신의 휘하에 두는 데 성공했다. 도요토미는 도쿠가와와의 전투를 멈추고, 시코쿠의 조소카베長宗我部장종

아부, 규슈의 시마즈島津도진, 동북 지방의 맹주 호조北条북조 가문 등을 복속시켜 통일 정권을 수립했다.

그러나 도요토미의 운명은 일본 천하를 차지할 수 없었다. 1573년부터 에도 막부가 성립한 1600년 무렵까지 약 30년은 일본 역사상 국내적으로는 많은 무사가 치고받는 질풍노도의 시대였다.

도요토미는 명나라 정벌이라는 야망을 품고 조선에 정명가도征明假道(명나라를 정복하려 갈 테니까 길을 내라)를 요구하며, 1592년 임진왜란과 1597년 정유재란을 일으켰다. 하지만 뜻을 이루지 못하고 죽음으로써 우리 민족에 엄청난 고통을 준 채 그의 야망도 끝났다.

③ 도쿠가와는 도요토미가 죽은 이후 고다이로五大老오대노를 앞세워 지배권을 확보해가면서 반대파를 제거하기 시작했다. 정권을 둘러싸고 벌어진 세키가하라 전투에서 이시다 미쓰나리石田三成석전삼성(1560~1600)를 누르고 승리해 에도 막부를 건설했다. 에도 막부는 바쿠한幕藩막번 체제 밑에 사농공상士農工商의 신분을 고정하고, 기독교 포교 금지를 구실로 쇄국鎖國 정책과 유교적 교화를 병용하면서 전국 지배를 강화했다.

에도 시대 평화의 지속은 교통·상공업의 발전과 시정인市井人의 대두, 화폐경제의 성립, 나수 노시의 출현을 촉신했다. 이에 따라 에도와 오사카를 중심으로 문화적 번성과 경제적 호황을 맞았지만, 견고했던 막부체제도 흔들리기 시작했다. 19세기 중엽 서양 제국주의 국가들의 침략을 받으면서 1867년 15대 쇼군을 끝으로 에도 막부가 붕괴되고 메이지유신으로 근대 국가 건설이 빠르게 추진되었다.

근대·현대　　　　　① 서구식을 지향하는 자유민권운동이 일어나 1885년 내각제도가 성립하고, 1889년에는 일본제국헌법을 제정하면서 1890년 중의원 총선거를 실시, 제국의회를 설치함으로써 일본은 명목상 입헌군주국이 되었다. 20세기 초반까지 제국주의 세력이 팽창하는 국제정세 속에서, 청일전쟁과 러일전쟁을 통해 조선(대한제국), 중국령인 타이완臺灣대만, 미나미 가라후토南樺太남화태(사할린 섬 남부)를 강제 합병하고 상하이 등 중국의 주요 도시에 조차지를 확보하는 등 주변국 침략에 뛰어들었다.

20세기 초반에 다이쇼大正대정 데모크라시를 통해 정당정치와 보통선거가 실현되었으나 1930년대 군부의 정치적 대두와 함께 주변국 침략을 감행하면서 여러 민족의 저항을 받았고, 미국을 비롯한 기존 열강과 충돌하면서 태평양전쟁(대동아전쟁) 등 제2차 세계대전을 벌였으나 패전했다.

② 1945년 8월 무조건 항복함으로써 주권을 상실한 일본은 연합군(미군 주축)의 지배하에서 청일전쟁 이후에 조약으로 획득했거나 강제 병합 또는 불법으로 획득한 대부분의 영토에 대한 권한을 그 국가에 돌려주었다. 전범을 처단하고 재벌을 해체했지만, 천황제의 온존을 근간으로 한 현재의 일본국 헌법이 제정되었고, 1952년 샌프란시스코 조약을 통해 미국과 강화를 맺으며 주권을 회복했다. 1954년 미일상호방위원조협정을 체결해 국방의 상당 부분을 미국에 의존하면서 그 대가로 미군에 주요 기지시설을 제공했다. 미군은 1953년에 아마미奄美엄미 제도를, 1968년에 오가사와라小笠原소립원 제도를 일본에 반환했고, 1972년에는 오키나와沖繩충승 비밀협약까지 맺어가면서 오키나와 현을 미국으로부터 반환받았다.

규슈 역사 문화 여행

③ 베트남전쟁의 특수와 한일협정에 따른 활발한 경제협력으로 1970년대에 이룬 고도성장은 1980년대까지 일본 경제를 크게 번성시켰다. 그러나 과도한 주가 상승과 부동산 매입으로 인해 1990년부터 부동산과 주식 가격이 폭락해 많은 기업과 은행이 도산하면서 10년 이상 0%대의 성장률을 기록하는 불황 상태에 빠졌다. 그 때문에 지지를 상실한 자유민주당은 한때 10개월 정도 정권을 상실했다가 진보정당과 연정하기도 했지만, 미국의 지도로 출범한 1955년 체제의 골격을 꾸준히 유지해왔다.

④ 2009년 8월 30일에 치러진 제45회 중의원 총선거에서 민주당이 자유민주당에 압승을 거둬 전후 최초로 완전한 정권 교체가 이루어져 2009년 9월 16일 하토야마 유키오鳩山由紀夫구산유기부 내각이 성립했다. 하지만 경제난과 2011년 도호쿠東北동북 지방 태평양해역 지진 등으로 신임을 잃은 민주당 정권은 2012년 중의원 선거에서 자유민주당에 다시 여당 자리를 빼앗겼고, 2012년 12월 26일부터 자유민주당의 아베 신조安倍晋三안배진삼를 수상으로 한 보수내각이 출범해 오늘에 이르고 있다.

●　　　　　일본의 인문지리와 지역 구분

지역 구분과 현縣의 구성　　　일찍부터 일본 전 국토는 홋카이도北海道북해도, **도호쿠**東北동북, **간토**関東관동, **주부**中部중부, **간사이**關西관서, **주고쿠**中国중국, **시코쿠**四国사국, **규슈**九州구주, **오키나와**沖縄충승 등 아홉 개의 큰 지방으로 나누어졌다. 행정구역은 도도부현都道府県으로 구성되어 있는데, 현재

1도都는 도쿄 도東京都, 1도道는 홋카이도, 2부는 교토 부京都府경도부와 오사카 부大阪府대판부이며 현은 모두 43개이다.

① 홋카이도 지방

홋카이도는 혼슈에 이어 일본국 전체 면적의 20%를 차지하는 두 번째 큰 섬으로 최북단에 있다. 냉대 기후로 겨울에는 날씨가 아주 춥고 여름에는 예외적으로 장마 기간이 없다. 북쪽으로는 러시아의 사할린 섬과 최단 거리 42킬로미터의 라페루스해협La Pérouse Strait을 사이에 두고 국경을 접하고 있다. 혼슈의 아오모리青森청삼 현과는 쓰가루津輕진경 해협을 사이에 두고 있으며 한때 세계 최장이었던 53.9킬로미터의 해저터널 세이칸青函청함 터널(현재 세계 최장 터널은 2010년에 완성된 57킬로미터의 고트하르트 베이스 터널Gotthard Base Tunnel로 알프스산맥을 사이에 두고 스위스와 이탈리아를 잇는다)을 통해 철도로 이어져 있다.

원래 홋카이도는 아이누 모시르Ainu mosir라고 불리며 고대 이후 수렵을 주로 하는 아이누 족이 사는 땅이었지만, 15세기 무렵부터 혼슈의 일본인들이 진출하기 시작했다. 메이지 시대 이후 일본 정부가 이 섬을 대규모로 개발하면서 많은 일본인이 들어와 거주하게 되었다. 오늘날의 홋카이도라는 명칭은 1869년부터 쓰게 되었다.

② 혼슈 지방(도호쿠, 간토, 주부, 간사이, 주고쿠)

(1) 도호쿠 지방: 도호쿠 지방은 혼슈의 동북부이다. 남북으로 뻗어 있는 '오우奧羽오우산맥(일본에서 가장 긴 산맥으로 아오모리青森청삼 현부터 간토 지방 북쪽 경계까지 500킬로미터에 걸쳐 있으나 폭은 35킬로미터밖에 되

일본의 지역 구분

도도부현(都道府県)

1. 홋카이도
2. 아오모리 현
3. 이와테 현
4. 미야기 현
5. 아키타 현
6. 야마가타 현
7. 후쿠시마 현
8. 이바라키 현
9. 도치기 현
10. 군마 현
11. 사이타마 현
12. 지바 현
13. 도쿄 도
14. 가나가와 현
15. 니가타 현
16. 도야마 현
17. 이시카와 현
18. 후쿠이 현
19. 야마나시 현
20. 나가노 현
21. 기후 현
22. 시즈오카 현
23. 아이치 현
24. 미에 현
25. 시가 현
26. 교토 부
27. 오사카 부
28. 효고 현
29. 나라 현
30. 와카야마 현
31. 돗토리 현
32. 시마네 현
33. 오카야마 현
34. 히로시마 현
35. 야마구치 현
36. 도쿠시마 현
37. 가가와 현
38. 에히메 현
39. 고치 현
40. 후쿠오카 현
41. 사가 현
42. 나가사키 현
43. 구마모토 현
44. 오이타 현
45. 미야자키 현
46. 가고시마 현
47. 오키나와 현

- 홋카이도
- 도호쿠 지방
- 간토 지방
- 주부 지방
- 간사이 지방
- 주고쿠 지방
- 시코쿠
- 규슈/오키나와

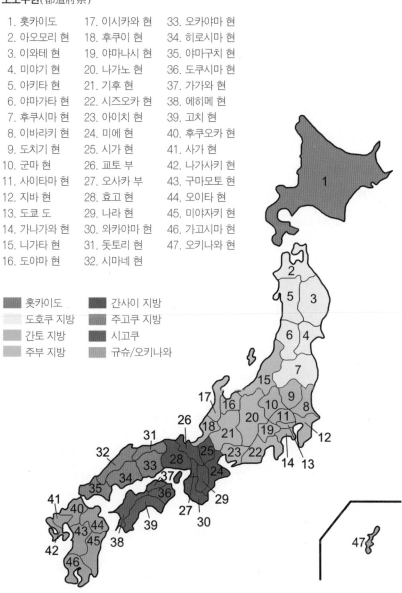

지 않는다)의 최고점인 해발 2,038미터의 이와테岩手암수산을 중심으로 태평양 쪽과 동해 쪽으로 세부 지역을 구분한다. 오우산맥을 중심으로 한 여러 산맥이 중앙부를 관통하고 있기 때문에 주요 도시는 태평양과 동해, 그리고 몇몇 분지에 발달되었다. 우리나라 동해에 면한 쪽은 겨울에 눈이 많이 내리고 태평양 쪽은 냉해나 지진, 해일의 피해를 자주 입는다. 사계절이 뚜렷하지만 겨울이 길며 여름은 서늘하고 짧다.

정치의 중심지였던 긴키 지방에서 멀리 떨어져 있어서 개발이 지체되었다가 에도 시대 이후에 벼농사 지역으로 발달하게 되었다. 현재도 공업보다는 농업이 활발한 지역으로, 자연이 잘 보존되어 있고 온천과 지역축제 등 관광자원이 풍부하다. 아오모리 현, 이와테 현, 미야기宮城궁성 현, 아키타秋田추전 현, 야마가타山形산형 현, 후쿠시마福島복도 현의 여섯 개 현이 이 지방에 해당한다.

(2) 간토 지방: 혼슈 중앙에 위치하는 이바라기茨城자성 현, 도치기栃木회목 현, 군마群馬군마 현, 사이타마埼玉기옥 현, 지바千葉천엽 현, 가나가와神奈川신내천 현에 도쿄 도를 포함한다. 일본의 수도권은 간토 지방에 야마이시山梨산리 현을 포함한다.

일본의 정치, 경제, 문화의 중심지로서 역할을 하고 있으며 도쿄와 접하고 있는 사이타마 현, 지바 현, 가나가와 현의 세 현은 출퇴근이 가능한 이른바 수도권으로서 다양한 철도와 도로로 연결되어 있고, 베드타운이 많다. 도쿄 도를 포함한 사이타마, 지바, 가나가와 세 현의 인구가 일본 전체의 거의 3분의 1을 차지하고 있다. 중심부에는 일본에서 가장 넓은 평야 지대인 간토 평야가 있고, 유역 면적이 가장 넓은 도네가와利根川이근천 강이 흐르고 있다. 주변부에는 산악이나 온천 등 자연관광지가 많은데, 특히 도치기 현 닛코日光일광에 있는 신사인 도쇼구東照宮동조궁(도쿠가와 이에야스를 모신 신사)가 유명하다.

(3) 주부 지방: 주부 지방은 다시 호쿠리쿠北陸북륙 지방, 도산東山동산 지방, 도카이東海동해 지방의 세 개 지방으로 나뉜다. 호쿠리쿠 지방은 니가타新潟신사 현, 도야마富山부산 현, 이시카와石川석천 현, 후쿠이福井복정 현을 말하지만 후쿠이 현의 레이난嶺南영남 지역은 긴키 지방에 포함되기도 한다. 니가타 현은 호쿠리쿠 지방에 넣지 않고 나가노長野장야 현과 야마이시 현의 세 개 현을 합쳐 고신에쓰甲信越갑신월(가이甲斐갑비, 신노信濃신농, 이쓰고越後월후) 지방이라고도 한다.

도산 지방은 야마이시 현과 나가노 현 등의 중앙 고지대를 말하며, 도카이 지방은 기후岐阜기부 현, 시즈오카静岡정강 현, 아이치愛知애지 현을 말한다.

(4) 간사이 지방: 오사카 부와 교토 부의 2부와 효고兵庫병고 현, 시가滋賀 현, 나라奈良 현과 와카야마和歌山 현의 2부 4현을 가리키는 경우가 많다. 이 중 긴키 지방이란 미에三重 현을 포함하여 시가 현, 교토 부, 오사카 부, 효고 현, 나라 현, 와카야마 현 등이 들어간다.

(5) 주고구 지방: 주고구 지방은 혼슈 서쪽 끝에 있다. 중앙의 주고구 산지를 경계로 동해와 접한 지역은 산인山陰산음 지방, 세토 내해에 접한 지역은 산요山陽산양 지방이라고 부르는데 두 지역은 기후와 풍토에 큰 차이가 있다. 산인 지방은 평야가 적고 해안선이 단순하며 겨울에는 눈이 많이 내리지만 산요 지방은 평야가 많고 복잡한 해안선과 많은 섬이 있으며 연중 비가 많이 내린다. 세토 내해 쪽에는 공업 지대가 형성되어 있고, 산인 지방의 돗토리鳥取조치 현 해안에는 일본에서 아주 드

문 모래 언덕인 돗토리 사구가 있다. 돗토리 현, 시마네島根도근 현, 오카야마岡山강산 현, 히로시마廣島광도 현, 야마구치山口산구 현을 일컫는다. 돗토리, 시마네, 야마구치의 일부가 산인 지방이고, 오카야마, 히로시마와 대부분의 야마구치 현이 산요 지방이다.

③ 시코쿠 지방

혼슈의 서남쪽 4대 큰 섬 가운데 하나인 시코쿠 섬 지방이다. 동쪽은 기이紀伊 수도水道를 사이에 두고 긴키 지방, 북쪽은 세토 내해를 사이를 두고 주고쿠 지방, 서쪽은 분고豊後풍후 수도를 사이에 두고 규슈와 바다로 접해 있다. 험준한 산지가 중앙부를 관통하고 있기 때문에 기후는 북쪽과 남쪽이 큰 차이가 난다. 북쪽 지역은 비가 적어 여름에는 물 부족 현상이 나타나지만 남쪽 지역은 기온이 높고 비가 많이 내리며 자주 태풍이 지나간다.

오랫동안 혼슈 섬과 세토 내해를 사이에 두고 서로 교통이 불편했으나 현대에 이르러 세토 대교를 비롯한 세 코스의 다리가 건설되고 도로와 철도로 혼슈와 연결되어 있다. 도쿠야마德島덕도 현, 가가와香川향천 현, 에히메愛媛애원 현, 고치高知고지 현이 이 지방이다.

④ 규슈 지방

일본의 제일 서남쪽에 있는 4대 큰 섬 가운데 하나인 규슈 섬 일원으로 중국이나 한반도, 동남아시아와 가까워 고대부터 외래문화의 영향을 많이 받았다. 에도 시대 이후 쓰시마 섬은 조선과 일본 간의 외교 무대였고, 나가사키에는 네덜란드와 중국의 무역선이 많이 입항했다.

기타큐슈 시에서 후쿠오카 시에 걸쳐 있는 기타큐슈 공업지대에는 중공업·화학공업 지역이 집중되어 있고, 야마구치 현의 시모노세키下関하관와는 해저터널과 교량으로 연결되어 동일 지역권을 형성하고 있다. 후쿠오카福岡복강 현, 사가佐賀좌하 현, 나가사키長崎장기 현, 구마모토熊本웅본 현, 오이타大分대분 현, 미야자키宮崎궁기 현과 가고시마鹿児島녹아도 현의 일곱 개 현이 이 지방이다.

⑤ 오키나와 지방

1429년 쇼하시尚巴志상파지가 사쓰마 남쪽의 섬 지역을 통일해 류큐琉球유구 왕국을 건립했을 때의 중심이었다. 사쓰마 번 시마즈島津도진 집안은 임진왜란에 참전했다가 전쟁이 끝난 후인 1609년 오키나와를 침공해 복속시켜 공물을 징수했다. 이때 사쓰마 번은 아마미奄美암미 군도를 사쓰마 번의 직할지로 두었다. 시마즈 집안이 에도 시대 내내 지배하다가 메이지 시대인 1872년 일본의 영토가 되었다. 1879년 중국과의 영토 분쟁이 일었으나 1894년 청일전쟁 후에 일본의 영토로 확정되었다. 1945년 3월부터 6월까지, 제2차 세계대전의 치열한 격전지여서 엄청난 인명 피해가 있었으나 패전 후에는 미국의 영토가 되었다.

1972년 반환되었지만 현재까지 오키나와의 대부분은 주일 미군의 기지가 차지하고 있다. 일본 정부는 오키나와에서 주일 미군기지의 부지를 환수하기 위해 노력하고 있으나, 미국 및 현지 주민과 계속 마찰을 빚고 있다. 오키나와 지방은 원래 오키나와 섬만을 말하지만 오키나와와 역사·문화·자연 등이 비슷한 아마미의 여러 섬과 함께 오키나와·아마미 지방이라고 부르는 경우도 있다.

일본 20대 주요 도시의 인구   2016년 8~10월의 추계 인구는 다음과 같다. (빨간색은 규슈의 도시)

순위	도도부현	도시명	인구수	비고
1	도쿄 도	도쿄東京	9,375,014명	특별구 제외
2	가나가와 현	요코하마横浜	3,732,616	수도권
3	오사카 부	오사카大阪	2,705,262	
4	아이치 현	나고야名古屋	2,304,794	
5	홋카이도	삿포로札幌	1,947,097	
6	효고 현	고베神戸	1,535,765 .	
7	교토 부	교토京都	1,474,735	
8	후쿠오카 현	후쿠오카福岡	1,553,607	규슈 제1
9	가나가와 현	가와사키川崎	1,489,564	수도권
10	사이타마 현	사이타마埼玉	1,275,331	수도권
11	히로시마 현	히로시마広島	1,196,380	
12	미야기 현	센다이仙台	1,084,700	
13	지바 현	지바千葉	974,306	수도권
14	후쿠오카 현	기타큐슈北九州	956,772	규슈 제2
15	오사카 부	사카이堺	838,268	
16	니가타 현	니가타新潟	807,405	
17	시즈오카 현	하마마쓰浜松	796,847	
18	구마모토 현	구마모토熊本	739,899	규슈 제3
19	가나가와 현	사가미하라相模原	721,638	
20	오카야마 현	오카야마岡山	720,571	

규 슈

●   규슈의 역사

옛날 일본에서는 규슈와 그 주변의 섬들을 합쳐서 사이카이도西海道
서해도라고 불렀다. 그 당시에는 5기 7도五畿七道로 전국을 구분했다. 기나
이畿內기내 5국(나라, 교토, 오사카 지역을 다섯 개의 국으로 나눔)과 전국 7도
(도카이도東海道, 도잔도東山道, 호쿠리쿠도北陸道, 산인도山陰道, 산요도山陽道, 난카이
도南海道, 사이카이도)에, 홋카이도에는 아직 일본이 진출하지 않았던 때
였다.

일본 규슈에서는 서기 690년경에 그동안 지쿠시(쓰쿠시)筑紫축자 · 히肥
비 · 부豊풍라고 불렸던 지역을 전후前後로 분할하여 지쿠젠筑前축전 · 지쿠고筑
後축후 · 히젠肥前비전 · 히고肥後비후 · 부젠豊前풍전 · 분고豊後풍후의 북부 규슈 6국이

탄생했다. 남부는 휴가日向일향 국이었는데 702년에 남부의 서쪽이 사쓰마薩麻. 薩摩살마 국으로 분리되고, 713년에는 서남부가 오스미大隅대우 국으로 분립했다. 이로써 규슈 섬 안에 8국이 성립되었다. 거기에 이키壹岐일기 · 쓰시마対馬대마 · 다네多禰다에(가네가시마種子島종자도와 그 부근의 섬)의 세 섬이 각각 하나의 구니國로 모두 11국이 되었다.

이들 섬에는 현지에서 채용한 지방장관郡司 위에 중앙에서 파견한 도청장관嶋司(지사)이 변경의 요지를 감시했다. 이렇게 규슈 섬과 세 개의 외딴 섬은 히젠 국의 다자이후太宰府태재부가 이 지역 전체를 관할하는 체제로 사이카이도를 이루었다. 824년에는 다네가시마多禰島다예도를 오스미 국에 병합하고 876년에는 고토五島오도 열도와 히라도시마平戸島평호도(기타마쓰우라北松浦북송포 반도의 서쪽 해상에 있는 섬) 지역을 지카노시마値嘉島치가도라는 행정구역으로 해서 도청장관을 두었다.

9세기 말 당시의 사이카이도 내의 11개국과 현재의 위치는 다음과 같다.

지쿠젠筑前 국: 후쿠오카 현 서부

지쿠고筑後 국: 후쿠오카 현 남부

부젠豊前 국: 후쿠오카 현 동부와 오이타 현 북부

분고豊後 국: 오이타 현 중앙부와 남부

히젠肥前 국: 사가 현과 나가사키 현(쓰시마와 이키 제외)

히고肥後 국: 구마모토 현

휴가日向 국: 미야자키 현과 가고시마 현 동부

오스미大隅 국: 가고시마 현 동부와 아마미 섬, 다네 섬

규슈 역사 문화 여행

사쓰마薩摩 국: 가고시마 현 서부

이키壱岐 국: 나가사키 현 이키노시마壱岐島일기섬

쓰시마対馬 국: 나가사키 현 쓰시마 섬

이 구니는 오늘날의 국가가 아니라 우리나라 삼한 시대의 국처럼 지금의 군이나 면 단위를 차지한 소국 정도로 보인다.

일본 전국시대에는 규슈 섬의 패권을 놓고 3대 가문이 사카이 9국(이키와 쓰시마는 섬나라로 제외하고)과 합종연횡하면서 대결을 벌이다가 마침내 규슈를 제외한 일본 전역을 통일한 도요토미 히데요시의 개입으로 영지 조정을 받게 되었다.

일본사에서 전국시대란 15세기 말부터 16세기 말까지 전란이 거듭되던 난세로 무로마치 막부(1336~1573)의 권력이 실추되어 막부가 임명하는 슈고 다이묘 대신에 전국 각지에서 전투와 협상으로 권력을 장악한 센고쿠戰国전국 다이묘라고 불리는 세력이 출현한 시대이다. 다이묘들이 영지와 사람을 일원적으로 지배하는 지배체제를 강화하면서 다이묘들 간에는 영토 확대를 위한 경쟁이 치열해졌다.

선국시대의 세력가들은 여러 세력 산의 분생을 해설하는 수난으로써 무력을 행사하는 경향이 강했고, 서로 군비의 강화 경쟁이 심했다. 다이묘나 토호세력은 물론이고, 종교집단과 자치조직도 자체 보호를 위해 무력을 보유했다. 사찰세력은 승병을 유지하면서 사찰을 전투 거점으로 건설·활용했다. 자치조직에서도 망루와 담, 환호 같은 방어 시설을 구축하고 죄수나 부랑자를 용병으로 삼았다. 그들 가운데서 특수한 전투 기술과 변장에 능한 밀정(닌자忍者인자)도 양성했다. 심지어 일부 영주는 자위 목적을 넘는 군사를 보유하고 전투를 벌이는 식으로 '일종의 무력숭상의식'이 만연했다. 시대정신으로서 이와 같은 정신세계를 가진 영주들 사이에는 자기세력의 확장을 위해 수많은 전쟁이 필연적으로 발생하지 않을 수 없었다.

대부분의 무력 분쟁은 자신의 영지나 영향권의 경계 부근, 인접 지역의 비우호세력이 서로 소규모 공격과 항전을 되풀이하는 수준이었다. 그 가운데는 인접세력에 대한 혐오를 넘어 적 병력에 대한 실력행사로 번져, 일상적인 화공이나 식량 공급 차단을 포함한 고강도의 적대행위가 대규모 군사행동으로 발전하는 경우도 있었다. 이와 같이 군사쟁패가 규슈에서도 자주 나타났다. 일본의 헤이안 시대 말기인 11~12세기경 규슈의 무장세력은 다이라平家평가(헤이케) 집안 쪽이었기 때문에 가마쿠라 막부를 세운 미나모토源家원가(겐케) 집안의 요리토모源賴朝원뢰조로서는 적절한 통제가 필요했다. 요리토모는 규슈 통치의 마무리 단계로 간토에서는 잘 알려지지 않았던 근신近臣인 소이少弐소이(무등武藤 집안의 일족), 오토모大友대우, 시마즈島津도진의 세 집안을 대관代官(대리 통치자)으로 임명해 지역의 경비와 치안을 맡게 했다. 12세기 말에 이르러 규슈 본토 9개국은 이들 세 집안이 총괄하는 체제가 되었다.

소이 집안은 지쿠젠·히젠·부젠 등 규슈 북부 지역을 맡았고, 오토모 집안은 지쿠고·히고·분고 등의 중부 규슈를 맡았으며, 시마즈 집안은 사쓰마, 오스미, 휴가 등의 규슈 남부를 맡았다. 이들 세 집안 아래의 토착 지배계급으로 8세기 무렵 헤이안 시대 초기부터 장원의 현지 관리를 맡아온 마쓰우라松浦송포, 아키즈키秋月추월, 가마치蒲池포지, 기쿠치菊池국지 등 당초 헤이케平家평가 쪽의 무인이 포진하고 있었다. 전국시대의 초기에 소이, 오토모, 시마즈 세 집안은 중앙에서 받은 권익을 수호해야 했고, 지역 세력들은 각 지역의 호족들이 자립을 도모해야 했기 때문에 이들 사이에 갈등이 커지고 전투가 일어났다.

그러나 소이 집안에서는 규슈의 지방장관 자리를 맡는 것을 좋아하지 않았기 때문에 무로마치室町실정 시대 후기에는 이미 세력이 쇠퇴해 무나카타宗像종상와 아소麻生마생 등 지쿠젠와 부젠의 세력가들은 이미 주고쿠 지방의 유력자인 오우치大內대내(백제 성왕 셋째 아들의 후예라고 칭함) 집안의 영향권에 들어갔다. 소이는 히젠, 쓰시마의 병사를 이끌고 오우치 집안을 소탕하기 위해 여러 차례 지쿠젠에 침입했지만 결국은 소이 집안의 가신이었던 류조지龍造寺용조사 집안의 하극상으로 멸망했다.

또 오우치 집안은 스에陶도 집안(오우치 집안의 방계 일족) 등의 모반으로 멸망하면서 히젠은 자립하고, 지쿠젠과 부젠은 규슈 중부의 세력가인 오토모大友 집안의 간섭을 받았다. 스에 집안은 곧 시코쿠 출신의 모리毛利모리 집안에 의해 멸망했다. 모리 집안 사람들이 지쿠젠과 부젠에 들어와 살고 있었기 때문에 모리 집안은 오토모 집안과 북부 지쿠젠에서 전투를 벌였다.

오토모 집안의 소린宗麟송린은 기독교를 보호하면서 남반 무역을 활발히 전개해 상당한 부를 축적했다. 이 집안은 분고를 거점으로 하는 미나미 지쿠고南筑後남축후의 가마치蒲池포지 집안을 비롯해, 지쿠고의 15개 성에 포진하고 있는 아소阿蘇아소 집안과 히고의 사가라相良상량 집안이 차지했던 땅으로 세력을 늘려나갔다.

하지만 오토모 집안은 미미카와耳川이천 전투(1578)에서 시마즈 집안에 대패하고, 가신을 비롯해 주민들의 이반이 잇따라 급속히 쇠약해졌다. 이 기회에 편승해 히젠에서는 소이 집안에 모반하면서 발흥한 류조지 집안이 세력을 확대해, 다카노부龍造寺隆信용조사용신의 대에는 한때, 오토모·시마즈와 어깨를 겨룰 정도로 신장했다. 후에 다카노부가 시마바라島原도원 반도 오키타나와데沖田畷충전철 전투(1584년)에서 전사하면서 급속히 세력이 약화되고, 이어서 류조지가를 대신해 가신인 나베시마 나오시게鍋島直茂과도직무로 세력자가 바뀌었다.

시마즈 집안에서는 가문 내부의 싸움이 시작됐지만 분가인 시마즈 다다요시島津忠良도진충량의 아들 시마즈 다카히사島津貴久도진귀구가 당주로서 본가를 이었다. 다카히사가 수많은 호족과의 전투에서 승리를 거듭했고, 그의 아들 요시히사義久의구의 지휘 아래 사쓰마와 오스미를 통일했다. 기사키하라木崎原목기원 전투(1572년)에서 이토伊東이동 집안을 제압하고, 미미카와 전투에서 오토모 소린에게 대승리를 거두면서 1581년에는 히토요시人吉인길의 사가라 집안에서 항복을 받아냈다. 이렇게 하여 시마즈 집안은 사쓰마, 오스미, 휴가의 3개국을 합체하고 규슈 전체의 통일 전투에 돌입했다.

한편 1543년에 오스미 국 다네가시마種子島종자도 섬에 당도한 포르투갈인에게서 도주島主가 조총을 사들임으로써 일본에 총이 전래되고, 각종 전투에 총이 도입되었다. 기존의 무기인 기마, 활, 창, 긴 장대, 도검에 총이 첨가되면서 총포대가 조직됐다. 1575년 나가시노長篠장조 전투에서 오다 노부나가는 다수의 총을 준비하고 다케다 가쓰요리武田勝頼무전승뢰, 1546~1582의 기마대에 괴멸적 타격을 입혔다. 오키타나와데 전투에서 시마즈 이에히사島津家久도진가구·아리마 하루노부有馬晴信유마청신 연합군이 수적으로 우세한 류조지 다카노부 군을 이긴 것도 총포대가 기습하

규슈 역사 문화 여행

여 다카노부를 전사시켰기 때문이다. 이렇게 해서 시마즈가 지쿠젠·부젠을 뺀 규슈 대부분을 굴복시킬 즈음에 도요토미의 중앙 정부군이 개입하기 시작했다. 영리한 시마즈 집안은 이에 항복했고 도요토미는 규슈뿐 아니라 전국을 통일하게 되었다. 도요토미의 다음 목표는 조선 출병이 되었다.

규슈의 자연지리

규슈는 '불의 나라'라고 할 만큼 각지에 화산과 온천이 많다. 여름에는 무덥고 태풍도 잦지만 겨울에는 온난한 기후와 아름다운 자연환경으로 일본 전역과 각국에서 관광객이 몰려드는 곳이다.

규슈의 전체 면적은 4만 4,256제곱킬로미터로 대한민국 면적의 절반이 좀 못 된다. 대한민국 면적은 9만 9,913제곱킬로미터이며, 대만은 3만 5,980제곱킬로미터로 우리나라 경상도(3만 2,247제곱킬로미터)보다는 3,733제곱킬로미터가 더 넓고, 전라·충청 양도를 모두 합한 3만 7,113제곱킬로미터보다는 좀 작다.

규슈의 여러 현

규슈에는 후쿠오카, 사가, 나가사키, 오이타, 구마모토, 미야자키, 가고시마 등의 7현이 있다. 북부 3현은 후쿠오카, 사가, 나가사키이고 중부

2현은 구마모토와 오이타이며 남부 2현은 미야자키와 가고시마이다.

후쿠오카 현은 규슈의 관문으로 후쿠오카 시내는 일찍이 하카타博多박다 역을 중심으로 덴진天神천신, 나가스中洲중주 등의 상업 중심지와 시역이 넓어지면서 규슈의 정치문화 중심지가 된 시가지, 혼슈 섬과 인접한 기타큐슈 지역 등이 유명하다.

사가 현은 규슈의 서북부에 위치하는 곳으로 도자기의 명산지인 아리타有田유전와 이마리伊万里이만리, 아름다운 해변 가라쓰唐津당진 등 볼거리가 많다. 매년 7월 중순부터 10월 중순까지 '세계불꽃박람회'를 개최해 축제 형식의 대규모 도자기 행사를 열고 있다.

나가사키 현에서 나가사키 시는 야경이 아름다운 도시로 꼽히는 곳이지만 16세기부터 19세기까지 근 300년에 걸쳐 천주교가 선교 활동을 펼치다가 박해당한 현장이고, 세계에서 두 번째로 원자폭탄 폭격을 받은 비운의 도시이기도 하다. 네덜란드풍 테마 리조트인 하우스텐보스와 미국 해군 7함대의 기항지인 군항 사세보佐世保좌세보도 이 현에 속한다.

구마모토 현은 우리나라를 침략한 임진왜란의 왜장 가토가 쌓은 일본 3대 성의 하나인 구마모토 성과 17세기 최대의 농민 반란지인 아마쿠사天草천초 섬, 현재도 활동 중인 아소 화산으로 유명하다.

오이타 현은 세계적으로 보기 드문 온천 밀집 지역으로 일본 최대의 용출량을 자랑하는 벳푸別府별부, 여성적이고 낭만적인 온천마을 유후인湯布院탕포원에서 느긋하게 온천욕을 즐긴 후에, 일본 근대화 시대의 사상가 후쿠자와 유키치福澤諭吉복택유길가 공부하던 나가쓰中津중진와 이 지역을 중심으로 각축하던 규슈의 역사를 더듬을 수 있는 곳이다.

미야자키 현은 규슈 동부에 끝없이 펼쳐진 푸르른 태평양과 초록빛 숲이 펼쳐진 아름다운 대자연 속에서 예술적인 분위기를 맛보며, 다양한 온천욕과 해수욕을 즐길 수 있는 비경들이 즐비한 현이다.

가고시마 현은 일본 최초로 유럽 문명을 받아들인 곳으로 모래찜질로 유명한 이부스키指宿지숙와 사쿠라지마櫻島앵도 화산, 기리시마霧島무도 화산에 수많은 온천이 있는 곳으로, 가고시마 시내에는 19세기 말에 일어난 세이난西南서남전쟁의 반란군 지도자 사이고 다카모리西鄕隆盛서향융성(1828~1877)가 관군에 포위되어 자결한 현장이 있다.

규슈의 중심지인 후쿠오카에서 다른 현이나 도시로 이동할 때는 철도, 버스를 모두 이용할 수 있다. 철도패스로는 기타큐슈 레일패스로 구마모토나 오이타 현까지 JR 특급이나 보통열차를 무제한 이용할 수 있고, 하카타에서 남쪽으로 구마모토까지 가는 신칸센도 이용할 수 있다. 규슈 레일패스는 규슈 지역 전역에서 통용되는 레일패스로 가고시마나 미야자키까지 갈 때도 쓸 수 있다. JR 패스는 신칸센 노조미 호와 일부 버스를 제외하고 JR이 운행하는 신칸센, 특급, 보통, 지하철, 버스를 무제한 이용할 수 있는 패스로 3일권, 5일권, 7일권, 14일권, 21일권 능이 있다. 그 밖에 산큐山交산교 버스패스도 있고 도시별 버스패스도 있으며 선불카드인 스이고Suigo 패스도 대부분의 교통수단에 이용되는데 특정 지역이나 외딴 곳에서는 통용되지 않는 경우도 있다.

각 현의 현청 소재지에는 우리나라를 오가는 직항편이 대부분 있지만, 규슈를 드나드는 관문은 후쿠오카 국제공항이라고 할 수 있다. 자세한 교통편은 각 현 편에서 설명하겠다.

사가 현의 현청 소재지인 사가는 하카타 역에서 특급의 경우 기차로 40분밖에 걸리지 않는다. 후쿠오카 국제공항에서 바로 가는 버스도 있고 덴진 버스센터에서도 갈 수 있는데 1시간 20분 걸린다.

나가사키는 하카타에서 철도로 특급이 1시간 50분쯤 걸린다. 버스는 하카타 교통 센터에서 2시간 10분 정도 걸린다.

오이타는 특급열차로 하카타에서 온천도시 벳푸까지는 2시간 20분, 오이타까지 2시간 40분 걸린다. 물론 후쿠오카 공항이나 교통센터에서 벳푸나 오이타로 가는 버스도 많다.

구마모토는 신칸센을 타면 40분 이내에 도착할 수 있고, 덴진 버스센터에서 출발하는 버스로는 2시간이 걸린다.

미야자키는 후쿠오카 공항에서도 고속버스가 있지만 인천공항에서 출발하는 직항도 있다. 오이타 역을 경유하는 기차는 5시간 10분 정도 걸린다. 후쿠오카의 덴진에서 출발하는 버스로 미야자키까지는 약 4시간이 걸린다. 가고시마 주오 역까지는 JR 특급으로 2시간 10분쯤 걸리지만 가고시마 국제공항에서 노선버스로는 2시간 10분이 소요된다.

가고시마는 하카타에서 신칸센으로 1시간 45분 걸리고, 버스로는 덴진 버스센터에서 3시간 50분 걸린다.

국적선 항공기는 후쿠오카 외에도 사가, 나가사키, 구마모토, 미야자키, 가고시마 등에 취항하고 있지만 악천후나 항공사 사정으로 때때로 운휴하는 곳도 있으니까 여행 계획에 맞춰 미리 잘 체크해두어야 한다.

앞에서 2016년 10월의 인구통계 표를 보면(도쿄 도의 특별구 제외), 규슈 대도시의 인구는 1위 후쿠오카 153만 3,000명(전국 8위), 2위 기타큐슈 95만 7,000명(전국 14위), 3위 구마모토 74만 명(전국 18위)에 이어 4위 가고시마 59만 9,000명(전국 22위), 5위 오이타 47만 9,000명 (전국 33위), 6위 나가사키 44만 3,000명(전국 33위), 7위 미야자키 40만 명(전국 47위) 순이다. 기타큐슈를 빼고는 이 도시들이 모두 각 현의 현 청 소재지이다. 사가 현의 현청소재지인 사가는 23만 6,000명(전국 96 위)으로 후쿠오카 현의 구루메久留米구류미(30만 5,000명, 전국 87위), 나가 사키 현 사세보(25만 1,000명, 전국 87위)보다 인구가 적다.

여행을 떠나며

나는 일본 규슈를 여행하면서 노래방에 들르거나 일본 사람들과 대 화를 나눌 때 야마구치 모모에山口百惠산구백혜가 1978년 일본국영철도JR의 여행 유치 캠페인으로 취입해 크게 히트한 일본 대중가요 〈좋은 날 여 행을 떠나며いい日旅立ち〉와 보들레르Charles Pierre Baudelaire(1821~1867)의 〈여행에의 초대L'invitation au Voyage〉 불어 원시를 내가 번역한 우리말 시 어로 함께 흥얼거린다. 나는 미국의 프리웨이를 달릴 때 미국 팝송을 부르듯이 일본을 여행할 때 일본의 대중가요를 자주 부른다.

내가 현대의 일본 농 세대들이 부르는 유행가를 부르는 섯은 미 국을 여행하면서 이따금 미국 팝송을 부르는 것과 조금도 다른 마 음이 아니다. 일찍이 프랑스의 16세기 모럴리스트 몽테뉴Michel de Montaigne(1533~1592)는 대중문화가 인간의 보편적이고 기본적인 욕구 를 표현하는 생활의 일부분이기 때문에 즐길 만한 것으로 보았지만 17 세기 저명한 지성 파스칼Blaise Pascal(1623~1662)은 인간이 본성을 적절 히 억제하지 않으면 순수하고 전통적인 고급문화가 오염되고 문화 수준을 타락시킨다는 견지에서 대중문화 현상을 우려했다. 현대의 지성사는 이를 모두 극복한 여러 가지 논리를 보충했지만 이 양론을 펼쳐온 세계 지성사의 역사적 사실을 뛰어넘고 싶다는, 내 나름 문화적 저항의 표출일 수도 있다. 나아가 '너희들이 한국 가요를 아는' 이상으로 '나도 일본 노래를 안다'라는 상대적 자존심에 더해 21세기 코리안 김삿갓이 되어 일본 각지를 주유하면서 일본 유행가를 부를 때, 나 스스로는 조그만 평강과 위안을 얻는다.

〈いい日旅立ち(좋은 날 여행을 떠나며)〉

1.

雪解け眞近の　北の空に向い

過ぎ去りし日日の　夢を叫ぶとき

歸らぬ人達　熱い胸をよぎる

せめて今日から一人きり　旅に出る

눈 녹기 시작할 무렵, 북쪽 하늘을 향해

지나간 나날들의 꿈을 부르짖을 때

돌아오지 않는 사람들, 뜨거운 가슴을 스치네요

어쩔 수 없어 오늘부터 혼자서 여행을 떠난다오

ああ　日本のどこかに

私を待ってる人がいる

いい日旅立ち　夕燒けをさがしに

母の背中で聞いた歌を　道連れに

아! 일본의 어딘가에,

나를 기다릴 사람이 있어요

좋은 날 여행을 떠나, 저녁노을을 찾아서

어머니 등에 업혀 들었던 노래를 길벗 삼아

2.

岬のはずれに　少年は魚つり

靑いすすきの小徑を　歸るのか

私は今から　想い出を創るため

砂に枯木で書くつもり "さよなら" と

곶 언저리에서 소년은 물고기 낚고

푸르른 억새풀 작은 길을 되돌아갈 것인가

나는 이제부터 추억을 만들기 위해

모래밭 고목에 쓸 거예요. '안녕'이라고

ああ　日本のどこかに

私を待ってる人がいる

いい日旅立ち　羊雲をさがしに

父が敎えてくれた歌を　道連れに

아! 일본의 어딘가에,

나를 기다릴 사람이 있어요

좋은 날 여행을 떠나, 양떼구름을 찾아서

아버지가 가르쳐주신 노래를 길벗 삼아

ああ　日本のどこかに

私を待ってる人がいる

いい日旅立ち　幸せをさがしに

子供の頃に歌った歌を　道連れに

아! 일본의 어딘가에

나를 기다릴 사람이 있어요

좋은 날 여행을 떠나 행복을 찾아서

어린 시절 부르던 노래를 길벗 삼아

　나의 여행 철학을 담은 시는 아무래도 나를 지식인으로 길러주는 데 큰 역할을 한 프랑스 문화 속에서 찾을 수 있을 듯하다. 보들레르가 이 시를 지어 나를 여행의 매력으로 초대해주는 것이 아주 고맙다.

〈L'invitation au voyage(여행에의 초대)〉

Mon enfant, ma soeur,

Songe à la douceur

D'aller là-bas vivre ensemble !

Aimer à loisir,

Aimer et mourir

Au pays qui te ressemble !

Les soleils mouillés

De ces ciels brouillés

Pour mon esprit ont les charmes

Si mystérieux

De tes traîtres yeux,

Brillant à travers leurs larmes.

내 아이 내 누이여

그 달콤한 맛을 곰곰이 생각해보자

저기 가서 함께 살 즐거움을!

그대 닮은 나라에서 한가로이 사랑하고

사랑하다 죽으리라

이 흐린 하늘 젖은 햇빛이 매력 되어 내 마음을 유혹하네

하늘의 눈물 너머 배신하듯 반짝이는 그대의 신비한 눈빛처럼

Là, tout n'est qu'ordre et beauté,

Luxe, calme et volupté.

저기, 바로 저기 모든 것이 질서정연하고 예쁘고,

화사하고 고요하고 그리고 관능적 쾌락만이 있는 저기

Des meubles luisants,

Polis par les ans,

Décoreraient notre chambre;

Les plus rares fleurs

Mêlant leurs odeurs

Aux vagues senteurs de l'ambre,

Les riches plafonds,

Les miroirs profonds,

La splendeur orientale,

Tout y parlerait

À l'âme en secret

Sa douce langue natale.

세월에 닦여 빛나는 가구가

우리 침실을 꾸며주고,

진귀한 꽃향기들이 몽롱한 호박 냄새와 뒤섞인 채,

화려한 천장과 그윽한 거울 그리고 동방의 광채,

이 모두가 저기서 비밀스레 진정으로

정다운 모국어를 속삭이리라

Là, tout n'est qu'ordre et beauté,

Luxe, calme et volupté.

저기, 바로 저기 모든 것이 질서정연하고 예쁘고,

화사하고 고요하고 그리고 관능적 쾌락만이 있는 저기

Vois sur ces canaux

Dormir ces vaisseaux

Dont l'humeur est vagabonde ;

C'est pour assouvir

Ton moindre désir

Qu'ils viennent du bout du monde.

- Les soleils couchants

Revêtent les champs,

Les canaux, la ville entière,

D'hyacinthe et d'or;

Le monde s'endort

Dans une chaude lumière.

보라, 저 물길 위에 잠자는 배들을

본래부터 방랑자 기질인 저것들은

세상 끝에서 그대들의 하찮은 욕망을 채워주려 왔구나

저무는 태양이

들판과 물길과 온 도시를

히아신스 같은 보라색과 황금색으로 물들이고 있구나

세계는 잠든다. 훈훈한 햇빛 속에서

Là, tout n'est qu'ordre et beauté,

Luxe, calme et volupté.

저기, 바로 저기 모든 것이 질서정연하고 예쁘고,

화사하고 고요하고 그리고 관능적 쾌락만이 있는 저기

고쿠라는 당초 원자폭탄 투하 대상지였다. 그러나 고쿠라에서 약 7킬로미터 떨어진 야하타에 짙은 안개가 낀 데 더해 바로 전날 미군의 공습으로 연기가 번져 항공기에서 목표물을 정확히 식별하기 어려웠다. … 고쿠라는 인간이 어떤 고차방정식으로도 풀 수 없는 조화로 핵폭탄 투하의 재앙을 면했다.

후쿠오카현

후쿠오카
사가
나가사키
구마모토
오이타
미아자키
가고시마

Kyushu

후쿠오카 현은 규슈 섬의 북부에 있고 규슈에서 인구가 가장 많은 현이다. 현청 소재지인 후쿠오카 시는 규슈 최대의 도시이다. 이 현의 대표적인 대도시는 후쿠오카 시와 기타큐슈 시이다.

이 현은 크게 후쿠오카福岡복강·기타큐슈北九州북구주·지쿠호筑豊축풍·지쿠고筑後축후의 네 개 지방으로 나뉜다. 현의 내륙부인 지쿠호 지방은 과거에 탄광에서 생산되는 석탄을 바탕으로 광공업이 번창했지만, 지금은 모두 폐광되어 기타큐슈 지방의 베드타운이 되었다. 지쿠고는 후쿠오카의 남부 지방으로 최대 도시인 구루메를 비롯해 오무타大牟田대모전와 야나가와柳川유천 등의 지방도시가 있다. 이 도시들은 니시테쓰西鉄서철나 JR 철도 연선을 중심으로 택지 개발이 진행되어 후쿠오카와 구루메의 베드타운이 되고 있다. 현의 최남단에 있는 오무타는 구마모토熊本웅본 현

아라오荒尾황미에 인접해 후쿠오카보다 구마모토 권역이라고 할 수 있다.

지리적으로 현의 북부는 히비키나다響灘향탄와 겐카이나다玄界灘현계탄(이 책에서는 현해탄으로 씀), 동부는 세토 내해의 스오나다周防灘주방탄, 서부의 지쿠고筑後축후 지방은 아리아케有明유명 해에 접해 있다. 현의 중심부에 쓰쿠시 산지가 있고, 지쿠고가와筑後川축후천 · 야베가와矢部川시부천 · 온가가와遠賀川원가천 등의 강 유역에는 논농사 지대가 많다.

이 현은 나가사키 현에 속하는 이키 섬과 쓰시마 섬을 사이에 두고 우리나라 부산과 경상남도를 마주보고 있다. 후쿠오카에서 부산까지는 직선거리로 200킬로미터이며 중국 상하이上海상해까지도 850킬로미터로 도쿄보다 가깝다.

이 현의 인구는 1970년 402만, 1980년 455만, 1990년 481만, 2000년 502만, 2010년 507만 명으로 꾸준히 증가하는 추세이다.

규슈 역사 문화 여행

후쿠오카 시와 주변 지역

후쿠오카는 우리나라에서 가장 가까운 일본의 대도시이다. 200킬로미터 북서쪽에 우리나라의 부산이 있고, 같은 거리로 북동쪽에 히로시마가 있다. 서울까지의 거리가 540킬로미터인데 오사카까지 약 480킬로미터, 도쿄까지는 880킬로미터나 된다. 인천공항이나 부산공항에서는 비행기로 1시간 정도 걸린다. 부산에서는 고속기선을 타고 3시간이면 도착할 수 있다.

후쿠오카는 현의 서부에 위치한 규슈 지방의 행정·경제·교통 중심지로 규슈 최대 도시이다. 2016년 인구는 약 150만 명. 1990년대 인구가 120~130만 명이었지만, 2005년에는 140만을 넘었으니 도시 발전 속도가 빠른 편이다.

현재 후쿠오카에는 여러 노선의 지하철이 있고, 시내를 순환하는 100엔 버스를 비롯해 대중교통이 많이 발달해 있다. 지하철 공항선은 공항 국내선에서 하카타 역, 나카스카와바다^{中洲川端중주천단}, 덴진, 오호리 大濠대호 공원, 도진마치^{唐人町당인정} 등을 거쳐 메이노하마^{姪兵質빈}까지 연결된 노선이다. 나카스카와바다 역에서는 하코자키^{箱崎상기} 선으로 환승할 수 있고, 덴진 역에서는 지하 연결 통로를 따라 나나쿠마^{七隈칠외} 선으로 환 승할 수 있다. 종점인 메이노하마 역에서는 JR 지쿠히^{筑肥축비} 선으로 연 결된다.

하카타 만에 접한 이곳은 예부터 대륙 방면의 관문인 하카타^{博多박다} 로 알려졌다. 나카가와^{那珂川나하천} 강을 경계로 서쪽은 성시^{城市}인 '후쿠오 카', 동쪽은 상인 마을 '하카타'로, 에도 시대(1603~1867)부터 메이지 시대(1868~1912) 초에 걸쳐 두 도시가 공존했다. 1876년에 후쿠오카 와 하카타가 통합해 후쿠하쿠^{福博복박}가 되었다가 후쿠오카로 도시 이름 을 바꾸었다.

후쿠오카는 메이지유신 이전에는 별로 중요한 도시가 아니었다. 당 시의 규슈 지방 최대 도시는 나가사키^{長崎장기}·가고시마^{鹿兒島녹아도}였고, 규 슈 지방을 총괄하는 중앙의 파견 기관은 주로 구마모토^{雄本웅본}에 있었 다. 그러나 1899년의 하카타^{博多박다} 항 개항, 1911년의 규슈제국대학^{九州} ^{帝国大學} 설치 등으로 후쿠오카는 규슈 지방의 중추가 되기 시작했다.

예전의 후쿠오카 시는 나카가와 강을 사이에 두고 무사의 마을이자 정치도시인 후쿠오카와 국제 상업도시인 하카타라는 별개의 도시로 나뉘어 있었다. 두 도시가 합쳐질 때 약간의 분쟁이 있었지만 도시명 은 후쿠오카로 하고, 중앙의 기차역 이름은 하카타로 합의해 오늘날은 하카타가 덴진, 나카스 일대와 함께 후쿠오카 3대 도심 가운데 하나가 되었다.

후쿠오카의 교통과 시내관광　　　　후쿠오카는 국제공항이 시내에 바짝 붙은 보기 드문 대도시이다. 후쿠오카 공항에서 도심인 하카타 역까지는 교통 체증만 없으면 택시로 5~10분 걸린다. 하카타에서 서쪽으로 걸어서 10분이면 덴진이고, 그 가운데에 나카스 지역이 있다. 지하철 공항선은 후쿠오카 공항을 출발해 서쪽 방향으로 메이노하마에서 JR 지쿠히 역으로 연결되니까 편한 곳 어디에 숙소를 정해도 시내 곳곳에 쉽게 접근할 수 있다. 특이한 것은 사가 현의 가라쓰에서 출발한 JR 지쿠히 선이 메이노하마에서는 지하철로 연결되는데 JR 패스로 하카타 역 등에서 내리려면 별도의 지하철 요금을 내야 한다. 국제선 터미널에서는 국내선 터미널에 있는 지하철 공항역까지 무료 셔틀버스가 운행된다. 이것이 좀 거추장스러우면 국제선 청사 앞에서 바로 하카타 버스센터로 가는 노선버스를 타면 종점이 하카타 역 하카타구치博多口박다구(서쪽 출입구) 부근이다.

　후쿠오카의 시영 지하철은 이 공항선 외에도 하코자키 선과 나나쿠마 선 등 모두 세 개 노선이 있다. 하코자키 선은 공항선 나카스카와바다에서 교차해 동북 방향으로 가는 노선으로 가이즈카貝塚패총 역이 종점이다. 나나쿠마 선은 공항선 덴진역과 지하도로 연결된 덴진미나미天神南천신남에서 서남 방향으로 가는 노선으로 하시모토橋本교본 역이 종점이다.

　후쿠오카 시청사 1층 로비에서는 매일 오후 2시부터 3시까지 1시간에 걸쳐 자원봉사자들이 덴진 방면으로 무료 정시투어를 안내한다. 하카타 코스는 하카타 마치야 후루사토관에서 출발한다. 예약이 필요 없으므로 해당 장소로 가면 된다.

　후쿠오카 거리를 둘러보려면 오픈 탑 버스가 제격이다. 이 버스는

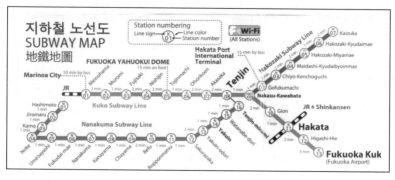

▲ 후쿠오카의 지하철 노선

2층에 지붕이 없는 버스로 덴진의 후쿠오카 시청 앞에서 출발한다. 운행노선은 세 개가 있지만 주요 관광지를 모두 경유한다.

　세 개 코스는 ① 바닷가의 경치를 보면서 후쿠오카 도시 고속도로로 씨사이드 모모치シーサイドももち를 지나 후쿠오카 타워, 오호리 공원 앞, 후쿠오카 성터 등에서 타고 내릴 수 있게 후쿠오카 도심부를 1시간에 걸쳐 도는 '씨사이드 모모치 코스', ② 하카타의 시가지를 지나 하카타 역, 구시다 신사, 후쿠오카 성터에서 타고 내리며 약 1시간 10분 동안 하카타 지구의 신사神社 등 역사적인 곳을 순환하는 '하카타 시중 코스', ③ 밤에 후쿠오카 도시 고속도로를 지나 하카타 역, 후쿠오카 타워, 힐튼 후쿠오카 시호크에서 승하차하며 야경을 즐길 수 있는 '후쿠오카 반짝이는 야경 코스' 등이다.

　티켓은 코스별로 구입할 수 있다. 티켓을 제시하면 기재된 코스와 '후쿠오카 도심 자유구역'의 일반노선 버스, 후쿠오카 시티루프 버스 '그린'을 하루 종일 무제한으로 갈아탈 수 있다.

　덴진의 후쿠오카 시청 앞에서 승차할 경우에는 예약이 가능하지만

규슈 역사 문화 여행

다른 곳에서 승차할 경우에는 공석이 있을 때만 버스에 탈 수 있다. 승차권 구입은 후쿠오카 시청사내(승차장 쪽) 카운터에서 할 수 있고, 다른 곳에서 승차할 때는 안내원에게서 구입한다. 버스의 안내원은 후쿠오카의 예능 프로덕션인 '시냅스Synapse' 소속 여덟 명의 여자 탤런트·모델이 '버스 아나운서'라는 이름의 객실 승무원으로 한 대에 한 명씩 동승해서 승객이 승하차할 때는 승차권 발행·검표를 담당하고, 주행 중에는 맨 뒷좌석에서 관광을 안내한다. 정원은 36명이고 좌석은 지정제로 입석은 불가하다. 승차 중 희망자에게 담요를 빌려주고 비가 오면 무료로 레인코트도 나누어주는데 반환하지 않아도 된다. 오픈 탑이기 때문에 냉방장치는 없지만, 난방장치는 설치되어 있다.

후쿠오카 시티 루프버스 '그린'은 약 1시간 20분에 걸쳐 여러 관광지를 둘러보는 관광버스로 티켓은 덴진 버스센터, 하카타 버스터미널 등에서 발매한다. 1일 패스를 사면 하루 몇 번이라도 자유롭게 갈아탈 수 있다.

하카타 역

규슈의 교통 중심인 JR 하카타 역에는 재래선·신칸센 플랫폼과 지하철 공항선의 환승장이 있고, 하카타구치(서쪽 출입구) 옆에는 규슈 각지를 오가는 버스센터가 있어 교통과 비지너스의 요지이다. 대표적인 상업 중심으로 JR 하카타시티와 역 서쪽의 나카가와 강 주위에 인접한 캐널시티 하카타가 있다.

JR 하카타시티

JR 하카타시티는 2011년에 규슈 신간선의 연장노선이 개통되면서 JR 하카타 역사 내에 문을 연 상업시설이다. 아뮤플라자 하카타와 함께 하카타한큐博多阪急박다판급가 역의 서쪽 출입구인 하카타구치와 동쪽 출입

▲ 하카타 역, 하카타구치(서쪽 출입구)

구인 지쿠시구치筑紫口축자구 사이의 양쪽에 꽉 들어차 있다. 하카타구치 바로 앞에 한국관광공사 후쿠오카 지사가 들어선 빌딩이 보여 한껏 반갑다.

캐널시티 하카타　　　캐널시티Canal City 하카타는 1995년에 나카스의 동쪽이자 하카타 역의 서쪽 지역에 들어선 상업 중심지이다. JR역의 하카타구치에서 하카타 에키마에驛前역전 도로를 따라 10분이면 닿을 수 있고, 지하철 공항선 기온祇園기온 역에서 고쿠다이国体국체 도로를 서쪽 방향으로 10분쯤 걸으면 도착한다.

이곳은 즐거운 쇼핑을 테마로 한 상업시설로 빌딩 사이에 180미터나 되는 인공 운하가 있고 건물 5층에는 여러 라면집을 한곳에 모아놓은 라면스타디움이 있다.

규슈 역사 문화 여행

하카타 항 국제터미널　　　하카타 부두의 동쪽에 있는 국제 부두로 매일 우리나라 부산을 오가는 정기선이 드나든다. 현재 세 개의 여객 노선이 부산으로 운항하고 있다.

카멜리아Camellia(영어로 동백꽃을 뜻함) 호의 운항시간은 후쿠오카-부산이 5시간 30분이 걸리며, 부산발 후쿠오카 도착편은 두 나라의 출입국 심사시간에 맞춰 대한해협과 현해탄을 건너 전날 저녁 8시 출발해서 다음 날 오전 7시 30분 도착한다.

미국 보잉사가 개발한 엔진을 장착한 고속선 비틀Beetle 호(JR 규슈 제트페리)는 3시간 걸리는데 쓰시마(대마도) 경유 편은 30분이 더 걸린다. 비틀호는 성수기에 증편이 있기도 하다. 매일 운항하는 코비Kobee 호는 매일 오전 8시 45분 부산을 출발해서 12시 10분 도착하는 1편이 있고, 후쿠오카에서는 보통 오후 2시에 출발하나 요일에 따라 2시 30분 또는 저녁 늦게 8시에 출발하는 경우도 있다. 소요 시간은 3시간 30분 내외이다.

베이사이드 플레이스 하카타　　　하카타 항의 국내선 부두로 이키와 쓰시마對馬島대마도행 여객선을 비롯해 시카노시마志賀島지하도, 겐카이지마玄海島현해도, 우미노나카미치海ノ中道행 배와 항내 크루즈 선이 드나드는 곳이다. 100미터 높이의 포트타워와 70미터 높이의 전망대가 있어 하카타 만과 시가지를 둘러볼 수 있다. 나카가와 수상버스 사파이어 호의 선착장과 수족관도 있다.

이 단지 내의 임해 온천인 나미하나노유波葉の湯는 노천온천과 내부 욕장에 가족탕까지 갖추고 있다. 온천수는 지하 800미터에서 끌어올린 용천수라고 하는데, 연중무휴로 새벽 3시까지 입욕이 가능하다.

덴진天神천신 덴진은 JR 하카타 역 서쪽에 있는 대규모 상업지역으로 규슈 최대의 번화가이다. 니시테쓰 후쿠오카 역, 후쿠오카 지하철 공항선 덴진 역, 덴진미나미 역 등 전철역이 있어 매우 혼잡하다.

덴진의 지하에는 주도로인 와타나베도리渡辺通도변통의 남북을 관통하는 590미터 거리의 패션 상점·음식점·책방 등의 각종 점포가 1번가부터 12번가까지 들어서 있고 덴진 버스터미널과도 연결 통로가 있다.

덴진 중심가의 후쿠오카 시청에는 15층에 전망대가 있고 1층에 시민 로비가 있다. 시민 로비에는 규슈 각지를 안내하는 팸플릿이 있고 와이파이도 완비되어 있으며, 시청 건너편에는 시민들의 도심 속 휴식 공간인 덴진중앙공원이 있다. 근처의 관광명소로 후쿠오카 현립미술관(天神5丁目), 아카렌카赤煉瓦적연와 문화관(天神1丁目) 등이 있다.

스자키須崎수기공원 부근에 있는 현립미술관은 후쿠오카와 인연이 있는 근현대 작가의 작품전이 열리는 곳이고, 1909년 준공된 아카렌카 문화관은 시립 역사자료관으로 쓰이다가 종합도서관을 모체로, 2004년부터는 문학관으로 쓰이고 있다. 후쿠오카 공회당 귀빈관 건물은 메이지 시대에 건축된 프랑스식 목조건물로 국가 중요문화재이다.

이 건물 앞의 나카가와 강 주변에는 수상버스 선착장(후쿠하쿠데아이바시福博であい橋)이 있다. 배 바닥이 나무로 되어 삐걱거리는 소리를 들

규슈 역사 문화 여행

으면서 이 배를 타고 나카가와강 주변을 한바퀴 돌다 보면 크고 작은 호텔들, 빌딩들, 아카렌카 문화관, 하카타 포트타워들이 그림처럼 펼쳐져 마치 건축의 도시 미국 시카고에 온 것 같은 느낌이 든다.

나카스中洲중주   덴진과 하카타를 가르는 나카가와 강의 모래톱에 자리 잡은, 전국적으로 유명한 유흥가이다. 특히 야간에는 이 강변을 따라 덴진·하카타·나카스·나가하마長浜장빈 등에 포장마차촌이 형성되어 많은 관광객이 찾는다.

오호리大濠대호 공원

이 공원은 후쿠오카 시내에서 손꼽히는 휴식 장소로 지하철 오호리코엔大濠公園대호공원 역에서 내리면 바로 앞이다. 어린이 놀이터가 있어서 가족 단위의 방문자도 있고, 여름철(3월~10월)에는 물고기가 헤엄지고, 늘새들이 나는 것을 보면서 호수에서 보트도 탈 수 있다.

북쪽 입구에 일본의 전통 예능인 노能능를 공연하는 무대와 관람석을 갖춘 노라쿠도能樂堂능락당가 있고, 남북으로 길쭉한 공

▲ 오호리 공원에 위치한 다리

원을 가로질러 건너면 후쿠오카 무도관이 있다. 공원 한가운데 섬을 지나는 두 개의 긴 다리를 걷는 것만으로도 잔잔한 여유를 느낄 수 있다. 공원의 동쪽에는 옛 후쿠오카성터 일부에 마이즈루^{舞鶴무학}공원이 들어서 있고, 공원 부지 내에 헤이와다이^{平和台평화대} 육상경기장이 있다. 남쪽에는 입장료를 받는 일본정원이 있고, 더 동쪽에는 NHK 후쿠오카방송국이 있다.

도보로 후쿠오카 시내관광 하기에 좋은 3시간 코스로 하카타·덴진 지구와 함께, 후쿠오카 타워·니시진 지구와 이 공원 주변 등이 꼽힌다.

후쿠오카 성터

오호리 공원의 동쪽에 임진왜란 때 조선에 쳐들어온 왜장이었고 후에 후쿠오카의 첫 영주가 된 구로다 나가마사^{黑田長政흑전장정}가 쌓은 후쿠오카 성터가 남아 있다. 1601년 착공해 1606년에 완공된 이 성은 바다 쪽에서 보면 학이 날갯짓을 하는 모습을 닮았다고 해서 '마이즈루^{舞鶴무학}성'이라고도 불렸다. 천수대와 혼마루^{本丸본환}, 니노마루^{二の丸} 산노마루^{三の丸}를 비롯한 50개의 망루와 10개를 넘는 성문이 있었고 성곽 주위는 해자로 둘러싸여 세 개의 다리를 통해서만 성안에 들어갈 수 있었다고 한다. 그 많은 망루와 문을 갖춘 광활한 성곽이었지만, 현재는 천수대, 다몬야구라^{多聞櫓다문로} 망루, 기넨야구라^{祈念櫓기념로} 망루, 시오미야구라^{潮見櫓조견로} 망루, 시모노하시고몬^{下之橋御門하지교어문}, 구로다 가신 저택의 나가야몬^{長屋門장옥문}과 나지마몬 문^{名島門명조문}, 구로다 나가마사의 아버지(구로다 간페이^{黑田官兵衛흑전관병위}) 집터와 우물이 남아 있다.

규슈 역사 문화 여행

임진왜란의 왜장 구로다와 후쿠오카

17세기 후쿠오카 일대의 대영주인 구로다 나가마사黑田長政흑전장정(1568~ 1623)는 임진왜란 때 3번대를 이끌고 우리나라에 쳐들어와 선조들을 살육한 왜장이다. 구마모토는 2번대 대장인 가토 기요마사加藤淸正가등청정 의 땅이고, 후쿠오카는 구로다의 땅이었다. 나가마사는 도요토미 히데요시豐臣秀吉풍신수길의 군사 고문軍師인 구로다 요시타카黑田孝高흑전효고(일명 구로다 간베에官兵衛관병위)의 장남이다. 아버지와 같이 세례 받은 천주교도였지만 후에 배교했다. 도요토미 히데요시가 집권하면서, 규슈 정벌의 공로로 부젠나카츠豐前中津풍전중진의 다이묘가 되었다. 이어 내전인 세키가하라 전투(1600년)에서 도쿠가와 이에야쓰의 편에 가담하고 전공을 세워 후쿠오카 번의 초대 영주가 되었다. 나가마사의 아버지는 오다 노부나가織田信長직전신장의 부하가 되고 도요토미 히데요시를 따르면서 1577년 아들을 도요토미 부부에게 볼모로 맡겼다. 나가마사는 도요토미 부부의 인질이면서도 친자식처럼 사랑을 받으며 자랐다. 오다 노부나가가 부하 아케치 미쓰히데明智光秀명지광수의 모반으로 자결한 1582년 '혼노지本能寺본능사의 변' 후에 나가마사는 1582년부터 아버지와 함께 도요토미를 섬기면서 주고쿠 지방의 맹주 모리毛利 집안, 시코쿠 지방의 조소카베長宗我部장종아부 집안 정벌에 참여한 전공으로 많은 영토를 받았다.

1587년 규슈 정벌에서는 나가마사 자신이 휴가日向일향성(현재의 미야자키 현 북부) 공격에서 전공을 세웠고, 부자의 공적을 합쳐 부젠豐前풍전국 나카쓰에 대영지를 받았다. 하지만 백성을 회유하기가 어려웠다. 이곳의 유력한 영주 가운데 한 사람인 기이 시게후사城井鎭房성정진방는 도요토미를 적극적으로 돕지 않았기 때문에 시코쿠 섬의 타지로 이봉하라는 명령을 받았다. 기이는 조상에게 전래받은 땅을 고집하며 명령에 불복했다. 도요토미의 충직한 부하가 된 나가마사는 스스로 기이를 공격했다. 처음에는 기이의 게릴라 작전에 고전했지만 전세가 역전되어 기이는 13세짜리 딸을 인질로 내놓는 조건으로 화의했고, 공손히 따르기로 했다. 하지만 나가마사는 장래의 화근을 없애기로 작심하고 모사를 꾸며 기이를 주연에 초청해 그 자리에서 죽였다. 또 나가마사의 아버지는 옛 전우인 기이의 적자도 죽였다. 이렇게 기이 세력을 섬멸한 나가마사는 인질인 기이의 딸마저 13명의 시녀와 함께 강변에서 책형磔刑(기둥에 묶어 세우고 창으로 찔러 죽이는 형벌)으로 처형했다.

임진왜란과 정유재란 때의 나가마사

1592년(나가마사가 25세 때) 도요토미가 임진왜란을 일으키자, 나가마사는 3번대 5,000명 병력의 수괴로 1번대의 고니시 유키나가小西行長소서행장, 2번대의 가토와 함께 조선에 쳐들어왔다. 그의 부대는 부산 상륙 후에 김해, 창원, 창녕, 성주, 금산, 추풍령, 영동, 청주, 죽산으로 진격해 5월 7일 한성에 도달했다. 황해도를 맡았던 3번대는 평안도 담당의 1번대와 함께 선조 임금을 추격했다. 6월 15일 대동강 전투에서는 조선군의 야습으로 고전했던 소 요시토시宗義智종의지(대마도주. 고니시의 사위)의 군대를 구원하러 나섰다. 그는 크게 부상을 당하면서도 고니시와 함께 조선군을 격파하고 평양성을 점령한 후 황해도로 돌아와 7월 7일에는 해주를 공략했고, 8월 초 연안성을 공격했지만 실패했다. 1593년 정월에 이여송이 이끄는 명나라 군대가 평양성을 급습하자, 나가마사는 함락 직전에 철수한 고니시 군을 백천성에 수용했다.

명나라 군대에 밀려 한성으로 철수한 일본군은 벽제관 전투에서 이여송이 지휘하는 명군을 격파했지만, 전의를 잃은 명군과 식량 부족에 시달리는 일본군이 벌이는 전투는 지지부진했다. 하지만 권율 장군은 행주산성에서 3,000여 명의 병력에 주민들의 참여로 3만여 명(일본 측은 1만 명이라고 추산)의 왜군과 치열한 전투를 벌였다. 나가마사를 포함해 왜장 우키타 히데이에宇喜多秀家우희다수가가 총지휘한 이 전투에서 많은 피해를 입고 결국 왜군은 패전했다.

한성에서 강화 협상이 진행되자, 일본군은 4월에 한성을 포기하고 한반도 남부로 이동·포진하면서 6월에는 진주성을 공략했다(제2차 진주성 전투). 이 전투에는 내로라하는 왜장들이 모두 참전해 진주성을 초토화했다. 조선군은 진주목사 서예원을 비롯해 군민 전원이 학살당했지만, 왜군도 심한 손실을 입어 전라도로의 진출이 좌절 또는 지연되었다.

1596년 9월 강화협상이 결렬되자 도요토미 히데요시가 다시 출병해 정유재란이 이어졌다. 가토는 정유년(1597년) 1월 조선에 재상륙해서 2월에 이순신의 함대를 물리쳤고, 7월에는 고니시와 시마즈 요시히로烏津義弘도진의홍 휘하 육상 병력의 지원 아래 왜의 수군이 칠천량泰川梁(거제도 부근)해전에서 원균이 이끄는 1만여 조선 수군을 궤멸시켰다.

이어 왜군은 1597년 8월부터 주로 호남과 충청도에 공세를 펼쳤다. 왜는 총병력 6만 이상을 동원했고, 그 가운데 당시 30세의 나가마사는 5,000명의 병력을 보태 호남과 영남의 길목인 경상도 안음현(현재의 경남 함양군) 황석산성(황석산 높이 1,190미터)을 공략했다. 현감은 백성들과 합세해(약 7,000~8,000명) 성을 지켰지만, 왜군(우리나라 기록에 따르면 병력은 7만 5,300명, 일본 기록에 따르면 6만 4,300명)은 가토가 남쪽에서, 나베시마가 서쪽에서, 나가마사가 동쪽에서 일제히 공격해 성을 함락시켰다(우리나라의 어떤 기록에는 일본군 절반을 죽여 패퇴시켰다고도 하니 사실 규명은 역사학자들의 몫으로 남긴다).

남원성 전투에서 대승한 왜군은 전주성을 공략한 후에 부대를 둘로 나누었는데 나가마사 등의 부대는 1597년 8월 24일 충청도 천안으로 진출했다. 명군 장수 해생解生은 조명연합군(바이두 검색 결과 조선군 2,000, 조선승병 1,000, 명군 5만. 일본 기록에는 4,000)을 지휘해 왜군(나가마사 5,000 병력과 모리 1만 5,000 병력)과 충청도 직산稷山(천안 서북방)에서 전투를 벌여 왜군을 물리쳤다. 나가마사 쪽의 기록에는 나가마사가 명군과의 격전 끝에 모리 히데모토毛利秀元모리수원 부대와 함께 명군을 격파하고 며칠 동안 직산에 주둔했다고 되어 있지만 이는 나가마사 측의 지화자찬으로 보인다. 『징비록懲毖錄』에는 나가마사가 직산까지 진출하자 한성에서는 많은 사람이 무서워서 도망쳤다는 기록이 있다.

이 패전 뒤에 나가마사는 남하해 양산과 구포왜성에 포진해 있었다. 1598년 8월 도요토미 히데요시가 죽은 후에 일본군이 우리나라에서 철수할 때 나가마사의 나이 31세였다.

세키가하라關ヶ原 전투와 구로다 나가마사의 출세

도요토미가 죽자 나가마사는 고다이로五大老(정무를 통할하는 다섯 명의 원로)의 한 사람인 도쿠가와 이에야쓰德川家康덕천가강에게 접근하면서 본처와 이혼하고, 도쿠가와의 양녀를 새 부인으로 맞았다. 1600년, 도쿠가와가 우에스기上杉景勝상삼경수(1556~1623) 토벌에 나서면서 나가마사도 덕천을 따랐다. 이시다와 고니시가 오사카에서 거병하자 나가마사는 이시다의 부대를 전투 불능의 상태로 몰아넣고 동군 측 다른 장수를 독려해 돌격전을 감행했다. 이어 나가마사는 이시다가 이끄는 서군의 여러 무장이 배반하도록 교섭하는 역할도 맡았다.

이 전공으로 나가마사는 도쿠가와에게 전투의 1등 공로자로 자자손손까지 죄를 면제한다는 보증을 받고 대영지인 지쿠젠 나지마筑前名島축전명도(오늘날의 후쿠오카)를 녹봉으로 받았다. 그는 산업을 장려해 하카타 인형과 직물, 도자기 등 전통 공예의 부흥에 힘써서 현재까지 후쿠오카의 명산품이 되고 있다.

도쿠가와 집안과 도요토미 집안의 최후 전투인 1614년(나가마사가 47세 때) 겨울 오사카 전투에 나가마사는 도쿠가와 군대에 아들을 출전시켰고 1615년 여름 오사카 전투에는 나가마사 자신이 출전했다.

나가마사의 후손들과 미쓰비시 재벌

1623년 나가마사가 교토에서 죽은 후, 장남 다다유키忠之충지(도쿠가와 이에야쓰 양녀 사이에서 출생)가 후쿠오카 영주를 이어받았다. 생전에 그는 장남의 기량을 걱정해 폐적廢嫡(장남으로서의 상속권을 폐함)을 고려한 적도 있지만, 중신 구리야마 다이젠栗山大膳율산대선의 충고를 받아 중단했다. 그는 구리야마에게 아들을 보필하도록 부탁하고 죽었다. 사후에 아들 다다유키와 구리야마가 대립하는 집안싸움이 일어났지만, 다다유키는 이를 잘 수습해 권력을 유지했고 1637년 아마쿠사와 시마바라에서 일어난 민란을 진압하는 공을 세웠다.

후손은 손자인 미스유키光之광지, 증손자 쓰나마사綱政강정, 고손자 노부마사宣政선정로 이어지다가 노부마사의 조카 쓰구다카繼高계고가 5대 번의 양자로 들어가 후쿠오카 6대 번이 되었지만 후손은 여기서 끊겼다.

나가마사의 삼남인 나가오키長興장흥가 아키즈키秋月추월 영주로 분가해 손자 나가시게長隆장중, 증손자 나가노리長軌장궤로 이어졌지만 일찍 죽어 부계는 3대에서 끊어졌다. 그래서 모계 후손으로 증손녀 사위가 대를 이어 중신인 노무라野村야촌가의 아들이 장인의 성을 받아 구로다 나가사다長貞장정로서 영주 자리를 물려받았다.

그 후손은 마지막 12대 영주인 나가노리長德장덕까지 모계로서 구로다 나가마사의 혈통을 이었다. 나가사다의 아들인 5대 영주 구로다 나가쿠니長邦장방의 딸慇艶어염(나가마사의 6대 외손녀)은 호시나 마사노리保科正事보과정술(지바千葉천엽에 있는 이노飯野반야 영주, 니가타에 있는 다카다高田고전 영주를 거쳐 미쓰비시三菱삼릉 재벌 이와사키岩崎암기가로 이어지는 가문)에게 시집갔다.

이들 사이의 적자인 구로다 나가요시黑田長惠가 영주 자리를 물려받았는데, 그래서 구로다 나가마사의 후손은 모계로 이어져 메이지 시대에 미쓰비시 재벌을 창업한 가문인 이와사키 가문이다. 메이지 시대에 이르러 미쓰비시는 천황가의 어용상인 출신인 미쓰이三井삼정, 스미토모住友주우와 함께 일본 3대 재벌로 등장했다.

왜장 구로다 나가마사를 이은 후대의 손녀딸 집안인 미쓰비시는 제2차 세계대전 때, 무기 생산 업체로 성장하다가, 전후에 재벌로서는 해체되었다. 하지만 오늘날에도 중공업을 비롯해 기린麒麟 맥주, 로손Lawson 슈퍼, 아사히旭욱 유리, 니콘 카메라 등이 미쓰비시 산하이다.

후쿠오카 시내 서부 해안

후쿠오카 시내의 서부를 남쪽에서 북쪽으로 흘러 하카타 만으로 들어가는 무로미가와室見川실견천강을 따라 새로 개발된 시가지와 관광명소들이 있다.

이곳은 지하철 공항선으로 도진마치唐人町당인정, 니시진西新서신, 후지사키藤崎등기, 무로미室見실견를 거쳐 메이노하마姪浜질빈에 이르는 다섯 개 지하철역에서 걷거나 노선버스로 환승하면 자세히 관광할 수 있다.

마리노아시티 후쿠오카　　　규슈 최초, 최대 규모의 아울렛 몰로 스포츠 용품을 비롯한 각종 의류 매장이 입점해 있다. 마리노아시티의 상징인 대형 회전관람차도 이곳에 있다. 하카타 역에서는 후쿠오카 타워에 갔다가 호크스타운을 거쳐 마리노아시티에 들른 후에 역으로 돌아오는 코스가 편리하다. 지하철 공항선 종점인 메이노하마 역 남쪽 출구에서는 노선버스로 15분 정도 걸린다.

씨사이드 모모치 Seaside百道　　　후쿠오카 타워 부근의 해변 거리 북쪽이 하카타 만이다. 이곳에는 후쿠오카 타워를 비롯해 다목적 돔인 '후쿠오카 야후!돔'이 들어선 호크스타운몰Hawks Town mall, 마리존 리조트, 후쿠오카종합도서관, 후쿠오카박물관, 그 밖에 언론기관과 문화·오락 시설이 모여 있다.

후쿠오카 타워　　　후쿠오카 타워는 높이 234미터로 해변 타워로는 일본에서 가장 높다. 전망 엘리베이터로 123미터의 최상층 전망대에 올라가면 후쿠오카 시내 전경을 볼 수 있다.

후쿠오카의 주요 부도심인 니시진西新서신 지역 모모치하마百道浜백도빈에 있는 씨사이드 모모치의 제일 명소로, '야후!돔'에서는 히이가와樋井川통정천 강을 건너야 한다. RKB 마이니치 방송 본사의 방송 전파탑으로 1989년의 아시아태평양 박람회에 맞춰 건설되었다.

밤늦게까지 개관하는 이 타워는 전
망대와 전파탑의 역할을 동시에 하고
있다. 전망대에는 '연인의 성지'가 있
는데 커플을 배려한 듯한 조명이 아
주 로맨틱하다.

▼ 후쿠오카 타워

꼭대기 층인 전망대는 높이 123미
터이고 엘리베이터로 약 70초 걸린다.
후쿠오카 시가지를 한눈에 볼 수 있는
이 전망대는 진도 7의 지진이나 초속
63미터의 풍속에도 견딜 수 있게 설계
됐다.

매년 크리스마스와 칠월칠석에는
장식등이 불을 밝힌다. 체육의 날(10
월 둘째 월요일) 전후에는 비상계단을
개방해 1층에서 전망대까지 577계단을 걸어 올라가는 행사가 열린다.
이 이벤트에서 최단 시간 기록은 3분 18초라고 한다.

1층에는 지싱 출입구와 다목직 홀, 2층에는 타워 홀, 3층과 5층에는
전망실이 있고, 4층에는 스카이라운지와 식당 카페 등이 있다. 2층과
3층 사이는 뚫려 있다.

지하철 니시진 역에서는 걸어서 약 20분 걸린다. 공항선 후지사키
역에서는 남쪽으로 약 1.5킬로미터에 있다. 니시데츠 버스로는 후쿠오
카 타워 남쪽 출입구 미나미구치南口남구나 후쿠오카 타워 버스정류장에
서 내린다.

야후!돔　　　　　개폐식 지붕을 갖춘 다목적 돔으로 일본 유수의 프로야구단인 소프트뱅크 호크스의 홈구장이며 호크스타운 쇼핑몰 지구에 있다. 이곳에는 야구장과 야후!돔 외에 국민적인 야구 영웅 '오 사다하루王貞治왕정치 베이스볼 뮤지엄'이 있고, 하드록 카페를 비롯한 각종 오락시설과 음식점이 입점해 있다. 유료로 야구장 필드, 불펜이나 더그아웃 등을 구경할 수 있는 돔 투어는 일본어로만 안내한다. 이 부근에 대한민국 후쿠오카 총영사관이 있다. 지하철 공항선 도진마치에서 걸어서 15분 정도 걸린다.

마리존マリゾン 후쿠오카 리조트　　　후쿠오카 타워에서 내려다보이는 하카타 만의 가까운 바닷가에 결혼식장, 각종 상점과 레스토랑이 들어서 있는 리조트 단지이다. 이 리조트의 결혼식장은 바다에 떠 있는 아름다운 수변시설로 후쿠오카 타워 전망대 '연인의 성지'에서는 저 아래로 내려다보여 연애 감정을 더욱 고조시켜준다고 선전하고 있다. 이곳에서 우미노나카미치海の中道로 가는 고속선을 탈 수 있다.

▼ 후쿠오카 타워에서 내려다 본 마리존 리조트

후쿠오카 시 박물관   후쿠오카 타워에서 길 건너 남쪽에 있다. 이 박물관은 옛날부터 후쿠오카의 대외 창구였던 이곳의 역사 자료와 국보인 긴인金印금인, 이 지역의 맹주였던 구로다 가문의 귀중한 자료를 소장하고 있다. 대외 교류의 오랜 역사와 이 지역민의 생활상을 보여주는 한편, 체험 학습실에서는 아동들이 아시아 각국의 악기를 장난감처럼 가지고 놀 수 있게 마련해놓았다.

전철로는 니시진 역이나 후지사키 역에서 내려 약 15분 정도 걸어도 되지만, 씨사이드 모모치 지역 일대를 걸어 다니면서 한꺼번에 돌아보는 편이 낫다. 노선버스로는 박물관 남쪽 입구나 북쪽 입구에서 내릴 수 있다.

후쿠오카 시 종합도서관   박물관 건너편의 모모치 중앙공원 앞에 있다. 약 120만 권의 장서와 아시아 각국의 영상자료를 수집해놓았고, 영상물도 상영한다. 도서관 입장은 무료이지만 영상 홀은 관람료를 받는다. 주중에는 오전 10시부터 오후 7시까지 개관하고 일요일과 휴일은 오후 6시까지 개관한다. 영상 홀은 오후 10시까지, 일요일과 휴일에는 오후 6시까지 이용할 수 있다.

● ## 후쿠오카 시내 동쪽 지역

가시이香椎향추   후쿠오카의 주요 부도심이 서쪽의 니시진이라면 동쪽에는 가시이가 최근에 부도심으로 개발되고 있다.

JR 가시이 역은 환승역으로 니시테쓰의 가시이 역, 후쿠오카 도시고속도로의 나들목이 있어 시 동쪽의 교통 요지이다. JR 가시이 역에서 환승하면 우미노나카미치海の中道 해변공원에 갈 수 있다.

JR 가시이 선香椎線향추선은 사이토자키西戸崎서호기 역에서 우미宇美 역에 이르는 철도선이다. 가시이에서 환승할 때는 우미행인지 사이토자키행인지 주의해서 확인해야 한다. 나는 우미라는 발음만 믿고 한국어와 헷갈려 기차를 타고 우미 역으로 갔다가 되돌아온 적도 있다. 사이토자키행을 타고 종점 바로 전에 우미노나카미치 역이 있는데, '우미'만 듣고 반대 방향으로 갔기 때문이다. 가시이 선은 '우미노나카미치 선'이라는 애칭이 붙어 있다.

우미노나카미치海の中道　　후쿠오카의 동쪽 해변의 대표적인 명소이다. 씨사이드 모모치에서 배로도 건너갈 수 있고 JR 전차로도 갈 수 있다. JR로는 하카타 역에서 출발해 가고시마 본선의 가시이 역에서 환승해서 JR 가시이 선으로 갈아탄 뒤, 약 20분이면 이 역이다. 두 개

▲ 우미노나카미치 역(왼쪽)과 우미노나카미치 공원 지도(오른쪽)

　　　　　　　　　　　　　　　규슈 역사 문화 여행

역의 좌우에 펼쳐진 공원에는 역 앞에 있는 입구 외에도 오리들의 연못 입구, 수족관 원더월드 입구, 빛과 바람의 광장 입구 등 모두 다섯 개의 입구가 있다. 우미노나카미치 역에서 5~6분을 걸으면 하카타 만을 바라보는 선착장, 후쿠오카 시민이 가장 가고 싶어 한다는 호텔 더 루이간즈 등이 있다.

후쿠오카 시의 북쪽으로 겐카이나다 해변과 남쪽으로 하카타 만을 사이에 두고 바다에 둘러싸인 이 공원 부지는 당초 일본 해군 비행장이었다가 패전 후에 미군 해군기지로 이용된 적이 있다.

국영공원인 이 해변공원에는 장미정원, 수국 핀 오솔길, 갈대밭, 무지개 꽃밭, 당일치기 캠핑장, 동물의 숲, 풀장, 각종 놀이시설, 수심 7미터의 거대한 수조가 있으며, 70여 개의 수조에서 돌고래, 상어 등이 헤엄치는 모습도 볼 수 있다. 어린이와 어른이 함께 자연관찰과 체험학습을 즐기는 모습이 참 평화롭게 보였다. 수족관인 마린월드 우미노나카미치에는 2만여 종의 해양생물을 전시하고 있고, 전천후 마린시어터에서는 돌고래 쇼가 벌어진다. 공원 부지가 너무 넓어서 특별한 목적지를 정하지 않으면 사이클링 코스를 따라 자전거를 타고 돌아야 한다.

후쿠오카 아일랜드시티　　　　아일랜드시티는 서쪽으로 우미노나카미치를 마주보고 있는 인공 섬인데 하카타 만 앞바다를 매립해서 건설한 곳이다. 아일랜드시티 중앙공원은 자연환경과의 공생과 아름다운 시가지 형성, 방재 거점, 자연과의 만남의 장으로 구성되어 있다. 공원은 도로를 사이에 두고 북쪽과 남쪽으로 갈라져 있고, 육교로 연결되어 있다. 북쪽에는 중앙에 연못이 있고, 그 주위를 에워싸는 잔디광장과 주위 약 600미터의 산책길이 있다. 연못의 서쪽에 체험학습시설이 있고 연못 동쪽에는 다목적 광장, 어린이 광장, 화목원花木園이 있으며 남쪽에는 국제교류정원이 조성되어 있다.

노코노시마能古島능고도 　　　후쿠오카의 서쪽 바다에 떠 있는 섬으로 하카타 만 제일의 명소이다. 후쿠오카 시내에서 10~20분이면 갈 수 있다. 남북 3.5킬로미터, 동서 2킬로미터, 둘레 12킬로미터, 면적 4제곱킬로미터가 채 안 되는 작은 섬이다. 섬에 살고 있는 인구는 720명, 200세대이지만 초등학교와 중학교가 있다. 메이노하마 또는 덴진 부근에서 잠시만 배를 타면 된다.

시영 도선渡船 프라와노코フラワーのこ는 마리노아시티 후쿠오카マリノアシティ福岡 부근의 메이노하마 도선장에서 입출항한다. 직선거리 2킬로미터로 승선 시간은 약 10분이다. 하카타 역이나 덴진에서는 노코도선장能古渡船場능고도선장행 버스가 있고, 메이노하마 역의 미나미구치로 나가면 도선장행 버스가 있다. 관광객이 많을 때는 도선장과 마리노아시티 간에 무료 셔틀버스가 운행된다.

▼ 노코노시마 섬 전경

이 도선은 아침과 저녁에는 30분 간격으로 운행되지만 낮에는 1시간 간격으로 하루 21~23편 운행한다. 덴진중앙공원 앞의 후쿠하쿠데아이바시福博であい橋에서 노코노시마까지 직통 수상버스가 정기 운행되고 있다.

이 섬의 중앙부 동쪽에 자동차 통행이 가능한 도로가 있어 노선버스가 운행된다. 섬 내에는 신호등이 없다. 도선장에서 자연공원인 아일랜드 파크로 가는 버스도 있다.

시카노시마志賀島지하도 국보인 긴인金印금인이 발견되었다는 이 섬은 우미노나카지마에서 모래톱을 연결한 해변도로를 따라 차로 갈 수 있다. 덴진에서 니시테쓰 버스가 이 섬까지 운행되고 있다. JR 사이토자키 역에서 버스를 갈아타면 이 섬 세 개 마을 어디에나 갈 수 있다. 하카타 부두에서도 시카노시마 섬까지는 후쿠오카 시영 도선이 운항된다.

규슈대학 규슈 지역의 최고 명문 대학은 남부 일본에서 제일인 국립 규슈대학九州大学(약칭 규다이)이다. 이 대학교는 1867년에 설립된 산세이칸贊生館찬생관(서양의학 교육기관)을 기원으로 하는 규슈제국대학九州帝大을 모체로 1911년 개교했다. 현재 대학의 캠퍼스는 후쿠오카 시의 하코자키, 마이다시馬出마출, 오바시, 이도伊都, 가스가春日춘일 시와 오노조大野城대야성 시의 쓰쿠시, 오이타 현 벳푸 등 여섯 개 지구에 소재하

▼ 하코자키에 위치한 규슈대학 박물관

후쿠오카 현

고 있다.

　2014년 4월에 대학 본부는 동쪽의 하코자키에서 서쪽의 모토오카元岡원강로 옮겼다.

　이 대학은 1949년 서울대학교가 재조직되었듯이 미군의 지도를 받아 국립대학으로 재조직되고, 학부와 대학원(연구부와 교육부), 고등연구원(2009년에 설립된, 우수한 연구 실적을 가진 정년퇴직 연구자와 뛰어난 신진연구자를 지원하기 위한 학내 조직)으로 구성되어 있다.

　현재 이 대학은 지구별로 다음과 같이 배치되어 있다.

　· 이토伊都이도 지구: 이토시마糸島사도 캠퍼스와 시기椎木추목 강당이 있다. 가까운 역은 JR 규슈 지쿠히 선 규다이갓켄九大学研구대학연 역이다.

　· 하코자키箱崎상기 지구: 후쿠오카 공항에 가깝기 때문에 착륙하기 직전의 비행기가 이 캠퍼스 바로 위를 통과한다. 가장 가까운 역은 지하철 하코자키 선 규대 앞九大前구대전 역, 시영 지하철 하코자

키 선과 가이즈카貝塚패총 선의 가이즈카 역, JR 하코자키 역 등이다.

· 마이다시 지구: 의학부, 치학부, 약학부와 규슈대학병원, 의료계 연구소 등이 있다. 근처 역은 시 지하철 하코자키 선 마이다시 규다이병원 앞馬出九大病院前마출구대병원전 역과 JR 요시즈카吉塚길총 역이다.

· 오하시 지구: 시오바라塩原염원에 있는 예술계 캠퍼스로 건축 디자인도 독특하다. 부속시설로 감성융합창조센터가 있다. 근처의 역은 덴진오무타天神大牟田천신대모전 선 오하시 역이다.

· 쓰쿠시 지구: 교외에 있는 연구기관 집중 캠퍼스로 겨울에는 눈이 쌓이는 날도 있다. 가까운 역은 JR 오노조 역과 덴진오무타 선의 시라키하라白木原백목원 역이다.

· 오이타 지구는 오이타 현의 온천도시 벳푸에 있는 연구시설로 생체방어의학 연구소와 벳푸 첨단의료센터가 있다. 가까운 역은 JR 벳푸 역이다.

· 롯폰마쓰六本松육본송 지구: 예전에는 교양과목 강의를 주로 하는 롯폰마쓰 캠퍼스가 있었지만 2009년에는 모든 시설이 이토 캠퍼스로 이전했다.

후쿠오카 시내 인근의 온천

하카타博多박다 온천　　하카타 온천은 덴진, 나가쓰, 하카타에서 약 6킬로미터 거리에 있다. 나카가와 강 주변에 수십 개의 원천을 가진 대단히 드문, 도시형 고온 다량의 온천이다. 온천수는 지하 100미터에서 용출되며 원천 온도는 섭씨 42도에서 58도이다. 당일치기 온천욕이 가능한 곳도 있다.

후쓰카이치二日市이일시 **온천**　　지쿠시노에 있는 방사능천 온천으로 1,300년 전에 개탕했다. 근세에는 '무사시武藏무장 온천'이라고 불리다가 1950년대부터 이 이름을 쓴다. JR 후쓰카이치 역에서 서남쪽 직선거리 약 500미터의 지방도로 연선에 온천이 있지만 그 역은 온천의 반대편인 동쪽에만 개찰구가 있어서 10분 정도 걸어야 한다.

지쿠고가와筑後川축후천 **온천**　　하카타나 덴진에서 고속도로로 1시간 이내에 도착할 수 있는 우키와浮羽부우에 있다. 철도는 규다이 본선 지쿠고오이시筑後大石축후대석 역에서 택시로 약 5분 거리이고, 니시테쓰 버스로 하키杷木파목 정류장에서 내리면 걸어서 약 10분 거리이다. 수질은 단순온천, 유황천, 방사능천이 있고 원천 온도는 섭씨 34도에서 44도이다.

후나고야船小屋선소옥 **온천**　지쿠고 시 남부에 있는 온천으로 원천의 용출 온도가 섭씨 19도인 냉광천이다. 야베가와矢部川시부천 강을 사이에 두고 건너편은 신후나고야新船小屋신선소옥 온천이라고 한다.

JR 지쿠고후나고야筑後船小屋축후선소옥 역에서 버스로 갈아타고 후나고야 정류장에서 내린다. JR 구루메 역, JR 하이누즈카羽犬塚우견총 역, 니시테쓰 구루메 역에서는 후나고야행 버스로 갈아타고 종점에서 하차한다.

철분을 함유한 탄산천으로 온천수를 마시면 위장에 좋다고 하여 온천수 음용장이 있다.

후쿠오카 시에서 가까운 곳

다자이후太宰府태재부 후쿠오카 시 동남쪽에 있는 도시로 일찍이 규슈 지구의 통치 조직인 다자이후가 설치되어 있던 곳이다. 다자이후 덴만구太宰府 天満宮태재부 천만관 등의 사적이 많아서 매년 700만 명 이상이 찾는 관광도시가 되었다.

시의 북부에 시오지야마四王寺山사왕사산(해발 410미터), 시 동부에 호만잔宝満山보만산(해발 829.6미터), 시 서남부에 덴바이잔天拝山천배산(해발 258미터)이 있고, 시 중앙부를 미카사가와御笠川어립천강이 흐르고 있다. 시 중앙부에 시가지가 발달했으며 서부·남부는 후쿠오카 도시권의 베드타운이다.

또한 다자이후에는 학교가 많이 있어 기타큐슈 시 오리오折尾절미 지구와 함께 학생의 거리로 유명하다. 교육시설이 집중되는 것은 다자이후 덴만구 신사에 '학문의 신'을 모시고 있기 때문이라고 한다.

다자이후는 덴진에서 니시테쓰 버스나 기차로 30분 정도 걸리는 거리로 하카타 버스센

▼ 다자이후 덴만구 신사(위), 덴만구 내 일본정원(아래)

터에서는 공항 국제선 터미널을 경유하면 40분 정도 걸린다. JR 특급을 타면 후쓰카이치까지 15분밖에 걸리지 않는다. 규슈국립박물관이 덴만구 신사 부지에 들어서 있다. 신사는 니시테쓰 덴진오무타 선 다자이후 역에서 걸어서 5~10분 거리이다.

JR을 타고 오다가 미즈키水城수성 역에 내리면 서기 664년에 신라가 다자이후에 침입하는 것을 막기 위해 오노조에 산성을 쌓고 평야의 전략적 요충지에 건설한 수성터水城跡가 있다. 이 성에는 쓰시마, 이키노시마, 쓰쿠시노구니筑紫国축후국 등을 방어하기 위해 병사를 배치하고 봉화대를 설치했으며 제방을 쌓아 물을 저장했다고 한다.

수성의 제방으로 오키大城대성산록에서 시모리下大利하대리에 이르기까지 길이 1.2킬로미터, 폭 80미터, 높이 7미터의 인공 흙벽을 쌓았고, 하카타 쪽에는 폭 60미터에 깊이 4미터에 이르는 호리에 물을 저장해두었다. 이 호리는 만조 때 바닷물을 가두어두었다가 가상의 적인 신라군이 침략해 오면 수공水攻을 펼치려고 파놓았다. 그래서 성의 이름도 수성水城이다.

수성에는 동서 양쪽 문이 있었지만 철도 건설을 위해 수성의 큰 둑 일부를 허물었다. 서쪽 문은 현재의 JR 미즈키 역 서쪽에 장방형 초석과 망루로 그 자취가 남아 있다. 동쪽 문은 규슈 전체를 총괄하는 군사·외교의 중심 관청인 다자이후의 현관 출입구였다.

다만 지금은 흔적만 있고, 주변은 논과 밭, 최신 연립주택이 들어서 있을 뿐이다. 신라가 이곳으로 출병을 계획한 적이 있었는지 모를 일이다.

신라의 침입을 막기 위한 오노조의 또 다른 흔적으로 다자이후 뒤

▲ 다자이후 흔적

쪽 시오지야마四王寺山사왕사산 산정에는 7세기경에 쌓은 조선식 산성이 있다. 산허리를 흙으로 둘러쌓은 성, 돌담, 건물의 초석 등이 남아 있는데 나당연합군에 패해 망명해 온 백제 사람들이 지도해 쌓은 성이라고 한다.

나는 JR 미즈키 역으로 먼저 갔지만 다자이후 덴만구에서 약 1시간 30분을 걷는 관광코스이기도 하다.

구루메久留米구류미　　　　현의 남부에 있는 옛 지쿠호 지방의 중심지로 과거에는 규슈에서 손꼽히는 상업도시였다. 오늘날은 육상자위대의 기지가 들어서 군사도시가 되면서, 1995년에는 인구가 30만 명을 넘었다. 후쿠오카에서는 JR과 니시테쓰 선이 모두 연결되어 있다. 신칸센으로 15분, 가고시마 본선 특급으로 25분, 니시테쓰 넨신오무타 선 특급으로 30분이면 도착한다.

구루메 역 부근에 이시바시石橋 석교 미술관이 있고 시내에는 양조장이 많다. 신주新酒 품평회나 행사가 있을 때는 시내에 플래카드 등이 걸리는데 이때는 시음도 하고 술도 싸게 살 수 있다.

야나가와柳川류천　　　　성곽도시로 해자 주변을 순항하는 물놀이로 유명한 곳이다. 니시테쓰 덴진오무타 선 특급으로 30분, 보통은 45분 걸린다. JR로는 지쿠고후나고야 역에서 내려 노선버스로 20분 정도 걸린다.

겐카이玄海현해 **국정공원**　규슈의 후쿠오카, 사가, 나가사키 현 등의 겐카이나다(겐카이나다 연안인 나가사키 현은 후쿠시마와 다카시마鷹島용도만 해당)로 이어지는 국정공원이다. 동쪽은 와카마쓰若松약송 해안의 북쪽에서 시작해 서쪽은 나가사키 현 이마리伊万里이만리 만에 이르는 광범한 지역으로 한반도 등과 교류한 흔적이 남아 있다. 해안선을 따라 니지노마쓰바라虹の松原, 산리마쓰바라三里松原삼리송원, 고가노 마쓰바라古賀ノ松原, 이키노마쓰바라生の松原, 니기노마쓰바라幣の松原 등 수많은 소나무 숲이 펼쳐져 있다.

해저는 현무암이고 와카마쓰 북쪽은 손대지 않은 자연해안이다. 이토시마糸島사도 반도에는 후타미가우라二見ヶ浦와 현무암 해식동굴인 게야芥屋개옥 대문이 있다. 여기서 더 서쪽인 사가 현 가라쓰 북부에서 이마리 만에 이르는 해안은 리아스식 해안으로 경승지가 많다. 나나쓰가마ヒツ釜는 현해탄의 격랑으로 암반이 침식해서 생긴 일곱 개의 해식 동굴인데, 이 동굴을 보게 하기 위해 히가시東동 마쓰우라 반도 최북단인 하토波戸파호 곶에는 해중 전망탑이 설치되어 있다.

그 밖에도 이 공원에는 녹나무 원시림이 있는 다치바나야마立花山입화산, 이토怡土 성터, 가라쓰 만을 멀리서 바라보기에 좋은 가가미야마鏡山경산, 이마리의 오히라야마大平山대평산, 다케노코바竹の古場 공원, 화산 흔적이 남은 구로세黒瀬흑뢰가 있다.

규슈 역사 문화 여행

구로세는 겐카이시마玄界島현계도(서북에서 동남쪽 방향으로 길쭉한 타원형 모양의 화산섬으로 최고 지점은 해발 218미터이다) 북쪽 300미터에 있는 현무암의 작은 암초로 약 110만 년 전에 활동하던 화산이 남긴 흔적이라고 한다.

이토시마糸島시도 반도　　후쿠오카 현의 서쪽에 있는 반도로 북쪽은 현해탄의 해안선이고, 남쪽은 산들에 감싸여 있다. JR 지쿠히 선과 국도를 중심으로 이토시마 시가지가 형성되어 있다. 동쪽으로는 후쿠오카 시, 서쪽으로는 사가 현 가라쓰 시, 남쪽으로 사가 시와 접하고 있다. 후쿠오카 도심에서 접근하기 쉬운 이 반도 주변에는 가볼 만한 관광지가 많다.

- 시라이토白糸백사 폭포: 해발 900미터인 하가네羽金우금 산의 중턱에 있는 높이 약 24미터의 폭포이다. 주위에는 수령이 300년가량 된 단풍나무가 자생하고 있다. 같은 이름의 폭포가 일본 여러 곳에 있다.
- 가야可也가야산. 해발 360미터인 원뿔 모양 화산으로 '이토시마의 후지산'이라고 불린다. 이 산에는 우리나라에 침입한 왜장 구로다가 1618년에 신사 입구에 두 개의 기둥 문을 세우느라 돌을 부순 흔적이 남아 있고, 산 정상 부근에서는 현해탄이 눈 아래에 사방으로 펼쳐진다.
- 니조二丈온천: 라돈을 함유한 단순 약방사능 냉광천으로 실내욕, 노천욕, 사우나가 가능하다. 천연 라돈 물을 판매하고 있다.

· 아네코姉子·매자(누나) 해변의 우는 모래姉子の浜鳴き砂: 이 해변은 현해탄의 거센 파도에 의해 형성된 얕은 여울인 시라하마白浜백빈 해안으로, 규슈에서는 유일하게 모래가 우는 소리를 내는 해안이다. 모래사장은 길이가 1.1킬로미터에 폭 20미터로 일몰이 멋진 장소로도 유명하다. 모래가 우는 소리는 차돌石英이 마찰하면서 내는 소리로 깔끔한 해변에서만 나타난다고 한다. 모래 위를 걸으면 이런 신기한 소리가 들린다.

· 게야 대문: 현해탄을 대표하는 명승지 기암으로 거센 파도에 의한 침식 작용을 견디며 우뚝 솟은 현무암 동굴이다. 동굴은 높이 64미터, 폭 10미터, 동굴 길이 90미터로 현해탄을 향해 검게 입을 벌리고 있는 듯한 모습이다. 육각형·팔각형의 현무암이 주상절리(단면의 형태가 육각형 내지 삼각형으로 긴 기둥 모양을 이루고 있는 절리)의 모양을 보여주고 있다. 우리나라 제주도 해안에 많은 기둥 모양의 주상절리와 비슷하다.

절리joint는 암석의 균열이 거의 일그러지지 않은 것으로, 면面에 평

▼ 니조 온천

행하게 일그러지거나 세로로 깎인 것 같은, 단층断層으로 쪼개지는 방향에 따라서 널빤지 모양을 한 판상板状절리와 기둥 모양의 주상절리로 나뉜다.

· 니기해변幣の浜: 게야 대문과 노기타野北야북로 이어지는 약 6킬로미터의 모래 해변으로 일

본의 백사청송白砂靑松 100선에 꼽히는 곳이다. 사계절 내내 많은 서퍼surfer들이 찾는다.

· 후타미가우라二見ヶ浦: 사쿠라이桜井앵정 후타미가우라라고도 한다. 후타미가는 해안에서 마주 보고 있는 두 개의 바위로 부부바위라고도 한다. 이 바위는 해안에서 약 150미터 떨어진 바다 위에 우뚝 솟은 두 개의 암석으로 높이가 각각 11.2미터와 11.8미터이다. 겨울에는 현해탄의 거센 파도를 잘게 부숴 웅장한 경관을 연출하며, 봄에는 잔잔한 파도가 바닷속에 마주 선 부부의 모습처럼 보인다.

· 히메지마姬島희도 섬: 현해탄에 떠 있는 둘레 4.3킬로미터의 작은 외딴 섬으로 메이지유신을 음지에서 지지한 한 여승이 유배되어 있던 섬이다. 그 유배지가 지금은 불당이 되어 있다.

기타큐슈 시와 시모노세키

기타큐슈北九州 시는 일본 규슈 최북단의 동북부에 위치한 도시로 2014년 기준 인구가 약 96만 명이다. 1963년 2월 10일, 북 규슈의 다섯 개 도시가 기타큐슈 시가 되었다. 교통의 요충지였던 고쿠라小倉소창, 간몬關門관문해협에 접하여 혼슈와 간몬터널로 연결되는 모지門司문사, 공업 도시인 도바타戶畑호전와 야하타八幡팔번, 그리고 석탄 선적항 와카마쓰가 통합한 것이다.

기타큐슈 시는 배후의 내륙 지역인 지쿠호 지방에서 산출된 석탄과 함께 발전했다. 메이지 시대 말에는 지쿠호 지방에서 산출된 석탄을 동력이나 원료로 사용해 야하타 지구에 일본 최초의 제철소가 건설되었다. 그 후에 인근의 도바타도 제철을 중심으로 한 중공업 도시로서 발전해 북 규슈 공업지대를 형성했다. 다섯 개 도시의 통합 전후에 새 도시는 산업구조가 변화해 중공업이 쇠퇴하고 인구도 감소했다. 현재는 간몬해협을 사이에 두고 육상과 지하로 야마구치 현의 시모노세키 시와 연결되어 동일 생활권을 이루고 있다. 시의 북쪽은 우리나라 동해에 접하고 동쪽은 세토 내해이다. 해안선의 80%는 항만 등 인공 해안이지만 나머지 20%는 리아스식 해안과 암초 등으로 이루어진 자연 해안이다. 시의 남쪽에는 산지가 많고 산간 지역은 기타큐슈국립공원이다. 후쿠오카 현의 도시 가운데 가장 면적이 넓지만 산지가 많아 주택이나 공장 등은 연안부에 집중되어 있다.

이 시는 제철소를 근간으로 1960년대까지 고도성장기의 경제발전을 선도했지만, 그 대가로 공해 문제가 심각한 지역이 되었다. 환경을 고려하지 않은 난개발로 인해 광화학 스모그가 자주 발생했고, 도카이 만東海灣동해만은 '죽음의 바다'라고 불릴 만큼 오염되었다. 특히 야하타 주변 지역에서는 기관지 천식 환자도 많이 발생해 피해가 극심했다. 최근에 환경 개선에 힘써서 현재는 많이 나아졌다. 우리나라 울산이 이렇게 되지 않길 바란다.

공해를 극복하려는 노력을 계속해 재활용 산업을 육성하거나 환경 관련 분야를 연구하는 기관이 많다. 모지코門司港문사항의 '모지코 레트로 시구' 등의 관광 명소도 개발되었다.

다양한 역사를 지닌, 기타큐슈 시의 여러 구에 가보자.

고쿠라

예부터 고쿠라는 간몬해협을 사이에 두고 규슈와 혼슈의 접점에 있

▲ 도키와바시 다리

는 육·해상 교통의 요지로 많은 호족이 서로 다툰 지역이었다. 에도
시대 초기에 무라사키가와紫川자천 강의 동쪽을 개발하면서, 고쿠라 성
의 서쪽에 있는 마을(조카마치城下町성하정)을 잇는 도키와바시常盤橋상반교(옛
이름은 오하시大橋대교) 다리가 건설되어 나가사키 가도長崎街道장기가도 동북
쪽 끝의 시발점이 되었다. 이 다리는 교각이 나무로 만들어져 썩거나
폭우에 휩쓸려 여러 번 다시 가설되면서 1800년대 초기에 당시로서는
드물게 탄탄한 '돌 말뚝'을 박았다.

그래서 이 다리는 고쿠라에서 규슈 여러 곳을 오가는 모든 도로의
기점이자 종점이었다. 나가사키 가도, 나카쓰 가도, 아키즈키秋月추월 가
도, 가라쓰 가도, 모지를 왕래하는 다섯 개의 길을 '고쿠라 5가도五街道'
라고 불렀다.

당시에 고쿠라에서 나가사키까지 228킬로미터의 길을 오가는 여
러 다이묘, 나가사키 부교奉行봉행(막부직할지의 행정과 사법을 관장하는 직

규슈 역사 문화 여행

책), 네덜란드 상관 행렬이 이곳에서 휴식을 취하거나 숙박을 했다. 후쿠오카, 구마모토, 사쓰마 번을 비롯해 나가사키 가도를 이용하는 여러 번은 고쿠라에 각각 단골 여관이 있었다.

이 다리의 좌안 북쪽에 항구가 있었고, 여기서 시모노세키로 가기 위해서는 이 다리를 건너가서 배를 타야 했다. 나가사키 데지마出島출도에 있는 네덜란드 상관의 관계자 일행도 쇼군에게 진상하는 물품을 갖고 100명 정도의 행렬로 이곳을 거쳐 매년 에도를 방문했다.

고쿠라는 1945년 8월 9일에 병기제조창造兵廠이 있었던 주요 군사기지였기 때문에 당초에 원자폭탄 투하 대상지였다. 그러나 고쿠라에서 서쪽으로 약 7킬로미터 떨어진 야하타에 짙은 안개가 낀 데 더해 바로 전날 미군의 공습으로 연기가 번져 항공기에서 목표물을 정확히 식별하기 어려웠다. 일설에는 고쿠라 시민들이 연막전술로 미군 조종사를 속였다고도 하지만 믿기 어려운 말이다. 폭격기 조종사는 이 상황을 상부에 보고해 수정된 명령을 받아 원자폭탄은 규슈 북쪽 대신에 어이없게도 나가사키에 투하되었다(자세한 것은 나가사키 편을 보라). 어떻든 고쿠라는 인간이 어떤 고차 방정식으로도 풀 수 없는 조화로 핵폭탄 투하의 재앙을 면했다. 고쿠라는 사람의 운명이 자연에만 딜러 있

▼ 기타큐슈 공항

지 않고, 이처럼 자연과 인간사회 모두에 달려 있다는 무서운 체험을
한 도시이다. 미군은 일제가 항복한 후 두 달여 뒤인 1945년 10월 17
일 고쿠라에 진주했다.

기타큐슈 공항은 고쿠라의 남쪽 바다 위의 인공 섬에 건설된 공항
으로 2006년 3월 개항했다. 이 공항은 규슈에서 최초로 24시간 운영되
는 공항이다. 옛 기타큐슈 공항은 태평양전쟁 중에 일본 육군비행장으
로 건설되었는데 활주로가 짧아 대형 제트기의 이착륙이 불가능했고
확장도 어려워서 현재 위치에 새 공항이 건설되었다. 계획 당시 "해상
자위대 오즈키小月소월 항공기지와 인접해서 활주로 방향을 동서로 해야
한다"라는 주장이 제기되었으나 부처 간에 조정이 잘되어, 결국은 남
북 방향의 활주로가 건설되었다.

고쿠라 역　　　　시의 북쪽에 있는 이 역은 규슈 철도 2대
간선의 분기역이다. JR 2대 간선은 후쿠오카·서부 규슈 쪽으로 가는
가고시마 본선과 동부 규슈를 종단해 가고시마에 이르는 닛포日豊일풍
본선을 말한다. 조노城野성야 역에서 분기하는 히타히코산日田彦山일전언산 선
열차도 이 역에서 환승할 수 있다. 신칸센의 전 열차가 정차하고, 재래
선도 많은 특급열차가 운행되고 있다. 신칸센과 열차의 환승역이 된
현재의 역은 1998년에 완공되었다. 기타큐슈 고속철도(일명 고쿠라 모
노레일)이 이 역에서 도심을 주파해 19분 만에 기쿠가오카企救丘기구구 역
에 닿는다.

역사는 지하 3층, 지상 14층의 빌딩으로 2층은 재래선 플랫폼, 3층
은 중앙홀concourse과 개찰구, 4층은 신칸센과 모노레일 홈이다. 중앙홀

남측 3, 4층의 뚫려 있는 공간에 모노레일이 들어온다. 남북 각 출구에 보행자 도로를 만들어 역 주변의 시설들과 연결하고 있다. 2011년 신 칸센 개통 때부터 남쪽 출입구는 고쿠라 성 출입구, 북쪽은 신칸센 출 입구라고 부른다. 남쪽 출입구 쪽으로 고쿠라 기온다이고小倉祇園太鼓소창기 원태고 축제의 동상이 있다.

고쿠라 성　　　　　　고쿠라 북쪽에 있는 성으로 13세기 중엽부 터 옛 성이 있었다. 현재 부지에 돌담 구조의 새 고쿠라 성곽은 주고쿠 출신으로 1569년 고쿠라의 영주로 입성한 모리 가쓰노부森勝信삼승신가 쌓기 시작해 1609년 호소카와 다다오키細川忠興세천충흥가 완공했다. 그는 임진왜란 후에 도쿠가와의 동군에 가담했고, 서군과 싸워 이긴 세키가

하라 전투의 공로로 이 지역을 영지로 받았다. 영주가 된 뒤, 1602년부터 7년 에 걸쳐 남만식南蛮造(유럽식) 구조의 천수 각天守閣(성의 중심부 아성牙城에 3층 또는 5층 으로 높게 쌓은 망루)을 세우는 등 본격적 으로 축성했다.

　1993년부터 1994년에 걸쳐 263일간 일 본 수상을 지낸(1993.8~ 1994.4) 구마모토 출신 호소카와 모리히로細川護熙세천호희(1938 년~, 조지上智상지대학 법학부 졸업, 전 아사히 신문 기자)가 다다오키의 13대 직계 후손 (18대 당주)이다.

▲ 고쿠라 성

모리 가쓰노부森勝信모리삼승신(생년미상~1611)

도요토미의 가신. 본명은 가쓰노부勝信승신이고, 별명은 요시나리吉成길성이다. 이키 지방장관壹岐守일기수을 지내다 고쿠라 영주가 되었고, 아들이 고쿠라 성에 입성했다. 임진왜란 때, 4번대의 대장을 맡아 1만 4,000의 병력을 이끌고 조선에 쳐들어왔다. 병력은 자신이 동원한 2,000명, 시마즈 요시히로 島津義弘도진의홍(규슈 남부 사쓰마의 다이묘) 1만 명에 더해 주로 규슈 동부와 남부 출신이었다. 그는 먼저 강원도를 침략하고 제2차 진주성 전투에 참가했다.

정유재란 때는 가토 등과 함께 황석산성을 침공했고, 충청도, 전라도를 공격했다. 그 후에 장기주둔을 목적으로 사천에 왜성을 쌓았다. 궁지에 몰린 가토를 구원하러 울산왜성에 출전해 조명연합군과 교전했다. 세키가하라關ヶ原合戰 전투에서는 서군 편이었다가 구로다 간페이(구로다 나가마사의 아버지)의 권유로 동군 쪽으로 돌아섰으나 전투가 끝난 후의 논공행상에서는 영지를 빼앗겼다.

호소카와 다다오키細川세천, 長岡忠興장강충흥(1563~1646)

1584년부터 도요토미의 일곱 장수 가운데 하나가 되었다. 임진왜란 때는 9번대(이키 섬에 주둔해 있던 도요토미의 직할 부대)로 조선에 상륙해서 주로 경상도를 침략했다. 1592년 7월의 제1차 진주성 전투에서 패배하고, 1593년 6월 제2차 진주성 전투에 고니시 유키나가小西行長 등과 함께 참전해, 성을 함락시키는 데 가담했다.

1598년 8월 도요토미가 사망하자 도쿠가와 편에 서서 가토, 구로다 등과 함께 이시다 미쓰나리石田三成석전삼성를 공격하는 동군에 가세했다. 오사카 성 내의 저택에 있던 아내는 서군의 습격을 받자 인질이 되기를 거부하고 자결했다. 부인 다마코玉子옥자가 대단한 미인으로 소문나 호소카와가 조선 출병 중에 도요토미에게 넘어가지 말라는 연애편지를 자주 쓴 것으로 유명하다. 그가 아내에게 보낸 연애편지를 읽어보지는 못했지만 예나 지금이나 출정한 군인은 나라와 민족을 막론하고 사랑하는 여인이 고무신을 거꾸로 신을까 봐 노심초사했던 모양이다.

1602년, 도쿠가와의 논공행상에서 영지를 추가해 40만 석의 다이묘가 되고, 고쿠라 성 초대 영주로서 규슈의 요지이면서도 규모가 작았던 이 성을 대규모로 개수했다. 성주가 된 후 호소카와는 성시 번영을 위해 여러 국가의 상인과 직인을 모아 상공업 보호정책을 실시하고, 외국과의 무역도 장려해 이 지역을 번창시켰다.

1620년, 병으로 자리를 삼남에게 물려주고 은퇴해서 출가했다. 삼남은 1632년 히고 구마모토肥後熊本 54만 석의 영주로 이봉되었다. 그의 삼남이 구마모토로 영지를 옮긴 후에는 호소카와의 인척인 오가사와라 다다자네小笠原忠真소립원충진가 이곳에 와서 고쿠라·오가사와라 번이 되고 쇼군에게서 규슈 여러 다이묘를 감시하라는 특명을 받았다.

에도 막부 말기에 고쿠라는 메이지 천황세력이 막부 편인 조슈長州장주 번을 공격하는 제일선 기지가 되었다. 그중에서도 고쿠라 번과 구마모토 번이 가장 용감하게 싸웠다. 하지만 규슈의 다른 여러 번 군대는 적극적인 전의를 보이지 않다가 1866년 고쿠라 성에 불을 지르고 후퇴했다.

1877년의 세이난西南서남전쟁 때는 이 성에 주둔해 있던 보병 제14연대가 정부군으로 출동했다. 그 후에도 일본 육군부대가 있었고 1933년에는 일본 육군 조병창인 고쿠라 공창이 들어서서 미군의 원폭 투하 표적물이 되었지만 피폭을 면했다.

이 천수각은 4층과 5층 사이에 있는 지붕에 차양이 없어서 5층이 4층보다 더 크다. 또 성의 돌담은 다듬지 않은 자연석을 그대로 쌓아놓아 나름의 운치가 있다. 이 성 아래는 성의 동쪽을 흐르는 강을 천연의 해자로 활용해 성내에 마을을 두었다. 일부 돌담과 해자가 남아 있고, 천수·망루·정원·다이묘 저택이 1950년대에 철근 콘크리트 구조로

후쿠오카 현

복원되었다.

현재는 이 성의 배경으로 대형 상업시설인 리버워크 기타큐슈가 북쪽에 보인다. JR 고쿠라 역에서 10분~15분 정도 거리에 있으므로 고쿠라 중심부를 흐르는 무라사키가와 강을 따라 이 대규모 상업 지구를 천천히 걸으면서 성주의 별장이었던 정원을 둘러볼 수 있다. 근처에 '기타큐슈 예술극장', 'NHK 기타큐슈 방송국', '아사히신문사 지사', '기타큐슈 시립미술관 분관' 등이 있다. JR 니시코쿠라西小倉서소창역에서 걸어서 가쓰야마勝山승산공원으로 내려가면 도심에서 자연으로 돌아온 것 같다.

- ## 간몬교와 그 부근

간몬교關門橋관문교는 혼슈의 야마구치 현 시모노세키 시와 규슈의 후쿠오카 현 기타큐슈 시 모지코門司港문사항 사이의 간몬關門관문해협에 놓인 도로교량과 고속도로를 통칭하는 말이다. 교량은 간몬해협의 가장 좁은 부분인 시모노세키의 단노우라와 기타큐슈의 모지코를 잇는, 해면에서 61미터 높이에 건설된 1,068미터의 다리로 1973년에 개통되었다. 개통 당시에는 일본 및 동양에서 해상교량으로는 최장이었으나, 이 다리보다 긴 '시코쿠와 혼슈 사이의 인노시마因島인도 대교가 개통되었고 이후에도 대규모 교량이 여럿 가설되었다. 교량 가설 후 40년이 경과하면서 노후화되어 2011년부터 5년 계획으로 차선을 규제하며 대규모 공사가 진행되었다.

간몬 고속도로關門自動車道관문자동차도는 이 해협을 횡단하는 육상 고속도로

▲ 간몬터널 돌파 기념 표지판, 시모노세키에서 본 간몬교

이다. 통행요금을 따로 받는 유료 구간인 이 도로는 시모노세키 IC로부터 모지 IC까지 총거리 9.4킬로미터로 1973년 개통되었다.

산요山陽산양 본선 철도, 신칸센, 국도 2호는 모두 해저터널이다. 780미터의 터널로 규슈와 혼슈라는 두 큰 섬을 연결하는 보행자와 자전거 전용 지하도로도 있다.

간몬교 부근에 있는 메카리 공원은 모지코의 메카리 지구에 있던 모지 성터이다. 이 공원은 모지코 레트로 지구와 가깝고 간문해협에 면한 곳인데 공원과 연결되는 도로는 일방통행이지만 보행자 도로와 자전거 전용 도로가 있다.

노포크 광장은 미국 버지니아 주 노포크Norfolk와 기타큐슈가 자매도시(옛 모지 시)인 까닭에 이 이름을 갖게 되었단다. 간문해협을 오가는 배와 최대 시속 9노트(약 16.7킬로미터)의 속도로 강물처럼 빠르게 흐르는 조류를 볼 수 있다.

● 　　　　　　　　　　　　　　　　　　　 도바타

기타큐슈 시의 중앙부 지역에 있다. 북부·북서부의 해안은 도카이洞海동해 만(기타큐슈 시에 있는 폭 수백 미터, 길이 10킬로미터 정도의 길다란

만)에 접하고 북동부는 히비키나다響灘항탄(간몬해협 서북쪽의 넓은 해역으로 현해탄 동쪽)와 간몬해협에 접해 있다.

●　　　　　　　　　　　　　　　　　야하타

　가타규슈 시의 동북부에 위치한 이 지역은 철강업을 주축으로 한 공업도시였다. 1901년에 독일의 선진기술을 도입한 일본 최초의 근대 제철소인 관영 야하타 제철소가 건설되면서 비약적으로 발전해 '철의 도시'로 불렸다. 우리나라 포항을 연상하게 하는 곳이다.

　이 제철소는 2차 산업의 해외 이전과 일본 내 제철산업의 구조조정으로 일본제철-신일본제철-신닛테쓰스미킨新日鐵住金신일철주금 야하다 제철소로 변신했고, 용광로가 있던 자리를 비롯해 창업 당시의 부지를 재개발한 히카시다東田동전에는 기타큐슈의 대규모 오락시설인 스페이스월드スペースワールド, 기타큐슈 시립 자연사·역사박물관과 상업시설인 이온몰 등이 건립되어 도시 면모를 일신했다. 일본에서 모든 공업의 어머니요 호국의 기초로 불렸던 철강업은 이미 사양 산업이 되어 한국의 포항제철 등에 그 자리를 물려주고, 이제는 제4차 산업혁명을 다그치는 모습을 야하타에서 선명하게 볼 수 있다. 우리 포항제철도 이제 제철 입국의 시대에서 다음 세대의 일자리 창출을 위한 기술혁신과 개발의 시대로 이행해야 할 때가 되었음을 절감하다 보면, 어느새 왕년의 제철소 지역 중앙부에 위치한 JR 스페이스월드 역이다.

　역사적으로 야하타는 억세게 운이 좋은 도시이다. 태평양전쟁이 끝

　　　　　　　　　　　　　　규슈 역사 문화 여행

나기 직전인 1945년 8월 8일에 미군 B-29의 일본 본토 공습 대상지로 대공습을 받아 도시가 크게 피해를 입었다. 하지만 이 공습으로 발생한 연기가 조종사의 시야를 흐리게 해서 원폭 투하 예정지였던 인근의 고쿠라(현재는 같은 기타큐슈 시의 일부)도 원폭의 재앙을 면하게 했다.

●   와카마쓰

기타큐슈 시의 서북부 지역으로 북쪽에는 히비키나다가 있고, 와카마쓰 반도가 도카이 만을 둘러싸고 있는 지역이다. 1914년에 이미 시가 되었다가 1963년 규슈 북부 5개 도시가 합병되면서 1개 구가 되었다.

히비키나다 해변에는 기타큐슈 시내 유일의 해수욕장도 있다. 동북 방향은 대규모 매립지로 수심이 깊어 컨테이너 전용 부두가 있다. 히비키나다 앞바다의 무인도인 하쿠시마白島백도(오시마男島남도·메시마女島여도)에는 '하쿠시마 국가석유비축기지'가 있다.

도카이완을 사이에 두고 서쪽에 인접한 도바타로 가려면 예전엔 도선渡船이 유일한 교통수단이었으나, 최근엔 대교와 터널이 개통되고 노바타와 고쿠라 방면의 왕래가 많아져 교통량이 크게 늘었다.

1891년, 와카마쓰-노가타直方직방 간 철도가 개통되고 지쿠호 탄광에서 산출된 석탄이 철도를 거쳐 이 항구에서 선적되면서 많은 선박과 부두 노동자가 모여들어 항만도시로 발전했다. 2000년대 이후에는 야하타의 서부와 인접한 혼조本城본성 지구를 중심으로 와세다早稲田조도전 대학 규슈캠퍼스를 비롯한 학술연구단지가 들어서고 있다.

북서부는 매립이 진행되고 있는 북동부와 함께 과거 일본군의 요새여서 일반인의 출입이 엄격히 제한됐던 어촌 지역으로 교통이 불편했다. 최근에는 이를 바탕으로 바다의 자연을 살린 관광지가 되고 있다. 바람이 강한 지역이라 해상 풍력발전시설이 들어섰다. 와카마쓰의 북쪽 해안에서부터 겐카이 국정공원이 시작된다.

다카토야마高塔山고탑산 **공원**　　오카토 대교에서 차로 10분 거리인 이 공원은 해발 124미터인 다카토야마 산 정상에 있다. 옛날에는 산성이 있었다고 하지만 바닷가 저지대가 가까워 동산에 오른 느낌이다. 동쪽으로 와카토若戸약호대교, 남쪽으로 사라쿠라야마皿倉山명창산, 북쪽으로 히비키나다가 보인다. 와카마쓰·도바타·야하타의 시가지와 공장지대의 야경에 더해 날씨가 좋으면 멀리 고쿠라와 시모노세키, 간몬해협까지 볼 수 있다.

●　　　　　　　　　　　　　　　　　　　　　　모지

　규슈의 최북단에 위치하고 있는 도시로 옛부터 관소関所가 설치되어 있던 곳이다. 지금은 기타큐슈 시의 1개 구가 되었다. 가마쿠라 막부 시대(1190~1331. 미나모토노 요리토모源頼朝원뢰조가 쇼군이 되어 일본 최초로 무사 정권을 세워 유지한 시기)에는 호조北条得宗북조득종(일본 천황계의 후예인 헤이平氏평씨가의 후손)가 이 지역 영주였으나 가마쿠라 막부 멸망 후에는 아시카가 다카우(무로마치室町실정막부의 시조)의 땅이었다. 남북조시대

(호조가 천황가의 내부 문제에 개입하다가 남쪽 교토와 북쪽 가마쿠라에 두 명의 천황이 재위하던 시기. 우리나라 고려 말, 1331에서 1392까지 약 60년간 존립하다가 남조가 북조에 통합되어

▲ 모지 역

멸망)에는 스오周防주방국의 오우치大內대내(백제 성왕 제3왕자의 후예라고 자칭. 스오 국의 세습 관인에서 출발해 최성기에는 주고쿠 지방과 기타큐슈의 최강자였다) 집안이 간몬해협의 양안을 지배했다. 모지의 영주였던 모지 노시히데門司能秀문사능수는 분메이文明문명(1469~1487) 연간에 오우치大內대내의 부교였다.

근대에는 석탄 선적을 중심으로 한 항구도시로 번성했다. 요즘은 관문해협 사이에 간몬터널이 뚫려서 혼슈에서 규슈로 드나드는 관문이기 때문에, 시모노세키와 유대가 강하다. 스오나다周防灘주방탄에 접한 신모시新門司신문사 시구에는 페리 터미널이 있다. 최근 도시 숭심부는 모지코 레트로門司港レトロ 지구의 정비로 관광지화가 진행되고 있다.

철도는 JR 규슈 가고시마 본선이 모지코-고모리에小森江소삼강-모지 역(관문철도 터널과의 접속 역)을 연결한다. 모지코 레트로 관광선(기타큐슈 레트로라인)은 규슈철도기념관-이데미쓰出光출광미술관-노포크 광장(레스토랑 '라·무룻토' 입구)-간몬해협 메카리關門海峽めかり 역 간을 연결한다. 메카리 공원은 모지 구 메카리和布刈에 있는 공원으로 간몬해협 건

너 시모노세키下關하관를 한눈에 볼 수 있는 곳이다. 간몬바시와 2킬로미터 떨어진 모지코 레트로도 손에 닿을 듯 가깝게 보인다.

▲ 옛 모지코 세관과 레트로전망대

모지코 레트로門司港나ㅏㅁ 지구

JR 모지코 역 주변 지역에 모지코 항구의 역사를 비롯해 복고풍의 건축물과 호텔, 관광 상업시설 등을 정비한 관광지가 들어서서 매년 5월마다 레트로 축제를 비롯해 여러 이벤트를 열고 있다.

이곳은 간몬해협에서 가장 좁은 곳으로 고대부터 교통의 요지였다. 메카리 신사도 서기 200년에 창건되었다고 전한다. 1185년에는 모지 성이 세워졌고 '고조잔古城山고성산'이라는 이름도 모지 성이라는 옛 성의 이름에서 유래한다. 이곳에서 중세 일본의 패권을 가른 '단노우라의 전투壇ノ浦の戰い'가 벌어졌다.

단노우라의 전투 壇ノ浦の戰い

단노우라의 전투는 1185년 4월 25일 단노우라(현재의 시모노세키)에서 벌어진 겐源원가와 헤이平평가의 호족 간 전투였다. 그동안 천황의 외가로서 사찰세력의 지지를 받아 영화를 누리던 헤이平 집안이 멸망에 이른 마지막 전쟁이다.

1183년 7월 헤이 가문은 겐가의 미나토모노 요시나카源義仲원의중(1154~

규슈 역사 문화 여행

1184)의 공격을 받아 크게 약화되었지만 서로 사촌지간으로 가마쿠라 막부를 창설한(1180~1192) 초대 쇼군將軍 요리토모源賴朝원뢰조(1147~1199)와의 대립을 틈타 주고쿠와 기타큐슈의 지방권력자로 복귀했다. 그러나 1184년의 전투에서 헤이가가 대패, 바다로 도망쳐 히코시마彦島언도(시모노세키 남단의 섬)에 거점을 두고 규슈와 시코쿠 일대에서 군림하려 했다. 수도를 차지한 요리토모는 간토關東에 머물며 이복동생 요시쓰네源義経원의경(1159~1189)에게 군대를 이끌고 시모노세키로 진군해서 규슈를 차단해 헤이의 군을 고립시키도록 했다. 하지만 군량 부족과 우세한 수군을 가진 헤이 군의 저항으로 겐 군이 진군하지 못하자, 1185년 헤이가의 세력권인 시코쿠 섬의 야시마屋島옥도를 공략했다.

이 전투에서 패한 헤이가의 총수 다이라노 무네모리平宗盛평종성(1147~1185)는 안토쿠安德안덕 천황(1178~1185. 1180~1185년 재위)과 함께, 해상과 내륙을 전전하다가 히코시마에 진을 쳤다. 요리토모 군은 계속해서 헤이가의 군대를 압박하면서 이 섬을 고립시켰다. 가마쿠라 막부가 편찬한 역사서에는 이 전투를 '단노우라 해상에서 겐·페이源平가가 전투를 벌였지만 헤이가의 패전으로 끝났다'라고 간단히 쓰고 있다.

요시쓰네는 헤이가의 수군을 격멸하기 위한 전투의 선봉에 섰다. 그는 안토쿠 천황과 헤이 측의 본부가 있는 대형 당선唐船 부근에 병력을 잠복시켜 적을 포위하고 있다가 헤이 군이 히코시마를 출항하여 간몬해협 단노우라에 이르자 전투를 개시했다. 겐가는 3만여 기병이 육지에 포진하여 헤이 군의 퇴로를 차단한 상태에서 겐가의 수군이 헤이 군을 공격했다.

간몬해협은 조수의 변화가 심한 곳이어서 개전 초에는 수군의 운용에 뛰어난 헤이 군이 우세했다. 해전에 익숙하지 않은 겐 군은 열세를 만회하기 위해 버티다가 조수의 흐름이 바뀌자, 헤이 군을 압박해 괴멸 상태로 몰았다. 패배를 깨달은 헤이 군은 차례로 해상에 투신자살을 시도했지만 일부는 포로로 잡혔다. 투신자살을 시도했던 안토쿠 천황의 어머니(다카쿠라高倉고창 천황의 중궁. 친정이 헤이가)는 구조되어 야타노카가미八咫鏡팔지경(일본 신화에 등장하는 3대 신기, 경鏡·옥玉·검劍 중 하나)와 야사카니노마가타마八尺瓊勾玉팔척경구옥(3대 신기 중 옥)는 회수되었다. 하지만 외할머니가 안고 함께 투신한 안토쿠 천황이 죽음으로써 그가 가지고 있던 보검實劍은 바다에 빠져버렸다.

요시쓰네는 천황의 어머니와 이복동생, 그리고 포로들과 함께 교토로 돌아가서 개선장군이 되었으므로 당시에 수렴청정 중인 고지라카와後白河후백하 법황(1127~1192. 1155~1158년 재위)은 포상을 행하고 그 부하들에게 관직을 주었다. 이를 알게 된 이복형인 요리토모 쇼군은 격노해 임관자들이 당시 일본의 중심지인 동국東国 간토関東관동 지방과 도카이東海동해 지방으로 귀환하는 것을 금지했다.

1185년 요시쓰네는 헤이가의 요인을 호송한다는 구실로 가마쿠라로 돌아오려고 했지만 요리토모는 그를 교토로 돌아가게 하고, 중도에서 헤이가의 요인들을 참수해버렸다. 요시쓰네는 그 후 요리토모 쇼군과의 대립이 심해지자, 요리토모 토벌을 위해 거병했지만 실패해 오슈奧州오주로 피신했다. 하지만 1189년 오슈의 실권자는 오히려 요시쓰네를 살해했다.

그럼에도 요리토모는 오슈에 쳐들어가 당시의 실권자를 무너뜨렸다. 오슈의 마지막 당주는 요리토모에게 편지로 구명을 탄원했지만 받아들여지지 않아 홋카이도 쪽으로 도망치려다가 가신의 배신으로 아키타秋田추전에서 살해되었다. 그 가신은 당주의 목을 가지고 요리토모를 찾아갔지만 요리토모는 '대대로 주인집을 섬긴 은혜'를 잊은 행위가 더 큰 죄라고 하여 그 가신도 참수했다.

요리토모는 이 전투와 그 후속하는 소규모 전투를 끝으로 1192년 가마쿠라에 막부를 열었다. 이 막부는 1336년 왕권의 정통성 경쟁으로 남조와 북조가 양립하는 남북조시대로 분단될 때까지 중앙정치를 지배했다. 남북조의 전란은 남조가 북조에 합체되어 1392년 소멸될 때까지 20년간 지속되었다. 1392년은 이성계가 조선을 개국하면서 현재의 남북한 땅을 영토로 만든 바로 그해이다.

시모노세키

    행정구역상으로는 야마구치 현에 속하지만 역사적으로나 문화적으로 기타큐슈 지방이라고 할 수 있는 곳이다.

    메이지 시대가 되면서 간몬해협 일대에 시모노세키 요새가 건설되고 1889년 고조잔古城山고성산 메카리 신사 부근에 포대가 설치되어 간몬해협을 통과하는 적함을 직접 조준사격할 수 있게 되었다. 1893년에는 영국 기선의 승무원이 이 포대에 침입했다가 체포되는 사건도 발생했다. 1894년에는 모지 무기제조소가 설치되었다가 1931년에 그 부지에 유원지가 건설되었다. 1951년에는 개인이 메카리 수족관을 개관했으나 1953년에 모지 시가 관광에 주력하게 되면서 이 수족관을 인수해서 개축하고 인근에 유원지를 건설했다. 1956년에는 세토 내해 국립공원에 편입되었다.

시모노세키 해안도로에서 올려다본 히노야마火の山

이 온천의 역사는 매우 깊다. 옛날 옛적 한 황후가 서일본 정벌을 마치고
돌아가던 길에 상처 입은 백학을 보았는데, 백학이 강변에서 목욕을 하고 다시 힘차게
날아오르는 것을 보고 "아, 기쁘다(아, 우레시야)"라고 감탄했다고 한다.
이 말이 와전되어 우레시노라는 지명이 유래되었다고 한다.

chapter 3

사가
현

Kyushu

규슈 서북부에 있는 사가佐賀좌하 현은 규슈 7현 중에서 면적도 가장 작고 인구도 가장 적다. 동쪽에는 후쿠오카 현이, 서쪽에는 나가사키 현이 있다. 이 현의 여러 곳은 임진왜란 때 우리나라를 유린한 왜군의 출항지이다.

현청 소재지는 사가 시이고 2016년 인구는 약 83만 명이다. 이 현은 크게 사가, 가라쓰, 이마리伊万里이만리, 도스鳥栖조서 등 4개 도시권으로 나뉜다.

가라쓰와 이마리는 예부터 도자기 산지로 유명하고 북쪽에 현해탄과 남쪽에 진흙 개펄로 이름난 아리아케 해有明海유명해의 두 개 바다에 접해 있다.

현 북부에는 피서지인 기타야마北山북산 댐이 있다. 가세가와嘉瀬川가뢰천 강을 따라 내려가면서 사가 시 후지초富士町부사정에 후루유古湯고탕 온천과

구마노가와(熊の川) 온천, 가와카미(川上천상) 협곡 등 볼거리가 많다.

메이지 정부가 현 제도를 만들면서 옛 히젠(肥前비전) 국이 동쪽의 사가 현과 서쪽의 나가사키 현으로 분리되었다. 이 현 지역은 예부터 동남부의 사가 번 지역과 서북부의 가라쓰 번 지역으로 나뉘어 있었다.

사가 현의 지리적 환경은 후쿠오카 현과의 경계를 이루는 세후리(脊振척진) 산지(지쿠시 산지)에 세후리산(1,056미터), 덴잔(天山천산)(1,046미터)을 비롯해 900미터 이상 되는 산들이 있다. 지쿠고가와(筑後川축후천) 강이 사가 평야 사이를 타고 아리아케 해로 흘러든다. 아리아케 해의 서쪽 산지에는 이 현의 최고봉인 교가다케(経ヶ岳)(1,076미터)가 있다. 현의 중앙 북쪽에는 히가시마쓰우라(東松浦동송포) 반도가 있고, 나가사키 현과의 경계에 기타마쓰우라(北松浦북송포) 반도가 있다. 현의 동북쪽으로 후쿠오카 현에서 이어지는 현해탄 바다에 연해 가라쓰 만(唐津湾당진만)이 있고, 서북쪽으로 이마리 만이 있다.

메이지 초기에는 현의 통폐합이 반복되었다. 특히 사가의 난(佐賀の乱)이 일어난 후에는 괘씸죄로 사가 현이 폐지되었다가 1883년에 부활해 오늘에 이르고 있다.

사가의 난(佐賀の乱)

1874년 2월, 사가에서 메이지 정부 출범에 대한 불만으로 사족(士族)이 중심이 되어 일으킨 내란이다. 이 난은 정부군의 신속한 대응으로 1개월 만에 조기 진압되었다. 반란의 주력은 정한론(征韓論)을 주장하는 정한당(征韓党)과 봉건제로의 복귀를 주장하는 우국당愛国党이었다. 이 전쟁은 가고시마의 사쓰마薩摩살마와 야마구치의 조슈長州장주 번 출신의 무사로 구성된 부대가 관군이 되어 막부체제 지지자들과 싸웠던 보신戊辰무진전쟁(1868~1869)과 달리, 1873년에 제정된 징병령에 따라 편성된 신식 군대가 처음 치른 대규모 내전이었다.

전쟁이 발발하자 내무경인 오쿠보 도시미치大久保利通대구보리통(사쓰마 출신)가 토벌 책임자로 구마모토 지방수비대熊本鎮台웅본진대를 지휘하며 반란군 진압에 나섰다. 하지만 구마모토 지방수비대 내에도 사가 출신이 많아 동요가 일었다. 사가에 진격한 정부군과 사가 성을 지키는 반란군이 교전하던 초기에는 오히려 다수의 정부군이 전사해 퇴각했다. 후에 오쿠보는 도쿄 지방수비대東京鎮台동경진대 등을 이끌고 재출전해 승전했다.

정한당 간부들은 전장을 이탈해, 하야한 사이고 다카모리西郷隆盛서향융성(사쓰마 번 출신)에게 도움을 청하러 가고시마에 갔지만 동조를 얻지 못했다. 우국당 간부는 사가를 떠나버렸고 남아 있던 정한당 일부도 철수하며 3월 1일 반란은 완전히 진압되었다. 정부군과 반란군 양쪽 모두 사망자와 부상자가 수백 명에 이르렀다.

포로가 된 반란군 간부들은 재판을 원했으나 오쿠보는 급히 설치한 임시법원에서 4월 13일 판결을 내려, 당일 열한 명을 참수하고 간부 두 명을 효수했다. 후세의 역사가들은 이 재판이 답변이나 항소의 기회가 주어지지 않은 흑색재판이라고 평가한다.

그 뒤에도 이 현 일대에서는 사족들을 중심으로 정부에 반항하는 움직임이 있다가 1877년의 세이난西南서남전쟁에 합류하는 사족도 있었다. 1919년 반란군 지도자들이 사면되고, 지역 유지들이 사가 성 근처의 미즈카에水ヶ江강 주변에 전몰자 위령비를 세웠다.

정한론征韓論

조선을 무력으로 정복해서 개국하자는 주장으로 메이지 정부의 고위관료였던 사이고 다카모리, 이타가키 다이스케板垣退助판원퇴조(1837~1919), 에토 신페이江藤新平강등신평(1834~1874. 사가의 난 때 효수형으로 처형됨) 등이 주장한 것으로 알려져 있다. 하지만 사이고 자신은 출병을 주장하지 않았고, 조선 개국을 권하기 위해 자신을 견한遣韓 사절로 보내달라고 주장(견한론)했다. 그러나 그가 반란(세이난전쟁)을 일으키고 자결한 후에, 자유민권운동을 이끌던 이타가키 다이스케 등 자유민권운동가들이 이타가키가 추진하는 정한론을 사이고의 주장이라고 유포해 이타가키가 아닌 사이고가 정한론의 수괴로 잘못 알려진 측면이 있다. 국정 역사교과서는 이와 같은 우를 되풀이할 수 있으므로 해서는 안 될 일이다.

철도 교통은 현의 동쪽 끝에 JR 규슈의 가고시마 본선과 신칸센이 남북으로 달리는 도스鳥栖조서가 분기점이다. 철도는 사가 평야를 거쳐 이 현의 각 도시를 지나는 JR나가사키 본선과 다케오武雄무웅와 아리타有田유전를 경유해 서부를 횡단하는 사세보佐世保좌세보 선이 간선이다. 현 서쪽에는 아리타에서 이마리를 거쳐 나가사키 현의 마쓰우라 반도를 남북으로 종단하다가 사세보로 남행하는 마쓰우라 철도가 있다.

그 밖에 사가와 가라쓰를 잇는 가라쓰 선, 후쿠오카 시에서 가라쓰를 거쳐 이마리에 이르는 지쿠히 선, 하이키早岐조기에서 이사하야諫早간조를 잇는 오무라大村대촌 선, 현 북쪽의 기야마基山기산와 아사쿠라 시 아마기甘木감목를 잇는 마기 철도가 있다. 근래에는 현 동쪽으로 후쿠오카에 가까운 도스 주변이 철도교통의 중심지로 잘 발전하고 있다.

1998년 개항한 사가 공항이 있고, 대형 항만으로 현해탄 연안의 가라쓰 항과 이마리 항이 있다.

chapter 3

사가 시와 그 동북부

후쿠오카 공항 국제선 청사 앞에서 사가IC행 노선버스를 타면 사가 시내 요지를 두루 거쳐 JR 사가 역 서쪽에 있는 버스센터까지 가는 데 1시간 남짓 걸린다. 하카타 역에서 JR특급을 타면 35분 만에 사가 역에 도착한다.

사가 시는 아리아케 해에서 세후리 산지까지를 종단하는 넓은 지역으로 사가 평야의 중심에 있다. 시 인구는 1980년대부터 23만 명 정도로 그 후에 큰 변동이 없다. 평탄한 전원지대에, 성 아랫마을 시절의 흔적이 남아 있는 복잡한 길거리와 수로망이 있다. 에도와 메이지 시대의 건물이 남아 있는 시 역사민속관, 사가 성터와 혼마루 역사관, 사가 신사, 한샤로 터 등의 역사 유산이 산재한다.

나가사키 고속도로 부근을 경계로 시의 북쪽 절반은 북부 규슈를 동서로 관통하는 세후리 산지이고 남쪽 절반은 아리아케 해 북안에 펼쳐진 사가 평야의 평지로 아주 대조적이다.

예부터 나가사키 가도여서 사가는 그 연도沿道와 운하가 잘 발달했지만 이 가도를 방어하기 위해 짧은 커브 길이 많았다. 현대에 들어 시가지는 순환도로 등이 잘 정비되고, 서부 규슈 고속도로가 아리아케 해 연안도로와 가라쓰 방향을 잇는다. 철도는 메이지 시대에 이미 개통되었다. 시 인근의 관광지는 다음과 같다.

사가 현립 박물관·미술관　　　JR 사가 역에서 남쪽으로 2.2킬로미터에 현립 박물관과 현립 미술관이 있다. 사가 역에서 걸으면 약 30분 거리이다. 버스터미널 시영 버스 1번 승차장에서 버스를 타고 박물관 앞에서 바로 내려도 되고, 버스로 현청 앞에서 내리면 남쪽으로 약 600미터, 5~10분 정도 걸어야 하는 거리이다.

현립 박물관에는 자연사, 고고학, 역사, 미술, 공예, 민속 등 각 분야에 걸쳐 수집된 자료가 상설 전시되고 있다. 박물관에 인접한 미술관은 주로 사가 현과 친분이 있는 화가들이 근현대에 만든 회화, 조각, 공예, 책 등의 자료를 수집해 전시하고 있다.

오쿠마 기념관　　　사가는 도쿄 2대 사학의 하나인 와세다대학의 창설자 오쿠마 시게노부大隈重信대외중신(1838~1922)의 고향이다. 이 기념관에는 그에 관한 역사자료를 전시하고 영상자료도 상영하고 있다. 사가 역 앞에서 이 기념관으로 가는 노선버스도 있다. 사가 성터가 있는 사가 성 공원에서 걸어서 5분 거리에 그의 생가와 기념관이 있다.

오쿠마는 유교를 따르는 무사 집안의 후예로 대장경大藏卿(재무장

관), 외무대신, 농상
무대신, 내무대신, 내
각 총리대신, 귀족원
의원 등을 역임한 정
치가·교육자이다. 그
는 1882년 입학생 80
명 규모로 정치경제
학과·법률학과·이학

▲ 오쿠마 기념관

과·영학과를 갖춘 도쿄전문학교를 개교했다. 이 전문학교의 후신이
1902년 교명을 변경하여 명문 사립대학이 된 와세다대학이다. 그는
이 대학의 초대 명예직 총장(1907~1922)을 지냈다. 한때 그와 뜻을 같
이 했던 자들 중에는 이토 히로부미伊藤博文이등박문(1841~1909. 안중근 의사
에게 피살됨. 후에 오쿠보를 추방하고 실권을 잡아 총리대신이 됨)와 이노우
에 가오루井上馨정상형(1836~1915. 외무대신. 일제의 조선 침략을 위해 강화도
사건을 벌이고 한일수호조약을 체결한 자)와 같은 젊은 관료가 있었다. 이
들은 메이지유신의 공신인 오쿠보 도시미치 등을 견제하는 데 의기투
합했다. 정한론을 반대했고, 자유민권운동을 이끈 정치인이기도 했다.

히젠 국청肥前国庁비전국청 **터**　　　기와 등의 유물로 보아 축성 시기가
8세기 초반으로 추정되는 지방 행정기관의 시설 터로 야마토초大和町대
화정에 있다. 발굴 조사단에 따르면 이 터는 규모가 남북 104.5미터, 동
서 77.2미터로 건물은 남북 중심축 선상에서 약 7도 서쪽으로 기울
어 남쪽에 남문, 전전前殿, 정전正殿, 후전後殿이 나란히 있고, 전전의 동서

사가 현

양쪽에는 각각 두 채의 협전脇殿(측면에 있는 건물)이 있었다고 한다.

후루유古湯고탕 · **구마노가와**熊の川 **온천**　　　　사가 시의 교외에 있는 가세가와 강과 가이노가와貝野川패야천가 합류하는 주변인 후지초富土町부사정에 있는 두 개의 온천지대로 JR 사가 역에서 버스 편도 있다. 자동차로 30분 정도 걸린다. 알칼리성 온천으로 일본에 많은 '미인의 탕'이라는 이름이 붙어 있는데, 메루탕(아기 태반의 양수 온도인 섭씨 38~40도에 가까운 온도)으로 잘 알려져 있다. 공동욕장은 두 곳이 있다.

821년에 고보弘法홍법대사(774~835. 일본 불교 진언종의 개조)가 물새를 보고 발견했다는 전설이 있다. 임진왜란 때 조선에 쳐들어 온 왜장 나베시마(1538~1618)가 탕치湯治를 위해 머무른 적이 있다고 한다.

규슈대학 의학부 출신의 중국인 궈모뤄郭沫若곽말약(1892~1978. 사천성 출신의 정치가, 문학자, 시인, 역사가. 1914년 일본에서 유학함)가 1924년 규슈의 여러 온천에 다녔는데 그중 이 온천에 온 적이 있음을 중국 관광객을 상대로 홍보하고 있다.

궈모뤄는 귀국 후 처음에는 국민당 군에 가담했으나 북벌 과정에서 남창봉기南昌蜂起(1927년 8월 1일 일어난 공산주의 군대의 봉기)에 참가한 뒤 중국공산당에 가입했다. 1928년 일본에 망명해 중국사 연구에 몰두했으나 1937년 중일전쟁이 일어나자 일본인 처와 함께 귀국했고, 종전 후에는 중공 정권에 참여해 정무원 부총리와 중국과학원장을 역임했다. 1966년 문화대혁명이 일어나자 자신의 저서 등을 솔선해서 비판하며 마오쩌둥의 비호를 받기도 했다.

나베시마 나오시게 鍋島直茂과도직무(1538~1618)

일본 전국시대 규슈 서부 지역의 거물인 류조지 다카노부龍造寺隆信용조사용신 (1529~1584)의 가신으로 의형제까지 맺은 사이였지만 아들 대에 이르러 류조지 가문과 결별했다. 히젠사가肥前佐賀비전좌하의 번조로 류조지 가문의 뒤를 이어 사가를 통치했다.

1569년 중부 규슈의 오토모 소린大友宗麟대우종린이 침공해 오자 류조지의 가신으로 이를 잘 막아내는 등 여러 전공을 세웠다. 하지만 1584년 시마즈와 아리마 연합군에 류조지가 패사敗死하자 적대감을 숨기고 공손하게 순종했다. 도요토미과 일찍부터 교류하고 시마즈가에도 무난한 태도를 보이면서 도요토미의 규슈 정벌을 도와 영지를 받았다.

임진왜란 때는 아들 가쓰시게勝茂와 함께 류조지의 가신단을 이끌고 가토의 2번대로 참전했다. 1600년 세키가하라 전투에는 아들이 당초에 서군에 가담했지만 동군의 승리를 예측하고 도쿠가와 편에 서서 구루메 성의 고바야카와 히데아키小早川秀包소조천수포와 야나가와柳川류천 성의 다치바나 무네시게立花宗茂입화종무 등, 서군을 공격하고 전공을 세워 도쿠가와에게서 사가의 대영지를 받았다.

류조지 가문은 정치적 실권 다툼과 영지 다툼을 벌이면서도 1607년 나오시게의 아들 가쓰시게가 초대 영주가 될 수 있도록 협조했다. 1637년의 시마바라의 난 때는 가쓰시게가 처벌을 받았지만 영지를 잘 보존해 후손들이 사가 번주 자리를 이었다.

가와카미 협곡川上峽천상협과 온천

사가 시내 동쪽에 있는 가세가와 강의 골짜기로 '규슈의 아라시야마嵐山남산(교토에 있는 벚꽃과 단풍의 명소)'라고도 불린다. 계곡의 주변에 명산대천과 행락시설, 온천 등이 있다. 사가 야마토 IC에서 2분 거리에 있고, JR 사가 역에서 노선버스로 25분 걸린다.

사가 성佐賀城좌하성 **공원**　　현재 사가 시내 중심이 된 이 성은 원래 류

조지龍造寺隆信용조사용신가의 종가가 살던 곳이었다. 1569년, 동남부 규슈의

권력자인 오토모 소린이 사가 평야의 북쪽으로 대군을 투입, 진공하여

성 주변을 전부 불태우며 류조지를 궁지로 몰아넣어 이 성에서 농성

전에 돌입했다. 1584년 류조지 군이 시마즈·아리마 연합군에 패하면

서 류조지의 가신인 나베시마鍋島가 이 지역의 실권을 잡고 사가의 영

주가 된 후에 1602년 혼마루를 시작으로 성의 개수에 착수해 그 후대

가 1611년에 완공했다. 혼마루 어전의 뒤쪽에 있던 나베시마의 거실은

1958년에 미즈카에水ヶ江 오키大木 공원에 이축되었다. 사가 성은 1871년

일국일성령에 따라 파기했다. 2004년 혼마루 어전을 복원한 자리에 사

가성 혼마루 역사관이 들어서 있다.

　　성은 폭 50미터가 넘는 해자로 둘러싸여 있고, 토성으로 축조되었

다. 평지이기 때문에 성내가 보이지 않게 하려고 토성에 소나무와 삼

나무를 심었다. 성이 수목에 가려지고 여러 개의 외부 해자를 파놓아

공격을 당했을 때는 주요 지역 이외는 수몰시킬 수 있게 대비했다.

　　에도 시대에는 성 아랫마을과 성내에 수로가 종횡으로 설치되어 있

었다. 성 아랫마을은 고쿠라에서 나가사키로 이어지는 나가사키 가도

의 역참 마을로 번창했

다. 현재 성터는 공원으

로 정비되어 사가 현청,

합동 청사, 방송국, 미술

관, 박물관, 초중고의 각

학교 등 공공시설이 배

▼ 사가 성 혼마루 역사관 입구

규슈 역사 문화 여행

치되어 있다.

성은 여러 차례 화재
피해를 입었다. 1726
년에는 대화재가 나서
천수각을 비롯해 혼마
루 대부분이 소실되었
다. 1728년 니노마루

▲ 사가 성 천수대 터

二の丸가 완공되고 여기서 번정藩政(근세 이전 각 번의 통치자가 주민을 다스
리는 일)을 행했지만 1835년에는 니노마루도 소실되어 혼마루를 재건
해서 집무했다. 현존하는 샤치노몬鯱の門(범고래 문)은 1838년에 재건된
것이지만 천수각은 화재 이후 재건되지 않았다. 소실된 천수각은 고쿠
라 성과 같은 수준이거나, 그보다 조금 큰 규모였던 것으로 추정되고
있다. 1874년 사가의 난이 일어나고 성이 반란군에게 일시 점거되었을
때, 대부분의 건조물이 소실되었다. 현재도 당시의 탄흔이 생생하게
남은 샤치노몬과 부속 망루를 볼 수 있다.

류조지와 오토모 소린의 북부 규슈 쟁패

오토모 소린(1530~1587)은 1555년부터 규슈 쟁패를 놓고 모리毛利와
대립하다가 모리가 규슈를 떠나자 류조지와 다시 쟁탈전을 벌였지만 1570
년에 패전했다. 1576년 천주교도가 되었는데, 같은 해 휴가日向휴가 국에 침
입했지만 미미카와耳川미미천에서 시마즈가에 대패했다. 오토모, 류조지, 시마
즈는 모두 임진왜란 전후에 규슈에서 세력을 다투는 3대 봉건영주였다.

1584년 류조지는 시마바라 반도의 한 전투에서 시마즈島津家久도진가구와 아
리마有馬晴信유마청신 연합군에 패배했다. 1586년 시마즈가 규슈 중부 침공을

시작하면서 오토모는 가신들을 잃고 스스로 도요토미의 수하에 들어가 신하가 되었다.

이어 오토모는 시마즈로부터 거성인 우스키臼杵구저 성(현재 오이타 현)에 공격을 받았지만 수입한 후란키 대포를 쏘아 간신히 승리했다. 그러나 이후에 다시 중부 규슈의 전투에서 패배해 시마즈가에 땅을 빼앗겼다. 하지만 1587년(58세) 도요토미가 직접 규슈를 공격해 시마즈를 복속시키면서, 아들 오토모 요시무네大友義統대우의통가 중부 규슈의 영지를 회복했지만 사퇴하고 곧 사망했다. 아들 요시무네는 임진왜란 때 6,000명의 군사를 이끌고 구로다의 3번대로 조선 침략에 가담했다. 요시무네는 1593년 평양성에서 명나라의 대군에 포위된 고니시의 구원 요청을 받았지만, 고니시가 전사했다는 소문만 믿고 황해도 봉산성에서 철수했다. 이 때문에 도요토미의 미움을 사 영지를 몰수당하고 그의 땅은 도요토미 가문의 직할지가 되었다.

히가시마쓰우라 반도

사가 현의 서북쪽에 규슈 섬의 북쪽으로 돌출해 있는 반도로 우리나라 부산에서 170킬로미터밖에 떨어져 있지 않다. 행정구역은 가라쓰의 거의 전역과 이마리의 북부 및 히가시마쓰우라 군 일부가 속한다.

동쪽으로는 가라쓰 만, 서쪽으로는 기타마쓰우라北松浦북송포 만과 함께 이마리 만을 사이에 두고 북쪽에 이키 섬이 있다. 이마리 만을 향한 서남쪽 외에는 거의 전체가 현해탄에 접하고 있어 해안의 대부분이 겐카이 국정공원 지역이다. 북부에서 서부 해안은 리아스식 해안이지만 만과 만 사이의 바다여서 항만은 비교적 파도가 잔잔하기 때문에 천연

규슈 역사 문화 여행

의 양항(배가 드나들거나 머물기에 좋은 항구)이 되었다. 그중에서도 요부코 항은 오징어 어획량이 많은 곳으로 유명하다. 요즘에는 현해탄의 강풍을 이용해서 풍력 발전이 활발한 곳이다.

하도미사키波戸岬파호갑 해중 전망탑

현해탄 국정공원의 서쪽 최북단인 하도미사키 곶은 임진왜란 당시 침략군의 전진기지였던 곳이다. 눈앞에 대한해협에 이르는 현해탄 바다가 넓게 펼쳐져 있고 저녁 노을이 특히 아름다워 '연인들의 성지'로 지정된 곳이다. 이 곳의 해중 전망탑은 현해탄 바다 위에 있는 전망대이다. 이 탑은 땅에서 바다로 86미터 뻗은 잔교의 끝에 높이 20미터, 지름 10미터 크기로 설치되어 있다. 해상 데크에서는 현해탄의 섬들과 출렁이는 파도를 볼 수 있으며, 바닷속 전망실에서는 해저 산책을 즐길 수 있다. 이 전망실에는 바닷속에 낸 창문을 통해 자연 상태의 열대어, 해초, 조개류 등을 볼 수 있다.

JR 가라쓰 역에서 노선버스로 약 30분 거리이다.

하마노우라浜野浦하마노우라의 다나나棚田뭉전

히가시마쓰우라 겐카이초玄海町현해정의 한 작은 포구에 인접한, 산비탈에 있는 계단식 논이다. 이 지역은 해안으로 흘러드는 하마노우라가와浜野浦川빈야포천 강과 합류하는 2킬로미터 지점에 걸쳐, 해안에서 뛰어 올라간 계단처럼 논이 경사면 층층을 덮고 있다. 계단식 논이 283개나 된다는 통계도 재밋거리이다. 자연이 그려준 곡선대로 크기도 형태도 각각 다르게 지형에 맞춰 조형된 계단식 논은 '센마이다千枚田천매전', '계단밭段々畑'이라고도 불리며, 벼농사가 시작되던 옛날부터 이어져오는 풍경이라고 한다.

이 계단식 논은 매년 4월 중순부터 물대기가 시작되고 5월 초순에 모내기가 끝난다. 그사이 수평선에 지는 해가 해면과 논을 오렌지색으로 물들여놓는다. 여름, 가을의 녹색과 황금빛 계단 역시 장관이어서 그림을 그리는 화가나 사진을 찍는 사람들이 많다.

● 아리타와 이마리

일본 도자기의 발상지인 아리타는 니시마쓰우라西松浦서송포 군에 속한다. 도자기는 도기陶器와 자기磁器를 합친 말인데 도기는 진흙陶土을 구워 만든 오지그릇으로 검붉은 윤이 나고, 자기는 도석을 원료로 해서 만든 사기그릇으로 다채롭고 화사하다.

마쓰우라 지역은 북쪽으로 뻗은 반도로 12세기부터 16세기에 걸쳐 왜구들의 주류인 마쓰우라 당의 본거지였다. 이 지역의 가장 큰 도시는 JR선의 종착역인 히가시마쓰우라 반도의 가라쓰이다. 아리타는 JR 사세보 선의 역이지만 이마리를 거쳐 마쓰우라 반도 북쪽 끝을 돌아 사세보까지 연결하는 마쓰우라 철도MR의 분기역이기도 하다.

아리타는 JR 사세보 선을 타면 하카타 역에서 도스를 거쳐 대략 1시간 20분 걸린다. 하카타 역에서 신칸센을 타면 더 빨리 도스에 닿을 수 있다. 사세보 역에서는 JR 특급으로 25분이 걸린다.

히가시마쓰우라 반도에서 두 번째로 큰 도시인 이마리는 아리타에서 마쓰우라 철도로 25분 만에 도착할 수 있다. JR로는 이마리 역에서

▲ 아리타 역

10여 분 걸리는 야마모토山本에서 JR 가라쓰 선과 접속한다. JR 하카타 역에서 사가와 야마모토를 경유해 이마리에 가려면 승차 시간을 3시 간 정도 잡아야 하지만 후쿠오카 공항 국내선 앞에서는 후쿠오카 도시 지하철과 연결해 가라쓰까지 운행되는 지쿠히 선으로 1시간 30분 정 도면 가라쓰 역에 도착한다. 가라쓰에서 환승하면 이마리까지 30분 정 도 디 가니까 환승 대기시간을 빼고 2시산이년 노착할 수 있다.

이마리는 12세기 말부터 16세기에 걸쳐 왜구들이 우리나라와 중국 땅에 노략질을 해서 한탕 벌어 흥청대던 곳이지만, 지난 수세기 동안 도자기 장사로 부유한 생활을 한 흔적이 도처에 남아 있다. 일본인들 이 만들어낸 세라믹 로드의 출발점이다.

아리타는 임진왜란 때 우리나라 충청도 공주에서 가토 휘하의 왜장 나베시마에게 잡혀간 도공 이삼평李參平(생년미상~1655)을 비롯한 조선

▲ 아리타 거리

인들이 정착했던 곳이다. 이삼평은 아리타 가마窯와 이마리 가마를 만들었다. 그는 일본 이름인 가나가에 산베이金ヶ江三兵衛로 개명했는데, 현재의 직계 자손에 이르기까지 14대손에 걸쳐 도자기를 계속 만들고 있다. 이삼평은 처음에는 나베시마의 가신에게 맡겨져 다쿠多久다구에 살다가 도자기 생산에 적합한 백자석을 구하기 위해 영지 내를 전전했다. 아리타에서 양질의 백자석이 대량으로 발견돼 이곳에 요를 만들고 일본 최초로 백자를 만들었다. 1959년에는 이삼평의 묘가 발견되어 일본의 사적이 되었고 아리타의 도자기 선조로 불리게 되었다. 이곳 신사(스에야마신사陶山神社도산신사)에는 천황, 번조 나베시마와 함께 도조陶祖 이삼평이 모셔져 있다.

일본 국내외에 명품 도자기로 널리 알려진 이마리 야키伊万里燒이만리소는 에도 시대에 일본 최초로 서부 히젠(현재 사가와 나가사키 지역) 일대에서 구운 자기를 총칭하는 말이다. 메이지 시대 이후에 이마리의 오가와치초大川内町대천내정 등에서 구운 근현대의 이마리 야키와 구별하기

규슈 역사 문화 여행

위해 아리타 등에서 예전부터 구워온 자기를 고이마리古伊万里고이만리 야
키라고도 한다. 아리타 야키는 1610년대 초반부터 아리타 서부에서 시
작된 것이라고 한다. 아리타 야키의 생산과 발전에 이삼평을 비롯한
조선 출신 도공들이 큰 역할을 했다. 이삼평이 덴쿠니야天狗谷천구곡 가마
에서 도자기를 처음 제작한 것이 1616년이므로 2016년은 아리타 가마
의 창업 400주년이 되는 해였다. 아리타에서 도자기 산업이 번성한 것
은 자기의 원료인 자석磁石의 채굴장이 인근에 있기 때문이다. 아리타
지역에서 우리 선조들이 힘들여 직접 굽거나 가르쳐서 구워놓은 도자
기는 영주의 비호와 협조를 받으며 이 지역의 도자기 상인들에게 넘겨
져 남만 상인들에게 팔려갔다. 그 덕에 영주들은 떼돈을 벌었다.

이마리의 겐에몬源右衛門원우위문 가마는 오늘날까지 아리타 도자기의
수작업 전통을 이어가고 있는 대표적인 도자기 제작 공방이다.

나베시마는 일본으로 잡아간 도공들의 창씨개명을 강행하면서 일
본인과의 결혼을 추진해 일찍이 조선인으로서의 성과 문화를 잃어야
했다. 가고시마 영주인 시마
즈에게 붙잡혀 간 전라도 출
신 도공들은 조선 이름을 쓰
고 조선인끼리만 통혼해서
현지인과 격리된 채 수백 년
을 살았기 때문에 가고시마
쪽 도공 후손들에게 조선 문
화의 흔적이 더 많이 남아 있
는 것과 대조된다.

▲ 아리타의 공방

▲ 아이오이바시　　　　　　　▲ 이마리쓰 앞

　　임진왜란이 끝나고 일본이 도자기로 떼돈을 번 사연은 이렇다. 임진
왜란 참전 후에 명나라가 망한 후, 청은 명나라 잔당들의 해외진출을
막기 위해 외국과의 무역을 금지해서 중국에서의 도자기 생산이 크게
위축되었다. 하지만 유럽 시장에서는 왕후, 귀족 등 상류계급을 중심
으로 도자기 수요가 오히려 계속 늘어나자 네덜란드 동인도 회사 소속
상인들은 일본으로 재빨리 눈을 돌려 도자기를 대량으로 주문·생산해
아리타와 이마리 일대는 도자기 특수로 번영을 누리게 되었다.

　　나는 한때 청나라가 인도양에서 철수한 것이 포르투갈 등 서양 세
력에 동양 침략을 위한 기회를 제공한 것으로 보고 청나라의 정책적
실책이라고 생각했다. 하지만 이 지역을 둘러보고 자료들을 살피면서
나의 판단이 오류였음을 깨달았다. 역사는 책 몇 권이 아니라 이렇게
전 세계를 놓고 보아야 겨우 조금 알게 된다고 느꼈다.

　　이곳에서 제조된 도자기는 조그만 포구인 이마리쓰伊万里津이만리진로
옮겨지고, 일본 국내는 물론, 나가사키 데지마出島출도의 네덜란드 상관
을 통해 동남아와 아프리카의 희망봉을 거쳐 유럽으로 실려 가는 보

물선의 주요 화물이었다. 도자기를 구입하는 계층은 일본 국내와 유럽 각지의 왕실과 귀족이었다. 이마라쓰 일대에는 국내외에 도자기를 팔던 상인들이 80여 명이나 살아서 당시 이곳에 있던 800여 채의 가옥 가운데 1할이 그들의 집이었다고 한다. 19세기 말 철도가 아리타-사세보까지 개통되면서 이마리쓰는 도자기 선적항으로서의 지위를 잃게 되었다. 하지만 현재도 이마리에는 많은 도자기 상점이 좁다란 도로 양쪽에 처마를 맞대고 늘어서 있다.

마쓰라도松浦党송포당와 왜구

일본 마쓰우라 당(마쓰라도)은 규슈 서북부에 웅거하면서 우리나라(고려-조선)와 중국 연안에 출몰하던 왜구들을 포함하는, 전문적 싸움꾼인 무사와 그 부하들이다. 왜구의 일부를 구성했던 마쓰라도를 다룬 이마리 현지의 문헌을 정리해서 요약하면 다음과 같다.

마쓰라도는 1019년 북 규슈를 공격해 온 여진족 일파의 침략刀伊の入寇 당시에, 하카타 상륙에 실패한 도이刀伊 군단이 마쓰우라 지역을 공격했을 때 이들을 격퇴한 이 지역의 책임자 미나모토노치源知원지(겐치라고도 함)가 시조이다. 그 후의 당조党祖로는 1069년 오사카에서 내려온 천황의 자손 미나모토노 히사시源久원구, 장남 나오스直직, 장손 기요시淸청라고 한다. 마쓰라도는 1593년 하타波多파다의 경실改易(관식 박탈과 영지 볼수 포함)에 이르기까지 약 600년간 서북부 규슈에서 무리를 지어 중앙 조정에까지 공포 분위기를 조성했다.

마쓰라도의 성격에 대해 현지 자료는 ① 단노우라 전투에서 헤이平쪽 수군의 제2군으로서 활약했고 몽고의 침입 때는 몽고군과 처절한 전투를 벌인 바다의 무사단이고, ② 조선, 중국, 동남아시아 일대에서 활약한 무장 상인이며, ③ 해적단으로 왜구의 일부를 이루기도 했다고 한다.

이들은 고려와 무역도 했지만 때때로 고려에 쳐들어온 왜구이기도 했다.

이 지역의 장원을 소유한 무사들은 세계를 정복한 몽고 군대가 규슈에 침입할 당시 온 힘을 다해 마쓰우라 반도를 비롯해 규슈 각지에서 몽고군과 싸웠다.

마쓰라도는 거주하는 지역에 따라 가미 마쓰라도上松浦党상송포당와 시모 마쓰라도下松浦党하송포당로 대별된다. 가미 마쓰라도는 마쓰우라 지방의 해안을 중심으로 큰 세력을 자랑했지만 최대 세력인 하타 일족이 전국시대를 거치며 멸망했다. 시모 마쓰라도의 방계인 히라도平戸평호 마쓰우라는 전국 다이묘로 성장했고, 세키가하라 전투 이후 구령의 소유권을 그대로 인정받아 히라도 번 6만 3,000석의 도자마 다이묘外様大名외양대명(도쿠가와가에 복속한 영지 1만 석 이상의 통치권을 인정받은 영주)로 존속했다.

우리 역사에서 왜구倭寇 わこう란 특히 13~16세기에 걸쳐 한국과 중국의 연안에 수시로 침입하여 인명을 해치고 재산을 약탈하던 일본의 해적 집단을 말한다. 일본에서는 같은 시기 한반도와 중국의 연안부나 일부 내륙 및 동아시아 여러 지역에서 활동한 해적, 사私무역, 밀무역을 행한 무역 상인이라고 하니, 도적떼의 역사를 미화한 것 같다.

왜구의 발생 배경에 대해 우리 『민족문화대백과사전』에서는 일본이 남북조시대(1336~1392)에, 남조 세력권에 있던 일부 지방 세력이 해적이 되었으므로 일본사회 내부 모순이 국내에서 통제되지 못하고 공격성을 띠고 국외로 나타난 것으로 본다. 거기에 더해 중국 대륙에서는 몽골족인 원나라가 쇠퇴하고 한漢족 왕조인 명이 건국되었으나 패권 경쟁에 바빴고, 고려는 원의 간섭과 통제로 자체 군사력을 갖추기 어려웠던 점 등 동아시아의 정세 변화와 관련되어 있다고 본다.

일본 자료는 안정복安鼎福의 『동사강목』을 인용한다. 왜구 발생의 원인(均指出倭寇的起因在於朝鮮人配合蒙古侵日行為所引發的報復)이라는 부분을 원나라의 침략에 대한 보복이라고 해석한다. 그래서 쓰시마(대마도)와 이키에서 자행된 몽고군의 잔학 행위를 자세히 예로 들고 있다. 또한 명나라 태조 주원장이 황제가 되자 이에 반발한 중국의 지방 세력이 일본으로 망명한 뒤, 일본의 연안주민을 선동해서 산동山東의 해안 지대에 침입한 예도 든다.

또 고려사를 인용해서 고려와 조선이 종주국인 원과 명의 군대가 상주하고 있었기 때문에 일본침략에 대한 대응과 쓰시마를 거점으로 하는 왜구 토벌을 빌미로 원과 명의 대군이 다시 자국(고려-조선)에 장기 주둔하며 횡포를 부릴까 두려워서 너무 앞질러 왜구를 부각시켰다고도 한다.

왜구가 많은 배와 중장비에 전쟁에 숙달한 무사를 함께 보내 많은 식량을 약탈한 것은 당시 일본 남북조시대에 남조 편이었던 기쿠치菊池국지와 히젠肥前의 마쓰라도가 북조와의 전쟁을 위한 물자 확보의 목적 때문이라고도 주장한다.

쇼군 아시카가 요시미쓰足利義滿족리의만가 1392년(태조 이성계가 조선을 건국하던 해) 남북조 통일을 이룬 후에 명나라의 요청으로 왜구를 진압하여 명에서 '일본 국왕'으로 책봉되고, 1404년 왜구와 구별되는 감합무역勘合貿易 (정부 허가를 받은 무역)을 행하면서 왜구는 급감했다.

조선은 1419년 6월 이종무李從茂가 이끄는 227척, 1만 7,285명의 군세로 '대마도 정벌'에 나선 이후에 왜구의 활동은 크게 줄었다. 당시 쓰시마는 세종의 정벌(사실상은 군사작전권을 가진 태종 이방원이 집행)에 즈음하여 규슈 지방에서는 독특하게 북조 편이었기 때문에 규슈의 영주들이 지원하지 않아 고전했다. 이때까지의 왜구를 전기 왜구라고 한다.

초기에서 전성기까지 전기 왜구 구성원에 대해 『고려사』에는 고려 말 500회 전후의 왜구 관련 기사 중 고려인이 가담했다고 명시된 것은 세 건이어서, 구성원 다수가 일본인으로 추측된다. 한편 조선왕조 『세종실록』 1446년 10월 28일(임술)의 기사에는, "왜구 중에 진왜인真倭人(일본인)은 1~2할에 불과하고 나머지는 본국인"이라고 하는 이순몽李順蒙 (1386~1449. 대마도 정벌에 출동했던 장군. 정2품 판중추원사)의 글이 기재되어 있다. 전기 왜구의 말기에는 일본인이 다수를 점하지 않았다는 말이다.

그리고 16세기 들어 연해 지역의 향신들과 결탁한 중국인 왜구 왕직王直 (1560년 사망. 명나라 안휘성 출신으로 후기 왜구의 두목), 서해徐海(1556년 사망), 이광두李光頭(복건성 출신) 등이 활약했다. 『명사明史』에는 후기 왜구 "열 명 중 일본인은 세 명이며 나머지 일곱 명은 이에 따르는 자다(大抵真倭十之三‘從倭者十之七")라고 기록되어 있다(明史卷三百二十二 列傳第

二百十外國三 日本 嘉靖二十六年).

　오늘날의 이마리, 가라쓰, 히라쓰 등 마쓰우라 가문이 통치하던 규슈 서북부는 왜구들의 본거지인 셈이다. 프란시스코 사비에르 신부Francisco de Xavier(1506~1552. 제8장 가고시마 부분을 참조)가 이 지역으로 선교 활동을 시작하면서 왜구 관계자들이 일본의 초기 천주교도가 되었기 때문에 몇몇 영주를 포함한 다수의 지역주민이 막부의 박해를 받았다.

가 라 쓰 와   나 고 야   성

히가시마쓰우라 반도의 대표적인 도시로, 먹거리가 많아서 현해탄의 진미를 맛보는 곳이라는 가라쓰 식당들의 광고가 자주 눈에 띈다. 한류와 난류가 합류하는 현해탄은 리아스식 해안에 파고가 높고 거친 바다가 펼쳐져 연안어업의 황금 어장이다. 왕새우(대하), 광어, 오징어 등등, 다채로운 어패류가 잡히고 있다. 후쿠오카 시내에서 파는 산오징어 회는 대개 가라쓰산임을 내세우고 있다. 이 어획물들은 현해탄 어장의 가장 가까운 도시인 가라쓰에서 바다의 진미로 바뀌어 사가규 佐賀牛좌하우와 함께 요리상에 오른다. 그 옛날 선조들의 애환이 서린 현해탄의 바닷바람을 맞으며 감칠맛 나는 요리를 가라쓰의 식당에서 즐길 수 있다.

가라쓰 성　　　　　가라쓰 시내에 있는 이 성은 도요토미가

▲ 가라쓰 시 동쪽에서 본 서북 방향의 바다

죽은 후에 폐성된 임진왜란의 전초기지 사령부가 있던 나고야名護屋명호
옥 성의 남은 자재로 에도 시대 초기인 1602년에서 1608년에 걸쳐 도
요토미의 가신인 데라자와 히로타카寺沢広高사택광고가 규슈 각지 여러 다
이묘의 도움을 얻어 축성했다. 데라자와 사후에 후임 성주들이 개수改
修하다가 1871년에 폐성했다. 니노마루에 번주의 저택이 있고 산노마
루에는 무사 주택이 있었다. 축성 당시 천수天守가 있었다고도 하지만
1627년 막부의 기록에는 천수의 존재가 확인되지 않았다. 천수를 그린
그림은 없지만 현재의 천수는 에도 초기인 17세기 초의 양식으로 건축
되었을 것이라고 가정해 1966년에 축조한 것이다. 축성 당시 히가시카
라쓰東唐津동당진 쪽과 이어져 있던 마쓰시마松島송도 산을 잘라내 마쓰우라
가와松島川송도천가 가라쓰 만으로 흐르도록 강의 흐름을 변경했다.

가라쓰는 하카타 역에서 지하철과 JR로, 버스센터에서 버스로 1시간
30분 정도면 도착할 수 있다. 성은 가라쓰 시가의 북부에 있는 마쓰우
라가와 강이 가라쓰 만으로 흘러드는 하구 왼쪽, 미쓰시마滿島만도 산에

규슈 역사 문화 여행

있다.

가라쓰 만에 돌출한 산정에 혼마루가 있고, 그 서쪽에 니노마루와 산노마루가 배치되어 있다. 성의 북쪽이 가라쓰 만이기 때문에 해성海城이라고도 한다. 현재도 바다에 바로 쌓아놓은 돌담이 보인다. 마쓰우라 가와의 오른쪽 강변에는 니지노마쓰바라虹の松原가 넓게 펼쳐져 있고, 미쓰시마 산을 중심으로 두루미가 날개를 펼친 듯이 보이기 때문에 마이즈루舞鶴무학 성이라는 별명이 붙었다.

폐성 후에 혼마루는 마이즈루 공원이 되었고, 니노마루의 성주 저택 자리는 중·고등학교가 들어섰으며, 니노마루와 산노마루 터는 시가지가 되었다. 현존하는 건조물로는 돌담, 해자, 모의 천수각 재건된 망루

데라자와 히로타카 寺沢広高사택광고(1563~1633)

아버지에 이어 도요토미에게 충성을 바쳤다. 1592년 임진왜란 무렵에 히젠 나고야 성 공사와 출정하는 여러 다이묘의 안내역을 맡은 뒤, 나가사키 부교奉行봉행으로까지 출세했다. 1594년에는 천주교로 개종했지만 1597년 26명의 순교자 처형을 보고는 배교했다. 무역통제와 조선에 출병한 일본군의 보급, 병력수송 임무를 맡았지만 도요토미 사후에는 도쿠가와에 접근해서 1600년의 세키가하라 전투에서는 동군에 가세해 공을 세우고 가라스 12만 2,000석의 도자마 다이묘가 되면서 아마쿠사 4만석을 영지로 받았다.

도요토미 정권 시절에도 규슈의 손님 접대인(取次)이었는데 도쿠가와 시대에도 이 지위를 누렸고, 세키가하라 전투 이후에는 서군이던 시마즈와의 전후 처리 협상을 중재하기도 했지만, 중재 역할이 도쿠가와의 가신에게 맡겨지면서 권력을 잃었다.

그는 가라쓰 성을 쌓고 아마쿠사 섬에 도미오카富岡부강 성을 쌓았다. 당초에는 천주교를 공공연히 탄압하지 않았지만, 1614년의 금교령 이후에는

탄압의 수위를 높이고 고문까지 동원했다.

가라쓰의 유명한 방풍림 니지노마쓰바라를 조성했고, 그의 친구인 야스다 구니쓰구安田国継안전국계(1556~1597)와 둘 중 누가 되더라도 영지의 10분의 1을 친구에게 주기로 한 약속을 지켰다고 한다. 데라자와는 도요토미의 부하가 되었고, 야스다는 아케치明智光秀명지광수의 부하가 되었다. 아케치가 주군 오다 노부나가를 죽일 때 야스다도 부상을 입었지만, 살아남아 다치바나立花宗茂입화종무 휘하에서 6번대로 임진왜란에 참전, 1593년 벽제관 전투에서 이여송이 지휘하는 조명연합군 격파에 가담했다. 데리자와는 순조롭게 출세해서 8만 석의 영주가 될 무렵에 약속대로 영지의 10분의 1을 야스다에게 주었다.

세키가하라 전투의 공로로 아마쿠사를 영지로 추가할 때 녹봉으로 약 4만 2,000석을 계상했지만, 이는 아마쿠사 영지 실제 수확의 두 배에 달하는 과도한 것이었기 때문에 가혹한 징세를 할 수밖에 없었다고 아마쿠사·시마바라의 난(1637년~1638년)에 대해 변명했다. 그러나 난이 가혹한 징세 때문에 일어났으므로 막부는 난을 평정한 후 데라자와 집안의 영지를 몰수했고, 후손들이 자살해 가문이 단절되었다. 막부가 난의 근본 원인이 되었던 과대한 녹봉을 반감한 것은 1659년이었다. 후에 그 섬은 막부 직할령이 되었다(구마모토 현 편, 「아마쿠사」 참조).

와 문이 있고, 돌담과 해자가 복원되어 있다.

데라자와는 마쓰우라가와 강의 유로 변경에서 볼 수 있듯이 토목 사업에 능통해서, 가라쓰의 해변에 방풍림으로 소나무 숲을 보호·육성했다. 이것이 일본 3대 소나무 숲松原으로 남아 있는 니지노마쓰바라虹

◀ 가라쓰 성

규슈 역사 문화 여행

の松原이다.

데라자와 가문의 단절 이후, 가라쓰는 다이묘가 다섯 번이나 바뀌었다. 한때 천황의 직할 영지가 되었지만 1817년에 오가사와라 나가마사小笠原長昌소립원장창에게 불하되어 건조물이 해체됐다가 마이즈루 공원으로 정비되어 일반에 개방되었

▲ 가라쓰 성의 역대 성주를 기록한 비석

다. 1966년 문화관광시설로 5층의 모의 천수를 쌓고, 문과 망루를 재건했다. 1989년 가라쓰 시청 앞에 히고의 해자와 돌담을, 1992년 니노마루 터에 큰북太鼓을 복원했고, 1993년 시청 부근에 있는 산노마루의 망루도 복원됐다.

나고야 성터名護屋城跡명호옥성적　　히젠의 나고야 성은 히가시마쓰우라 반도의 동쪽 맨 끝, 가라쓰의 서북쪽 해변에 있다. 1591년 10월, 도요토미는 임신왜란의 서점으로 삼기 위해서 구로나, 가토 등에게 서부의 여러 다이묘와 함께 축성할 것을 명령했다. 축성 개시 불과 반년 후, 도요토미가 입성하고 이듬해 4월경에는 거의 완공되었지만 그 후에도 추가 공사가 계속되었다. 이 성에는 고니시, 가토, 구로다뿐 아니라 출정하지 않은 혼슈 동부의 당시 실력자 도쿠가와의 진영도 설치되어 있었다. 성터는 해안선을 따라 길게 뻗은 마쓰우라 군의 북동쪽에 있는 작은 만에 위치해 있다.

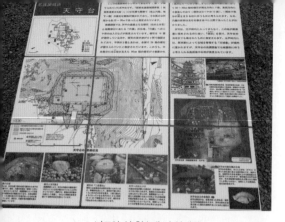
▲ 나고야 성 천수대 터 안내판

도요토미는 교토에서 이 성으로 옮겨 거주하면서, 임진왜란과 정유재란을 총지휘했다. 이 성은 도요토미가 죽고 두 전쟁이 무위로 돌아간 1598년에 폐성되고, 대부분의 건물 자재는 가라쓰 성에 이축되었다.

일본 중세에 가라쓰는 마쓰라도의 교역 거점 중 하나로 원래 그 우두머리였던 하타의 일족이 살던 거성이 있기는 했지만, 도요토미가 대륙 진출을 목적으로 전선 기지로 징발해서 대규모 성을 축조했다. 성의 높이는 해발 90미터 정도이다.

이 동산에 5층 천수각과 어전이 세워지고 주위 약 3킬로미터에는 조선을 침략한 여러 영주의 부대가 120개 정도의 진영을 설치하고 주둔했다. 여느 성들처럼 성 주위에는 성 아랫마을이 들어서서 최성기에는 인구가 10만 명을 넘었다고 한다. 지금은 성터가 동산이 되고 성 아랫마을은 띄엄띄엄 몇 채의 가옥이 있을 뿐 도시에서 떨어진 한적한 곳이다. 성채의 돌담도 시마바라의 난 후에는 폭동 등을 막을 목적으로 자재 일부가 인위적으로 파각되어 현재는

▲ 나고야 성터

규슈 역사 문화 여행

부분만 남아 있다.

성은 천수대를 중심으로 반시계 방향의 성곽이 있었는데, 혼마루, 니노마루, 산노마루, 류게키마루遊擊丸유격환, 단조마루彈正丸단정환, 히가시데마루東出丸동출환, 다이도코로마루台所丸태소환와 도요토미의 개인 공간 등으로 구성되었다.

이제 성터에서는 멀리 섬과 섬 사이를 거쳐 한반도를 침공하던 왜군들의 함성이 아련한 파도 소리에 섞여 잦아드는 것 같다. 사방은 고요하고, 이따금 이 사적을 찾는 나그네들이 들러 갈 뿐인 역사의 땅이 되어 있었다.

말할 것도 없이 이 성에는 수많은 사람을 전란 속으로 몰아넣은, 도요토미 히데요시의 헛된 야망이 흔적으로 남아 있다. 발굴·조사 중인 이 성터의 보존 상태는 양호한 것으로 보인다.

가카라시마加唐島가당도　　가카라시마는 히가시마쓰우라 반도 하토곶波戸岬파호갑에서 약 4킬로미터 북쪽의 현해탄에 있는 섬으로 요부코 항呼子港호자항에서는 북서쪽 7.5킬로미터 해상에 있다. 일곱 개 섬으로 이루어진 겐카이세도玄海諸島현해제도의 하나로 겐카이 국정공원에 속해 있다. 현재의 상주인구는 200여 명이다.

섬은 남북으로 가늘고 길게 뻗어 있는데 섬의 북쪽 끝인 에누오노하나エヌヲノ鼻가 사가 현의 최북단이고 여기서 서쪽에 마쓰시마, 가시와지마神集島, 동쪽에 오가와지마小川島가 있다. 섬의 서남부에 가카라시마 어항, 동북부에 오토마리大泊대박 어항이 있다.

산지가 해안선 바로 앞까지 내려와 있고 마을이 있는 곳을 제외하

고는 주위가 온통 해식애海蝕崖로 둘러싸여 있다. 기후는 쓰시마 난류의 영향을 받아 겨울에도 비교적 온난하며 서리가 내리지 않는다. 옛 이름은 쓰바키노시마椿の島(동백섬)라고 기록되어 있다.

이 섬은 옛날부터 한반도와 교통하는 요충지였다. 백제 제25대 왕인 무령왕武寧王(461~523)이 탄생한 섬으로 남서부의 오야비 포구에 있는 동굴 안에는 '무령왕생탄 전승傳承의 땅'이라고 새겨진 비碑가 세워져 있다.

우리나라에서도 무령왕 출생지로 확인된 것은, 1971년 7월 무령왕릉이 발굴되면서 출토된 석판 지석에 '영동寧東대장군 백제 사마왕斯麻王'이라는 표기가 있기 때문이다. 백제 사람이 왜국에 갈 때 해상교통로로 대마도-이키-가카라시마를 거쳤다.

720년 편찬된 『일본서기』에는 "461년 백제 개로왕(455~475년 재위)이 동생인 곤지를 일왕에게 보내면서 산달이 가까운 임금의 여인君婦을 동생에게 주었는데, 배가 이 섬에 정박했을 때 아기가 태어났다. 그래서 이 아기의 이름을 일본어로 섬이라는 뜻의 시마라고 지었는데 이를 발음대로 쓰면 우리말로는 '斯'가 '사'로 발음되어 사마라 하였다. 곤지 일행이 배에 실어 태어난 아이를 돌려보내니 그가 장성하여 대를 이었는데 곧 무령왕이다"라고 기록되어 있다. 우리나라에서는 이 설을 부인했지만 이 비석이 발견되면서 『일본서기』의 기록이 사실일 가능성이 높아졌다.

이 섬의 주산업은 오징어잡이를 중심으로 하는 어업이며, 섬의 특산물인 동백 열매가 유명하다. 가라쓰 시의 요부코에서 하루에 네 번 왕복하는 정기선이 취항하고 있으며 소요 시간은 약 20분이다.

규슈 역사 문화 여행

가라쓰의 온천과 명승지

가라쓰 온천 가라쓰 도심의 해안에 가까운 온천으로 후쿠오카 시내에서 차로 1시간 거리이다. 염분이 조금 들어 있다. '가라쓰 온천 가구야히메탕かぐや姫の湯'이라고 부른다.

마쓰우라가와松浦川 강 주변에 있어서, 낮에는 반짝이는 수면을 바라보며 온천욕을 즐길 수 있다. 온천 수질은 나트륨 염화물·황산염의 약알카리성 냉광천이다. 이 지역 특산물인 싱싱한 오징어 회를 먹고 온천욕을 즐기며 숙박할 수 있다. 후쿠오카 공항 국내선 터미널에서 JR 지쿠히 선을 타고 가라쓰 역에 내리면 북쪽으로 도보 약 15분, 택시로 약 3분 거리의 다이묘코지大名小路대명소로에 있다.

나루카미鳴神 온천 나나노유ななのゆ 가라쓰 시 나나야마다키가와七山滝川칠산낭천에 있는 알칼리성 단순천으로 조망이 웅대하다. 대욕장에는 햇빛이 쨍쨍 내리쬐는 큰 창문이 천장으로 열려 있어 매우 환하고 노송나무(히노키檜)의 향기가 솟아나는 듯한 온천수와 조화를 이룬다.

노천탕에서는 바위 사이로 숲과 나무를, 파란 하늘과 성사를 보면서 사계절 다른 정취를 느끼며 온천욕을 즐길 수 있다. 가족탕은 히노키·타일·자연석의 세 가지 유형이 있다. 침탕寝湯은 온천물에 잠겨 잠들면서 산을 바라볼 수 있는 노천탕이다. 사우나는 남성용인 고온의 건식 사우나와 여성용인 저온의 습식 사우나가 있다.

대중교통편으로는 후쿠오카 시영 지하철 하카타 역에서 메이노하마姪兵질빈 역을 거쳐 JR 지쿠히 선 하마자키浜崎빈기 역(약 1시간 소요)에 내린다. 가라쓰에서는 JR로 10여 분 정도 걸리고 니지노마쓰바라 바로 다음 역이다. 이 역에서 나나야마七山칠산를 경유하는 버스로 환승해 약 20분이면 나나노유 앞 정류장에 선다.

사리佐里좌리 **온천**　　　가라쓰 시에 있는 알칼리성 단순온천으로 일본 전국시대(15~16세기)부터 탕치장湯治場이었다. 가라쓰에서 이마리까지(약 35분 소요) 하루 약 열 편 운행되는 JR 지쿠히 선 사리佐里좌리 역에서는 걸어서 3분 거리이다. 숙박시설은 긴노유銀乃湯은내탕 한 곳뿐이지만 바닥에 화강석을 사용한 중후한 옥내 욕장과 히노키로 된 노천탕, 모두 유리를 붙여 산촌의 정경을 바라볼 수 있는 피라미드 모양의 전망 욕탕(여성 전용) 등, 정취가 각기 다른 여러 종류의 온천욕을 즐길 수 있다.

간논다키観音の滝 **(관음폭포)**　　　가라쓰의 나나야마에 있는 높이 45미터, 폭 10미터의 폭포로 다키가와가와滝川川낭천천 강 수역에 있는 여덟 개의 폭포와 웅덩이이다.

폭포 옆에는 이름의 유래가 된 '기메生目생목 관음'을 모신 후쿠주인福聚院복취원이 있다. 폭포에 얽힌 전설로, 임진왜란 때 도요토미 히데요시가 나고야 성에 진을 치고 조선 침략을 지휘했을 때 부하의 여동생이 도요토미를 수발했다고 한다. 도요토미는 이 미인이 마음에 들어 첩으로 삼았는데, 1594년에 눈병을 앓게 되자 기메 관음보살을 찾아 21일 동안 기도하고 폭포수로 눈을 씻었더니 눈병이 말끔히 나았다고 한다. 이후 눈병 치유를 기원하는 참배객이 많이 찾게 됐단다. JR 지쿠히 선

규슈 역사 문화 여행

하마자키 역에서 자동차로 25분 걸린다.

나나쓰가마七つ釜   가라쓰 시의 서북부 해안에 있는 여러 개의
해식海食 동굴로 국가 천연기념물이다. 오랜 세월에 걸쳐 현해탄의 파
도에 침식되어 현무암의 주상절리가 발달한 곳에 있다. 일곱 개의 해
식 동굴이라 하여 '나나쓰가마(일곱 개의 가마솥이라는 뜻)'라고 했지만
실제로는 일곱 개 이상의 동굴이 있다. 요부코呼子호자 어항에서 국내 관
광선이 드나들고 있다. 정면의 폭은 3미터, 앞뒤의 길이는 110미터로
만조일 때는 입구에서 동굴 속 몇 미터까지는 유람선이 들어갈 수 있
을 정도로 큰 것도 있다.

　나나쓰가마의 윗부분은 천연 잔디로 덮여 있어 휴일을 보내기에 아
주 좋은 산책지이다. 근처에는 하도미사키 곶, 다테가미이와立神岩입신암
바위가 있다. 날씨 좋은 날에는 멀리로 이키와 대마도도 보인다.

▼ 나나쓰가마

이곳으로 드나드는 해중 전망선은 해저코스와 동굴코스를 운항한다. 전망선은 길이 24미터, 폭 4.5미터, 총 15톤으로 나나쓰가마까지 40분 코스이다. 비바람이 심할 때에는 운행하지 않는다. 오전 9시 30분부터 오후 4시 30분까지 1시간에 한 편씩 하루에 모두 여덟 편이 운행된다.

한편 다카시마행 해저코스는 요부코에서 다카시마를 도는 코스로 반잠수형 전망선을 타고 바다 아래 1.2미터까지 내려가 그들의 광고대로 '고래를 타고 요부코의 바다를 탐험하는 것 같은 느낌'을 준다. 이 전망선의 선내 창문을 열면 어류와 바다 생물들을 생생하게 볼 수 있고, 이 배가 부상할 때 갑판에 오르면 해풍과 함께 요부코 앞바다를 만끽할 수 있다. 오전 9시부터 오후 5시(12월부터 2월까지는 오후 4시)까지 매 시간 운행한다.

부근에 요부코의 상징인 '요부코 대교'가 있다. 이 다리는 요부코 본토와 가베시마加部島가부도를 잇는, 길이 약 728미터의 PC 사장교斜張橋로 하프를 펼쳐놓은 듯한 모습이다. 벤텐시마弁天島변천도로 이어지는 '벤텐弁天변천 산책길'도 걷고 싶은 길이다. '요부코 대교 입구' 버스정류장에서 내리면 걸어서 약 5분 걸린다.

니지노마쓰바라虹ノ松原

JR 니지노마쓰바라 역 또는 하마자키浜崎 역에서 내리면 거창한 송림이 펼쳐진다. 주변에 해수욕장, 가가미야마鏡山경산, 가가미야마 온천과 전망대, 후루사토회관 아루피노アル

▼ 니지노마쓰바라 표지

ビノ, 후쿠오카로 이어지는 12킬리미터의 해안 송림인 산리마쓰바라三里松原삼리송원 등의 관광지가 있다. 가라쓰 성唐津城당진성에서 가깝다.

사가 현의 유명한 온천

다케오武雄무웅 온천　　　JR 사세보 선 다케오 역에서 내려 도보 10분 거리에 있는 온천이다. 사가에서 사세보 방면 열차로 약 30분 걸리는 역의 철로 북쪽인 나가사키 가도에 많은 온천호텔과 료칸이 있다. 온천은 역 북쪽에서 오른쪽(서쪽 방향)으로 두 번째 신호등에서 우회전해서 걸어가면 된다. 단순온천과 탄산수소염천이 있으며 원천 온도는 섭씨 45도에서 51도이다. 주변에는 도자기 제조소도 많아 도자기 시장도 열린다.

온천마을의 상징은 1914년 건축된 누문樓門이다. 이 문을 들어서면 자료관이 있고, 다케오 온천 신관, 공동욕장과 전세탕(가족탕)이 있다. 누문과 다케오 온천 신관은 사가 현 출신의 유명한 건축가가 설계한 깃으로 국가 중요문화새이나.

공동욕장은 원탕元湯, 호오라이蓬莱봉래탕, 사기노鷺乃노내탕의 3탕이 있다. 또한 사가의 영주였던 나베시마鍋島과도의 전용 욕장 시설인 영주탕殿様湯과 가신탕家老湯이 있고 전세탕도 있다.

이 온천의 역사는 1,200년 전으로 거슬러 올라가며 우레시노 온천만큼 깊다. 전설에 따르면 진구 황후가 개선 길에 칼자루로 바위를 찌르니 단번에 물이 솟아올랐다고 해서 옛날에는 쓰가자키(쓰가는 자루

▲ 다케오 온천 누문

를 뜻하는 한자 병(炳) 온천, 또는 호라이산(蓬莱山봉래산) 기슭에서 솟는 온천이라고 해서 호라이 온천이라고도 불렸다.

임진왜란 때는 도요토미가 부상 병사의 치료를 위한 온천장으로 이용했다. 에도 시대에는 나가사키 가도의 역참 마을이라서 나가사키를 왕래하는 정치인과 문인들이 이 온천을 찾았다. 필립 시볼트(Philipp Franz Balthasar von Siebold(1796~1866. 독일 출신 의사이자 박물학자)도 이 온천을 자주 이용했다고 한다. 시볼트는 독일인으로 에도 막부 말기 나가사키 데지마(出島출도)에 있던 네덜란드 상관 주재 의사였다.

전후에는 우레시노 온천과 함께 환락온천이기도 했지만 오늘날에는 아늑하고 조용한 분위기를 즐기는 온천으로 변했다.

다케오 온천에서 쉬면서 나가사키 현에 속하는 하우스 텐 보스 테마공원에 다녀오기도 아주 편하다. JR로 약 30~40분 걸린다. 하우스 텐 보스 역에서 내려 바다 위에 놓인 다리를 건너면 바로 유명한 대중가요 〈나가사키와 교모 아메닷따(長崎は今日も雨だった(나가사키는 오늘도 비가 내렸다)〉의 배경을 이루는 오쿠라 호텔 앞에 도달한다(나가사키 현 편 참조).

우레시노(嬉野희야) 온천　JR 사세보선 다케오 온천역 앞에서 거의 매 시간 운행되는 우레시노행 버스로 약 30분이면 도착하는 곳이다. 사세보 역에서는 사이히(西肥서비)버스로 약 1시간, 나가사키 본선 히젠가시

▲ 우에시노 온천과 시볼트 탕

마肥前鹿島비전녹도 역에서는 버스로 약 30분, 오무라 선 소노기彼杵피저 역에서는 버스로 약 25분 걸린다. 후쿠오카에서는 하카타 버스터미널이나 니시테쓰 덴진 버스터미널에서 고속버스로 약 2시간 걸리며 나가사키 역전에서는 약 1시간 걸린다.

8세기 무렵의 일본 역사서에도 등장하는 유서 깊은 온천이다. 나트륨 탄산수소염·염화물천으로 피부미용에 효과가 있는 중소다 온천이다. 음용에도 적합하다. 온천욕 후에는 피부가 매끄러워진다고 하여 특히 여성들에게 인기 있는 미용온천으로 알려져 있다. '우레시노 유도부湯どうふ'라는 상표등록까지 한 두부요리湯豆腐탕두부(온천수를 사용해 만든 두부를 재료로 한 일본식 냄비요리)와 우레시노 차로도 유명하다.

도시 중심에서 용출되는 온천수로 규슈에서 잘 알려진 이 온천마을은 우레시노가와嬉野川 강을 끼고 형성되어 있다. 대소 50채에 가까운 여관이 즐비하다. 가장 오래된 여관은 1830년 창업한 여관 오무라야大村

屋대촌옥이다. 온천상가 중심부에 무료 족탕 광장으로 '시볼트シ—ボルト의 족탕'이 있다.

제2차 세계대전에 대해 반성하는 내용과 질이 크게 다르지만, 일본인의 독일 사랑은 상당히 예부터 이어진 듯하다. 근처에는 1924년 독일인이 설계한 공중욕탕 '후류유'가 있었다. 하지만 노후화된 데다 2005년 3월 지진의 영향으로 헐렸다가 2010년 4월 당시 설계대로 중건되어 새로운 명칭인 '시볼트의 탕'으로 재개업했다.

이 온천의 역사는 매우 깊다. 옛날 옛적 한 황후가 서일본 정벌을 마치고 돌아가던 길에 상처 입은 백학을 보았는데, 백학이 강변에서 목욕을 하고 다시 힘차게 날아오르는 것을 보고 "아, 기쁘다(아, 우레시야)"라고 감탄했다고 한다. 이 말이 와전되어 우레시노라는 지명이 유래되었다고 하며, 서기 714년에 쓰인 『히젠국 풍토기』에 만인의 병을 고치는 명탕으로 이곳을 들고 있다고 한다.

이곳도 에도 시대에 나가사키 가도의 역참 마을이어서 옛 문헌에 우레시노 온천의 모습이 기록되어 있고, 이때부터 환락온천으로 알려졌던 것 같다. 현대에도 서쪽의 벳푸別府벳부라 불릴 만큼 환락온천으로 이름난 적도 있지만, 다른 온천지와 비교하면 새로운 시설 투자가 적은 편이다.

옛 우레시노초旧嬉野町구희야정에서는 오래전부터 차가 재배되었는데, 이 역시 널리 홍보되어 '차와 온천'을 슬로건으로 내걸고 있다.

사가 현의 중앙부인 사가 시의 서쪽에 있는 도시로, JR가라쓰 선으로 사가에서는 서쪽으로 10분, 가라쓰에서는 동남쪽 사가 방향으로 50분 정도 거리에 오기 역이 있다.

기요미즈清水の滝 **폭포**　　일본 전국의 유명한 물 가운데 하나인 시미즈카와清水川 상류에 있는 폭포로 높이 75미터, 폭 13미터의 맑은 물이 수직으로 흘러내린다. '구슬발珠簾주렴 폭포'라고도 한다. 폭포 옆에는 이 물로 씻어낸 잉어 요리점이 늘어서 있다. 여름철 보양식으로 피서 오는 사람들이 이곳 음식점을 많이 찾는데, 오기 역에서 택시로 10여 분 걸린다. 사가 역 버스센터에서 노선버스를 타고 오기 정류장에서 내려도 택시로 10분 거리이다.

오기小城소성 **공원**　　오기의 1·2대 영주인 나베시마 모토시게鍋島元茂과도원무(1602~1654) 부자가 만든 정원인데 '벚꽃의 명소'로 4월 초순에 3,000그루의 벚꽃이 피고 5월부터는 철쭉과 등나무도 아름답다. 오기 역에서 걸어서 5분 거리이다.

세이간지星巖寺성성암사　　1684년에 조코잔祥光山상광산에 창건된 절로 약사여래를 본존으로 모시고 있다. 오기 영주였던 나베시마 가문의 위패가 있는 이 절의 다락문은 에도 시대에 중국 문화의 영향을 받은 독특한 건축물로 1852년에 건조되었다. 경내에 다양한 표정을 짓고 있는 작은 '오백 나한' 석상이 있다. 나한은 부처의 제자이다. 1716~1735년 전후에 만들었다는 석상들은 한때 파손과 절도 등으로 200기 정도로 줄었지만 최근에는 나한상을 새로 만들어 봉납해 나한상이 늘었다. 이 절의 입장료는 없으며 오기 역에서 차로 5분 거리에 있다.

양갱 자료관　　　　중국에서 처음 전래된 양갱은 양의 스프(국물)에 들어 있는 젤라틴 성분이 포함된 과자로 일본에서는 19세기 말에서 20세기 초에 걸쳐 치열한 판매 경쟁을 벌였다. 오기의 양갱은 오기 성의 벚꽃을 기념하기 위해 만든 '사쿠라 양갱'에서 비롯됐다. 모리나가 제과회사의 창업자인 모리나가 소오키치森永惣吉삼영총길(1846~1910)가 오사카의 제과점에서 배운 기술로 1872년 오기에서 처음으로 양갱을 만들어 '사쿠라 양갱'이라는 상품명을 붙였다. 이곳에서 무라오카 야스요시村岡安吉촌강안길도 1899년 나가사키에서 양갱 만드는 도구와 제조법을 전래받아 양갱을 만들었다. 이어 여러 지역에서 와리요칸煉羊羹연양갱(붉은팥에 우무나 밀가루를 넣은 양갱)을 만들어 '오기요칸'이라고 이름 붙이자 상표권 분쟁이 일어났다. 무라오카도 '오기요칸'이라는 이름으로 모리나가에 맞서면서, '오기요칸(양갱)'의 상표에 지명이 들어갔기 때문에 무라오카를 비롯해 '오기 양갱협동조합'의 30개 제과점이 만든 양갱을 모두 '오기 양갱'이라고 부르게 되었다고 한다. 이 자료관은 오기 역에서 북쪽 약 2킬로미터, 걸어서 약 25분 정도의 거리인 무라오카 양갱의 본점 부지에 있다.

다쿠세이묘多久聖廟다구성묘　　다쿠多久다구는 사가 현의 중앙, 사가 시의 서쪽에 있는 소도시(인구 약 2만 명)로 1970년대까지는 탄광지대였으나 폐광이 잇따르며 시세市勢는 위축되었다. 사가에서 가라쓰를 잇는 가라쓰 선의 다쿠 역이 대표 역으로 가라쓰나 사가에서 약 40분 걸리는 중간 지점이다.

공자의 사당이며 중국식 건물인 다쿠세이뵤는 다쿠 역 남쪽에서 자동차로 10분쯤 걸리는 다쿠 시립병원 부근에 있다. 1708년 준공되어 일본 내에 현존하는 공자 사당 중에서 가장 오래된 곳이다. 1699년 학문소가 건설되고 그 강당에 공자상을 안치했다.

● 　　　　　　　　　　　　　　　　　　　　도스 부근

사가 현의 가장 동쪽에 있는 도시로 규슈의 육상 교통망에서 남북을 종단하고, 나가사키 현과 오이타 현을 연결하는 규슈 횡단 동서 축의 교차점에 위치하고 있다. 인구는 사가·가라쓰에 이어 현 내에서 세 번째로 많아 약 7만 명쯤 된다. 규슈 신칸센은 신도스新鳥栖신조서 역에 정차한다.

가스노오勝尾승미 **성 지쿠시**筑紫氏축자씨 **유적**　　가스노오 성은 해발 501미터의 조야마城山에 있는 남북 2킬로미터, 동서 2.5킬로미터 정도의 산성이다. 성 주위에는 동서 약 300미터, 남북 약 250미터의 곡륜曲輪(방어 진지와 건조물이 있는 부지이자 병사의 주둔 시설로서 성곽에서 가장 중요한 시설)과 물이 없는 해자空堀공굴, 지면에 땅을 파서 만든 수로 등이 있었다.

아라카와安良川안양천 강과 그 지류 사이의 계곡에 낀 요새로 이 성 외에도 여러 곳의 지성支城이 있다. 축성 연도가 1423년이라는 설과 1491년이라는 설이 있다. 이 성은 규슈의 동서남북 교통의 십자로여서 자주 전쟁터가 되다가, 지쿠시 가문의 영토 확장 과정에서 정비되었다. 1586년에는 시마즈의 공격으로 지쿠시의 성이 함락되었지만 도요토미의 규슈 통일에 따라 지쿠시가 복권되어 전봉轉封(제후의 영지를 딴 곳으로 옮김)되면서 폐성되었다.

지쿠시가의 전성기에는 성터와 성 아랫마을이 넓었다고 한다. 남쪽 산록에는 평상시의 집터가 남아 있다.

기이基肆 성터(기야마초基山町기산정)

기이基肆기이 성은 서기 665년에 다자이후를 방어하기 위해 그 남쪽인 해발 404미터 기야마基山기산에서 북쪽으로 해발 414미터까지에 쌓았던 고대 산성으로, 미야키三養基삼양기 군 기야마초基山町기산정에서 후쿠오카 현 지쿠시노筑紫野축자야 시에 걸쳐 사방을 4.2킬로미터의 토성이 감싸고 있다. 다자이후의 남쪽, 지쿠시노 남쪽과 사가 현 미야키三養의 북쪽에 걸쳐 쌓았고, 성터에는 동쪽 두 곳, 남북 두 곳에 성문과 토성 안쪽에 약 40곳이 넘는 창고의 초석들이 남아 있다.

우리나라 역사에서의 백강白江 전투를 『일본서기』에서는 백촌강의 전투白村江の戰い(하쿠스키노에의 전투)라고 한다. 이 전투는 백제가 멸망한 서기 660년 후 일본의 구원병과 백제의 부흥군이 합세해 서기 663년 나당연합군과 벌였던 전투이다. 이 강은 현재의 금강 하구인 동진강이라는 설이 많이 채택되고 있다.

규슈 역사 문화 여행

일본은 전통적으로 백제와 우호관계를 맺어오다가 백제가 멸망하자 약 4만 명의 군대를 보냈지만, 나당연합군이 왜선 400여 척을 불태우는 등 왜군을 크게 제압했다. 이 전투가 끝난 뒤, 일본 덴지天智천지 천황(661~671년 38대 천황 재위) 때인 665년에 오노조大野城대야성와 함께 일본 최고의 고대 산성(조선식 산성)인 이 성을 건축했다.『일본서기』에 따르면 실제 건축은 망명한 백제 귀족들이 맡았다고 한다.

왜국은 신라의 침공에 대비해 하카타 만 앞에 미즈키水城수성(후쿠오카 현 편), 다자이후의 북쪽에는 오노조, 남쪽인 아리아케 해 쪽에서 들어오는 침입에 대비해 이 성을 쌓았고 야마구치 현에 축조한 나가토長門장문 성과 함께 다이자후를 지키는 네 개의 큰 방위선을 쳤다.

기이基肆기이 군단이라고 불리는 약 500명 이상의 군인이 배치되었던 것으로 보이지만, 실제로 신라군이 쳐들어오지는 않았기 때문에 헤이안平安평안 시대(794~1185 또는 1192) 초에는 군단이 폐지되었다. 토루土楼, 성문, 수문, 초석 같은 건물이 남아 있는데, 그 규모는 매우 크다. 2003년에는 옛 관청의 동쪽으로도 아시키阿志岐아지기 성이 발견되었지만 그 성 이름은 문헌에 나오지 않고 축성 연도가 불분명하다.

요시노가리吉野ヶ里 **유적**　간자키神崎신기 시의 요시노가리초에 있는 역사공원으로 주된 볼거리는 마을 방어와 관련된 옛 구조물들이다. 세후리 산지 남쪽으로 트인 요시노가리 구릉에 약 1,800년 전까지 있었던 대규모의 해자를 둘러친 마을(환호마을) 터이다. 이 유적지는 망루나 이중의 해자 등 방어적 성격이 강해 일본 성곽의 시작으로 보기도 한다.

야요이彌生미생 시대(기원전 4세기에서 기원후 3세기까지) 후기의 가장 큰 취락으로 한반도에서 수입한 벼농사를 지은 흔적, 옹관묘(옹기에 다리를 굽힌 시신을 넣어 묻은 묘)와 당시 지배자가 정무를 보던 곳 등이 발굴·복원되어 있다. 요시노가리란 '좋은 들판이 있는 마을'이라는 뜻으로 옛사람들이 살기 편한 곳이었던 듯하다. 오늘날 이곳은 많은 고고인류학자에게 필수 답사코스가 되었다.

이 일대는 1986년에 공업단지 개설 공사 중에 고대 유물이 발굴되어 조사가 진행되고 발굴물 일부를 역사공원으로 복원해서 정비했다. 한반도에서 전래된 벼농사 문화를 바탕으로 지역 일대의 주요 취락 모습을 더듬어볼 수 있다.

이 유적지는 V자형으로 깊이 판 큰 벙커가 마을을 둘러싸고 있고, 벙커의 안팎에는 나무 울타리, 토성, 가시나무 울타리 같은 적의 침입을 막는 설비와 해자를 둘러싼 마을 곳곳에 적의 위협을 살피는 파수꾼의 망루가 있었다.

옛 건축물 주변에서 발견된 움집과 고상高床(기둥 위에 있는 마루) 주거는 제사에 종사하는 자와 그 측근들이 살았던 것으로 보이며, 제전

▼ 요시노가리 유적

과 식량을 보관하는 고상식 창고, 곡물 저장용 동굴, 청동기 제조의 흔적도 발굴됐다. 다수의 시신을 모아 매장한 옹관, 석관, 널무덤土坑墓도 있다. 유적의 남부와 북부에 수장首長의 무덤으로 보이는 두 개의 분구묘墳丘墓가 있다. 발굴된 옹관 속의 사람 뼈에는 다치거나 화살촉에 찔린 것, 머리가 없는 것 등이 있는데 아마도 전쟁에서 죽은 사람의 무덤일 수도 있겠다. 무덤에는 함께 매장된 유리 장식품과 다수의 토기, 석기, 청동기, 철기, 목기, 액세서리류와 청동의 칼, 청동거울, 직물, 피륙 제품 등의 장식품과 제사용품도 출토되었다. 1998년에는 규슈에서 처음으로 제조된 것으로 추정되는 동탁銅鐸(청동기로 만든 악기)도 발견됐다. 출토품 중에는 중국 대륙, 한반도와 여러 면에서 공통성·유사성이 보이는 것이 많았다.

이 유적들을 보관하고 전시하기 위한 시설이 2001년 이 공원에 들어선 후에도 유적 발굴 작업은 계속되고 있다. 기둥의 흔적과 목재 등이 남아 있어 이를 바탕으로 유적이 복원되고 있다. 유구의 보호 및 추가 발굴을 위해 원래 있던 자리에서 다른 장소에 옮겨 복원된 것이 많지만 유구를 보호하면서 같은 장소에 복원된 것도 있다.

유적의 주변부에 망루가 세워져 있어 멀리서도 여행객의 눈에 띈다. 공원의 남쪽 끝은 JR 나가사키 본선에 접하고 요시노가리 공원역과 간자키 역 사이에서는 열차를 타고 가면서 망루 등의 건조물을 볼 수 있다. 공원에서는 "야요이 인들의 목소리가 들려요"라는 주제로 1년에 수십 회 행사를 기획하며 고대문화와 생활을 체험할 수 있다.

넓은 공원 안은 세 개 존으로 크게 구분된다. '환호마을 존'에서는 다수의 유구가 복원되어 당시의 모습을 엿볼 수 있고, 출토된 토기나

장식품 등을 진열한 전시실, 발굴 모습과 토기 복원을 견학할 수 있는
시설, 체험 공방 등이 마련되어 있다. '고대의 기원古代の原 존'은 주로 레
크리에이션 시설들로 광장, 수변기구와 놀이기구들, 야외취사 코너 등
과 고대에 쌀을 재배하던 논 등이 마련되어 있다.

JR 하카타 역에서 사가행 특급으로 약 1시간 정도 걸리는 요시노가
리 역이나 간자키神埼 역에서 내리면 걸어서 약 15분 거리에 있다. 요시
노가리 공원 역에서 정문까지 700미터, 간자키 역에서는 서문까지 약
600미터이다.

구넨안九年庵　　　　　　　간자키에 있는 다실풍으로 지은 저택과 일
본정원이다. 신불神佛 분리령(1868년)에 따른 토지 정리 이후 구루메의
유명한 정원사인 한 승려가 1900년부터 9년의 세월에 걸쳐 축조한 것
에서 이름이 붙었다.

'구넨안'은 1920년 이 저택의 서북쪽에 건축된 다실이었지만(토대만
현존함) 현재는 정원을 포함한 전체의 명칭으로 사용되고 있다. 현재는
사가 현이 땅을 구입하고, 건물은 소유자가 현에 기증해서 11월 단풍
시즌에 9일 동안만 일반에 공개된다. JR 나가사키 본선 간자키 역에서
노선버스로 15분 걸린다.

나가사키
현

후쿠오카
사가
나가사키
구마모토
오이타
미야자키
가고시마

Kyushu

나가사키 현은 규슈의 가장 서쪽에 있는 현이다. 동쪽으로 사가 현과 인접해 있고 고토렛토五島列島오도열도, 이키노시마壱岐支島일기도, 쓰시마对馬대마 등 971개의 섬이 있어 일본에서 섬이 가장 많은 현이다. 해안선 길이가 4,137킬로미터로 홋카이도에 이어 2위이지만, 면적으로는 홋카이도의 20분의 1로 이 현의 해안선은 아주 복잡하고 길다. 시마바라島原도원 반도, 나가사키長崎상기 반도 등 큰 반도들이 이 현에 속한다.

운젠다케雲仙岳운선악의 최고봉인 헤이세이니야마平成新山평성신산(해발 1,483미터)와 운젠후겐다케雲仙普賢岳운선보현악(해발 1,359미터), 사가 현과의 경계를 이루는 교가다케経ヶ岳(해발 1,076미터) 등의 높은 산이 있다.

이 현에는 운젠아마쿠사雲仙天草운선천초 국립공원, 사이카이西海서해 국립공원과 이키쓰시마壱岐対馬일기대마 국정공원, 겐카이玄海현해 국정공원이 있다.

겨울철은 계절풍의 영향으로 온난한 편이다. 동중국해 쪽은 흐린 날이 많고 겨울비와 폭설이 내리는 날도 있지만 눈이 쌓이는 날은 아주 적다. 해안 곳곳에 아열대성 식물이 자생하는 따뜻한 겨울이지만 한반도와 가까워 대륙계 수목도 많이 보이고 있다.

현의 동남부 활화산 지대인 시마바라 반도는 1990~1995년의 운젠후겐다케의 화산이 폭발해 시마바라 시를 중심으로 큰 피해를 입었다.

나가사키 현은 나가사키 지역, 현 북부 지역, 현 중앙 지역, 시마바라 지역 등 본토 네 지역과 고토렛토, 이키노시마, 쓰시마의 세 개 도서 지역 등 일곱 개 지역으로 나눈다. 현의 3대 도시는 나가사키(인구 43만 명), 사세보(25만 명), 이사하야(14만 명)이다.

이 현의 대부분은 옛날 히젠구니肥前国비전국 땅으로, 국부国府는 사가에 있었다. 이 현에서는 규슈의 제일 서북쪽에 있는 고토렛토, 이키노시마, 쓰시마를 거쳐 한반도나 중국으로 건너가는 출발지였다. 11세기 무렵에는 수군이라고 자칭하던 마쓰라도松浦黨송포당 등의 해적 무리가 쓰시마를 비롯한 현 내 각지를 왜구의 근거지로 삼았다. 12세기에 들어서서 천황의 인척인 헤이平가가 서일본으로 진출하면서 마쓰라도나 규슈 무사의 상당수가 헤이 편을 들었고 단노우라壇ノ浦 전투(시모노세키 부분에서 자세히 설명)에서는 헤이 편의 수군으로서 겐源가의 수군과 싸웠다. 1274년과 1281년에는 쓰시마, 이키노시마, 다카시마에 여몽연합군이 쳐들어갔지만 대형 태풍이 규슈를 덮치는 통에 후퇴했다.

세종대왕(1397~1450년, 1418~1450년 재위)이 즉위한 다음 해인 1419년 6월, 상왕인 태종 이방원은 군사작전권을 놓지 않고 당시의 동아시아 국제정세 속에서 조선의 이익에 맞는 선택으로 대대적인 '대마도 정벌'에 나섰다. 이종무(1360~1425) 장군이 지휘하여 병선 227척과 병사 1만 7,000명이 마산포馬山浦를 출발해 대마도로 진격했다. 원정군은 대마도 전체를 토벌하지 못했으나, 큰 타격을 주고 곧 회군했다.

이 정벌은 일찍이 고려시대에는 문과에서 과거 급제하기도 하며 총명성을 인정받은 조선의 3대왕 이방원이 명나라와의 외교 정책상 취한 절묘한 한 수로 볼 수 있다. 이 당시 명나라 황제는 자금성을 완공한 제3대 황제 영락제(1360~1424. 명의 태조 주원장朱元璋의 4남. 본명은 주체朱棣. 1402~1424년 재위)였다. 영락제는 권력 투쟁 끝에 국내를 평정한 뒤, 영토 확장에 나서 북으로 5회에 걸쳐 몽골 방면을 공략해 흑룡강 유역까지 진출했고(1410~1424), 남으로는 베트남 북부와 라오스 등지를 공략해 복속시켰다(1407~1427). 명의 조공국이지만 모처럼 평화가 찾아온 조선에 출병을 요구할 것이라 예측한 이방원은 조선이 명나라에도 자주 출몰하는 왜구의 침공을 막기 위해 왜구의 근거지 가운데 하나인 대마도를 정벌하기 위해 군대를 출동시킨다는 구실이 필요했을 것이라고 한다.

미국·중국·일본·러시아와의 국제 교섭이 절실한 이 시대 대한민국 최고 지도자도 이방원처럼 현명한 외교정책을 폈으면 좋겠다.

영락제는 황후가 죽은 후에 1408년 조선에서 헌상한 셋째 왕비인 안동 권씨 공헌현비恭獻賢妃(1391~1410)를 총애해 내명부를 관리하게 했다. 그런데 그녀가 몽고 출정에 동반했다가 개선하는 과정에서 죽자, 그 죽음에 의심을 품고 귀경 후에 후궁 다수를 처형했다. 영락제의 황후와 비빈으로 알려진 24명 가운데 조선 출신이 6명이나 되었는데, 그중 권 현비를 질투했다는 이유로 첩여婕妤 여呂 씨(1393~1413)도 잔인하게 처형했다.

당시 일본은 교토와 가마쿠라에 두 명의 천황이 있던 남북조시대 (1336~1392)로 규슈의 여러 영주는 교토의 남조 편이었지만 대마도 도주는 북조 편이었기 때문에 가까운 규슈 지역 영주들의 지원을 받을 수 없었다. 우리나라에서는 이 정벌을 기해동정己亥東征이라 하고, 일본에서는 당시 연호를 써서 오에이노가이코우応永の外寇라고 한다.

그 후에 1507년에는 고토렛토에서 다마노우라 오사무玉之浦納옥지포납의 반란이 일어나 주군인 우쿠宇久우구의 정권을 탈취해 10여 년 통치하다가 격전 끝에 평정되었다.

현의 서북쪽 끝에 있는 섬인 히라도平戸평호에서는 1550년 6월 포르투갈 무역선이 입항한 후, 가고시마에 이미 들어와 있던 사비에르 신부가 기리스탄吉利支丹길리지단(포르투갈 어로 Cristão: 영어의 Christian) 포교를 시작했다.

일본 상인과 무사들이 히라도에서 포르투갈 상인과 충돌한 미야노마에宮ノ前 사건이 발생한 후에 포르투갈 선은 나가사키 현의 다른 항구로 출입항을 바꾸었다. 종교분쟁의 성격도 있었지만 여러 선교 단체의 천주교 선교사들이 일본 각지에 들어와 영주들의 도움으로 신학교도 짓고 본격적인 선교 활동을 전개했다. 선교사들은 유럽 무역 상인들을 각지의 영주들과 연결해 이권을 취하도록 보살펴주었다.

17세기에 들어서면서 네덜란드의 동인도회사와 영국의 동인도회사가 서로 연계해 히라도에 지점을 개설했다. 하지만 얼마 안 가 에도 막부의 쇄국 방침에 따라 포르투갈인은 천황의 직속령이던 나가사키에서 추방되었고, 1641년에 네덜란드 상관도 데지마出島출도로 옮겨졌다. 중국 상선도 나가사키에 들어올 수 있어서 나가사키는 일본이 쇄국하는 중에도 몇 안 되는 국제무역항이 되었다.

수도에서 먼 지방이었으므로 나가사키 부교奉行봉행(막부직할지의 행정과 사법을 관장하는 직책)가 다스렸다. 1868년 2월, 에도 막부가 붕괴한 후에는 총독이 임명되고 나가사키 법원이 들어서면서, 히젠국, 지쿠고국筑後国축후국, 히고국肥後国비후국의 여러 마을과 막부 영지 등을 관할했다. 1871년 나가사키 현과 이마리 현(현재의 사가 현)이 분리되었지만, 1874년 사가의 난 이후에는 정부의 징벌로 사가 현이 나가사키 현에 병합되었다가 1883년 사가 현이 다시 복원되면서 현재의 나가사키 현이 나타났다.

현의 인구는 1980년 159만 명, 1990년 156만 명, 2000년 152만 명, 2010년 142만 명으로 계속해서 줄고 있다.

이 현에는 국립인 나가사키대학, 나가사키현립대학과 사립대학 6개교가 있다.

나 가 사 키 시

나가사키는 에도 시대부터 일본의 유일한 개항지이고, 게이한京阪경판, 에도江戶강호와 함께 일본 3대 유곽 도시 가운데 하나로, 막부 말엽에는 많은 문인과 묵객의 사교장이었던 흔적도 남아 있다. 내가 꼭 나가사키에 가기로 마음먹은 것은 2009년 1월 히로시마에 가서 본 원자폭탄 투하 현장에서 느낀 아린 기억을 잊을 수 없었기 때문이다. 망가진 건물과 원폭 후유증으로 죽어간 어린아이들의 모습을 담은 조형물 등을 보면서 참혹한 피해 상황이 늘 눈앞에 아른거렸다.

이 도시의 현재 인구는 약 45만 명으로 1980년대 50만 명에 비해 줄어들고 있다. 시내 여러 곳을 잇는 노면전차는 1, 3, 4, 5호선 등 네개 노선이 있다. 잘 발달된 노면전차 시스템은 시가를 눈요기하면서 관광명소 어디에나 빠르고 쉽게 도달할 수 있게 해준다.

나가사키의 역사

나가사키는 1571년 포르투갈 선박이 이 항구에 들어온 이후 무역항으로 번창하면서 일본에서 비교적 일찍 서양 문물이 들어온 대표적인 도시이다. 일찍이 천주교 포교의 중심지가 되었지만 일본이 쇄국정책을 편 후에는 천주교도의 처형 현장이기도 하다.

임진왜란이 일어나기 5년 전인 1587년 7월 24일(음력 6월 19일) 도요토미 히데요시는 하코자키箱崎상기(현재 후쿠오카 지역)에서 기독교 선교와 남만 무역 금지를 주된 내용으로 하는 명령을 내렸다. 이 명령에는 천주교 선교사에게 20일 내에 국외로 퇴거하라는 바테렌ハテレン(포르투갈어로 'padre'. 신부의 일본식 표기) 추방령이 포함되었다. 이어 1588년에는 국내 경제와 관련해 해적단속령을 내렸다. 하지만 남만(스페인·

▲ 나가사키 시 전경

포르투갈 상인)과의 무역상 실리를 중시해 상인에게 큰 영향을 미치는 선교사들의 한정적인 천주교 포교활동을 묵인했다. 그래서 선교사들은 일본에서 계속해서 활동할 수 있었다. 이때 금지된 것은 포교활동뿐이고 기독교 신앙을 금지한 것은 아니었기 때문에 각지의 천주교도도 공개적으로 억압받거나 신앙 제한을 받지 않았다.

일본군이 조선으로 쳐들어가 벌인 임진왜란이 소강상태였을 때인 1596년 7월, 스페인 상선 산펠리페 사건San Felipe Incident(188쪽, 1596년 산펠리페 사건 박스 참조)이 발생하자 도요토미의 주도하에 1596년 12월 갑자기 선교사를 포함한 천주교도 26명을 처형하는 사건이 일어났다. 이 사건은 단순한 종교 탄압이 아니라 정치·외교와 무역·통상을 분리하려는 시도의 하나였다. 하지만 그 후에도 나가사키 현에는 숨은 천주교도가 많았다. 그리스도교(천주교 포함) 신자 비율이 약 4%로 일본의 다른 지역(약 0.3%)에 비해 높다. 일본의 그리스도교 신자는 신교와 구교를 포함해 포함해 약 260만 명이다.

나가사키에 처음 온 포르투갈 사람들은 시중의 여러 곳에 흩어져 살면서 일본 여성과도 자유롭게 접촉했지만 1636년 에도 정부는 포르투갈인을 데지마 한곳에만 모여 살게 했다. 이어 당국은 포르투갈인과 일본 여성 사이에서 태어난 아이를 포함해 남녀 도합 287명을 나가사키에서 마카오로 추방했고, 1639년에는 네덜란드인과 영국인 및 그 자녀 11명에게도 출국을 명령했다. 그해 가을 들어 히라도平戶평호(현재 사가 현)에서 출항한 네덜란드 선박이 나가사키에 정박하지 못하게 했고 1641년에는 히라도에 살던 네덜란드 사람도 데지마로 옮기게 했다.

1688년에 청나라 상인唐人당인(중국인)의 거주지로 약 1만 평의 부지에 이중의 해자와 울타리屛를 친 도진야시키唐人屋敷당인옥부를 설치해서 서비스 종사자 이외의 일본인 출입을 금지하고, 거래도 관내에서만 하게 했다. 1689년에는 이들을 이 집단거주지에만 모여 살게 했다. 그 후에 중국인 저택에 출입할 수 있는 여자는 마루야마丸山환산의 매춘부만으로 제한했기 때문에, 오히려 그녀들은 매춘의 반대급부로 호화롭게 생활했다. 하지만 에도 말기에 쇄국 정책을 거둔 뒤에 외국인과의 사이에 태어난 혼혈아는 그 부모의 결혼 여부를 불문하고 일본인으로 취급했다.

나가사키는 제2차 세계대전 때 일본의 군함건조지로서 1940년 11월 전함 무사시武藏무장를 진수한 곳이다. 전함 무사시는 1942년 취역해서 1944년 10월 24일 필리핀 주변 해역에서 미 항공모함에서 발진한 전투기의 폭격으로 침몰할 때까지 해군 3,300명이 승함할 수 있는 일본 최대 전함 가운데 하나였다. 이 군함의 길이는 263미터, 폭은 38.9미터나 되었다.

원자폭탄 투하의 배경　미국은 1945년 8월 종전을 앞당기기 위해 히로시마와 나가사키에 원폭을 투하했다고 하지만 원자폭탄과 같은 방사능 물질은 인류를 공멸에 이르게 하는 죄악의 씨알이다. 1941년부터 원자폭탄을 개발하기 시작한 일본의 저항은 거셌다. 1942년 미드웨이 해전에서 패배한 이후, 일본은 자신들이 점령했던 사이판, 이오도硫黃島유황도, 오키나와 등지에서 계속 고전을 면치 못했다. 버마 전선에서는 영·미·중 연합군에 맞서 고전했으며, 만주국 북쪽에서는 소련이 포츠담 선언에 따라 8월부터 참전해 관동군을 몰아치고 있었다.

원자폭탄 개발은 루스벨트 대통령 때인 1944년 완료되었고, 1945

년 4월 대통령직을 승계한 민주당 트루먼Harry S. Truman 대통령이 취임한 후인 7월 16일, 뉴멕시코 주 로스앨러모스Los Alamos에서 원자폭탄 실험에 성공했다. 미국 군부가 재래전 방식으로 예측한 종전 예정일(일본 패전일)은 1945년 11월 초였다. 핵물리학자를 포함한 많은 미국과학자와 군부의 드와이트 아이젠하워Dwight Eisenhower 원수(후에 대통령이 됨) 등이 대도시에 원자폭탄을 사용하는 것을 사회윤리 측면에서 부당하므로 사용하지 말 것을 청원했다. 하지만 트루먼은 전후에 소련과 대결할 것을 염두에 두고, 소련군의 일본 본토 북부 상륙과 남진에 앞서 원자폭탄 투하를 결정했다. 1944년 이후, 태평양전쟁 일지는 다음과 같이 정리될 수 있다.

- 1944년 6월, 사이판 전투에서 항공모함 세 척을 잃고, 3만의 수비대가 전사.
- 1944년 8월, 괌 주둔 일본군 전멸.
- 1944년 10월, 전함 무사시가 격침되고 미군이 필리핀에 상륙.
- 1944년 11월, 마리아나 기지에서 출격한 미군 중폭격기 B-29가 도쿄 공습 개시.
- 1945년 3월, 이오도 주둔 일본군 전멸.
- 1945년 3월, 미군이 오키나와에 상륙. 6월에 일본군 수비대 전멸. 정규군 6만 5,000명, 오키나와 방위대 2만 8,000명을 포함해 민간인 등 24만 4,000명이 죽고, 미군은 육군 4,675명, 해군 4,907명, 해병대 2,938명 등 1만 2,520명이 전사.
- 1945년 3월, 도쿄대공습으로 10만 명 이상이 사망. 22만 호 소

실. 이재민 100만 명 이상 발생. 계속해서 나고야, 오사카, 고베 공습.

- 1945년 4월, 소련이 일소 중립조약 연장 불가를 통고.
- 1945년 7월, 연합국의 포츠담 선언 발표와 일본 수상의 묵살 담화.
- 1945년 8월, 소련군이 만주와 한반도 북부를 공격.
- 1945년 8월, 히로시마와 나가사키에 원자폭탄 투하.

일본은 1944년 하반기부터 패전이 불가피함을 깨달았다. 거듭된 패배에도 일본 천황 집안 및 황가와 혼인 관계를 유지해오던 귀족 집안들은 패전 후에 맞게 될지 모르는 최악의 사태를 막아야 했다. 패전으로 천황제가 폐지될 수도 있기 때문에 그들은 자신들의 비참한 최후를 피하기 위한 방도를 찾았다. 쇼와昭和소화(히로히토裕仁유인 천황)의 사돈들인 섭관가攝官家(황실의 후견자 집단으로 황실의 주요 혼처였던 5대 가문) 귀족 고노에 후미마로近衛文麿근위문마는 1945년 2월 천황제도와 기득권자들의 특권 유지를 위해 미국과 비밀리에 평화 교섭을 진행할 것을 주장하는 상소문을 올렸으나 천황은 이 제안을 거부했다. 도조 히데키東條英機(1884~1948. 전범으로 처형됨) 내각은 본토 결전에 대비하면서 냉예로운 강화講和를 이루는 두 마리 토끼를 쫓아야 했다.

고노에 후미마로近衛文麿근위문마**(1891~1945)**
고노에 후미마로는 제2차 세계대전 중 세 차례 걸쳐 일본 수상직을 맡았다. 1937년 6월 출범한 제1차 고노에 내각 때는 로코교盧溝橋노구교 사건

(1937년 7월 7일 중국 베이징 부근에서 일제군과 중국군이 충돌한 사건)과 함께 중일전쟁이 시작되었다. 각의에서 전쟁불확대 방침을 결정했음에도 호전주의자인 육군에 휘둘려 상하이 사변(1937년 8월), 난징대학살(1937년 12월) 등을 일으켰고, 정파 대립으로 1939년 1월 총사퇴했다.

제2차 고노에 내각은 1940년 7월 조각되어 '동아시아의 신질서'를 기치로 내걸고 대동아공영권의 건설을 주창했다. 이해 9월에는 독일·이탈리아와 함께 삼국동맹을 맺고, 1941년 4월에는 소련·일본 중립조약을 체결했다. 하지만 6월에 독소전쟁이 발발하자 삼국동맹에 의거해서 소련 공격을 주장하는 육군과 자원 확보를 위해 남방 진출을 주장하는 해군이 대립하는 가운데 소련과의 전쟁을 주장한 친 육군계인 마쓰오카 요스케松岡洋右송강양우(전범 재판 중 사망) 외무상을 경질하기 위해 내각이 총사퇴했다.

제3차 고노에 내각은 제2차 내각이 사직한 날, 재조직되어 남방 진출을 주장하는 도요다 데이지로豊田貞次郎풍전정차랑(1885~1961. 후에 전범 불기소 처분을 받고 공직에서만 추방됨) 해군대장을 외무상에 임명했다. 그는 1941년 10월 중순까지 미·영과 협상하면서 미국에 정상회담을 요청했으나 거부당하자, 미국을 상대로 한 전쟁에 자신이 없다고 하면서 수상을 사임하여 내각이 총사퇴했다. 후임 수상이 태평양전쟁을 밀어붙인 전 육군대신 도조 히데키였다. 퇴임한 고노에는 1941년 12월 8일 태평양전쟁이 개전하자 야인으로서 영미와 화평교섭을 추진했으나, 도조의 방해로 좌절되었다.

1945년 8월 전후의 황족(히가시 구니노미야東久邇宮동구미궁. 1887~1990) 내각에 국무대신으로 입각했다. 그는 10월 4일 맥아더 연합군 사령관을 방문해서, 천황을 중심으로 한 귀족과 재벌은 군부의 독단적인 개전開戰을 막으려 했다고 변명하면서 미군정이 귀족과 재벌을 제거한다면 일본이 공산화될 것이라고 주장하고 군부만 희생양으로 내놓았다.

미국 정부는 전범 두목인 천황에게 전쟁 책임을 묻지 않기로 이미 가닥을 잡고 있었다. 맥아더는 처음에 그를 친미파로 생각하고 일본 헌법의 개정 작업을 맡기려고 했지만 국내외 언론이 그의 전쟁 책임 문제를 강하게 제기하자 헌법 개정에 그가 관여하는 것을 중지시켰다. 맥아더 사령부는 그의 전범 혐의를 조사하기 시작했고, 그는 혐의를 피하려고 애썼지만 10월에 내각이 총사퇴하고 여론이 악화되자 1945년 12월 음독자살했다. 그는 "내가 많은 잘못을 저질렀지만 전범으로 재판받는 수모는 견딜 수 없다"라는 유서를 남겼다.

고노에의 차녀가 낳은 아들(외손자)이 1993년 일본의 수상이 된 호소카와 모리히로細川護熙세천호희(1938~. 미국 뉴욕에서 태어남)이다. 그는 또한 구마모토 영주였던 히고호소카와 가문肥後細川家비후세천가의 제18대 당주로 조치上智상지대학 법학과를 졸업하고 아사히신문 기자를 거쳐, 정계에 진출했다.

원자폭탄 투하   1945년 8월 9일 오전 11시 2분(미국 기록에 따르면 10시 58분) 미군이 나가사키에 투하한 원자폭탄으로 인구 24만 가운데 6~7만 명(미군 자료에 따르면 약 4만 명)의 주민이 즉사하고 약 2만 5,000명이 부상당했으며 시내 가옥의 36%가 파괴되었다. 그해 연말까지 원폭 피해로 추가 사망한 사람이 6만 4,000명이라고 한다. 원폭으로 이 도시 인구의 절반이 6개월도 안 되어 죽었다는 말이다. 원자폭탄은 나가사키 시내 우라카미 성당浦上教会포상교회 가까이에 떨어졌다. 그날 교회가 8월 15일의 성모승천일을 맞아 교회 안에서 '용서의 숨은 발걸음ゆるしの秘跡'이라는 행사를 준비하고 있었기 때문에 사제를 비롯해 많은 신도들이 희생되었다. 그래서 신앙에 고뇌하는 사람이나 천주교를 버린 사람도 많다고 한다. 현재도 폭심지 자리에는 교회의 잔해가 일부만 보존되어 있다.

이 원자폭탄의 이름은 '뚱뚱이Fat Man'이다. 이 원자폭탄은 길이 약

▲ 나가사키에 앞서 원자탄이 투하된 히로시마 폭심지

3.2미터, 지름 1.5미터, 무게 약 4.6톤으로 B-29 폭격기 벅스카 Bockscar에 탑재되어 나가사키상공에 투하되, 지상고도 약 550미터에서 폭발했다. 이 원자폭탄은 히로시마에 투하된 우라늄을 원료로 한 폭탄과는 달리 플루토늄을 원료로 사용했다.

이 폭탄의 위력은 TNT 약 2.2톤 규모로 히로시마에 떨어진 원자폭탄의 1.5배에 이르는 것이었다. 불행 중 다행으로 나가사키는 언덕이 많은 지형이어서 히로시마보다 피해가 조금 적었지만, 살아남은 사람들도 방사능 피해로 큰 고통을 받았다.

1945년 8월 6일 히로시마広島광도에 떨어진 핵폭탄은 우라늄을 사용한 것으로 그 이름이 '어린아이Little Boy'이다. 너무나 끔찍한 대량살상 무기에 붙인 이름치고는 참 역설적이다. 이 원자폭탄은 길이 약 3미터, 지름 71센티미터에 무게가 약 4톤이었다. 이 폭탄은 B-29 폭격기에 탑재돼서 히로시마 도심 약 9,000미터 상공에서 투하되어 지상고도 약 550미터에서 폭발했다. 폭발의 위력은 TNT 약 1만 5,000톤에 맞먹는 것이었다. 이 폭격으로 히로시마 시의 중심부 약 12제곱킬로미터가 폭풍과 화재로 괴멸되었고, 약 8만 명이 사망 또는 실종되었으며, 8만여 명의 부상자가 발생했고 가옥 6만여 호가 파괴되었다.

원자폭탄 공격을 당한 나가사키의 운명은 히로시마보다 더욱 기구

규슈 역사 문화 여행

하다. 폭탄을 적재한 벅스카 전투기는 사이판의 남쪽 티니안Tinian 섬에서 제1목표인 후쿠오카 현 고쿠라(현재의 기타큐슈 시 1개 구)로 출격했다. 이 전투기는 이륙 때부터 연료탱크가 고장 나서 예비 연료를 충분히 적재하지 못했다. 히로시마에 원폭을 투하할 당시에 과학 관측 담당으로 출격했던 찰스 스위니Charles W. Sweeny(1919~2004. 당시 육군 소령, 후에 공군 소장으로 전역) 기장이 고쿠라 상공에 도착했으나 폭격 경로 진입에 세 차례나 실패했다. 고쿠라 상공에는 구름이 잔뜩 낀 데다 전날 야하타八幡팔번를 폭격하면서 발생한 연기 때문에 투하 지점을 찾기가 어려웠고, 일본군의 고사포가 발사되면서 일제 전투기도 대응 출격했다. 거기에다 연료마저 위태로운 수준이 되자, 스위니는 부하의 조언으로 제2목표에 투하를 결단하고 나가사키 도심 상공에 원자폭탄을 떨어뜨렸다. 폭탄 투하 후에 이 전투기는 연료 문제로 오키나와에 착륙할 수밖에 없었다.

나가사키 평화공원　　피폭 10년 후인 1955년 8월 나가사키의 피폭 중심지인 마쓰야마마치松山町송산정에는 평화기원동상祈念像이 완공되었다. JR나가사키 역에서 노면路面전차 1호선이나 3호선의 여덟 번째 정거장인 마쓰야마마치에 있는 기념상 인근에 평화공원과 원폭자료관이 있다.

평화기원동상은 여인의 모습으로 형상화되었는데 그 모습이 독특하다. 창공을 가리키는 오른손은 원폭의 위험을, 수평으로 펼친 왼손은 세계평화를, 가로로 접은 오른쪽 다리는 원폭 투하 직후 나가사키의 정적을, 꺾어 세운 왼쪽 다리는 살아남은 생명을, 그리고 가볍게 감

▲ 나가사키 평화기원동상

은 눈은 원폭 희생자의 명복을 기원하고 있다는 설명이다.

이 공원에는 평화의 샘과 평화의 종을 비롯해 여러 나라에서 보내온 평화 기원 조각물이 전시되어 있는데, 그중에는 원폭을 투하한 당사국인 미국의 미네소타 주에서 보내온 것도 있다. 원폭의 피해를 재현한 각종 자료와 핵무기 개발사를 포함한 자료 및 평화에 대한 정보를 갖추고 있는 나가사키 원폭자료관은 공원 옆의 언덕에 있다. 공원 뒤편에는 천주교 유입과 박해의 현장인 우라카미 성당이 있다. 이 성당은 1925년에 완성된 아시아에서 가장 큰 천주교회였지만, 원폭으로 파괴되었다가 1959년 복원되었다.

전후에 천황 일가는 주전파인 수상 도조 히데키에게 전범 우두머리라는 용수를 덮어씌워 맥아더 사령관에게 목숨을 넘겨주었다. 이때 조선인의 후손으로 도조 내각의 외무상이었던 도고 시게노리東鄕茂德동향무덕(박무덕. 1882~1950)도 전범 재판에 회부되어 20년 금고형을 선고받고 복역 중 옥사했다. 도고는 그 조상이 임진왜란 때 도공陶工으로 끌려간 조선의

▲ 나가사키 평화의 샘

규슈 역사 문화 여행

남원 사람이었다. 끌려간 도공들은 대대로 가고시마 현 내의 한 마을(미야마美山미산)에 살았다. 그들 후손들은 가고시마 지역의 영주인 시마즈가의 정책에 따라 도고가 태어날 무렵까지 박씨 성을 가지고 있었고 조선말을 썼다. (제8장 가고시마 현 편을 참조할 것).

일본이 천황제를 유지하고 있는 한, 일본의 민주화와 동북아시아의 진정한 평화는 어렵다. 최소한 일본 천황 가문이 자신들의 재산이라도 내놓아 당시 고통받았던 자국민을 포함해 아시아 여러 나

▲ 평화공원 내 원폭 투하 표지

라 국민들에게 보상하는 진정한 속죄의 날이 올까? 그것이 진짜 전범 두목이면서도 살아남은 일본 천황가의 의무일 것이다.

나는 오늘의 독일인들이 전쟁 범죄를 매우 부끄러워하고 지금까지도 나치 가담자를 당연하게 색출한다는 것을 내 또래의 전후 세대에게서 직접 들어본 적이 있다. 그런데 일본인들은 아직도 전쟁 범죄를 진정으로 속죄하지 않고 있다. 이러한 차이가 나타나는 근본적인 원인은 무엇일까? 나는 그것이 일본의 천황제도 때문이라고 생각한다.

나가사키에 가면 일본의 천황과 군부독재 세력이 전쟁의 포화와 원자폭탄의 대재앙 앞에 자국민 수천만 명을 볼모로 내놓았음을 실감할 수 있다. 그들은 왜 많은 일본인이 태평양과 아시아 여러 곳에서, 오키나와에서, 도쿄에서, 마침내는 히로시마와 나가사키에서 집단 학살당

하게 두었을까? 나가사키에 가면 미국과 일본이 벌인 그 큰 전쟁에 대한 만감이 교차한다.'

원자폭탄이 왜 하필이면 나가사키에 떨어졌을까? 천주교도는 왜 이곳에서 처형되었을까? 신의 뜻을 알 수는 없지만 엄청난 일이 많았던 곳이다.

● 　　　나가사키 시내의 다른 관광명소들

외국인 집단거주지　　　1688년에 설치된 중국인의 집단거주지인 도진야시키는 5호선 전차 시민병원 앞에서 내려 신치新地신지 중화가에서 찾아가면 가깝다.

▲ 도진야시키

5호선 시민병원 앞이나 오우라카이간도리大浦海岸通り 사이의 오른쪽 첫 번째 신호등 사이의 도로로 접어들어 갓스이活水활수 여자대학 쪽으로 걸으면 오란다자카オランダ坂(네덜란드 언덕이란 뜻) 길이 나온다. 이곳이 메이지 시대까지 네덜란드인의 집단거주지였다.

메가네바시眼鏡橋안경교　　　나가사키의 명물 가운데 하나로 안경다리

(메가네바시)도 널리 소개된 관광지이다. 빨간색 3호선 노면전차로 나가사키 역에서 두 번째 정거장인 고카이도마에公會堂前공회당전에서 내려 이정표를 따라 5분정도 걷다 보면 어느새

▲ 메가네바시의 밤

작은 광장과 일본에서 가장 오래된 아치형 석교가 보인다. 노면전차 4호선이나 5호선의 니기와이바시賑橋진교에서도 가깝다. 당나라의 승려가 축조했다고 하니 1,000년이 넘는 역사를 가진 다리인데 강물에 비친 아치와 어우러진 풍경이 큰 안경 모양이다.

메가네바시와 서재필　　아마도 일찍이 나가사키에 발을 디뎠던 한국인 서재필(1864~1951)도 이 다리들을 보았을 것이다. 매우 일찍 나가사키에 도달한 서재필은 당시 21세로 1884년 갑신년에 김옥균(1851~1894. 갑신정변 당시 33세. 43세에 상하이에서 수구 세력인 프랑스 유학생 출신 홍종우에게 피살됨) 등과 함께 쿠데타(갑신정변)를 일으켰다가 실패하고 도망자가 되었다. 그는 전남 보성 출신의 수재로 18세였던 1882년 과거시험 문과에 합격한 후, 1883년 5월부터 김옥균의 권유로 13개월 동안 일본에서 유학했으니 나가사키가 그에게 아주 새로운 세상은 아니었을 것이다. 그는 도쿄의 게이오기주쿠慶應義塾경응의숙대학에서 어학연수를 마친 후 도야마戶山호산사관학교에서 8개월간 수학했다.

귀국하자마자 그는 사관학교 격인 조련국操鍊局 사관장士官長을 맡았다가 갑신정변 당시에는 군권을 가진 병조참판 겸 정령관正領官이 되었다.

갑신정변 주동자들은 한성(서울)에 주둔하고 있던 청나라 군대 3,000명 가운데 1,500명이 베트남전쟁터에 파병되어 프랑스 군에 패배했으므로 남은 병력 1,500명만으로는 자신들의 거사를 진압하지 못할 것으로 오판했다. 하지만 이 쿠데타는 청나라 군이 출동하면서 자신들이 믿었던 일본군이 철수하며 삼일천하로 제압되고 말았다. 오히려 일본은 공사관이 이 난리 중에 불탄 책임을 조선 정부에 물었다.

서재필은 처자를 버리고 망명길에 올라 12월 13일 나가사키 항으로 들어와 도쿄를 경유하여 미국 샌프란시스코로 갔다. 후에 그는 필립 제이슨Philip Jaisohn이라는 이름으로 미국 시민권을 얻고 의사가 되었다. 미국에 입국했을 때의 나이는 21세였으니 나이에 비해 크게 조달早達한 사람이었다.

오우라 성당大浦天主堂대포천주당　　　오우라 천주당은 프랑스 선교사가 1864년에 나가사키에서 순교한 일본 26성인에게 바친 교회이다. 이 성당은 고딕 양식으로 일본에 현존하는 가장 오래된 목조 교회여서 국보로 지정되어 있고 입장료를 받는다. 순교자인 26성인은 에도와 오사카에서 잡혀 처형지인 이곳 니시자카西坂서판까지 걸어왔다고 한다.

JR 나가사키 역에서 1호선, 3호선 전차로 북쪽행 바로 다음 정거장으로 처형지 부근의 야치요마치八千代町팔천대정 역에서 내리면 26성인 기념관이 가까이 있다. 5호선 종점인 이시바시石橋석교나 그 바로 전 역인

오우라텐슈도시타^{大浦天主堂下대포천주당하}에서 내리면 오우라 천주당과 공자
묘·중국역대박물관 등 동서의 문화가 함께하는 곳에 이른다.

나가사키와 기리스탄

　가고시마에 이미 들어와 있던 사비에르 신부는 1550년 6월에 포르투갈
선이 처음으로 히라도에 입항한 것을 알고 가고시마를 출발해 히라도에 와
서 기리스탄(천주교도) 포교를 시작했다.

　마쓰우라 집안의 영토였던 히라도는 일찍이 포르투갈 선박이 출입하는
무역항이었지만 1561년 '미야노마에^{宮ノ前} 사건(일본 상인과 무사들이 포르
투갈 상인과 격투를 벌여 선장을 포함한 14명의 포르투갈인이 죽거나 다친
사건)'이 일어난 뒤, 포르투갈 선은 입항지를 바꾸었다. 새 입항지에는 영
주인 오무라 스미타다^{大村純忠대촌순충}의 도움으로 남만(유럽) 무역도 번성하
고 천주교 선교도 보장되었다. 임진왜란에 종군하고 『일본사』를 쓴 루이
스 프로이스_{Luís Frois}(1532~1597. 포르투갈 출신 예수회 선교사. 가톨릭 신
부로 나가사키에서 죽음)도 1563년 이 입항지에 상륙해서 선교활동을 시
작했다.

　오무라는 영지 내에 성당을 짓도록 허용하고 자신이 일본 최초의 천주교
다이묘가 되었다. 하지만 그에게 앙심을 품은 동생(다케오^{武雄무웅} 영주)의
야습을 받고 성당이 화재로 폐허가 되자 영주는 나가사키로 개항지를 옮기
면서 천주교 선교도 이곳을 중심으로 전개되었다. 오무라는 1580년에 나
가사키를 예수회에 기부했다. 또 그의 도움으로 1582년 소년사절단이 나
가사키 항을 출발해 스페인·이탈리아·포르투갈을 방문하고 2년 후에 돌아
와 도요토미를 알현했다. 포르투갈 선이 1567년에 시마바라에도 입항하면
서 영주 아리마 하리노부^{有馬晴信}(오무라의 조카)는 남만 무역으로 큰돈을 벌
수 있었고, 선교사들은 그의 도움으로 신학교(세미나리오)를 지어 시마바
라 반도도 규슈의 천주교 포교 거점이 되어갔다.

　임진왜란이 소강상태에 접어든 뒤, 1596년 스페인 선 산펠리페_{San Felipe}
호 사건을 계기로 도요토미는 직접 천주교도를 박해한 유일한 사건(천주교

26성인 순교 사건)을 저질렀다.

1588년 규슈 정벌에 나선 도요토미는 남만 무역의 중심지인 나가사키 등을 직할지로 삼았다. 1592년 임진왜란에는 마쓰우라, 아리마, 오무라 요시아키大村喜前대촌희전, 소 요시토시宗義智종의지 등의 천주교 다이묘들이 조선에 출병했다. 도요토미는 강경하게 포교를 금지하지 않고 남만 무역을 지속시키겠다는 뜻을 가지고 1591년 고아Goa의 포르투갈 정부와 마닐라의 스페인 정부에 조공을 요구했지만 답을 받지 못했다.

1596년 산펠리페 사건

도요토미 히데요시는 1587년 유럽 선교사의 퇴거를 요구하며 선교사를 국외로 내쫓는 바테렌 추방령을 내렸다. 그 뒤 도요토미는 정유재란(1597년) 전해인 1596년에 일어난 스페인 화물선 '산펠리페 사건San Felipe Incident'을 계기로 나가사키 니시자카長崎西坂장기서판에서 가톨릭 신자 26명을 처형했다. 사건의 전말은 이러하다.

1596년(을미년) 7월 필리핀 마닐라를 출항한 스페인 화물선인 범선帆船 산펠리페 호가 태평양을 횡단해 당시 스페인령인 멕시코로 항해하는 도중, 동중국해에서 폭풍우를 만나 10월 19일, 시코쿠의 도사土佐좌 앞바다에 표류해 왔다. 이 배에는 선장과 선원 외에 당시의 통례대로 일곱 명의 사제(프란시스코 회원 두 명, 아우구스티노 회원 네 명, 도미니크 회원 한 명)가 동승하고 있었다. 표류 사실을 알게 된 이 지역의 영주인 조소카베 모토치카長宗我部元親장종아부원친(임진왜란 때 5번대의 왜장으로 조선 출병)는 배를 우라토浦戸포호 만으로 예인해 좌초시키고 선원들을 지정 숙소에 머물게 했다.

선장은 선박 수선과 신병의 안전을 요구하면서 도요토미에게 선물과 함께 교섭 대표를 보냈다. 그러나 도요토미는 면담을 거절하고, 대신에 부교奉行봉행인 마시타 나가모리增田長盛증전장성(1545~1615)를 우라토에 파견했다.

마시타는 당시 도선사導船士(수로안내인)와의 면담을 통해 스페인이 선교사를 파견한 진의를 파악한 것으로 보인다. 당시 일본 지도층은 서양 식민주의자들이 자국의 일부 계층을 가톨릭 사제로 교육해 세계 각지로 보내 그리스도교를 선교해 그 지역 백성들을 의식화(교화)하고, 그 신도들과 내통

하고 병력을 파견해 병탄한다는 사실을 간파하고 있었던 것으로 보인다. 또한 일본도 서양인들의 분할통치|divide & rule|처럼, 우선 포르투갈과 스페인을 분리하고 스페인 선교사만 집중 타격했을 공산이 크다.

마시타는 흑인 남녀를 포함한 승선자 명단을 작성하게 하고 적하 목록을 만들었으며, 감금 상태에 있던 선원들이 소지하던 금품을 모두 내놓게 했다. 마시타는 "스페인 사람들은 해적으로서 페루, 멕시코, 필리핀을 무력으로 점령한 것처럼 일본도 그렇게 하려고 측량하러 왔음에 틀림없다. 이것은 교토에 있는 세 명의 포르투갈인과 다른 몇 명에게서 들었다"라는 도요토미의 글을 전했다. 마시타 일행은 화물과 선원들의 소지품을 모두 몰수하고 항해일지 등 서류를 모두 파기한 후에 교토로 돌아갔다. 이 와중에 도요토미는 그해 12월 니시자카에서 선교사 3명과 수도사 3명, 일본인 가톨릭 신자 20명 등 모두 26명을 처형했다. 이것이 산펠리페 사건이다.

선장은 도요토미에게 직접 항의하려 했으나, 현지 영주인 조소카베가 허락하지 않았다. 여러 차례 선박의 수리를 요청했지만, 12월부터 선박을 수선한 후 다음 해인 1597년 5월에 마닐라로 돌아갔다. 마닐라에서는 스페인 정부가 선장을 소환해 이 사건을 상세히 조사했다. 그 결과 1597년 9월에는 마닐라에서 도요토미에게 스페인 사절을 보내 선적 화물의 반환과 처형된 선교사들의 시신 인도를 요구했으나 거절당했다.

당시 일본에 있던 루이스 프로이스 선교사도 이 사건의 전말을 밝히고 "표류해 온 선박은 그 땅 영주의 소유로 한다는 일본의 관습이 있었기 때문에 화물을 압수했다"라고 쓰고 있다. 이 시대 일본의 해상법은 "표류해 온 뱃짐은 그 땅에 소유권이 넘어간다"라는 것이었다. 이 조문은 가마쿠라 시대에 당시 관습을 문장화해서 막부의 재가를 받은 것인데, 후에 조소카베가 이를 발견했고, 도요토미가 '해로제법도海路諸法度'(1592년)를 제정하면서 이 내용을 수정해 포함시켰다. 구법인 원래의 가마쿠라 해상법에는 "표류선의 짐을 입수했더라도 선주의 청구가 있을 경우 즉각 짐을 돌려줘야 한다"라고 했다.

산펠리페 사건에 대한 자료로 『조소카베 모토치카 기記』(1632년)가 있다. 스페인 측 자료에 따르면 산펠리페 호 선장이 쓴 당초의 항해일지가 일본에서 몰수돼 현존하지 않지만, 나중에 선장이 쓴 '산펠리페 호 조난보고서'가 현재 세비야의 인디아스 고문서 보관소에 남아 있다. 그 외에 필리핀 총독부 기록과 선교사의 기록 등 다수의 기록이 있다.

천주교도 학살과 탄압

1596년 12월에 벌어진 26성인 순교와 관련해서 여러 설이 있다. 이 순교에는 나가사키 지역에서 이미 활동하고 있었으나 자제하던 예수회와 달리, 새로 온 스페인계 수도회인 프란체스코회와 아우구스티노회가 활발하게 활동하는 모습이 도요토미의 눈에 띈 것, 같은 스페인계라 하더라도 예수회와 도미니크회 사이에도 이견과 상극이 있었던 점, 사건 당시 도요토미가 명나라 책봉사(천자天子의 명으로 번국藩國에 가서 봉작封爵을 주던 사절使節)를 접대하기에 바빴던 점, 필리핀과의 외교 관계에서 명확한 비전이 없었던 점, 포르투갈인이 일본인을 노예로 매매하는 것에 반발했던 점 등 여러 원인을 들고 있다(松田毅一,『秀吉の南蛮外交』, 新人物往来社, 1972 외).

그 후에, 도쿠가와가 정권을 잡은 뒤인 1612년 교토 지역 치안 책임자에게 기독교 금지, 남만사南蛮寺(1576년 예수회가 교토에 건립한 교회당)의 파각破却을 명령하고 막부 직할령에 금교령을 내리면서 다음 해에는 이를 전국으로 확대했다.

1614년에 기독교 다이묘인 다카야마 우콘高山右近고산석근(아카시明石 성주. 1552~1615. 63세에 마닐라에서 병사)·나이토 조안内藤如安내등여(고니시 유키나가의 부하로 임진왜란에서 명군과의 화의외교 담당) 등 천주교인 148명을 마닐라와 마카오로 추방했다.

1622년에는 나가사키에서 천주교 선교사와 신도 55명을 화형이나 참수형으로 처형했다(겐나元和원화의 대순교). 1627년에는 나가사키 부교奉行봉행(막부 직할지인 나가사키의 통치자)가 340명을 처형했다. 1629년에는 나가사키에서 십자가 소지자를 탐색하는 에다미絵踏회답가 시작되고 천주교도 밀고자에게 현상금을 지급하는 등, 압제의 수준을 높였다. 1630년부터는 기독교 관련 서적의 수입을 금지했다.

1635년에는 데라우케寺請사청 제도를 실시해서, 절에서 기독교인이 아니라는 증명서를 받을 것을 의무화했다. 연속적인 탄압에 1637년 아마쿠사天草天천초에서는 천주교도와 농민들이 시마바라의 난島原の乱을 일으켜 3만 8,000명(또는 4만 명)의 농민이 하라조原城원성에서 농성전을 벌였다. 이들은 16세의 아마쿠사 시로天草四郎천초사랑(고니시의 부하인 마스다益田의 아들)를 총대장으로 막부의 12만 대군과 싸워 패전했다(자세한 내용은 '구마모토' 편 참조).

1640년 막부령을 시작으로 1644년에는 여러 번에 종문개역宗門改役을 설치했다. 종문개역이란 종문개宗門改를 담당하는 전임자를 두고 호적 대장에 종교를 등록해 천주교 신앙을 금지하는 것을 말한다. 이 제도는 1873년 기독교 금지가 해제될 때까지 이어졌다.

메이지 정부의 기독교에 대한 스파이 활동은 당초 단조다이彈正台탄정대(관리의 죄악을 규탄하고 풍속을 단속하던 관청)가 1870년 6월 '첩자규칙'에 근거해 행하다가, 1871년 7월에는 중앙정부의 세이인正院정원 감부과監部課에 인계되었다. 종교 첩자를 폐지한 것은 1874년 6월이었고 그 보고서는 1876년 3월까지 나왔다.

1876년은 우리나라에서는 운요호雲揚號운양호 사건으로 조선이 개국하고 병자수호조약이 체결된 해이다. 미국에서는 지금의 몬태나 주 리틀빅혼Little Bighorn에서 남북전쟁의 북군 영웅인 앨프리드 테리Alfred H. Terry 휘하의 육군 제7기병대가 시팅 불Sitting Bull이 이끄는 아메리카 원주민 수Sioux족과의 전투에서 커스터G. A. Custer 중령이 전사하는 등, 대패했던 해이다.(정명자·유일상, 『미국 서부산악지역 자동차여행』, 인스토어앤글로벌컨설팅, 2011 참조). 이때까지도 일본에서는 원칙적으로 기독교 신앙을 봉쇄했던 것이다.

마루야마丸山환산　　　　　한때 이름난 유곽지대였던 마루야마는 1호선과 4호선 시안바시思案橋사안교역에서 내려 왼쪽으로 조금 올라간 곳이다. 부근에 조그마한 부지의 마루야마 공원이 있다. 동네 아이들 놀이터 같아서 벤치에 앉아 있던 고등학생들에게 물어보니 이곳이 바로 마

루아마 공원이라고 해서 흠칫 놀랐다. 노인과 아이들이 담소를 나눌 뿐 주변은 고요했다. 물론 관광 거리인 시안바시 직전의 간코도리観光通り에서 내려서 후나다이쿠마치船大工町선대공정를 걸어가면 진짜 술집 거리인데도 자동차들만 빛을 낼 뿐 여느 조용한 중소도시 뒷골목같이 느껴진다.

평화에 대한 엄중한 갈망과 함께 나가사키의 밤을 즐길 수 있는 안내 책자와 인터넷 홈페이지들이 있다. 예를 들어 간코도리에서 역 쪽으로 한 정거장 거리의 하마마치에 있는 9층 규모의 위드나가사키With長崎 빌딩 안에는 각자의 예산에 맞춰 즐길 수 있는 여러 술집이 꽉 들어차 있다. 이자카야居住屋거주옥부터 아가씨와 얘기를 나눌 수 있는 스나쿠, 가라오케 바, 라운지 바, 노미호다이飲み放題 형 바 등 다양한 형태의 술집이 있다.

노미호다이란 일정한 돈을 내고 입장하면 주어진 시간 내에 마음껏 술을 마시거나 음식을 먹으면서 이야기를 나누는 일본 스타일의 음식 점이나 술집으로, 술값은 표시되어 있지만 같이 노래를 부르고 놀아준 아가씨 팁은 따로 직접 준다.

이곳 외에도 일본 어느 도시에나 스나쿠, 스탠드바 등의 술집 등이 있고, 노래방도 많다. 내가 즐겨 부르는 일본 대중가요로 〈나가사키는 오늘도 비가 내렸네長崎は今日も雨だった〉가 있다. 쓸쓸한 남자의 마음이 그 대로 드러난 것 같아 나도 가사에 흠뻑 취하다 보니 이따금 혼자 들어 간 일본 노래방에서 이 노래를 불러보곤 한다. 나는 음악적 소양이 별 로 없지만 우리나라 대중가요처럼 나가사키를 찾은 대중이라면 따라 흥얼거려볼 만해서 여기에 써본다. 이 노래는 나가사키 카바레의 기 타리스트인 우치야마内山田洋내산전양와 그룹 파이브가 1969년에 취입해 서 크게 히트한 노래로 한때 레코드 값을 크게 올렸던 히트곡이란다.

1940~1950년대 출생 세대들이 자주 부르는 이 노래의 가라오케 화면에는 하우스 텐 보스 JR역 출입구에 있는 오쿠라 호텔이 등장한다. 하우스 텐 보스는 JR 사세보 선으로 사세보에서 10여 분, 사가 현의 다케오 온천에서 약 30~40분 걸린다.

나가사키 평화공원을 찾았던 날, 나도 이 노래를 흥얼거리며 수백 년 동안 일본의 대외 무역항으로 외국 선원들이 드나들었던 도시 나가사키에서 유명한 유곽지대였다는 마루야마丸山 일대의 유흥가를 둘러보았다.

〈長崎は今日も雨だった(나가사키는 오늘도 비가 내렸네)〉

1. あなたひとりにかけた恋
愛の言葉を信じたの
さがしさがし求めて
ひとりひとりさまよえば
行けど切ない石だたみ
ああ長崎は今日も雨だった
당신 한 사람에게 걸었던 사랑
사랑의 말을 믿었다오
찾고 찾아 또 찾아서
혼자 혼자서 헤매다 보면
가봐도 안타까운 돌 포장길
아아 나가사키는 오늘도 비가 내렸네

2 . 夜の丸山たずねても

冷たい風が身に沁みる

愛し愛しのひとは

どこにどこにいるのか

教えて欲しい街の灯よ

ああ長崎は今日も雨だった

밤에 마루야마를 찾아가봐도

차가운 바람만 몸에 스미네

사랑하고 사랑하는 사람은

어디에 어디에 있을까

가르쳐주세요 거리의 등불이여

아아 나가사키는 오늘도 비가 내렸네

3 . 頬にこぼれるなみだの雨に

命も恋も捨てたのに

こころこころ乱れて

飲んで飲んで酔いしれる

酒に恨みはないものを

ああ長崎は今日も雨だった

뺨으로 흘러내리는 눈물 같은 비에

목숨도 사랑도 다 버렸는데

마음이 마음이 심란하여

마시고 마시고 취해버렸어

술에야 원한이 없다는 걸

아아 나가사키는 오늘도 비가 내렸네

　나는 10월의 어느 날 밤 오후 8시에 마루야마를 찾아가봤다. 하지만 거리의 등불이 어둑한 공원을 희미하게 비칠 뿐, 아가씨도 삐끼도 볼 수 없는 조용한 거리에 자동차들이 이따금 오갈 뿐이었다. 역사 속 그 유흥가는 있을 리 없었고, 지금은 6~9층 빌딩숲 속에 깔끔한 술집과 음식점이 불을 밝히고 있었다.

　드물게 남아 있는 나가사키의 화류계 문화를 광고하는 곳은 공원에서 조금 올라간 마루야마마치의 나가사키켐방長崎檢番장기검번이 고작이었다. 오늘날 이 요정의 여인들은 게이샤 복장으로 춤을 추며, 막부 말엽(19세기 말) 통상을 요구하면서 나가사키 인근의 섬 근처에 정박하던 러시아 선원들이 길거리를 어슬렁거리면서 흥얼대던 나가사키의 전승 민요를 불러줬다고 한다.

　시내의 역사적인 관광지　　　나가사키 버스센터에 가까운 쓰키마치築町는 1호선과 5호선이 다니는 곳으로 버스센터 사이 실을 섬나보면 신치 차이나타운新地中華街신치중화가에 이른다. 여기 웅장한 건물 안에는 중국음식점이 많이 있다. 나가사키 짬뽕은 이곳 어느 집이나 다 맛있는데 고소하면서도 담백하다.

　1호선 노면전차를 타고 나가사키 역 앞에서 세 번째 정거장인 데지마 역에 내리면 주변에는 생선회와 생선요리 전문점 거리인 데지마 와프가 있다. 이곳은 매립지로, 쇄국 시대 200년 이상 서양을 향해 유일

▲ 신치 차이나타운의 나가사키 짬뽕

하게 열어놓았던 일본의 창 데지마 항이 있다. 근처의 나가사키 미술관 옥상에서는 나가사키 시내가 한눈에 들어온다.

오우라 천주당 아래 노면 전차 역 인근에는 나가사키의 첫 순교자 26명을 기리기 위해 1864년 프랑스 선교사가 지은, 일본에서 가장 오래된 목조 고딕 양식의 성당이 있다. 근처에는 중국인이 건축한 공자묘와 중국역대박물관이 있어서 동서양의 아주 대조적인 건축양식이 오히려 조화롭다.

세월호가 건조되어 진수된 곳   나가사키는 일찍부터 조선 공업이 자리 잡았던 곳이다. 2014년 4월 우리나라 진도의 맹골수로에서 침몰해서, 300명 이상의 사망자와 실종자를 낸 세월호도 이 도시에 있는 하야시카네 선거林兼船渠임겸선거에서 건조되어 진수되었다. 이 도크는 제2차 세계대전 당시 군수공장으로 다수의 조선인이 강제 동원되었던 가와나미공업川南工業천남공업 후카호리深堀심굴 조선소의 후신으로, 1965년에 재설립된 일본의 조선회사이다. 일본 조선업계의 불황에 따른 경영 악화로 1992년 타이완의 에버그린그룹長栄集團장영집단에 인수되어 초에이長栄장영조선으로 개칭되었다가 2004년 다시 후쿠오카조선이 인수했다.

규슈 역사 문화 여행

사 세 보 시

사세보는 후쿠오카에서 서남쪽으로 100킬로미터, 나가사키에서는 서북쪽으로 약 50킬로미터 떨어져 있는 군항도시이다. 사세보는 일제 강점기부터 유명한 해군 도시이고 현재도 해상자위대 기지가 있다. 20 세기 말에는 인구가 29만 명에 이르렀으나 현재는 26만 명 정도로 줄었다.

이 도시는 미국 해군 제7함대 수륙양용함대의 모항이다. 미군과 관계자들이 많기 때문에 미국직 분위기에서 미국식 음식을 즐실 수 있다. 사세보 햄버거는 미국 본토 햄버거보다 아시아 사람들에게 더 맛있다고 해서 많은 사람이 줄을 서서 사 먹는다. 사세보 아케이드를 비롯해 이 도시의 많은 상가에서는 미국 달러를 사용할 수 있다.

사세보는 일찍이 대륙 침략을 위한 일제 해군의 주요 거점으로, 주로 함정 건조, 수리, 보급의 기지가 되었다. 사세보가 군항으로 결정된 1889년에 사세보 조선부造船部가 조직되었고 곧 사세보 공창工廠에는 해군 공창이 들어섰다. 1941년에는 야마토大和型대화형급 전함의 정비가 가능한 도크가 완성되어 전함 무사시武藏무사가 대정비(오버홀)를 한 적이 있다.

초기에는 경순양함을 많이 건조했지만 후에는 구축함급 이하의 작은 함정, 공작함 같은 보조함정을 주로 건조했다. 또 일본 해군 항공모함의 근대화 개장공사를 맡는 등 의장艤裝 공사와 리모델링을 많이 취급했다. 현재 사세보 조선소를 비롯한 이 해군공창 지대 부지 일부는 미국 해군기지(통칭 사세보 베이스)가 되었다.

사세보 역 근처에는 미우라마치三浦町삼포정 성심 천주당이 있다. 1899년(메이지 32년)에 건립되었다가 1931년 현재의 장소로 이전한 이 건물은 제2차 세계대전 중 공습 목표가 되어 교회 전체를 검은색으로 칠했던 역사도 있다.

나가사키에서 JR 기차로 2시간 정도면 사세보에 도착한다. 열차는 20~30분에 한 편씩 매우 자주 있는 편이다. 후쿠오카의 하카타 역에서도 JR로 2시간 이내에 도착하지만 열차 시간 간격은 30분에서 2시간 정도에 한 편씩이다.

사세보의 항공모함 기항 저지 투쟁   사세보는 1968년 1월에 일어난 '사세보 엔터프라이즈 기항 저지 투쟁' 사건으로 널리 알려져 있다. 이 사건은 진보 진영과 대학생들을 중심으로 미국 해군의 핵 항공모함인 엔터프라이즈 호의 사세보 입항(미국 해군 일본 사세보기지)을 반대한 운동의 하나이다.

1968년 1월 19일 원자력 항공모함인 엔터프라이즈 호가 미사일 순양함 두 척과 함께 사세보 항에 입항했다. 기항을 반대하는 세력은 '사

세보 항이 베트남전쟁의 출격기지가 된
다'라고 주장하며 대대적인 운동을 펼쳤
다. 반전·반핵운동의 성격을 가진 이 운
동은 곧 반미운동이 되었다. 이 운동의 전
주前奏는 1월 15일 민사당계 약 3,500여 명
이 반대집회를 시작하면서 울려 퍼졌다.
사세보로 향하기 위해 도쿄의 호세이法政법
정대학에 집결한 학생 200명이 경찰 기동
대와 충돌하면서 131명이 체포되었다(이
다바시 사건飯田橋事件반전교 사건). 1월 16일에는
전학련全学連 학생 중심의 시위대가 JR 하카
다 역 구내에서 사세보로 향하려다가 다
시 경찰 기동대와 크게 충돌했다(이다바시
飯田橋반전교 사건). 1월 17일에는 우파인 공명
당계 단체와 좌파인 공산당계도 반대집회
를 열었다. 전학련 학생 약 800명은 헬멧
과 각목으로 무장하고 사세보 역에서 경
찰기동대를 향해 투석하면서 충돌했고,
이 사건으로 27명이 공무집행방해죄로
검거되었다. 1월 18일에는 4만 7,000명
이 참가한 가운데 엔터프라이즈 호 기항

▲ 사세보 항(위),
  사세보에 정박 중인 해상
  자위대(가운데),
  오늘날의 사세보 역(아래)

저지대회가 개최되었다. 이 중 약 1,000여 명이 사세보교佐世保橋 돌파를
시도하자 기동대가 이를 저지해 15명을 공무집행방해죄로 검거했다.

1월 21일 사회당과 공산당 양당이 항의집회를 벌이고 플래카드와 각목을 들고 다시 사세보교를 강행 돌파하려고 했다. 이때 또 10명이 공무집행방해죄로 연행되었다. 이 사이에 핵심시위대원 몇 명이 썰물로 수심이 낮아진 사세보 강을 건너 저지선을 돌파, 미군기지에 침입했고 그중 두 명은 형사특별법 위반으로 검거되었다.

이 기간 중에 반대집회는 22회, 참가연인원은 5만 6,000명, 시위 행진은 17회(학생 9,300명, 우익단체 700명)나 열렸지만 미군과 실력으로 맞선 시위대에 대해서 일반인들은 호의적으로 반응했다. 시민들은 사세보에서 돌아오는 최루탄 가루투성이의 대학생들을 위로했고, 규슈대학으로 향하는 후쿠오카 전철에서는 시위에 참가했던 대학생들에게 자리를 양보하며 반대 입장을 표명했다. 이 사건과 관련해 후쿠오카 지방법원이 내린 '하카타 역 TV 필름 제출명령 사건'은 보도의 자유와 관련된 일본의 주요 판결로 알려져 있다.

1월 16일 아침 하카타 역에서 대기하고 있던 경찰기동대와 철도공안직원은 사세보 기항 저지 투쟁에 참가하는 전학련 학생들을 역 구내에서 몰아내는 한편, 검문과 함께 소지품 검사를 행했다. 이에 대해 호헌연합護憲連合 등은 경찰관이 직권남용과 능욕·학대를 저질렀다는 이유로 고발했지만 지방검찰은 불기소 처분했다. 이에 호헌연합 등은 재정심판청구付審判請求를 냈다. 심판을 맡은 후쿠오카 지방법원은 현지의 후쿠오카 TV국 4사(NHK후쿠오카福岡복강방송, RKB마이니치每日매일방송, 규슈아사히九州朝日구주조일방송, TV니시니폰西日本)에 대해 사건 당일 찍은 필름의 임의 제출을 요구했지만, 방송사가 거부하자 필름 제출을 명령했다. TV 4사는 "보도의 자유를 침해한다"라는 이유로 항고했지만 후쿠오카

고등법원이 "보도의 자유도 공공의 복지에 따라 제한되므로 재판에서의 TV 필름 사용은 '형태態様를 달리하는 공개'이며, 보도기관의 불이익이 적고, 필름 제출은 심리에 필요한 것"이라는 이유로 항고를 기각했기 때문에 대법원(최고재판소)에 특별 항고되었다. 대법원은 1969년 11월 26일 다음과 같이 판결했다.

"취재의 자유는 헌법 제21조가 보장하는 자유에 해당하지만 무제한적인 것은 아니다. 보도기관의 취재 필름에 대한 제출명령 허용 여부는… 공정한 형사재판을 실현하기 위한 필요성의 정도와 이 때문에 취재의 자유가 방해되는 정도를 비교 형량衡量하여 결정해야 한다. 이 사건에서 필름은 재판에 필요한 중요한 가치가 있는 한편, 보도기관이 입는 불이익은 장래의 취재를 방해받지 않을 정도라고 하여 항고를 기각한다."

보도의 자유에 관해서는 "사상 표명의 자유와 함께, 보도의 자유는 표현의 자유를 규정한 헌법 제21조가 보장하는 것은 물론이다"라고 언급하고, 취재의 자유는 보도의 자유와 함께 헌법 제21조의 정신에 비추어 충분히 존중할 가치가 있다"라고 하면서도 "취재의 자유는 아무런 제약을 받지 않는 것이 아니고, 공정한 재판의 실현이라는 헌법상의 요청이 있는 경우에는 어느 정도 제약할 수 있다"라고 하며 "법원의 필름 제출명령이 헌법 제21조 위반이 아니고, 그 취지에 저촉하지 않는다"라고 판결했다. 요약하자면 이 사건에서 취재의 자유는 인정하지만 필름이 증거로서 사용될 때 중요성이나 취재에 주는 영향을 검토·비교해서 결론을 내려야 한다고 판결함에 따라 후쿠오카 지방법원은 1970년 3월 4일 4사의 '방송이 끝난 필름'을 차압했다.

하우스 텐 보스/ハウステンボス, Huis Ten Bosch **(숲속의 집)**   하우스 텐
보스는 네덜란드풍 거리가 재현되어 있는 테마파크이다. 유럽 전체를
형상화해 드라마, 영화, CM 등의 로케이션 장소로 사용되고 있고 어린
이들의 낙원이라고 불리며 일본은 물론 세계 여러 나라에서 온 사람들
로 북적인다. 사세보 시내에서 나가사키로 향하는 기차로 약 20분 걸리
고, 사가 쪽에서는 다케오 온천을 거쳐 사세보로 향하는 기차가 있다.

하우스 텐 보스 역에서 내려 바다 위에 놓인 다리를 건너면 바로 유
명한 대중가요 〈나가사키는 오늘도 비가 내렸네〉의 영상 배경을 이루
는 오쿠라 호텔 앞이다. 그 영상의 배경이 바로 이 '하우스 텐 보스'이
기 때문에 나도 들러봤는데 찾아간 날이 평일 오후였기 때문인지, 그
들의 설명대로 테마파크 사업 전반이 부진해서인지 너무 한적한 편이
었다. 오쿠라 호텔, 유럽풍 건물과 거리는 JR 하우스 텐 보스 역에서 공
원으로 건너가는 다리 위에서 매우 잘 보이고 사진 배경으로 잡기에도 아주 좋다.

그래도 꼭 찾아가볼 만한 일본 속의 유럽 마을이라, 어린이를 동반하고 놀이기구를 즐기려는 젊은 부부들이나 할머니 할아버지들의 모습이 아름답게 보였다.

▼ 하우스 텐 보스 역(위), 하우스 텐 보스(아래)

구주쿠시마九十九島구십구도   일본의 '서해국립공원'인 구주쿠시마는 사세보 항의 외곽으로 북쪽 25킬로미터에 걸쳐 수많은 섬으로 구성된 해역에 있다. '99'는 실제 수가 아니고 매우 많다는 뜻이고, 실제 섬의 수는 208개나 된다. 이 섬들은 북쪽 해역에 기타쿠주쿠시마北九十九島북구십구도, 사세보 시 주변에 미나미구쥬구시마南九十九島남구십구도로 나누어 부른다. 기타구주쿠시마는 바위가 웅장한 남성적인 경관의 섬이 많고, 미나미구주쿠시마는 우아한 여성적인 섬이 많아 대조적이다.

정기 투어 코스는 하우스 텐 보스에서 오전 10시에 출발해 수많은 섬을 180도로 전망할 수 있는 전망대를 거쳐, 유람선을 타고 3시간 정도 섬들 사이를 순항한 다음, 유명한 명란젓 공장에 들렀다가 오후 4시에 사세보 역 앞을 거쳐 오후 4시 30분 하우스 텐 보스로 돌아온다.

군칸지마軍艦島군함도   나가사키 시의 서남쪽 앞바다에 떠 있는 해저탄광 섬이다. 섬의 본래 이름은 하시마端島단도이지만 외관이 군함 모양으로 생겨서 붙여진 이름이다. 섬의 크기는 6헥타르(1만 8,150평)가 채 안 되지만 최성기에는 5,000명 이상의 주민들이 살아 학교, 점포, 가게까지 늘어선 소규모 지역공농체였다. 이 섬은 1974년 폐광 후에 미쓰비시 재벌이 소유하다가 나가사키 시에 기증해 무인도가 되었다. 2013년에 일본 정부가 '메이지 일본의 산업혁명 유산(제철, 제강, 조선, 석탄 산업)'으로 유네스코에 등록을 추천해 2015년 유네스코 세계문화유산으로 지정되었다.

우리나라에서 많은 사람이 일제에 징용되어 이 섬에서 처참한 학대를 받으며 강제 노역에 시달렸기 때문에 이곳에 얽힌 이야기도 많다.

▲ 군칸지마

일본에서도 이 섬을 배경으로 영화, 드라마, 소설과 만화가 제작되었는데, 우리나라에서도 영화 〈군함도〉가 2017년 개봉되었다. 이 영화는 혹독하게 강제노동을 당하는 가운데 목숨을 걸고 이곳을 탈출하려는 우리 선대들의 항일 이야기를 그린다.

하우스 텐 보스에서 당일치기로 나가사키 시내와 군칸지마를 관광하는 정기 코스가 있다. 하우스 텐 보스에서 오전 9시 30분 출발해 약 2시간 후에 나가사키 항에 도착하고, 각자가 점심식사를 한 후에 오후 1시에 주유 크루즈를 타고 부두를 출발해 30분 후에 섬에 도착·상륙한다. 상륙해서 1시간 정도에 걸쳐 당시의 공동주택, 소학교 건물, 비바람에 파괴되고 무너진 목조건물, 탄광시설과 부두 등을 둘러본다. 2시 30분에 이 섬을 출항해 약 1시간에 걸쳐 섬 주변을 순항하다가 오후 3시 30분 나가사키 항으로 돌아온다. 나가사키 공항(오후 4시 40분)을 거쳐 하우스 텐 보스(오후 5시 40분)까지 돌아오는 일정으로 2015년 여름 당시의 여행 요금은 어른 8,200엔이었다. 하지만 나가사키 항을 출항한 후에 악천후 등으로 섬에 상륙할 수 없게 된 경우에도 요금은

규슈 역사 문화 여행

반환하지 않는다. 하우스 텐 보스를 출발했지만 나가사키에서 크루즈 선이 출항하지 못하는 경우에는 여행 요금의 일부를 반환한다.

이키노시마壱岐島일기도　규슈와 쓰시마의 중간, 현해탄에 있는 남북 길이 17킬로미터, 동서 폭 14킬로미터의 섬으로 나가사키 현에 속한다.

사가 현 북단부의 히가시마쓰우라東松浦동송포 반도에서 북북서로 약 20킬로미터 떨어져 있고, 그 서북쪽에 쓰시마가 있다. 항로로는 후쿠 오카의 하카타 항에서 이 섬 서남부의 고노우라郷ノ浦 항까지 약 67킬로 미터, 히가시마쓰우라 반도의 요부코呼子 항(가라쓰)에서 섬 동남쪽의 인도지印通寺인통사 항까지 약 26킬로미터이다.

이 섬은 대부분이 현무암으로 뒤덮인 용암대지이고, 해발 212.8미 터로 최고봉인 '다케노쓰지岳ノ辻'는 옛날에 화산이었다고 한다. 약 1만 년 전까지는 규슈에 육속되어 있었던 이 섬의 8할은 해발 100미터 이 하이다. 용암대지 외에 북부에 퇴적암 층이 있다. 기후는 대한해협(일 본에서는 쓰시마해협이라고 함)을 흐르는 난류의 영향을 받아서 비교적 온난하다. 평탄한 지형에 예부터 논밭이 조성되어 농사를 짓는 마을과 어업을 하는 마을이 있었다. 쓰시마와 함께 예로부터 한반도와 규슈를 잇는 해상교통의 중계점이다.

시마바라 반도와 운젠 온천

　나가사키 현의 동남쪽에 붙어 있는 반도로 운젠아마쿠사雲仙天草 국립 공원이 이곳의 명승 지역이다. 행정구역으로나 지역적으로 시마바라 는 나가사키 현의 동남쪽에 있지만 현재는 구마모토 현에 속하는 아마 쿠사 여러 섬과 역사적으로 깊은 관계가 있다. 시마바라·아마쿠사의 난을 지휘한 16세의 총대장 아마쿠사 시로天草四郎천초사랑는 현재의 구마 모토 현 가미上상아마쿠사 출신이다.

　나가사키 시내에서 시마바라 외항까지는 약 70킬로미터, 자동차로 1시간 거리이다. 운젠雲仙운선 온천에서는 19킬로미터(약 30분), 오바마小 浜소빈에서 34킬로미터(약 50분), 이사하야諫早간조 교차점에서 46.5킬로미 터(약 1시간 10분) 떨어져 있다.

　구마모토 항으로 출입하는 페리 부두(시마바라 외항 부두) 앞에는 노 선버스정류장이 있고, 걸어서 5분 거리에 시마바라 철도島原鉄道도원철도의 시마바라 외항역外港駅이 있다. 철도는 반도의 동쪽을 돌아 이사하야 역에서 JR과 접속한다. 주차장 북쪽에 무료로 개방되는 족탕과 음천飮泉이 있는 간노시마観音島관음도 천연공원이 있다.

구마모토 항에서 이 섬으로 가는 고속 페리 오션아로ォーシャンアロー는 아침 7시 30분부터 오후 6시 30분까지 일곱 편, 시마바라 외항에서는 오전 8시 25분부터 오후 7시 20분까지 하루 일곱 편이 30분 만에 아리아케해를 건넌다. 규쇼九商구상 페리는 1시간 정도에 아리아케 해를 건너 두 도시를 왕복한다.

운젠지옥雲仙地獄운선지옥　　　행정구역으로 오바마초小浜町소빈정에 속하는 운젠지옥은 유황 냄새와 증기가 감싸는 온천지대이다. 이곳은 보행자 도로가 잘 정비되어 있어 주변을 둘러보며 여유를 즐길 수 있다. 운젠의 고탕과 신탕 사이에 흰 흙(온천침전물)에 덮인 운젠지옥 지대가 있다. 도처에서 고온의 온천수와 증기가 강한 유황 냄새와 함께 분출되면서 수증기를 자욱하게 뿜어낸다. 수증기를 일으키는 모습이 지옥의 무서운 풍경 같아서 이름을 그렇게 붙인 것일까? 천주교를 박해하던 에도 시대에 이 일대는 전수교도늘이 숙음을 앞누고 순례했던 진짜 지옥 같은 곳이었다.

과학적으로 운젠 수증기의 정체는 다치바나橘귤만의 해저에 있는 마그마(땅 밑 깊은 곳에서 지열에 녹아 반액체가 된 물질로 이것이 식어서 굳으면 화성암이 되고 지상으로 분출하면 화산이 됨)의 증기가 이곳으로 뿜어져 나오기 때문이란다. 이 마그마에서 발생한 고온의 고압가스는 암반의 갈라진 틈을 통해 상승하는 도중에 화학 변화를 일으켜 일단 고온

열수가 되었다가 이 열수가 끓으면서 발생한 가스가 격렬한 증기로 변한다. 운젠 온천은 이 가스와 그 주변 산의 지하수가 뒤섞여 생성된 것이다.

온천의 수질은 유황천으로 강한 산성이다. 최고 온도는 섭씨 98도이고, 주성분은 철 이온, 알루미늄 이온, 황산 이온 등이다. 또 '슈~' 소리를 내며 뿜어져 나오는 증기의 최고 온도는 섭씨 120도인데, 대부분이 수증기이지만 탄산가스, 황화수소가스를 포함하고 있어서 강한 유황 냄새가 물씬 풍기고 있다.

이 온천지옥 지대의 암석은 증기, 온천의 열과 산성수의 영향으로 변질돼 하얗게 탈색한 진흙 모양의 온천침전물溫泉余土온천여토이 되어 있다. 증기 구멍 근처에 흰색과 누런색의 탕화(유노하나湯ノ花)가 보인다. 이것은 증기 중의 황화수소와 땅 속의 철이나 알루미늄 등이 반응해 결정화된 것인데, 운젠의 탕화는 온천수 속이 아니라 지표면으로 결정

▼ 운젠지옥의 낮(왼쪽), 운젠지옥의 밤(오른쪽)

규슈 역사 문화 여행

화되어 나타나는 것이 특징이다.

운젠지옥은 운젠 온천가 관광의 명소로 다이교칸大叫喚대규환, 오이토お糸, 세이시치淸七청칠 등 30여 개의 증기 구멍에서 새하얀 수증기가 뭉게뭉게 치솟는 것을 볼 수 있다.

온천마을에는 호텔, 여관, 국민숙사 등 많은 숙박시설이 24시간 영업하지만 내가 갔을 때는 밤에 조명등을 켜놓지는 않아 조금 불편했다.

운젠다케雲仙岳운선악 재해기념관 분화의 시작부터 분화가 끝날 때까지 화산의 모든 것을 '보고' '체험하고' '놀고' '배우고' '쉬고' 할 수 있는 세계 유일의 시설이라는 것이 이 기념관의 표어이다. 1990년 11월에 시작된 헤이세이平成평성 분화와 1996년 분화 종식 선언까지 이곳에서 무슨 일이 일어났고 무엇이 남았을까? 이곳은 자연의 위협과 재해의 교훈을 바람에 날려 보내지 않고 정확하게 후세에 남기려는 기념관이다. 또한 커다란 돔형 스크린을 통해 화산쇄설火碎流화쇄류과 토석이 흘러내리는 상황을 유사 체험할 수 있는 '헤이세이 대분화 시어터'는 화산과 방재를 생생하게 체감하면서 학습할 수 있는 '화산체험 박물관'이다. 전시실에는 헤이세이 분화를 체감할 수 있을 뿐 아니라 에도 시대의 화산폭발, 화산과 사람의 공생共生 등을 포함하는 지적 엔터테인먼트infotainment가 꽉 차 있다.

세계 지오파크 정보공간에서는 대형 모니터로 세계 각지와 일본 국내의 지오파크를 영상으로 소개하고 있고 팸플릿도 비치하고 있으며 화산과 관련한 지질학을 생생하게 배울 수 있다. 바닥에 시마바라 반도의 입체지도를 배치해 관광 정보도 한눈에 파악할 수 있게 해준다.

이 지도는 하카타, 사가, 나가사키, 구마모토 등 대도시에서 이곳에 이르는 도로 등을 안내한다.

오바마小浜소빈 **온천**　　　시마바라 반도의 서쪽, 운젠 국립공원 서쪽에 위치하고 다치바나 만에 접해 풍광이 수려한 온천으로 고온의 온천수가 다량으로 분출되고 방열량도 일본 제일이라고 한다. 또 2013년에는 이 온천에서 이용하지 않은 온천수를 활용해 210킬로와트급의 바이너리 발전소를 가동하기 시작했다.

나트륨-염화물 온천으로 원천 온도가 섭씨 105도나 되어 마을 곳곳에서 수증기가 피어오르는 모습을 볼 수 있다. 약 25채의 여관과 호텔이 운젠다케 산자락과 다치바마 만의 해변에 늘어서 있고 석양의 바다를 바라볼 수 있는 해안의 노천온천을 비롯해 세 채의 공동온천탕이 있다.

2010년에 오바마 마린파크에는 일본 제일의 수온과 길이를 자랑하는 족탕시설인 '홋토홋토 105(이치마루고)'가 들어섰다. 원천 온도 섭씨 105도이고 길이가 무려 105미터에 이르는 큰 족탕이다.

온천가의 명물인 오바마 짬뽕도 온천가에 있는 약 20개의 식음료점 메뉴에 들어 있다. 풍부한 해물(새우)과 깔끔한 국물을 선전한다.

2008년 미국 대통령 선거의 민주당 예비후보 경선에 오바마 상원의원이 입후보했을 때, '오바마'라는 발음이 같기 때문에, 후쿠이福井복정현에 있는 오바마 시와 마찬가지로 이곳 오바마 온천에서도 오바마 후보를 응원하는 운동이 벌어졌다. 오바마는 11월 5일 대통령에 당선되자, 오바마 온천에서는 11월 6일에 오바마 승리기념식을 거행하고 12

규슈 역사 문화 여행

일까지 오바마 온천 방문객에게 반액을 세일하는 상술도 보여주었다.

자동차로는 이사하야 諫早간조 교차점에서 약 50분 걸리고, 나가사키 시내에서는 약 1시간 10분 걸린다. 버스는 JR 이사하야 역 앞에서 약 1시간, 나가사키 공항에서 1시간 30분 걸린다. 시마바라 항에서는 시마바라 역전을 출발해 운젠과 오바마를 거쳐 JR 이사하야 역으로 가는 노선버스가 1~2시간 간격으로 하루 10여 편이 운행된다. 소요 시간은 1시간 10분~20분 정도이다.

옛 유곽 미우라야의 운치와 고쿤데이를 더듬어보려는 여행객들이
우시부카를 많이 찾는다. 이들이 과거로의 시간 여행을 즐기려는 듯
이 좁다란 골목길에 다닥다닥 붙은 가옥들 사이를 천천히 걷는 모습이
오히려 이지적이고 건전해 보였다.

구마모토
현

Kyushu

구마모토熊本웅본 현은 규슈의 중서부에 위치한 현이다. 서쪽은 아리아케 해, 야쓰시로 해와 동중국해에 접해 있다. 아리아케 해는 규슈에서 가장 큰 만으로, 이 현 외에도 후쿠오카 현, 사가 현, 나가사키 현의 연해이기도 하다. 야쓰시로 해는 규슈 본섬과 아마쿠사의 여러 섬에 둘러싸인 바다로 매년 음력 8월 1일 심야의 해상에 나타나는 알 수 없는 불빛 때문에 시라누히不知火불지화 해라고도 한다.

육지로는 이 현의 북쪽에 후쿠오카, 동쪽에 오이타와 미야자키, 남쪽에 가고시마 현과 접하고, 해상으로 아리아케 해를 건너 서북으로 나가사키 현과 떨어져 있다.

현 동쪽의 아소阿蘇아소 지방에는 일본에서 두 번째로 큰 화구(칼데라)인 아소산과 구주久住 산지의 봉우리들이 연이어 솟아 있고, 서쪽은 구마모토 평야가 아리아케 해에, 야쓰시로八代팔대 평야와 아시키타芦北호북 지방의 리아스식 해안이 야쓰시로(시라누히) 해에 접해 있다. 그 사이에 우도宇土우토 반도 쪽으로 뻗어 나간 바다 건너에 아마쿠사天草천초 제도諸島가 있다. 현청 소재지인 구마모토 시는 인구 70만 명 이상을 유지하고 있고, 수돗물이 모두 지하수로 조달되는 세계적으로 드문 도시이다.

기후는 현 내 전역이 태평양성 기후로 온난하지만, 겨울과 여름에는 위도에 따라 춥고 더운 정도가 다르다.

이 현에서 가장 유명한 관광지는 아소쿠주阿蘇くじゅう 국립공원과 운젠아마쿠사 국립공원, 여기에 구마모토 시 지역, 기쿠치 지역, 구마 지역을 합쳐 다섯 곳을 주요관광지로 꼽는다.

아소 지방은 산지형 기후로 규슈 최고의 한랭지이다. 겨울은 구주산지와 아소산에 매년 많은 눈이 쌓이지만 폭설 지대는 아니다. 최저 기온도 대부분 영하로 떨어져, 아소산 정상 부근은 섭씨 영하 15도 정도까지 내려갈 때도 있다. 여름에 구마모토 시 주변이 섭씨 35도 이상의 폭염일 때, 아소산 지역은 섭씨 20도 정도로 시원하다. 아소산 위쪽은 섭씨 30도에 이르는 날이 없다. 강수량도 연간 2,800밀리미터 정도로 비가 많다.

아마쿠사 지방은 해양성 기후로, 기온차가 작다. 연평균 기온이 섭씨 16~17도이고, 한겨울에도 평균 최저 기온이 섭씨 2~5도 안팎이다. 연간 강수량은 2,000밀리미터 정도이다.

구마 지방의 히토요시人吉인길 분지 지역은 내륙 산지형 기후로 기온차가 심하다. 여름은 무더운 날이 많으며, 겨울에는 최저 기온이 영하인 날이 많다.

역사적으로 이 현의 영역은 예부터 '불의 나라' 또는 '비료의 나라'

규슈 역사 문화 여행

로 불렸다. 그 유래는 야쓰시로 일대에 고대 호족으로 오씨多氏다씨의 뿌리가 되는 히노키미火君화군가 살았던 까닭이다. 비료의 나라肥の国, 火の国는 구마모토 현과 현재의 사가 현·나가사키 현 지역을 포함했다. 이 지역은 7세기 말에 히젠 국과 히고 국으로 나뉘었다. 구마모토 현 서부 지역인 히고肥後비후는 생산력이 높은 풍요로운 토지에 규슈의 중심에 위치해서 옛날에는 강대국 가운데 하나였다.

중세에는 오우씨의 후손이 아소 신사의 위세를 이용해 세력을 확대했으며, 시즈오카 부근 도토미遠江원강 국의 무사로 있다가 규슈에 토착한 사가라相良상량, 다자이후大宰府대재부의 우두머리였던 기쿠치菊池국지 등 호족이 세력을 넓혔다. 규슈 남부는 기쿠치가 지배하다가 나와名和명화에게로 넘어갔으나 그 후에는 군웅이 할거하는 상태였다.

도요토미의 규슈 정벌 때는 삿사 나리마사佐々成政좌사성정(1536~1588)가 히고 영주에 임명되었지만, 국민들이 토지조사에 반대하는 폭동을 일으켰다. 도요토미는 삿사에게 그 책임을 물어 할복을 명령하고, 폭동에 참가한 주민들도 철저히 탄압했다.

그 뒤 도요토미는 가토 기요마사에게 북쪽 절반을, 고니시 유키나가에게 남쪽 절반을 나눠주면서, 구마 지역은 사가라 집안의 지배를 인정했다.

고니시가 세키가하라関ヶ原 전투에서 패해 멸망하자 도쿠가와는 가토에게 고니시의 영토를 합쳐주었다. 가토는 구마모토 성을 쌓고, 하천과 수로를 고쳐 경지를 확대하고 생산력 향상에 노력함으로써 치수의 명인으로 추앙받았다. 그러나 그의 사후, 아들 대에 이르러 영주에서 해직되고, 호소카와細川세천(선대는 미나모토源원-아시카가足利족리로 이어지는

명문가의 지류) 가문의 호소카와 다다토시細川忠利세천충리가 구마모토의 새 영주가 되었다. 다다토시는 가신인 마쓰이松井송정 집안에게 야쓰시로 성의 영주를 맡겼다. 그 외에 구마 지역에는 사가라相良상량 가문이 다스리는 히토요시 번이 있었다.

아마쿠사는 나가사키에서 가깝고 천주교 다이묘인 고니시의 영지여서 천주교도가 많았다. 세키가하라 전투 후, 가라쓰 영주인 데라자와寺沢広高사택광고의 영지가 되었지만, 천주교 탄압과 가혹한 징세로 주민들의 불만이 폭발했다. 이 섬 주민의 절반이 1637년에 시마바라·아마쿠사의 난에 참여해 전멸했다. 이 난리 이후, 아마쿠사는 막부의 직할 영지가 되었다.

메이지 시대 중기까지는 규슈의 중심이 구마모토여서 구마모토 지방수비부대·제5고등학교(전국에 7개뿐이며 대학교 예과 또는 전문부 교육을 제공하는 학교) 등이 설치됐지만 1899년 하카타 항 개항, 1901년 관영 야하타 제철소 창업, 1911년 규슈제국대학 설치로 후쿠오카 현이 크게 발전해 규슈의 중심이 후쿠오카로 옮겨졌다.

최근 현의 인구는 182만 명 선이지만, 전국적 현상으로 나타나듯이 도시 인구는 늘고, 농어촌 인구는 계속 줄고 있다.

구마모토 시와 히토요시 시

　현청 소재지로 인구는 약 74만 명인데 규슈 지역에서는 후쿠오카, 기타큐슈에 이어 세 번째로 큰 도시이다. 후쿠오카에서 남으로 약 110킬로미터, 가고시마에서 북으로 약 180킬로미터에 위치하므로 규슈 중앙부라고 할 수 있다.

　기름진 토양과 인근 연안의 해산물을 갖추어 구석기 시대부터 사람들이 살았던 흔적이 있는 이곳에 예부터 히고의 행정관청과 히고 국립사찰(고쿠부지国分寺국분사)이 있었다. 현재의 시가지는 영주인 호소카와 집안의 성 아랫마을로 발전해온 곳이다. 옛 일제 육군 제6사단과 국가의 파견기관이 설치되어 규슈의 대표적인 군사·행정 도시였던 곳이다.

　2011년 3월에는 규슈 신칸센이 개통해 구마모토 역에 정차하면서 도시 지역 관광객이 늘었다. 구마모토 성 천수각에서 보면 시가지의 중심부는 동남쪽에서 동쪽으로 퍼져 있다. 구마모토 성의 조망 때문에

구마모토 현

도시 중심부인 이 성 주변은 고도 제한지역이어서 그 바깥인 구마모토 역 주변에 고층빌딩이 많이 들어서 있다. 또 도시 중심부를 감싸듯이 시내 요지에 구마모토 역, 가미쿠마모토^{上熊本상웅본} 역, 신스이젠지^{新水前寺} ^{신수전사} 역 등 JR 규슈 구마모토 3역이 있고, 중심부와 이 역들 사이를 구마모토 전차가 연결하고 있다.

구마모토 시는 예부터 '숲의 도시^{森の都}'를 표방하고 있다. 또한 시 중심부를 흐르는 시라카와^{白川백천}, 쓰보이가와^{坪井川평정천}, 이세리가와^{井芹川정 근천} 강과 스이젠지조주엔^{水前寺成趣園수전사성취원}의 풍부한 지하수 및 폭포수 때문에 '물의 도시'라고도 부른다.

도시는 옛 성 아랫마을을 중심으로 발전했다. 구마모토 성 동쪽에 가미토리^{上通상통}, 시모토리^{下通하통}, 산로드^{サンロード} 신시가 등에 있는 1킬로미터 이상의 아케이드 거리 주변이 도심지이다. 중심가에는 시청, 일본우정 규슈 지사, 구마모토 교통센터, 두 개의 백화점이 있다. 구마모토 역은 이 중심가에서 남서쪽으로 2킬로미터 떨어져 있으며 전차나 노선버스를 타고 이동할 수 있다.

아소 외륜산(외륜산은 복식 화산으로 중앙의 분화구를 둥글게 둘러싸고 있는 산을 말한다)으로 이어지는 시의 동북부와 동부는 산지와 시라카와 강변의 단구^{段丘} 등으로 기복이 있는 지형인 데다 전체적으로 아소의 화산재가 덮인 완만한 구릉지이다.

시 서부는 시라카와와 쓰보이가와 강이 아리아케 해로 흘러든다. 바다가 얕고 항만으로는 적합하지 않아 시 앞바다의 인공 섬에 구마모토 항을 건설하여 바다 건너의 나가사키 현 시마바라 섬으로 여객선이 오가게 하고 있다.

시의 서북쪽에는 높이 665미터의 긴푸金峰금봉 산과 685미터의 니노다케二の岳 등이 솟아 있다. 북부는 주로 긴푸 산 동북의 산기슭이 아소 산으로 이어지는 전원지대이다. 동쪽에 솟아 있는 아소 외륜산 일대에 내린 비가 지하에 침투해 평야에 이르기까지 약 20년이 걸린다고 한다. 땅에 스며든 이 풍부한 지하수가 구마모토 시의 수돗물을 조달하고 스이젠지조주엔과 에즈江津강진 호수 등에서도 솟고 있다.

세계에서 인구 50만 명 이상의 도시가 100% 지하수만으로 수돗물을 충당하고 있는 곳은 구마모토뿐이라고 해서, '일본 제일(세계 제일)의 지하수 도시'라고 홍보한다.

아리아케 해에 접해 있지만, 구마모토 평야는 긴푸 산과 아소산 사이에 형성된 분지이기 때문에 구마모토 시는 내륙성 기후에 가깝다. 여름철에는 섭씨 35도를 넘는 폭염인 날이 많고, 저녁에도 무풍 상태가 되어 아주 습하다. 2005년에는 연간 106일이 한여름 날씨를 기록했다. 장마철은 6월과 7월로 연평균 강수량 약 2,000밀리미터 중에 약 40%가 이때 집중적으로 내린다.

겨울에는 눈이 내리는 날이 많지 않아서 눈이 쌓이는 경우는 아주 드물지만 새벽 날씨가 유난히 춥다. 1981~2010년 통계에 따르면 1월 평균 12.4일이 최저 기온 섭씨 0도 이하였다. 최근의 최고 기온은 섭씨 38.8도를 기록한 1994년 7월 16일이고, 최저 기온 영하 9.2도는 1929년 2월 11일이었다.

시의 인구는 1980년 62만 명, 1990년 68만 명, 2000년 72만 명, 2010년 73만 4,000명으로 증가 추세를 이어가고 있다. 전후에도 행정·상업·관광의 도시로 명성을 유지하고 있지만 후쿠오카와 비교하면 크게 발전하지 못했다.

1945년 7월, 구마모토 시가지는 미군의 대규모 공습으로 초토화되었고, 1953년과 1957년 홍수로 시내 저지대가 큰 피해를 입어, 동부 지구에 새로운 주택지가 형성되었다. 동부 지역의 거점은 전시에 육군비행장 부지였던 곳으로 지금은 자위대와 관공서, 학교 등이 들어서서, 겐군마치健軍町건군정 전차 종점이 되었다.

구마모토 성

긴난銀杏은행 성이라는 별명을 가진 구마모토 성熊本城웅본성이 시 중앙에 있다. '은행성'이라는 별명은 장기 농성전 때 비상식량으로 은행 열매를 생각해두어 은행나무를 많이 심은 성이기 때문에 생겼다.

이 성은 임진왜란 때 우리나라를 침략해 함경도까지 쳐들어갔던 왜장 가토 기요마사加藤淸正가등청정가 쌓은 성이다. 돌 축대 위에 저택, 대소 천수각, 5층 망루 등을 갖추어 '일본 제일'이라는 평가를 받는다.

성주가 가토가에서 호소카와가로 바뀐 후에도 개축을 계속해 메이지 시대 초까지는 대부분의 건물이 존재했다. 하지만 구마모토 지방을 수비하는 군대가 주둔하면서 건물과 돌담, 구획의 수정이 이뤄졌고, 규슈 지역 내전인 세이난西南서남 전쟁 때는 천수각을 포함한 저택과 망루 등의 주요 건물이 소실되었다. 가토가 쌓은 돌 축대는 1889년 구마모토 지진으로 일부가 붕괴되어 개수했지만 에도 시대의 흔적을 남기고 있다.

20세기 중엽에 대소 천수각과 망루 일부가 복원되었고, 최근에는 다른 망루와 저택 등 주요 건물을 목조로 복원하고 있다. 벚꽃의 명소로도 알려져 있는 이곳에 왜장 가토를 신으로 받드는 가토 신사가 있다.

가토 기요마사加藤清正가등청정(1562~1611)과 임진왜란

가토 기요마사는 임진왜란(1592) 때 우리나라에 쳐들어와 수도 한성을 경유해 함경도까지 진격했고 정유재란(1597) 때는 울산왜성에서 조명연합군에 13일간 포위되어 할복자결하려다가 구원군의 도움으로 퇴각한 왜장이다.

히고 구마모토肥後熊本비후웅본의 초대 번주가 된 가토는 도요토미 생전에는 충성을 다했다. 1582년 4월 주고쿠 지방 평정에서부터 도요토미 부대의 선봉에서 분투했다. 1582년 혼노지의 변本能寺の変(도요토미의 주군 오다가 부하 아케치의 반역으로 이 절에서 할복자살한 사건) 이후에 가토는 도요토미를 주군으로 모시고 여러 전투에 참가했다. 1585년의 시코쿠 정벌에도 종군했고, 각지를 전전하며 무공을 세워 히고 북반부를 영지로 받아, 구마모토 성에서 살았다. 히고 영주로서는 보리를 특산화하고 남만 무역과 상업을 진흥했다.

임진왜란과 정유재란

가토는 31세의 나이에 임진왜란 당시 2번대의 주장으로 나베시마 나오시게鍋島直茂파도직무, 사가라 요리후사相良頼房상량뢰방 등과 함께 2만 3,000 병력을 지휘했다. 한성 공략에서는 고니시의 1번대가 5월 3일 선착하고, 하루 늦은 5월 4일 한성에 입성했다. 도요토미는 당초 가토에게 부산에 대기할 것을 명했지만, 전공을 먼저 차지하기 위해 북진했다. 고니시 부대가 가장 먼저 양주 쪽에서 동대문을 통해 한성에 입성했을 때, 선조는 이미 도성을 버리고 떠난 뒤라서 한성은 그대로 함락되었다. 다음 날 가토의 2번대가 남대문으로 입성했고, 그다음 날 구로다의 3번대와 모리의 4번대도 한성에 진입했다. 가토는 5월 2일 자신이 가장 먼저 한성에 입성했다고 도요토미에게 보고하는 등 고니시와 심하게 경쟁했다.

가토의 부하 중에 좌선봉장 김충선(일본명 사야카沙也加/沙也可소아가, 1571~1642)은 부산에 상륙하자 곧 3,000명의 병사를 이끌고 조선군에 귀화해 조선 장수로서 왜군에게 총부리를 돌린 첫 항외자抗倭者(조선에 귀순한 왜군)가 되었다.

가토 부대는 관민이 피난하면서 부숴버린 한성에 보름 정도 머문 후, 북상해 임진강 전투에서 도원수 김명원이 이끄는 조선군을 격파하고 황해도를 거쳐 함경도로 향했다. 가토는 함경도에서 조선의 반란군(순왜順倭. 왜군에게 투항하거나 협력한 자)이 붙잡아 넘겨준 두 왕자를 포로로 삼고, 포박한 조선군 관군도 넘겨받았다. 회령에서는 백성 3,000명이 왜군에 자진 가담해 총 8,000 병력으로 두만강을 넘어 만주의 오랑카이(올량합)까지 진격했다가 퇴각했다. 오랑카이가 명나라로 가는 침공 루트를 벗어났으므로 더 반격하지 않고 함경도로 되돌아온 가토는 귀순한 조선인(순왜자)에게 북부 지역을 자치 지역으로 내주고, 자신은 길주 이남에 포진했다. 함경도 북부에서 일어난 조선의병이 길주를 공격했지만 실패했다.

이후 명나라 군이 참전해 경기도 방면에 이르자 가토는 한성으로 돌아왔다. 1593년 제2차 진주성 전투에서 가토 군은 북쪽에서 성을 공격해 구로다 군과 함께 성을 함락시켰다.

조선·명과 본격적인 강화협상이 시작되면서 도요토미는 명나라나 조선이 도저히 받아들일 수 없는 조건을 제시했기 때문에, 도요토미의 명령을 어기면서라도 강화하려는 고니시와 맞섰다. 고니시는 가토가 강화에 방해가 될 것으로 보고, 가토의 죄행을 도요토미에게 보고했고, 이시다가 고니시를 지지하면서 가토는 교토로 불려가 근신하게 되었다. 가토는 교토에 지진이 일어났을 때, 교토 후시미伏見복견 성에 있는 도요토미에게 달려가 고니시와 이시다의 주장에 대해 변명하면서 이들과 갈라섰다.

1597년 정유재란 때는 고니시가 좌군의 선봉을 맡고, 가토가 우군의 선봉이 된다. 가토와 고니시는 앙숙이어서, 재침할 때 고니시는 조명연합군 측에 가토의 상륙 예정지를 알려주어 가토를 공격받게 했다. 하지만 이순신은 이를 거짓말이라고 생각해 공격하지 않았기 때문에 가토는 재상륙에 성공했다(이순신은 이때 공격을 회피한 죄로 문초를 받음).

왜군의 작전 목표는 우선 전라도를 치고 충청도로 진격한 후, 후퇴해서 거점이 될 성곽들을 건설하는 것이었다. 가토는 전라도로 서진해 전주를 점령하고 충청도 진천까지 진출해 작전 목표를 달성하고는 후퇴해 서생포 왜성(일명 봉화성烽火城)을 쌓고 자연지형을 이용해 지구전을 펴겠다고 작정했다. 그는 회야강回夜江 강구의 작은 포구에 위치한 고지에 성을 쌓고 산의 동북쪽에 계단식으로 제2, 제3의 부곽과 외성外城을 배치했다.

이 성은 구조가 교묘·복잡하고 남해안 각지에 산재하는 왜성 가운데 규모가 가장 웅장했다. 성의 남북에 성문을 설치하고, 해안까지 길고 넓게 외성을 배치했다. 돌로 성벽을 쌓고 성문 양측이나 성벽 굴곡부에는 모난 축대를 돌출시켰으며, 성벽 밖에는 2중, 3중으로 참호塹壕를 파놓았다. 지금 성벽은 거의 완전하게 보존되었으나 외성의 동쪽은 주택지가 되어 많이 허물어졌다.

그 후에 다른 왜장들도 각각 축성 예정지로 후퇴했고, 가토는 아사노 요시나가浅野幸長천야행장(1576~1613. 사가 현 출신. 조선 출병 중 가토처럼 유녀遊女에게서 옮은 매독으로 죽었다는 설과 도요토미 측근이었기 때문에 전공을 세웠음에도 도쿠가와 쪽에서 암살했다는 두 설이 있음)와 함께 서생포왜성의 동쪽에 울산왜성(울산학성蔚山鶴城 또는 시루성으로 불림. 학성동 소재)을 건설했다.

우리나라에서는 남해안 쪽 왜성들에 대해 1597년 남해안까지 쫓긴 왜군이 방위선을 보강하기 위해 쌓은 것이라고 하나, 일본에서는 장기전을 위한 점령 거점으로 축성한 것이라고 설명한다.

울산전투는 크게 두 번 일어났다. 1597년 12월 23일부터 1598년 1월 4일까지 5만 7,000명의 조명연합군이 울산왜성을 공격했다. 아군은 권율 등이 지휘하는 1만 1,500명과 명군 양호와 마귀 등이 지휘하는 3만 6,000명을 합해 4만 7,500명이었다(일본 기록 『大日本分県地図併地名総覧 昭和

12年』(昭和礼文社, 1989)에 따르면 명군 4만 4,400명, 조선군 1만 2,500 명으로 합계 5만 7,000 병력이라고 함).

우리 기록은 왜군 병력이 울산성 주둔 가토의 1만 6,000에 구원병 8만 으로 합계 9만 6,000명이라고 한다. 일본 기록에는 농성군이 1만여 명, 구원군은 1만 3,000여(1번대 4,550명, 2번대 3,770명, 3번대 3,900명과 약간의 수군) 명으로 합계 2만 3,000여 명이라고 한다. 피해 규모에 대해서도 우리 기록은 적군과 아군 각각 1만 5,000여 명이 전사했다고 하나, 일본 기록은 조명연합군이 1만 1,000명 전사했고, 왜군은 1,120명이 전사했다고 한다.

가토는 물도 식량도 부족한 상황에서 고전을 거듭했지만 모리와 구로다 등의 원군이 도착할 때까지 조명연합군에 2만 명의 인명 손실을 주면서 공격을 견뎌냈다고 주장한다. 명군 총사령관 양호는 본국에 승리했다고 보고했으나 참패 사실이 발각돼 해임됐다. 어느 기록이 맞는지 그 대답은 역사학자들의 몫이리라.

조선의 도원수 권율과 명군 양호는 순천의 고니시와 울산의 가토 중 누구를 먼저 쳐야 할지 의논했는데 울산이 왜군의 본거지라는 이유로 1597년 12월 23일 가토의 울산왜성을 먼저 공격했다. 조명연합군은 양산의 왜군을 압박하면서 서생포왜성에서 오는 구원병들을 울산 태화강에서 전멸시켰다. 완전히 포위된 가토의 군대는 말을 죽여 식량으로 삼고, 눈을 녹여 식수로 사용하는 등 악전고투했지만 가토는 항복 대신 할복자살을 결심했다고 한다.

권율은 양호에게 총공격을 건의했으나 양호는 장기전으로 왜군이 저절로 무너질 때를 기다리자고 주장했다. 그동안 각지의 왜군 구원병들이 속속 도착, 8만에 이르는 대군이 양산에 집결해 조명연합군의 방어선을 무너뜨리고 울산성으로 진격했다. 결국 조명연합군은 1598년 1월 4일 철수를 결정하고 13일간의 제1차 울산성 전투는 종결되었다.

제2차 울산성 전투는 1598년 9월 22일, 울산왜성이 완성된 상태에서 조명연합군과 왜군이 다시 벌인 전투이다. 지휘관은 조선군 김응서와 명군 마귀 대 왜군 가토였다. 병력은 조선군 1만 5,000, 명군 2만 4,000으로 합계

3만 9,000명이었고 왜군 병력은 미상이다. 조명연합군은 농성전을 벌이는 왜군을 공격하지만 실패했다. 하지만 도요토미가 그해 8월 사망하면서 왜군은 모두 철수했다.

세키가하라 전투関ヶ原の戦い와 에도 시대

1598년 도요토미가 죽은 후에 가토는 도요토미의 적수이며 고다이로의 한 사람인 도쿠가와에게 접근해 그의 양녀를 후처로 삼았다. 1599년 3월에 그는 후쿠시마 마사노리福島正則복도정측와 울산성 축성의 전우 아사노 요시나가 등과 함께 무단파로서 문치파인 이시다 암살미수 사건을 일으켰다. 이 사건을 계기로 벌어진 1600년의 세키가하라 전투에서 가토는 구로다 조스이黒田如水흑전여수(구로다 나가마사의 아버지)와 함께 도쿠가와의 동군에 협조해 고니시의 영지들을 공격, 규슈의 서군 세력을 꺾었다. 서군이 된 고니시와는 조선 출병 때부터 선봉을 놓고 싸웠던 데다가, 히고의 남북으로 영지가 이웃했기 때문에 경계선을 놓고도 많이 다퉜다. 하지만 결국, 동군의 승리로 전후의 논공행상에서 그는 고니시의 구 영토인 히고 남쪽 반을 더 차지해 히고 땅 전체의 영주가 되었다.

1610년에는 도쿠가와의 나고야名古屋 성 건설에 협력했다. 1611년에는 도쿠가와와 도요토미 히데요시의 아들 도요토미 히데요리豊臣秀頼풍신수뢰와의 회견을 주선하는 등 화해를 모색하다가 6월 24일 구마모토에서 죽었다. 셋째 아들이 뒤를 이었지만, 1632년 영지가 몰수改易되었다. 그 이유에 관해서는 여러 설이 있지만, 그 후 가토의 후대는 야마가타山形산형 현 등으로 이어지고 있다.

히고 구마모토肥後熊本비후웅본의 새 영주는 호소카와細川忠利세천충리가 맡게 되었다. 호소카와는 통치의 필요상 가토를 떠받들어 신격화해서 주민 신앙의 중심이 되게 했다. 그래서 아직도 구마모토 현에는 가토의 유물이 많이 남아 있다. 가토의 토목 기술은 아주 뛰어나 400년이 지난 현재도 실제로 쓰이고 있고, 유적도 적지 않다. 가토가 구마모토 성을 쌓을 때, 남녀 구별 없이 막대한 인력을 동원했는데 정해진 급료 이상의 노역을 부과하지 않았고 대부분의 사업을 농한기에 실시해서 농사에 필요한 시간을 확보해주어 농이 성터는 원래, 1587년 도요토미의 규슈 정벌 때 사쓰마의 시마즈島津도진 집안에 속했던 토착 호족이 성을 내주고 이사했던 곳이다. 새로 영주가 되어 이 성에 들어간 삿사佐々成政좌사성정는 도요토미의 지시를 받지 않고 토지조사를 강행해 주민들이 저항하며 민중들이 당시의 구마모토 성隈本城외본성을 공격했지만 낙성은 면했다. 이 때문에 삿사는 1588년, 할복 명령을 받아 자결하고 가토가 이 지역의 영주로서 이 성을 차지했다.

가토는 1591년부터 옛 성터에 새 성곽을 쌓기 시작해, 1600년경에 천수각을 완성했다. 도요토미 사후에 도쿠가와 편에서 세키가하라 전투를 승리로 이끈 공로로 히고의 영주가 되면서 1607년 '구마모토隈本외본'를 일본어로 발음이 같은 '구마모토熊本웅본'로 변경했다.

1632년, 가토의 아들이 해임되자, 부젠코쿠라豊前小倉풍전소창 성주였던 호소카와 다다토시가 히고 새 영주로 이 성에 들어왔다. 이때 성은 중앙부만 정비되어 있었고 그 외에는 개발 초기의 상태였다. 이 때문에 입성 직후부터 호소카와 집안의 후세 영주들은 19세기 후반까지 성의 수리와 보수 작업을 계속했다.

구마모토 성에는 일본의 중고교 학생들이 수학여행을 많이 온다. 그런데 나는 2014년 11월 어느 날, 이 성에서 많은 일본 학생들 틈에서

규슈 역사 문화 여행

수학여행을 온 우리나라 대전 부근의 한 고등학교 학생 팀을 만났다. 이들을 안내하는 가이드는 내가 유심히 살펴보던 우물井戸 유적을 학생들에게 설명하고 있었는데 그 내용이나 시각이 아주 일본 중심적이었던 기억이 난다.

우물 표지판에는 "가토는 '문록文禄·경장慶長의 역役'(임진왜란과 정유재란) 때, 조명연합군에 포위된 울산성에서 흙탕물泥水을 마시고, 죽은 말고기를 먹었다"라고 적혀 있어, 그 쓰라린 농성전 체험을 실토하고 있다. 가토는 우물이 없는 울산성에서 1597년 한여름에 13일을 버텨냈다. 훗날 가토는 이 경험을 바탕으로 구마모토 성을 축성할 때 성내에 120개 이상의 우물을 팠는데, 그중 17개가 아직도 남아 있다. 이 우물은 그 가운데 하나로 수면까지 깊이가 40미터이다. 또한 가토는 적에게 포위되었을 때 장기 농성전에 대비한 비상식량으로 망벽에 은행나무를 심고, 토란 줄기로 다다미를 깔아가며 구마모토 성을 축성했다.

호소카와는 1610년부터 남북으로 분단된 성중앙의 혼마루本丸본환에 통로를 아우르는 형태로 영주의 저택을 건축했다. 천수각에 오르려면, 성 중앙에 있는 지하도를 통해야 했다. 여기에 전통 복장을 한 젊은이가 서서 관광객의 통행 질서를 잡고 있었는데, 우리 조상들이 임진왜란과 일제의 고난을 겪게 했던 적장의 성을 찾아가면서 그 영주의 발 아래 지하 동굴통로를 거쳐야 하는 기분이 참으로 씁쓸했다. 고등학생들의 수학여행을 안내하는 사람들은 이 사실을 어떻게 설명할까?

구마모토 성의 현대사　구마모토 번에서는 메이지유신 후인 1870년 진보적인 정파가 정권을 잡고 '전국시대의 찌꺼기, 쓸데없는 군더더기'인 구마모토 성의 해체를 정부에 청원했지만 작업 개시 당일에 해체가 중단되었다. 번의 지사가 주도해 진행된 해체 방침에, 보수파가 불만을 제기했기 때문이다. 대신 성내는 일반에 공개하도록 했다.

1877년, 세이난西南서남전쟁 때는 이 성이 정부군의 중요 거점이어서 사이고 다카모리西鄕隆盛서향융성(1828~1877. 제8장 가고시마 현 참조)가 이끄는 사쓰마군薩摩軍살마군의 중요 공략 목표가 되었다. 사쓰마군의 총공격 이틀 전인 1877년 2월 19일 대낮에 원인 불명의 화재가 발생해 천수각 등의 건물, 상당량의 비축된 쌀과 성 아랫마을 민가 약 1,000채가 불탔다. 신정부군은 4,000명이 구마모토 성안에 머물며 사쓰마군 1만 4,000명의 공격을 견뎌 마침내 격퇴했다. 이 전투에서 구마모토 성을 얕잡아 보던 사쓰마군은 난공불락의 성(무샤가에시武者返し, 성의 돌담 아랫부분은 완만한 경사이지만 올라갈수록 급경사로 만들어 적이 접근하지 못하게 쌓아놓은 성벽)에서 신정부군이 완강하게 버티고 있어서 성안에 진입할 수 없었다는 것이다.

1871년 현청이 성의 부지 내에 들어섰고 규슈 지방수비대가 성에 주둔하여 군사도시 구마모토가 되었고, 제2차 세계대전이 끝날 때까지 일제 육군이 사용했다. 성곽 내에 1875년 보병 제13연대가 주둔했

규슈 역사 문화 여행

▲ 구마모토 성

고, 1888년에는 구마모토 지방수비대를 모체로 한 일제 육군 제6사단 사령부가 이 성에 있었다. 또, 1925년에 구마모토 육군교도학교, 1943 년에 구마모토 예비사관학교가 이곳에 설치되었다. 또 근처, 현재의 수목원 자리에 1897년부터 1927년까지 구마모토 육군유년학교가 있 다가 이전했다. 다이묘 저택 자리였던 곳에는 1871년 육군병원이 들어 왔다가 1945년 국립 구마모토 병원을 거쳐 구마모토 의료센터가 되었 다. 1945년 7월 1일, 시가지의 20%가 소실된 구마모토 대공습 등 잦은 공습에서도 기적적으로 소실을 면했다.

　1946년 미군이 성안에 군사시설을 만들면서 차량통행에 방해가 되 는 일부 건축물을 파기했다. 1960년 축성 350년을 맞아, 성의 크고 작 은 천수각과 망루, 담장 등을 재건하고 일대를 공원으로 정비하면서 입장을 유료화했다. 천수각은 철근 콘크리트 구조이고, 내부는 시립

구마모토 박물관 분관이며, 꼭대기 층은 전망 공간이다. 현립 미술관, 현영 야구장, 수목원, 가토 신사, 합동청사와 신사 등이 부지 내에 있다. 수목원, 산노마루三の丸 터에 있는 호소카와 가문 무사의 옛 저택旧細川刑部邸구 세천형부저 등도 있다.

겐모쓰다이監物台감물대 수목원은 규슈 전역의 영림서(임야 행정을 주관하는 산림청 산하의 지방 관서)가 수집한 표본 나무를 심어놓은 곳으로 1952년 개원했다. 원내는 분재와 식재植栽가 어우러진 울창한 산림박물관이다. 거기에서 수령 약 1,360년의 야쿠 삼나무屋久杉옥구삼도 볼 수 있다. 삼림도서실, 약초원, 분재전시 선반, 튤립정원, 장미원 등도 있다. 또한 일본 전국의 산에서 목재를 실어 나르기 위해 만들었던 폭 762밀리미터의 협궤를 달리는 삼림용 디젤기관차도 가져다 놓았다.

구마모토 성 주유 버스를 타고 '구마모토 성'에서 내리면 걸어서 5분, 노면전차로는 구마모토 성·시청 앞 역에서 약 15분 정도 걷는 거리이다.

현립 미술관　　　　본관은 구마모토 성 니노마루二の丸공원 부지에 있다. 서양 미술작품으로 르누아르의 〈가슴에 꽃을 꽂은 소녀〉, 로댕의 〈키스〉를 비롯한 판화와, 일본 미술작품으로 구마모토 번 시대의 문화를 계승한 회화나 서화류, 구마모토 현에서 구운 도자기나 근대 회화·조각 등이 전시되어 있다. 구마모토 영주였던 호소카와 가문의 전래 유물을 전시한 공간도 있다. 분관은 혼마루 동쪽에 있는 지상 4층, 지하 1층짜리 건물로 아마쿠사의 자연석을 이용해 성의 돌담과 조화를 이루게끔 개축한 것이다.

번화가와 도심　　　대표적인 번화가는 구마모토 성의 동쪽에 있는 노면전차역인 도리초스지通町筋통정근를 중심으로 북쪽의 가미토리上通상통와 남쪽의 시모토리下通하통, 시모토리의 남쪽에서 오른편(서쪽)으로 뻗어 가라시마초辛島町신도정 전차역에 이르는 산로드サンロード 신시가 등 세 개의 큰 거리이다.

가미토리와 시모토리는 도리초스지 역을 끼고 남북으로 지붕을 덮은 아케이드 상가 지대이다. 가미토리 아케이드 거리는 약 360미터 길이에 폭은 11미터. 옛날에는 학생 동네여서 지금도 서점, 카페, 부티크, 브랜드 숍, 스포츠 가게, 라면점 등이 늘어서 있는데 보도 중앙에 목재를 깔아놓아 아주 차분한 인상이다. 전찻길에서 가미토리로 들어서는 입구 쪽에 시 현대미술관과 호텔 등이 입주해 있다. 아케이드의 북쪽 끝에는 '나미키자카並木坂'라는 작고 세련된 술집 거리가 있으며, 젊은 층 상대의 의류점, 미용실, 음식점이 많다. 최근에는 이 거리의 동쪽 우에노우라도리上乃裏通り에도 새롭게 상가들이 들어서고 있다.

시모토리는 길 건너 쓰루야鶴屋학옥 백화점에서 남쪽으로 길이 510미터에 폭 15미터인 아케이드 거리이다. 시모토리의 서쪽으로 노면전차 가라시마초 역까지 이어지는 아케이드 거리가 산로드 신시가지이다. 이 거리는 파친코 점포나 오락실 등이 많고 시모토리보다 유흥가적 요소가 강하다. 가라시마초 서쪽에는 구마모토 교통센터와 겐민縣民현민 백화점 등이 있다.

겐민 백화점은 구마모토 교통센터 옆에 있는 8층 규모로 1973년에 설립된 후 여러 그룹의 소유를 거쳐, 2011년 중장년층을 주된 대상고객으로 하는 백화점이 되었다. 지하 1층에서 가라시마辛島신도 공원 지하

주차장, 구마모토 교통센터와 지하통로로 이어져 있다.

시모토리가 산로드 신시가와 교차하기 전에 시모토리의 중간을 동서로 횡단하는 긴자도리銀座通り가 있다. 이 길은 노면전차 하나바타초花畑町화전정역에서 시모토리와 교차하고, 3호 국도까지 이어지는 거리로 금융가, 여행사, 비즈니스호텔, 음식점, 오락실, 상가 등이 함께 들어선 집합 건물이 많다.

최근에는 교외에 대형 쇼핑시설로 '이온몰 구마모토'가 시의 동쪽인 JR 히고오즈肥後大津비후대진 역 앞에 들어섰다.

구마모토 시의 교통수단　　　규슈의 대동맥인 국도가 시가지 중심을 남북으로 관통한다. 중심 시가지의 서쪽은 가고시마 본선이 남북으로 오르내리고, 기차는 JR 구마모토 역에서 시가지 남단을 우회하여 동북 방향으로 이어지면서 아소·오이타 방면으로 가는 호히豊肥풍비 본선이 된다.

중심 시가지는 구마모토 역과 그 북쪽에 있는 가미쿠마모토 역 사이의 철로 동쪽 일대와 호히 본선의 철로 주변에 있다. 구마모토 역은 중심 시가지의 서남쪽 끝에 있다. 역의 반대 방향인 동부와 동북부 방면으로 시가지화가 진행되었다.

구마모토 국제공항은 애칭으로 '아소구마모토' 공항이라고 부른다. 공항은 구마모토 시내에서 동북쪽 약 20킬로미터 떨어진 아소산 기슭에 있다. 공항 주변이 안개가 많은 곳이지만 연간 이용객 수로 후쿠오카 공항, 가고시마 공항에 이어 규슈 3위이다. 육상자위대 주둔지를 병설하여 군용기가 민간기와 활주로를 공동 사용하고 있다.

공항에서 구마모토 역까지는 공항리무진버스로 1시간 정도 걸린다. 아소 역까지는 규슈횡단버스가 1시간 30분, 특급버스는 약 50분 걸린다. 급행이 정차하는 가장 가까운 JR 역은 호히 본선의 히고오즈 역이고, 역까지 연락버스가 운행되고 있다. 일본 국내의 주요 공항과 항로가 연결되어 있지만 국제선 직항은 우리나라 인천국제공항뿐이다.

철도는 규슈 신칸센九州新幹線구주신간선, 가고시마 본선, 호히 본선이 구마모토 역을 거친다.

구마모토 시영 전차 구마모토 시내 전역을 운행하는 노면전차로 1924년부터 운행되기 시작했는데 노선을 연장해서 현재는 A와 B 두 개 노선이 있다. 구마모토 시 교통국이 운영하고 있다.

붉은색인 A계통은 26개의 승하차장이 있는데 다사키바시田崎橋전기교에서 구마모토 역전, 구마모토 성·시청 앞, 신스이젠지 역전, 스이젠지 공원 등을 거쳐 겐군마치健軍町건군정까지 운행한다.

푸른색인 B계통은 가미쿠마모토 역전에서 우루산마치鶴山町울산정 등을 거쳐, 가라시마초에서 A계통과 합류해 겐군마치까지 운행한다. 가라시마초에서 겐군마치까지의 19개 역은 A, B계통이 모두 운행한다. 2015년 현재, 요금은 전 구간 150엔으로 동일하고 1일권은 500엔이다.

스이젠지조주엔水前寺成趣園수전사성취원 통칭 스이젠지 공원이라고도 하는데 시 중앙부에 있다. 아소산의 풍부한 지하수가 용출해서 만들어진 연못을 중심으로 한 모모야마식桃山式도산식 정원이다. 호소카와 영주가 1636년경부터 구축한 '찻집'을 시작으로 샘을 파고 산을 만들어 현재의 경관을 갖추었다. 이 샘에서 솟아나는 물은 청정한 샘물로 장수의 물이라고 하며 백약의 장長이라고 한다. 1776년에 정원 동쪽에 승마장이 마련됐다.

메이지 시대에 이르러 왕실 소유가 됐지만 찻집은 1877년의 세이난 전쟁 때 소실되고 황폐해졌다. 지역 유지들이 불하拂下를 자청해 1878년에 호소카와 가문의 역대 영주들을 모신 신사를 창건하고 이 정원을 재건했다. 조주엔이라는 정원 이름은 도연명陶淵明의 시에서 유래했다고 한다.

정원 내에는 이즈미出水출수 신사와 호소카와가 황족인 시인에게서 고전 시가詩歌를 전수받았던 고킨덴주노마古今傳受の間가 있다. 또 일본의 대표적인 가면극인 노能능를 공연하는 노가쿠전能樂殿능락전도 있는데 이곳에서 봄가을 두 차례에 걸쳐 가면극장이 열린다.

이 정원은 시 번화가에다 노면전차의 스이젠지 공원 역과 JR 스이젠지 역 근처에 있어 많은 관광객이 찾았던 곳이다. 최근에는 주위에 아파트가 많이 들어서서 저 멀리 펼쳐진 아소산, 이다 산飯田山반전산, 다쓰타立田입전 산, 겐군 신사 등의 경관을 해쳐 관광객의 발걸음이 줄어들었다.

스이젠지에즈코水前寺江津湖수전사강진호 **공원**　　　이 공원은 에즈코江津湖강진호와 스이젠지조주엔 일부를 포함하는 대규모 도시공원으로 몇 개의 공원을 하나로 합쳐 1966년 개원되었다. 이 공원은 크게 스이젠지 지구, 이즈미 지구, 가미에즈上江津상강진 지구, 시모에즈下江津하강진 지구, 히로키広木광목 지구의 다섯 개 지구로 나뉜다.

▲ 스이젠지에즈코 공원 전경

　스이젠지 지구는 옛 구마모토 시립체육관 땅을 재정비한 공원으로 둘레가 약 200미터인 공원길과 잔디 광장, 전찻길 건너의 어린이공원을 포함한다. 이즈미 지구는 현립 도서관 주변으로 가세카와 강변공원과 옛 호소카와가의 일본정원인 바쇼엔芭蕉園파초원 정원이 있다.

　시내 전차 어느 라인을 타도 시립 체육관 앞이나 핫초바바八丁馬場팔정마장 앞에서 내려 산책로를 따라 걸으면 두 개의 에즈코 호수가 산책길과 자전거 도로로 이어져 있다. 현립 도서관 쪽으로 '조잔ぞうさん 수영장'이라고 불리는 지하수가 솟아나는 곳이 있으며, 신스이엔神水苑신수원 쪽에도 샘물이 솟는 곳이 있다. 호수에서 솟는 물의 양은 1일 40만 톤에 이른다고 한다. 구마모토 동식물원의 입구도 가깝다.

　기타오카北岡북강 **자연공원**　이 공원은 하나오카花岡화강 산의 기슭, 호소카와 가문의 절터에 있는 공원이다. 시 서남쪽으로 구마모토 역에서 서북쪽까지 걸쳐 있는 높이 132미터의 하나오카 산은 긴푸 산의 말단부가 단층 활동으로 분리되어 형성되었다고 한다. 산정에서 구마모토

시가를 전망하기 좋다. 메이지 시대의 폐번 조치 후에는 호소카와 영주의 저택이 이 공원에 있었다. 원내에 있는 정원과 장미원이 지금은 시민 쉼터가 되었다.

시마다島田조전 **미술관**　　구마모토의 무사 문화에 대한 역사자료와 고미술품을 수장하고 있는 미술관으로 특히 호소카와 가문의 객장客将으로 검술의 달인 미야모토 무사시宮本武藏궁본무장와 인연이 있는 무구, 유품, 서화 등을 상설 전시하고 있다. 구마모토 역 서북쪽에 위치하며, 버스센터에서는 시내버스로 10분 정도의 거리에 있다.

긴포金峰금봉 **산**　　구마모토 시내의 서쪽에 있는 높이 665미터의 칼데라형 화산(현재는 화산 활동이 없음)으로 방송 송신탑이 있다. 산꼭대기에서는 구마모토 평야, 아소산, 아리아케 해, 시마바라 반도 아마쿠사 섬이 한눈에 들어온다. 가토 가문의 절로 일연종日蓮宗의 명찰이며 가토의 동상과 사당이 있는 혼묘지本妙寺본묘사가 이 기슭에 있다.

5고기념관五高記念館**과 구마모토대학**熊本大学웅본대학　　구제 제5고등학교 본관인 서양식 2층 벽돌 건물로 구마모토대학 구내에 있다. 1889년 준공되었는데 당시의 풍경과 교수진의 사진, 역대 교장의 초상화·초상사진, 개교 10주년 기념식의 축사 등이 전시되고 있다.

일본의 근대 교육은 법령으로 1886년부터 시작되었다. 전국 5개소에 고등중학교가 설립될 때, 규슈에는 구마모토에 제5고등중학교가 만들어졌다. 본관은 1889년에, 다른 건물은 1890년에 완공되었다.

1896년에 제5고등학교가 되었고 통칭 '5고五高'라고 불렸다.

구마모토대학은 1949년 5월, 구마모토에 있던 고등교육기관인 구마모토 의과대학, 제5고등학교, 고등공업학교, 약학전문학교, 사범학교, 청년사범학교 등 여섯 개 학교를 모체로 창립된 국립대학이다. 현재 7학부 8연구과가 있다.

캠퍼스는 대체로 창립되기 전, 구제 학교들의 캠퍼스 부지를 그대로 사용해서 시내 각처에 산재하고 있다. 그 가운데 5고를 비롯해 고등공업학교의 가공실험공장(1908년 준공된 연와煉瓦조 건물) 등이 등록된 문화재이다. 가장 큰 캠퍼스는 시의 동북쪽으로 시내를 남북으로 흐르는 시라카와白川백천 강 북쪽인 구로카미黑髮흑발 지구에 있다.

▼ 구마모토대학 5고기념관

구마모토 교외 기쿠치 계곡과
기쿠치 온천

기쿠치 계곡은 이 현의 동북부인 아소 시와 기쿠치 시를 흐르는 기쿠치가와菊池川국지천 강의 상류, 수원지에 있는 계곡이다. 여름에는 피서지로, 가을에는 단풍의 명소로 알려져 있다. 일대는 아소 외륜산을 에워싼 활엽수의 원시림으로 덮여 있다. 이 계곡에 여러 가지 이름이 붙은 많은 폭포와 연못이 있다.

기쿠치 온천　　　　기쿠치 온천은 기쿠치 시청에서 간논다케観音岳관음악 방향으로 가는 쪽에 있다. 원천 온도는 섭씨 45도이고 수질이 약알칼리성으로 피부미용에 좋다고 해서 '처녀의 피부乙女の肌 온천'이라는 별명이 붙기도 했다.

1954년에 개탕한 이 온천은 구마모토 시내에서 교통편을 이용해 수월하게 접근할 수 있다. JR 구마모토 역에서 구마모토 전철과 버스로 약 1시간 25분 걸린다. 구마모토 전기철도가 가미쿠마모토 역에서 미요시御代志어대지 역까지(약 10킬로미터) 운행하고 있어 기쿠치까지는 버스나 자동차를 이용해야 갈 수 있다. 구마모토 공항에서 가장 가까운 호히 본선 히고오즈 역에서는 노선버스로 약 40분 걸린다. 온천 부근에 약 40개의 여관이 있다. 온천가에서 '주탕권周湯券'이라는 온천 순회티켓을 발행하고 있으며, 1,000엔으로 3개소의 온천에 들어갈 수 있다.

한때는 남성 단체손님이 도우미를 불러서 유흥을 즐기는 온천지였다가 최근에 이르러 여성 고객과, 개인·가족 고객 중심의 보양 온천으

규슈 역사 문화 여행

로 변환을 시도하고 있다. 기쿠치에는 '와이후隈府외부'라는 지역이 있는데 현지에서는 여관 여사장들이 중심이 되어 '잉꼬부부의 마을' 만들기를 진행해 이 지역 이름과 비슷한 '와이프wife'를 따서 '아내의 온천', '고운 피부의 뜨거운 물'이라는 슬로건으로 방향 전환을 도모하고 있다.

와이후의 시내를 흐르는 강변을 수변공간으로 복원해 풍광도 멋지다. 1954년 개탕한 야마가山鹿산록 온천에 비해 짧은 역사를 지녔지만, 시내에서 이동하는 데 시간이 덜 걸린다는 점이 짧은 역사를 커버하면서 구마모토의 안방을 자처하고 있다.

2006년에는 기쿠치가와 강 유역의 다마나玉名옥명 온천, 야마가 온천, 우에키植木석목 온천 등과 기쿠치 온천향이 광역 공통 관광상품을 개발해 고객을 유치하고 있다. 다마나 온천은 1,300년 전에 개탕한 온천으로 JR 다마나 역에서 버스로 5분 거리이고 신칸센 신다나마 역 부근에 있다. 야마가 온천은 구마모토 역이나 히고오즈 역에서 자동차나 버스로 1시간 10분~1시간 20분 걸리고, 다마나 역에서는 50~60분 걸린다. 우에키 온천은 가까이에 JR 우에키 역이 있다.

히토요시 시와 그 주변 관광지

규센도球泉洞구천동 동굴　　규센도는 구마군 구마가와球磨川구마천 강변의 암벽 위, 해발 827미터의 곤겐權現권현 산 지하에 있는 종유동굴이다. 규센도 역에서 현수교를 건너 20분 정도 걷거나, 히토요시 역에서 노선

▲ 규센도 동굴

버스로 40분 정도면 도착할 수 있다.

　이 동굴의 길이는 제1동굴과 제2동굴을 합쳐 4,800미터에 이른다. 이는 일본 제6위로 규슈에서는 최장인데, 관광용으로 공개되는 부분은 약 800미터이다. 석회암층은 약 3억 년 전에 지각변동에 따라 바다가 지상으로 융기하면서, 이산화탄소를 포함한 빗물이 침투해 구마가와강으로 흘러드는 과정에서 침식되면서 형성되었다. 내부에는 특유의 동굴 생물이 서식하고 있다.

　1973년 3월 에히메愛媛애원대학 탐험대가 산허리의 수직굴을 조사하려고 내려갔다가 지하 70미터에 있는 종유동굴을 발견했다. 1975년부터 그 일부가 일반에게 공개되기 시작했다. 동굴은 국도변의 입구에서 갱도를 통해 들어가는데 1년 내내 약 섭씨 16도를 유지하고 있다. 공개 범위는 조사단이 내려간 구멍을 기점으로 800미터밖에 되지 않지만 종유석이 만들어낸 특징적인 광경이 잘 드러난다. 철골로 만든 계단과 다리가 가설된 코스를 따라가면 탄산칼슘 결정이 만들어진 층, 지하수의 흐름으로 깎여서 만들어진 홀, 암반이 녹아내리면서 만들어낸 천연의 다리, 동굴 산호, 갖은 모양의 석순 등을 볼 수 있다. 제2동굴로 내려가는 지하 200미터까지의 종유동 일부는 헬멧과 헤드램프를 착용하고 안내자가 동행해야 갈 수 있다. 동굴 안에는 희망자가 구입한 구마 소주를 보관하는 선반이 설치돼 최장 20년간 숙성시킬 수 있다.

곤겐 산의 서북쪽에는 높이 827미터의 소마노하나^{杣鼻산비} 산이 있고 주변에는 소규모의 다카자와^{高沢고택} 종유동, 고노세^{神瀬신뢰} 석회동굴, 구로니타 동굴^{黒仁田洞흑인전동} 등이 있다.

히토요시^{人吉인길}　　이 도시는 규슈 산지에 둘러싸인 히토요시 분지 사이를 동쪽에서 서쪽으로 흐르는 구마가와 강을 따라 점점이 산재하는 온천과 급류타기로 널리 알려진 구마 지방의 중심지이다. 시내를 흐르는 수많은 지류도 구마가와 강으로 흘러든다.

구마모토 시에서 직선으로 동남쪽 약 70킬로미터 거리에 위치한 현의 최남단 지역이다. 북부와 남부는 규슈 산지 산맥에 둘러싸인 분지이다. 시의 남부는 해발 1,000미터급의 산지가 미야자키 현 에비노^{えびの}와 가고시마 현 이사^{伊佐이좌}에 접하고 있다. 이 도시는 옛 일본 마을의 정취가 그대로 남아 있어 작은 교토^{小京都소경도}라고 불리기도 한다.

1940년대에는 일제 해군항공대의 병참과 교육 기지였던 이 도시의 인구는 1980년대 4만 2,000명이었으나 2010년에는 3만 5,000명으로 현저히 줄었다.

히토요시 역 부근의 도심을 비롯해서 강을 따라 시 전역에 온천가가 넓게 퍼져 있고, 많은 호텔과 료칸이 있다. 이 도시에 있는 주조회사들은 쌀로 빚은 소주를 몇 개월에서 몇십 년간 저장했다가 출하해 호평을 받고 있고 공장견학과 시음도 할 수 있다.

철도교통편은 JR 히사쓰肥薩비살 선이 가고시마 본선의 야쓰시로에서 분기하여 이 도시에 연결된다. 히사쓰 선은 험준한 산골을 지나기 때문에 사고가 잦아 운행이 중단되거나 변경이 많으므로 이곳을 여행하려면 기차 시간표를 잘 확인해야 한다. 전 좌석이 지정석이고 특정일에만 하루에 한 번 증기기관차로 왕복하는 'SL히토요시'가 구마모토에서 히토요시를 오간다. 하행선은 오전 9시 45분 출발해서 10시 30분 야쓰시로에 도착해 6분 정차했다가 시로이시白石백석, 와타리渡도 등 여섯개 역에 정차한 뒤, 종점인 히토요시에 12시 9분 도착(소요 시간 약 2시간 24분)한다. 상행선은 오후 2시 38분에 히토요시를 출발해서 5시 14분에 구마모토에 도착한다. 운행일은 반드시 미리 확인해두어야 한다.

구마모토행 다섯 편을 포함해서 하루에 보통열차 16편이 야쓰시로에서 히토요시를 왕복한다. 규슈횡단특급은 2016년 3월 폐지되고 2017년 3월부터 '특급 가와세미 야마세미かわせみ やませみ'가 구마모토 역과 히토요시 역 사이를 매일 3회 운행하는 새로운 관광열차로 등장했다.

히토요시 성터　　　　　가마쿠라 시대 성주가 되었던 사가라相良상량 집안이 35대, 약 700년에 걸쳐 살았던 성이다. 사가라 집안의 선대는 시즈오카에 살다가 1193년 가마쿠라 시대 초기에 히토요시의 관리인 地頭지두에 임명되어 메이지 시대까지 이 지역을 통치했다. 시내 중심부를 흐르는 구마가와 강의 남쪽에 위치해서 그 지류가 합류하는 지점의 산에 구축되어 있다. 성의 북쪽과 서쪽은 두 강이 천연의 해자가 되고, 동쪽과 남쪽은 산의 경사면과 절벽이 천연의 성벽을 이루고 있다. 구마가와를 따라 산노마루를 배치하고, 그 남쪽에 니노마루, 언덕 위에 혼마루가 배치되어 있는 계단식 평산성이다.

▲ 히토요시 성터 오르는 길

1862년 성 아랫마을의 화재가 성으로 옮겨 붙어 성이 대부분 불탔고, 1877년 세이난전쟁 때는 사이고 군의 전투 거점으로 나머지 건물도 전소했다. 2005년에 히토요시 성 역사박물관 건설 사업으로, 성터는 '히토요시 성 공원'으로 정비되어 망루와 담이 복원되었고, 성터 서쪽으로는 시청과 이 박물관이 들어섰다.

아소산과 아소산 주변 지역 온천

　아소산은 활화산으로 세계 최대 규모의 칼데라(냄비)형 지형과 그 외곽을 두르는 산을 포함하여 지금도 분화구가 활동 중인 다섯 개의 산을 합쳐서 부르는 이름이다. 이 산은 칼데라와 함께 웅장한 외륜산을 갖고 있어서 '불의 나라' 구마모토 현의 상징이기도 하다. 화산 활동이 평온한 시기에는 화구에 가까이 가서 견학할 수 있지만 활동이 활발해지거나 유독가스가 발생하게 되면 분화구 부근으로의 진입이 규제된다.

　산 가운데에 분화구가 있는 높은 산 다섯 곳을 아소 5악阿蘇五岳이라고 부른다. 북쪽 아소 골짜기 쪽에서 보면 아소 5악이 석가가 잠자는 모습(열반상)과 비슷하다고도 하고, 구름바다에 다섯 개의 산이 떠 있는 것 같다고도 한다. 아소를 촬영하기 좋은 곳은 아소 골짜기이지만, 아침에는 역광이 되므로 난고南鄕남향 계곡에서 찍는 것이 훨씬 낫다.

중앙부에 위치한 산은 '나카다케中岳중악(해발 1,506미터)이고, 아소산 최고봉이 다카다케高岳고악(해발 1,592미터), 들쭉날쭉한 산이 네코가쿠根子岳근자악(해발 1,433미터)이다. 여기에 에보시다케烏帽子岳오모자악(해발 1,337미터)와 기시마다케杵島岳저도악(해발 1,270미터)를 포함하면 아소 5악이다. 5악 여러 산의 정상 부근은 진달래의 군락지로, 최성기에는 난고 계곡에서 산비탈이 온통 분홍색으로 물든다.

나카다케의 정상에는 직경 600미터, 둘레 4킬로미터에 깊이가 130미터나 되는 거대한 분화구에서 부글부글 끓고 있는 마그마와 새하얀 증기를 볼 수 있다. 마그마 속 용암이 끓어오를 때는 섭씨 1,000~1,200도나 되지만 평온할 때는 빗물이 고여서 50~80도의 뜨거운 물이 된다. 분화구 연못은 청록색인데 이것은 녹색의 철과 푸른색의 구리가 섞였기 때문이다. 카메라와 지진계가 분화구에 설치되어 24시간 계속 관측하고 있다. 하지만 흐린 날이나 화산 활동이 있는 날에는 증기와 함께 독한 유황가스가 분출되어 케이블카 운행도 중지되고 등산이나 관광도 금지된다.

외륜산의 안쪽이 아소쿠주 국립공원으로 온천이나 관광·레저 스포츠 시설이 곳곳에 자리 잡고 있어 여름이면 많은 능산객이 잦는다. 연평균 기온은 섭씨 9.9도로 규슈의 다른 지역보다 상당히 낮다. 연간 강수량은 3,206밀리미터로 매우 많고 특히 6월부터 7월까지가 장마 기간이라서 폭우가 쏟아지는 날이 많다.

▼ 아소산 나카다케의 분화구

구마모토 현

겨울은 규슈에서 제일 빨리 찾아와서 9월 말부터 10월 초에 얼음이나 첫서리가 내리며, 11월 초부터 중순 사이에 첫눈이 오고, 12월부터는 본격적인 겨울이다. 한겨울에는 영하 섭씨 10도까지 내려가는 날이 잦고, 한파가 덮치거나 강한 고기압 골이 형성되면 산정은 영하 20도까지 내려간다. 낮에도 기온이 영하로 떨어지는 강추위인 날이 30일 전후나 된다. 다만 잔설이 그리 많지 않고, 최근에는 적설량이 100센티미터를 넘는 경우가 별로 없었다. 봄소식도 규슈에서는 다른 곳보다 늦어서 4월 들어서도 강설과 적설을 볼 수 있다. 한여름에도 아침 최저 기온이 섭씨 20도 미만인 날이 많다.

아소산의 북쪽 산록으로 가는 교통편에 JR 구마모토 또는 히고오즈에서 호히 본선으로 아소를 거쳐 미야지宮地궁지까지 가는 열차가 있다. 이 열차는 매우 진기하게 운행한다. 열차의 기관사는 히고오즈에서 다테노立野입야까지 앞에서 운전해 간다. 다테노 역에서 잠시 쉬었다가 기관사가 뒤편으로 가, 뒤편 기관사 석에서 열차를 왔던 길로 되몰아 호히 본선 선로로 진입하면, 다시 열차를 멈추고는 바쁘게 앞으로 가서 열차를 몰고 아카미즈赤水적수, 이치노카와市ノ川, 우치노마키內牧내목, 아소 방향으로 운전해 간다.

아카미즈는 해발 467미터에 있는 역으로 인근의 아소 팜랜드와 고산 목장, 온천 등에 가는 관광객이 많아서 특급열차도 정차한다. 역에서 걸어서 10분 거리에 있는 아소아카미즈阿蘇赤水아소적수 온천은 황산염천으로 수온이 섭씨 48도인데 숙박시설은 한 곳밖에 없다. 역을 나서서 바로 앞 신호등에서 좌회전하면 500미터에 하쿠운白雲백운 산장이, 두 번째 신호등에서 좌회전해서 8킬로미터 가면 우치노마키 온천이, 우

회전하면 2킬로미터 정도에
아소고겐高原고원 호텔이 있다.

▲ 아소산 로프웨이 타는 곳

　아소산의 남쪽 방향으로
가는 교통편은 호히 본선 다
테노 역에서 미나미아소南阿
蘇남아소 철도가 미나미아소의
다카모리마치高森町고삼정까지
17.7킬로미터, 여덟 개의 역 사이를 운행하고 있다. 이 철도는 JR 전신
인 국철의 특정지방선 다카모리 선을 이용해 연선의 지방자치단체가
공동 출자한 반관반민 철도회사가 운영한다. 이 회사의 출자 지분은
미나미아소촌이 56.5%, 다카모리마치가 33.9%이고 기타는 그 지분이
미미하다.

　JR 아소 역에서 오전 8시 30분부터 오후 5시까지 하루 7~8편씩 왕
복하는 등산버스를 타면 산을 굽이굽이 돌면서 구사센리草千里초천리를 거
쳐 약 35분 만에 나카다케에 접근하는 로프웨이 승강장 앞, 아소니시阿
蘇西아소서에 도착한다. 구사센리에는 에보시다케의 중턱에 자리 잡은 대
초원과 연못이 있다. 이곳은 예전에 분화구였던 곳이라는데 지금은 말
들이 한가로이 풀을 뜯고 있다.

　버스 종점인 나가다케에는 직경 1,100미터, 둘레 약 4킬로미터, 깊
이 130~150미터의 7개 분화구가 있다. 이 분화활동 때문에 연기가 많
아지고 강한 바람이 불면 로프웨이는 운행이 중단된다. 2014년 10월
부터 내가 찾아간 2015년 7월까지도 로프웨이는 운행하지 않았다. 정
상적인 조건이 되면 로프웨이는 15~20분 간격으로 4분 만에 108미터

를 올라가 나카다케 분화구를 볼 수 있다고 하는데 언젠가는 그럴 날이 있길 바란다. 운항 여부는 JR 아소 역에 물어보면 잘 안내해준다.

아소 역 부근의 온천　　아소 보추坊中방중 온천 유메노유夢の湯는 아소 역에서 도보 1분 거리에 있어 접근하기 쉽다. 수질을 분석하면 나트륨 탄산수소염천과 마그네슘 황산염천이며, 부지 내에 무료 족탕도 갖추고 있고 온천과 노천탕, 사우나 등이 있다. 옛 민가풍의 분위기 속에 무료 휴게실도 있기 때문에 기차나 버스의 대기 시간에 들러도 좋은 온천이다.

　　오토히메乙姬을희 리조트의 '아소 오토히메 온천탕 유라유라湯ら癒ら'는 노송나무, 타일, 자연석 등으로 된 욕실이 모두 15실이고 암반 욕실을 마련한 방이나 노천탕에 미끄럼틀이 달린 욕실도 있다. 1실 3인으로 평일 1시간 10분, 휴일 1시간 이용하는 요금은 1,650~5,100엔으로 아소 지역 당일치기 온천 중 가장 비싸다. 교통편은 JR 호히 본선 우치노마키 역에서 남쪽 방향에 있으며 차로 5분, 아소 역에서는 차로 10분 정도 걸린다.

우치노마키内牧내목 **온천**　　아소 역에서 북쪽 방향에 있는 이 온천은 사방이 아소 5악과 외륜산의 웅장한 산세로 둘러싸이고 눈앞에는 전원이 펼쳐져 있다. 온천인데도 수증기가 나오지 않는다. 통상 원천의 온도가 50도 이상이 되어야 수증기가 나오기 때문이다. 이 지역 온천의 평균 온도는 섭씨 약 45도, 낮으면 약 38도로 물을 보태거나 덥힐 필요 없이 미지근해서 원래 물을 그대로 온천수로 쓴다. 수질은 염화물천과 유산염천이다.

JR 호히 본선의 아소 역이나 우치노마치 역에서 이 온천까지의 거리는 10킬로미터이다. 아소 역에서 하루 10여 편 이상 우치노마키 온천을 왕복하는 버스나 하루 여섯 편 운항하는 쓰에타테행 버스로 20분 정도 걸린다. 2016년의 아소산 지진으로 피해를 입은 지역이지만 복구가 많이 진전되었다고 한다.

쓰에타테杖立장립 온천 아소 역의 북쪽인 오구니마치小国町소국정, 오이타 현과의 경계에 있는 온천으로 약 1,800년의 역사를 가진 명탕이다. 옛날에 어떤 황후가 이 온천물로 갓 태어난 어린 황자를 목욕시켰다는 전설이 있다. 염화물천인 온천수는 섭씨 96도나 되는 고온이어서 '삶는 온천むし風呂풍려'이라는 별명도 있다. 마을의 중앙에는 쓰에타테가와杖立川장립천 강이 흐르고, 강 양쪽에는 숙박시설과 당일치기 온천욕장 등이 들어서 있다.

이 온천 동네 산비탈에 있는 나베가타키鍋ヶ滝 폭포는 높이 10미터에 폭 20미터로 뒤쪽이 동굴 모양이다. 폭포 뒤로 걸어가면 뒤편에서 흘러내리는 폭포가 마치 커튼을 친 듯하며 건너편에 수풀이 비쳐 보인다.

교통편으로는 JR 규다이 본선 히타 역에서 동남향으로 가는 쓰에타테가와행 버스가 있는데 약 45분쯤 걸린다. JR 히고 본선의 아소 역 앞에서는 하루에 여섯 편이 우치노마키(약 20분 소요), 오구니小国소국(약 1시간 소요) 중앙을 거쳐 약 1시간 30분 만에 이 온천지대에 도착한다.

구로카와黑川흑천 온천 우치노마키 온천에서 차로 동북향하여 20

분 거리인 이 온천은 행정구역으로 미나미오구니南小国町남소국정에 속하며 JR 호히 본선 미야치 역의 북쪽으로 33킬로미터 거리에 있다. 직행버스는 후쿠오카 공항에서 2시간 30분, 구마모토 공항에서 1시간 30분, 구마모토 교통센터에서 2시간 10분, 벳푸에서도 1시간 30분 정도에 도착할 수 있다. JR 히타日田일전 역에서는 1시간 정도 걸린다.

아소 지역을 여행하는 사람은 JR 아소 역 앞에 10분간 정차하는 구마모토발 규슈횡단버스를 타고 1시간 정도면 이곳에 도착한다. 아소 역전에서 하루에 세 편이 왕복 운항되는데 오전 11시 40분 출발하는 버스는 구로카와 온천이 종점이다. 오전 9시 50분대의 차는 이 온천을 경유해 유후인湯布院탕포원까지 가고, 오후 2시 50분대의 차는 이 온천을 거쳐 벳푸까지 간다. 자연미를 잘 살린 온천마을에는 호텔과 여관, 당일치기 온천, 음식점과 기념품 가게가 늘어서 있다.

유황천·염화물천·황산염천 등이 있는 이 온천은 '입탕증명표' 때문에 유명해졌다. 입탕증명표(1,200엔)를 가슴에 걸고 유카타 차림으로 노천탕을 오가는 사람들을 마주칠 수 있다. 이 증명서가 있으면 이 동네 세 개의 온천 여관을 자유롭게 드나들 수 있다. 동전식 임대 온천탕도 곳곳에 있다. 노천온천 중에 임대탕은 오전 8시부터 오후 8시까지 사용할 수 있고, 그 외에는 24시간 이용할 수 있다. 온천 수증기를 즐길 수 있는 온천 찜통도 있다.

구로카와 온천에서 차로 10분 정도 거리에 오다小田소전 온천, 다노하루田の原 온천, 시라카와白川백천 온천 등 소규모 온천도 많이 있다. 구로카와 온천에서 오다 온천은 서남으로 1.5킬로미터, 다노하루 온천은 서북으로 2킬로미터, 시라카와 온천은 동남으로 2킬로미터 떨어져 있다.

규슈 역사 문화 여행

이들 온천은 구로카와에 비해 수는 적지만, 따로 떨어진 노천탕에서 사적인 즐거움을 누릴 수 있고 저렴한 가격이어서 조용한 산간에서 은밀한 시간을 보내려는 사람들이 주로 찾는다.

구로카와 온천 부근에 있는 몇몇 명소도 소개한다.

• 메오토다키夫婦滝부부폭포: 구로카와 온천과 다노하루 온천 동네를 흐르는 하천과 오다 온천을 흐르는 두 개 하천이 합류하는 지점에 있다. 이 폭포에는 아름다운 전설이 있다. 이 폭포 근처에 마을사람을 괴롭히는 이무기가 살고 있었는데 한 시골 처녀가 산나물을 캐러 갔다가 이무기에게 사로잡혔단다. 그러자 마을에서 가장 힘이 센 총각 이 용 한 쌍의 도움을 받으며 3일 밤낮을 이무기와 싸워 그 처녀를 구해냈다. 이 총각과 처녀는 서로 마음이 끌리게 되었는데, 이를 알아챈 용 한 쌍이 이들을 두 폭포가 만나는 이곳에서 결혼시켜주었다. 그때부터 이 두 폭포를 부부폭포라고 불렀는데 높이 12미터의 폭포를 여자폭포女滝여랑, 높이 15미터의 폭포를 남자폭포男滝남랑라고 한단다. 좌우 두 개의 폭포가 녹색 나무들 사이로 하얀 물보라를 흩뿌리며 흘러내리는 모습이 사뭇 그대로이다.

• 코스모스 마을: 해발 600미터의 숲 가운데 있는 웅장한 코스모스 화원으로 구주 연산을 사진 찍기에 좋은 곳이다. 매년 9~10월에 걸쳐, 산간을 메울 정도로 코스모스가 활짝 핀다. 5월에는 양귀비꽃이 제철이다.

• 다이칸보大觀峰대관봉: 아소 북쪽 외륜산의 최고봉으로 칼데라 분지인 아소 계곡과 아소 5악을 비롯해 구주연산을 한꺼번에 볼 수 있는

곳이다. 가을이 되면 다이칸보에서 구로베黑部흑부 댐에 걸쳐 있는 케이블카에서 다테야마立山입산의 단풍 절경을 관상할 수 있다.

와이타湧蓋용개 **온천향**　　구로카와 온천의 더 북쪽에 있는 오구니마치小国町소국정의 대표적인 온천향이다. 나트륨 염화물 온천으로 용출수 온도가 섭씨 95.7도나 되며, 온천물의 색깔이 흰색이나 코발트블루 빛으로 변한다. 욕조에 가득 고인 뜨거운 온천수가 넘쳐서 뿌옇게 흐려졌다가, 이윽고 푸르스름한 뿌연 색이 되는데, 맛을 보면 엷은 소금 맛이 난다.

가족온천욕과 온천수증기를 체험(지옥찜)하려는 사람이 찾아오는 곳으로 일대에 수증기 찜탕이 많다. 노천탕, 가족탕, 노천가족탕과 바위틈에 만든岩風 노천탕도 있다. 당일치기 온천욕도 가능하지만 숙박하는 경우에는 음식도 자유롭게 반입할 수 있고, 인근 레스토랑에서 편하게 식사할 수 있다. 시간당 입장료가 1,500엔인 임대 노천탕은 500엔짜리 동전을 사용한다.

방 안에서는 눈앞에 작은 후지산이라는 와이타湧蓋용개 산(1,450미터)이 보인다. 온천접수처에서 파는 고구마나 옥수수 등을 사서 수증기로 쪄 먹기도 한다. 달걀은 7분이면 삶아지는데 찍어 먹을 소금은 접수처에서 준다. 이곳에서 생산되는 버터를 발라 먹는 사람도 있다.

남 아소촌　　아소산의 남쪽 지역에는 구마모토 상수도의 수원水源인 '시라카와白川백천' 수원을 비롯해 크고 작은 수원지가 많고, 주차장과 산책로 등이 잘 정비되어 있다. 또 북쪽 아소 지역에 비해 조촐하고 세련된 제과점과 카페, 유럽식 잡화점이 있어 여성들에게 인기가 높다. 거리를 이룰 만한 온천가는 없지만 북쪽에 비해 규모가 작아 운치 있는 곳이 많다. 모든 숙박시설이 외딴 집으로 흩어져 있어 조용히 지내기에 딱 좋다. 수질로 분류하면 황산염천, 나트륨-마그네슘-황산염천, 나트륨 탄산수소염천 등이 있다.

마을은 JR 호히 본선의 다테노 역에서 미나미南남 아소철도로 환승한 뒤, 초요長陽장양에서 내려 걸어서 20분 정도 거리이다.

아 마 쿠 사   제 도

　이 제도에는 120여 개의 섬이 있으며 아마쿠사 5교로 규슈 본섬과 연결되어 육속되었다. 북쪽은 아리아케 해, 동쪽과 동남쪽은 야스시로 八代팔대(시라누이不知火부지화) 해, 서쪽과 서남쪽은 동중국해의 아마쿠사나다天草灘천초탄에 둘러싸여 있다. 원래의 한자 이름은 레이슈岺州령주였다. 아마쿠사天草천초란 감초甘草=あまくさ를 뜻하고 한자로는 '레이岺영'라고 쓴다고 한다.

　섬은 동북쪽에 오야노지마大矢野島대시야도, 가미시마上島상도와 가장 큰 섬인 시모시마下島하도 및 그에 딸린 섬으로 구성되어 있다. 아마쿠사 시모시마天草下島천초하도 섬의 현재 인구는 8만 명으로 1970년대의 12만여 명에 비해 많이 줄어들었다. 시모시마 섬은 면적이 574제곱킬로미터로 우리나라 거제도(380제곱킬로미터)보다 크고 제주도(1,833제곱킬로미터)의 3분의 1쯤 된다. 섬이 위치한 순서로 제일 북쪽에 오야노지마, 그 아래에 가미시마, 그 남쪽에 고쇼우라지마御所浦島어소포도, 그 서쪽에 시모시마가 있고, 더 남쪽에는 가고시마 현에 속하는 나가시마長島장도와 시시지마獅子島사자도 등이 이어지고 있다.

이 섬은 천주교 다이묘 고니시 유키나가小西行長소서행장의 영지였기 때문에 일찍이 가톨릭의 포교가 행해져 한때는 전 인구의 7할이 천주교 신자였다고 한다. 1637년 아마쿠사·시마바라의 난(현에 따라 두 지명의 선후를 바꾸기도 함)이라는 민란은 가혹한 징세와 천주교 탄압 때문에 발생했고, 현재도 그 후세인 소수의 교인들과 세 개의 가톨릭 교회가 있다.

일본의 천주교 역사를 보면, 1549년 예수회 선교사 사비에르가 가고시마에 상륙해 일본에서 선교를 시작한 후인 1566년, 시모下하아마쿠사의 시키志岐지기(현재의 레이호쿠마치苓北町영북정) 영주의 초청으로 포르투갈 신부가 이곳 일대에서 선교 활동을 개시했다. 당시 섬 주민의 7할

▼ 아마쿠사 5교를 건너면서 본 작은 섬들

정도가 세례를 받아 신앙심으로 굳게 결속했고, 쇼카쿠지正覺寺정각사를 비롯해 약 30여 개의 천주교 사원이 건립되었다. 또 선교 확대를 위해 이 섬에 신학교인 콜레지오大神學校대신학교를 세워 라틴어, 신학, 철학 등 서양 학문을 일본 최초로 전파했다.

1582년에는 동남부 규슈의 대영주인 오토모 소린大友宗麟대우종린이 로마 교황을 알현하고 유럽 각국을 순회시키려고 소년사절단을 파견했는데, 그들이 이 섬의 사키쓰崎津기진 항을 출발했다. 이들이 돌아오면서 1589년에는 아마쿠사의 천주교 문화가 최성기를 맞았지만, 얼마 가지 않아 에도 막부가 포교금지령을 내려 탄압하다가, 1637년 아마쿠사·시마바라의 난으로 이 지역의 천주교 신자가 거의 괴멸했다.

하지만 난의 중심지에서 상당히 떨어진 아마쿠사 서해안의 신자들은 참전하지 못했기 때문에, 살아남아 '잠복한 천주교도'로서 몰래 신앙을 지켰다. 난이 일어난 지 170년이 지난 1805년에 이들은 천주교도임이 발각되어 네 개 마을 약 5,000명이 '틀림없는 천주교도'라는 이유로 막부의 엄중한 조사를 받았다. 그로부터 약 70년이 지나서 메이지유신 이후인 1873년, 겨우 신앙의 자유가 인정되었을 때 선교 중심지였던 나가사키의 오우라大浦대포 성당 신부가 오에大江대강를 방문해 설교하고 신도들에게 세례를 해주면서, 이 섬의 천주교가 재생하게 되었다.

이 지역은 모두 옛날 히고 국의 땅이었다. 기후는 온난하고, 우수한 아마쿠사 도석陶石이 전국 도석 산출량의 8할을 차지한다. 이 돌은 현지 아마쿠사 도자기나 일본 각지 도자기의 원료로 사용되고 있다.

고니시 유키나가小西行長소서행장(1532~1600)

기리스탄 다이묘大名대명로로 세례명은 아우구스티누스였다. 처음에는 우키다宇喜多우희다의 부하로 출발해 도요토미 히데요시에게 충성을 바쳤다.

고니시는 1592년 4월 12일 왜군 1번대의 대장으로 1만 8,700명의 병력을 이끌고 부산에 상륙해 조선군을 파죽지세로 몰아치며 5월 3일 왜장 가운데 제일 먼저 한성을 점령했다. 그의 휘하 병력은 자신이 영주인 히고肥後비후의 우토 성에서 동원한 병력 7,000명, 그의 사위이고 대마도주로서 대조선 외교까지 담당하는 소 요시토시宗義智종의지(1568~1615)가 동원한 병력 5,000명, 히젠 국의 성주들인 마쓰라 시게노부松浦鎭信송포진신, 아리마 하루노부有馬晴信유마청신, 오무라 요시아키大村喜前대촌희전 등이 동원한 나머지 병력이었다.

고니시는 1592년, 부산 상륙 후 2개월 만에 평양성을 함락시키고 이 성에서 조명연합군을 상대로 네 차례의 전투를 벌였다. 1593년 1월 6일 고니시의 부대는 조명연합군 총병력 5만 3,000여 명에 포위되어 응전했지만 많은 병력 손실을 입고 명장 이여송과 협상하여 1월 9일 평양성에서 철수했다. 하지만 황해도 봉산鳳山에 이르자, 이곳에 주둔했던 오토모 요시무네大友吉統대우길통(1558~1610)는 고니시가 전사했다는 오보를 믿고 이미 도망가고 없었다. 황해도에 주둔하고 있던 구로다 군도 서둘러 후퇴했다. 함경도까지 진출했던 가토도 7월부터 광해군의 분조分朝(선조가 의주에서 요동으로 철수할 경우를 대비해 세자에게 조정의 일부 기능을 분할함)가 활약함에 따라 퇴로가 차단될 것을 우려해 급히 한성으로 철수했다.

고니시가 나서서 명나라와 휴전협상을 벌였지만 교섭이 결렬되자, 도요토미는 1597년 1월 정유재란을 일으키고 다시 조선에 쳐들어와 조선 남부에 장기주둔을 획책했다. 정유재란에 동원된 왜군 총병력은 14만여 명인데 이 중 고니시와 사위 소宗종의 병력은 1만 4,700명이었다. 고니시는 전라도와 충청도 지방의 여러 전투에 참전했다가 전라도 순천에 왜성을 쌓고 주력군을 배치해 호남공략의 중요한 거점을 확보했다. 왜군은 도요토미의 명령에 따라 1597년 9월 중순 이후 전라도와 경상도 남해안 지역의 요충지를 택하여 왜성을 쌓고 장기점령태세에 돌입했다. 이 순천왜성에서 남해왜성-사천왜성-고성왜성-창원왜성-양산왜성-울산왜성으로 이어지는 왜군의 방어체제의 서쪽 끝인 순천왜성에는 고니시가 주둔했고, 동쪽 울산왜성에는 가토加藤淸正가등청정가 주둔했다.

순천왜성의 정확한 축성 시기는 알 수 없지만 대체로 1597년 9월부터 11월 말까지 약 3개월간에 걸쳐 쌓은 것으로 추론된다. 순천왜성의 완공 후에 왜장들은 교대로 1만 3,700명의 병력을 주둔시켰다.

1598년 8월에 도요토미가 죽자 왜군은 철수를 모색했고, 조명연합군의 서로西路군(권율과 유정劉綎)과 수군(이순신과 진린陳璘)은 순천왜성을 공격했다. 1598년 11월 노량(경상남도 남해도와 하동 사이의 해협) 앞바다에서 이순신과 진린이 이끄는 조명연합함대가 순천왜성에서 철군하던 고니시 등 왜군을 궁지로 몰았다. 이순신 장군은 승전과 함께 전사했다. 하지만 고니시 등의 왜장들은 전투의 틈새를 비집고 탈출에 성공해 11월 25일, 시마즈島津도진 등과 함께 부산을 떠나 일본으로 돌아갔다.

귀국 후, 1600년 10월의 세키가하라 전투에서는 도쿠가와의 동군과 맞서 이시다 미쓰나리石田三成석전삼성(1560~1600)에 호응하여 서군으로 참전해 분전했다. 고니시는 휘하 부대의 일부 배신으로 패전하고 체포되어 이시다 등과 함께 참수되었다. 동군은 고니시에게 할복을 명령했지만 천주교도로서 자살을 금지하는 교리에 따라 이를 거부하고 참수되었다. 고니시는 죽음을 앞두고 이전에 같은 천주교도인 구로다黒田長政흑전장정에게 고해성사를 하려고 했으나 거절당했고, 사제가 천주교 장례 의식을 시도했으나 접근이 허용되지 않았다. 예수회 측의 사료에는 교회가 시신을 인수하여 천주교 식으로 장례를 치렀다고 하지만 어디에 묻혔는지는 알려지지 않았다.

그의 영지인 우토宇土우토 지역과 가까운 아마쿠사天草천초와 시마바라島原도원 등의 규슈 서해안 일대에는 고니시와 같은 천주교도가 많이 살았다.

아마쿠사·시마바라의 난天草·島原の乱과 아마쿠사 시로天草四郎

아마쿠사 시로(1621~1638)는 1637년 아마쿠사 영주와 시마바라 영주의 압정壓政에 반항하는 3만 8,000여 농민을 시마바라 반도의 남쪽 하라성에 집결시켰다. 하지만 막부는 아마쿠사 영주인 가라쓰 번 데라자와 히로타카寺沢廣高사택광고를 포함해 12만의 병력과 네덜란드 군함으로 함포 사격까지

가해 성을 무너트렸고 이 소년 장수는 만 16세의 어린 나이에 아마쿠사·시마바라 민란의 지도자로 막부 군과 싸우다가 시마바라의 하라原城 성에서 전사했다.

총대장인 시로는 카리스마적 인기를 바탕으로 전쟁터에서도 십자가를 높이 들고 군을 이끌었다. 그는 고니시의 가신인 마스다 진베에益田甚兵衛익전심병위(1583~1638)의 아들이다. 마스다는 아마쿠사의 오야노지마 태생으로 젊을 때는 고니시의 가신이었지만 세키가하라 전투 후에는 귀농하여 고향에서 살았다. 아마쿠사·시마바라의 난에서는 정무 담당 책임자로 전략을 협의하고 하라 성의 혼마루本丸본환를 수비하다가 전사했다.

아마쿠사와 시마바라 등 여러 군데에 시로의 동상이 있다. 또 시로의 어머니가 세운 것으로 보이는 묘석이 후년 민가의 돌담에서 발견돼 하라 성터로 옮겨져 세워졌다.

민란 지도부는 시마바라와 가미아마쿠사上天草상천초의 오야노지마 사이에 있는 유시마湯島탕도에서 몰래 회의를 열고 무기도 제조했다. 그 회의에서 이루어진 합의로 아마쿠사 시로가 총대장으로 지명되었다고 한다. 유시마는 이 회의의 무대가 되었던 연유로 단고시마談合島담합도라는 별명이 붙었다.

막부 군의 공격으로 하라 성이 함락된 후에, 시로가 어떻게 되었는지에 관해 여러 설이 있다. 자살설도 있지만 천주교에서는 자살을 금지하기 때문에 독실한 천주교인 시로의 자살은 사리에 맞지 않는다. 한편 시로가 살해된 후에 목이 잘려 막부에 보내졌다는 설과 하라 성 정문 앞에 그의 목을 효수梟首했다는 설도 있다. 막부 측에 그의 모습과 신상정보가 전혀 전해지지 않았고 반란의 최종 국면에서 하라 성에 남아 있던 반란군이 몰살당했고(내통자 한 명은 제외. 막부 군대의 총공격이 있기 전에 1만 명 이상 투항자가 있었다는 설도 있음), 막부 군은 시로의 얼굴을 모르기 때문에 깃발 근처에 있던 멋진 옷을 입은 한 소년의 시체를 그로 단정했다고 한다. 직접 검시하여 확인한 것도 아니어서 그 목이 시로의 목인지 확실하지 않다는 말도 있다. 막부 군에 붙잡힌 시로의 어머니(세례명 마르타)가 "지금쯤 시로는 백조가 되어 나라로 향하고 있다"라고 시치미를 떼다가 관군이 시로의 목을 보여주자 울음을 터뜨렸다는 이야기가 남아 있다.

아마쿠사 섬에 가기에 가장 편한 곳은 구마모토이다. 버스센터에서 쾌속버스로 시모시마의 혼도本渡본도 버스터미널까지는 약 110킬로미터로 2시간에서 2시간 30분이 걸리지만 직행은 하루 한 편뿐이다.

이 섬 일대는 나가사키 현 시마바라 반도와 함께 운젠아마쿠사雲仙天草운선천초 국립공원으로 지정되어 연간 약 480만 명의 관광객이 다녀가는 명승지이다.

가미아마쿠사上天草상천초/上島상도   가미아마쿠사는 아마쿠사 제도諸島 동북부의 섬으로 '바다를 바라보는 알프스觀海アルプス'라는 별명이 붙을 정도로 뛰어난 자연환경과 관광자원을 자랑하고 있다.

아마쿠사 5교天草五橋천초오교   이 5교는 구마모토 현 우토宇土우토 반도의 제일 북쪽인 미스미三角에서 아마쿠사 제도의 크고 작은 네 개 섬을 이으면서 바다를 가로질러 가미시마까지 연결하는 다섯 개의 다리를 말한다. 이 다리는 1966년에 유료 도로로 개통했지만 1975년 8월부터는 건설비 상환이 완료됨에 따라 무료로 개방되었다. 1호교에서 5호교 사이의 국도는 아마쿠사 섬에서 진주 양식이 성하기 때문에 '아마쿠사 펄 라인パールライン, pearl line'이라는 이름이 붙었다.

또 오야노지마에서 가미시마까지는 길이가 3킬로미터도 되지 않는 작은 섬들을 이어 1호교(502미터), 2호교(249.1미터), 3호교(361미터), 4호교(510.2미터), 5호교(177.8미터)가 있고 주변은 송림이어서 이 풍경을 아마쿠사마쓰시마天草松島천초송도라고 부르기도 한다. 이들 교량은 각각 폭 5.7미터에서 6미터의 차도와 좌우 양쪽에 인도가 있다.

가미시마의 인구는 1970년 4만 2,000명이었으나 2014년 11월 2만 8,000명으로 인구가 계속 줄고 있다.

아마쿠사 시로 기념관　　가미시마에 속하는 오야노마치大矢野町대시야정에는 아마쿠사 시로 기념관이 있다. 이곳에는 남만南蛮문화의 도입 과정과 그리스도교 전래의 모습을 입체적으로 소개하는 입체영상 상영관이 있다. '자유와 평화를 찾아 싸웠던 젊은 영혼의 웅장한 궤적을 더듬어보려는 역사 팬들이 반드시 방문해야 할 장소'라는 안내문이 너무나 인상적이다.

이 기념관은 JR 미스미三角삼각 역에서 노선버스로 20분 걸리는 가미시마의 산파루さんば─る에서 내리면 도보 3분 거리에 있다.

시모시마下島하도　　　시모시마 대부분의 지역을 포함하는 아마쿠사 시는 현 내에서 구마모토, 야쓰시로에 이어 인구 제3위의 도시라지만 인구수는 9만 명이 못 된다. 1970년에 12만 8,000명이었으나 도시로의 이주가 늘어나면서 현재의 추계 인구는 8만 3,000여 명으로 크게 줄었다.

시모시마의 혼도 버스센터에서는 해안을 따라 섬의 동쪽으로 가는 도미오카富岡부강행, 내륙을 가로지르는 도로를 거쳐 서쪽으로 가는 시모다下田하전 온천행, 남쪽으로 내려가는 우시부카牛深우심행 노선버스에 승하차할 수 있다.

나는 구마모토 버스센터에서 혼도 버스센터까지 3일 패스를 5,030엔에 구입해서 타고 갔다. 이 버스로 미스미三角삼각, 오노야大矢野대시야, 아

▼ 아마쿠사 버스

마쿠사 5교, 가미아마쿠사의 몇 개 중간 정류장을 거쳐 혼도까지 약 2시간 정도 걸린다.

혼도 시내에는 평일 기준으로 20분 만에 북부 루트를 좌회전하는 버스가 13편, 우회전하는 노선버스가 12편 있고, 시내버스는 10분 정도 걸려서 남북으로 시민센터, 중앙종합병원, 혼도 항을 좌우로 순회하는 버스가 하루 17편 있다. 막차는 오후 4~5시에 있고, 상가는 저녁 일찍 문을 닫는다.

아마쿠사 시립 기리스탄관　　혼도 버스센터에서 시내 순환버스로 5분 정도 걸리는 곳에 후네노오마치船之尾町선지미정 정류장이 있다. 이곳에서 내려 조금 걸으면 아마쿠사 시립순교공원에 도착할 수 있고, 그 구내에 기리스탄관이 있다. 이 공원 터는 1558년에 아마쿠사 가문이 축성한 혼도 성터였다. 공원 내에 천주교 금교령이 내려진 당시의 유물, 아마쿠사 시로의 피가 묻은 진중기陣中旗와 『시로의 난四郎の亂 이야기』 등의 고서가 전시된 시립 기리스탄관, 아마쿠사 난의 무명전사 1,000명의 공동 무덤과 기리스탄(천주교도) 묘지가 있다. 기리스탄관에서 혼도 버스센터로 내려오는 도로에 놓인 기온바시祇園橋기원교는 농민군과 관군이 전투를 벌인 격전지였다고 한다.

도미오카富岡부강 성터　　시모시마의 서북쪽에 돌출한 반도

규슈 역사 문화 여행

에 있는 성터로 1602년 데라자와가
축성했다. 아마쿠사·시마바라의 난
때는 1만 2,000명의 농민군이 공격했
지만 함락되지 않았다. 아마쿠사 시
모시마, 바다 건너 시마바라 반도를
바라보기에 좋은 혼마루 터와 돌담이
남아 있다. 혼도 버스센터에서 노선
버스로 약 1시간 가서 도미오카 항에
서 내려 15분 정도 걷는 거리에 있다.
나가사키의 모테기茂木무목에서 도미오
카 항까지는 고속선으로 35분, 페리
로 1시간 10분 걸린다.

▲ 아마쿠사 시립순교공원의 예수상
(위), 아마쿠사 민란 희생자 묘지(아래)

　도미오카에서 해안선을 따라 남쪽
으로 달리는 국도를 '선셋라인sunset line'이라고 한다. 수평선에 지는 아
름다운 석양을 곳곳에서 바라볼 수 있는 길이다.

시모다下田하전 온천　　　　개탕한 지 700년의 역사를 지닌 온천이다.
혼도에서 노선버스로 약 1시간 거리이고 오에 성당의 북쪽으로, 자동
차를 타면 20~30분이면 닿는 거리에 있다. 오가는 길은 터널도 많고
길도 꼬불꼬불한 험로이다. JR 미스미 역에서는 차로 1시간 40분 거리
이다. 하지만 혼도 버스센터에서는 시간마다 한 편꼴로 아마쿠사 노선
버스가 있고, 40~50분이면 시모다 온천 앞에 도착한다. 차를 타면 시
모시마 서북단의 레이호쿠마치나 도미오카 항에서 15분~20분이면 충

분하다.

　메이지 시대 도쿄의 유명한 젊은 문인 다섯 명이 오에 성당을 향해 걸으며 『다섯 켤레의 구두五足の靴』라는 기행문을 썼는데, 시모다 온천의 남쪽으로 이어진 이 3.2킬로미터의 산책길을 따라 내려가면 기카이가우라鬼海ヶ浦 전망소가 있다. 이 전망대는 일본에서 수평선으로 가라앉는 석양을 바라보기 좋은 100대 명소의 하나로 잘 알려진 곳이다.

　다섯 문인이 아마쿠사를 방문한 목적은 당시 오에에 살고 있던 프랑스인 프레데리크 가르니에Frederic Louis Garnier(1860~1941) 신부를 만나는 것이었다. 가르니에 신부는 사재를 털어 오에 성당을 건립하고 선교에 힘썼다.

묘켄우라妙見浦묘견포　　　　시모다 온천에서 차로 10~20분 정도 남행하여 조금 더 가면, 깎아지른 절벽과 기이한 모양의 바위들로 둘러싸인 바닷가가 묘켄우라이다. 아마쿠사 섬에서 큰 해양에 가장 근접해 있는 이곳은 아마쿠사나다天草灘천초탄 연안이어서 1956년 운젠아마쿠사 국립공원에 포함되었다.

　험한 조수의 흐름으로 침식된 코끼리 모양의 바위 등 다양한 기암이 볼만해서 이 일대를 아마쿠사 해중공원이라고 부른다. 100미터 가

▼ 시모다 온천을 찾았던 도쿄 다섯 문인의 방문을 기리는 족탕(왼쪽), 시모다 온천 입구(오른쪽)

까운 거리에 절벽과 기암이 들쭉날쭉 이어져 데굴데굴 굴러갈 것 같고, 깎아지른 바위와 작은 섬이 보일 듯 말 듯 암초 사이에 나타나는 모습이 멋진 해안선과 함께 경관을 연출하고 있다. 이 경관은 동중국해에서 아마쿠사나다에 몰아치는 험한 풍파가 만들어낸 묘켄이와^{妙見岩묘견암}가 해식^{海蝕}동굴와 거무스름한 암초, 푸른 바다가 어우러져 빚어낸 것이다. 웅대한 태양이 기암절벽, 코발트색의 바다, 하얗게 반짝이는 모래사장, 해안에 드리운 우거진 수목 사이로 바다에 가라앉는 모습은 석양이 만드는 장관이다.

묘켄우라를 사진 찍기 좋은 곳은 그 대안인 주산부쓰^{十三仏십삼불} 공원이다. 이 공원에서 묘켄우라를 보면 건너편으로 바다 위에 높이 20미터에서 100미터급의 단애^{斷崖}가 육지에 붙어 무수한 암초와 동굴을 만든 것처럼 보인다.

동굴도 여러 개 있다. 그중에서 큰 동굴로는 자갈층으로 형성된 묘켄도몬^{妙見洞門묘견동문}과 묘켄도 동굴^{妙見道洞묘견도동}이 있다. 묘켄도몬은 높이 20미터, 폭 8.5미터에서 20미터, 수심이 50미터나 되어 작은 배가 자유롭게 드나들 수 있다. 묘켄도 동굴은 서로 교차하는 세 개의 단층이 파도에 침식되어 생긴 가늘고 실쭉한 세 개의 동굴문^{洞門동문}으로, 동굴이 내부에서 서로 연결되어 있고 동굴의 입구에는 크고 작은 종유석이 드리워져 있다.

부근에는 주산부쓰자키^{十三仏崎십삼불기}, 묘켄이와^{妙見岩묘견암}, 나가하에^{長ハエ}, 호라이지마^{蓬莱島봉래도}, 가도바시^{角橋각교}, 에보시이와^{烏帽子岩오모자암}, 아나노구치이와^{穴の口岩} 등의 기암과 명승이 줄지어 있다.

기카이가우라^{鬼海ヶ浦} 전망소와 니시히라쓰바키^{西平椿서평춘} 공원 역시 석

양을 바라보기에 좋은 명소이고, 묘켄우라를 바라보는 주산부쓰 공원과 다카하마高浜고빈 항 사이에는 아름다운 모래사장인 시라쓰루하마白鶴浜백학빈도 있다. 현지 안내문에는 이렇게 쓰여 있다.

아마쿠사 서해안의 대표적인 풍경지로 해안 일대는 높이 20미터에서 80미터에 이르는 절벽이 서로 접하면서 이어져 있고 부근의 섬들에 심어진 소나무가 푸른색을 더해주어 마치 그림과 같은 풍광이다.

오에大江대강 천주당　　시모시마에서 묘켄우라를 거쳐 섬의 서해안을 남행하는 선셋라인 길을 따라 내려가면 길 옆에 붙은 조그만 마을 야트막한 언덕에 오에 천주당이 있다. 이 성당은 1892년, 선교를 위해 방일한 가르니에 신부가 프랑스에 있던 사재를 털고 지역 주민의 협조로 1933년 창건한 백악白堊의 성당이다. 가르니에 신부는 이 성당에서 농민과 함께 빈곤한 생활을 하며 포교 활동을 했다. 성당 부지 내에는 가르니에 신부의 송덕탑과 성모마리아상이 있다. 가르니에 신부는 25세 때, 일본에 와서 81세로 죽을 때까지 약 50년을 천주교 포교 활동에 힘쓰면서, 귀국하지 않고 아마쿠사에 뼈를 묻었다.

이 성당은 로마네스크 건축 양식으로 지어져 천장이 높고, 예배당 안에는 선교 활동용 판화들이 전시되어 있다. 성당 예배실 안에서는 사진이나 비디오 촬영을 할 수 없어서 몰래 사진 몇 장을 찍고 마음속으로 용서를 빌었다.

매년 크리스마스 무렵이면 이 성당 주변은 일루미네이션이 장식되고, 많은 관광객이 찾아와 함께 성탄을 축하한다. 12월 24일에는 오에 겨울축제가 열린다.

성당 아래에는 숨은 신자들의 예
배소였던 곳에 신자들의 생활과 문
화를 보여주는 영상물을 상영하고,
전시한 유품들을 볼 수 있는 아마
쿠사 로자리오관이 있다.

사키쓰崎津기진 성당과 사키쓰 부락

성당 자리는 루이스 데 알메이다Luís
de Almeida 신부가 1569년 2월 23일 건
축해서 그리스도교를 포교했던 곳
이지만, 1638년 금교령으로 박해를
받아 성당은 허물어졌다. 1934년
한적하고 조용한 어촌인 사키쓰에
프랑스 출신 오귀스틴 알부Augustin
Halbout(1864~1945) 신부가 새로 이

▲ 오에 성당과 오에 성당 내부

사키쓰 성당을 건축했다. 알부 신부는 1945년 80세로 죽을 때까지 이
곳에서 설교하다가 이 땅에 묻혔다. 성당에서 가까운 거리의 바닷가에
는 항해의 안전을 기원하는 성모마리아상이 등대처럼 서 있다.

이 성당 예배실은 일본에서 3개소뿐인 다다미방이다. 이 성당의 유
래를 쓴 돌에는 이렇게 적혀 있다.

그리스도는 다음과 같이 약속하셨다. 평화를 위해 일하는 사람은

▲ 사키쓰 성당과 사키쓰 성모상

행복하다. 그들은 하느님의 아들이라고 불릴 것이다.

　이 마을의 천주교도들은 자신의 천주교 신앙을 은밀하게 감추고 겉으로는 신불神佛을 믿는 것처럼 일본식 의식과 염불에 맞추면서 신부가 없음에도 미즈카타水方수방라는 리더의 지도로 기도를 드리고 세례와 장례를 행하면서 죽은 신자의 명복을 빌었다고 한다. 또한 탄압을 피해 '마리아 관음'을 만들어 성모자상으로 삼고 예배를 올렸다. 사키쓰 마을을 내려다보는 자리에 있는 신사는 주민의 7할이 천주교도인 것이 발각되어 1805년 '아마쿠사 붕괴崩れ 사건'이라는 대순교 사건을 겪었다. 그들은 수사를 받을 때, 신사나 절에 가서도 '아멘'을 제창했다고 한다. 이처럼 일본 기독교(천주교) 신앙의 선조들은 죽을 때까지 그들의 믿음을 숨기면서도 지켰다. 이들은 대부분이 시마바라·아마쿠사의 난 때 희생된 농어민의 후손들이었다.

이 성당에서 차로 10여 분 정도 거리에 가와하마河浜하빈에 '콜레지오 관'이 있다. 이 기념관 전시품 중에는 1589년 로마 교황을 알현하고 돌아오면서 유럽소년사절단이 가져온 구텐베르크식 인쇄기 복제품, 남만선南蠻船 모형, 서양의 현악기 복제품(도요토미 앞에서 연주했다고 함), 세계 각국의 평화를 기원하는 인형 117종 등이 전시되어 있다. 인쇄기 복제품은 전에 나가사키에 있었으나 이곳으로 옮겨와 전시하고 있는 것으로 세계에서 유일한 복제품 인쇄기라고 한다.

우시부카牛深우심 **항**　　　아마쿠사 남단의 어항으로 해중공원과 하이야 대교가 있으며, 이곳 부두에서는 가고시마 현 아마쿠사 제도에 위치한 나가시마長島장도 구라노모토藏之元장지원 항을 오가는 페리가 입출항한다. 이 페리는 30분 만에 두 현 사이에 가로놓인 푸른 바다를 유유히 건넌다. 또 반잠수식 관광선인 서브마린サブマリン 호가 1시간 20분 동안 바닷속을 헤엄치는 열대어 사이를 하루 5편 운항한다.

우시부카는 에도 시대에도 무역선과 어선의 기항지로서 국제적인 유곽 마을의 상징이었다고 하는데 과거의 유곽 건물인 고쿤데이紅裙亭홍교정가 아직도 남아 있다. 고군紅裙이란 중국어로 아름나운 여인이라는 뜻이란다. 이 마을은 일본에서 1929년에 발간된 책(上村行彰, 『일본유리사日本遊里史』 권말 부록)에도 구마모토 현의 네 개 유곽 지대 중 하나로 한 개의 유곽에 26명의 창기娼妓가 있었다고 기록되어 있다. 최근 일본 영화에도 등장했다는 옛 유곽 미우라야三浦屋삼포옥의 운치와 고쿤데이를 더듬어보려는 여행객들이 많이 찾는다. 이들이 과거로의 시간 여행을 즐기려는 듯 이 좁다란 골목길에 다닥다닥 붙은 가옥들 사이를 천천히

▲ 우시부카 하이야 대교

걷는 모습이 오히려 이지적이고 건전해 보였다. 나는 아주 깔끔한 골
목길이지만 길눈이 어두워 흔적 찾기를 포기하고, 부두의 상가에 내놓
은 맛보기 건어물 한 조각을 먹어본 뒤, 포장된 어패류 말림을 조금 사
서 혼도로 돌아오는 막차를 탔을 뿐이다.

규슈 역사 문화 여행

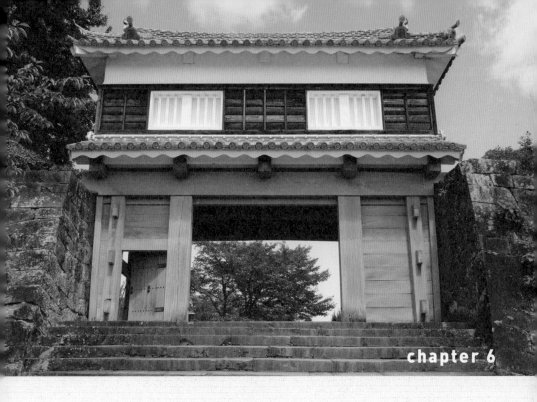

오이타
현

Kyushu

온천의 원천수(4,538곳)와 용출량(분당 29만 1,340리터)에서 일본 제일인 오이타 현은 규슈 동부에 있고 현청 소재지는 오이타 시이다.

　벳푸別府벨부 만에 접한 벳푸 온천, 현의 중앙부 유후다케由布岳유포악 산 아래에 위치한 유후인由布院유포원, 湯布院탕포원 온천이 유명하다. 이 현은 지열 발전에서도 일본에서 제일이고, 식물 재배에서 의료와 관광에 이르기까지 각종 산업이 온천의 혜택을 입고 있어 온천을 현의 상징으로 잘 이용하고 있다.

　이 현의 서부는 화산 활동으로 형성된 해발 1,700미터가 넘는 산들이 이어진 구주九重구중 연산이다. 이 산 가운데 가장 높은 곳은 규슈 본섬에서도 최고봉인 해발 1,791미터의 나카다케中岳중악이다. 나카다케는 오이타 현, 구마모토 현, 미야자키 현 등 세 개 현의 경계선이 된다. 이 봉우리가 규슈 본섬 최고봉이라고 따로 밝히는 이유는 가고시마 현에 속하는 야쿠시마屋久島욱구도(오스미 반도 남남서쪽 약 60킬로미터 해상의 섬)의 미야노우치다케宮之浦岳궁지포악(해발 1,936미터)가 규슈 지방 전체의 최고봉이기 때문이다.

오이타 현과 시코쿠 섬 사이에는 분고豊後풍후 수도라는 해협이 있는데, 가장 좁은 곳인 호요豊予풍여 해협의 폭은 10킬로미터 정도밖에 되지 않는다.

북으로 후쿠오카 현, 서쪽으로 구마모토 현, 남으로 미야자키 현에 인접해 있고, 해협 건너로 시코쿠의 에히메愛媛애원 현이, 북쪽 바다 건너에 혼슈 섬이 있다. 이 현의 서부 산악은 아소쿠주 국립공원의 동쪽 자락이다.

기후는 대체로 온난하고 자연 재해도 비교적 적은 편이다. 현 중부의 세토 내해 쪽인 오이타 시와 벳푸에서 이 현 중동부까지는 강수량이 적고 겨울에도 대체로 맑으며 산간 지역을 빼고는 눈 오는 날이 거의 없다.

현 남부의 분고 수도 연안인 쓰쿠미津久見진구견, 우스키臼杵구저, 사이키佐伯좌백는 태풍 등의 영향을 받아 여름에서 가을까지 비가 많다. 겨울은 산간부에 눈이 쌓이지만, 평지에는 눈이 거의 내리지 않는다.

내륙은 연중 기온 변동이 심하다. 여름에는 섭씨 35도를 넘는 폭염이 흔하고 소나기나 천둥번개가 잦으며, 겨울에는 춥고 눈도 많이 내린다. 온천도시 유후인은 겨울 날씨가 따뜻하고 비가 적다.

이 지역은 12세기 말부터 16세기 말에 걸쳐 오토모大友 집안의 영지였다. 오토모 집안은 가톨릭 영주인 오토모 소린 때 최성기를 맞아 규슈의 대부분을 지배하고 청나라나 포르투갈 등과 활발한 교역을 하면

서 남만문화南蠻文化를 꽃
피웠다.

남만문화란 16~17세
기에 기독교가 전래되면
서 일본에 도입되거나
영향을 미친 그리스도교
의 문화를 말한다. 그 전
성기는 1580~1614년(우
리나라에서는 임진왜란과
정유재란이 일어났던 시기
의 전후)이지만, 사회적·
문화적 영향은 매우 컸
다. 기독교 자체가 남만
문화, 즉 유럽문화이고
이 기독교 사상이 동란

▲ 오이타 역 앞에 있는 오토모 소린(위)과 사비에르 신
부(아래)의 동상

의 사회에서 자아의식에 눈뜨기 시작한 도시 서민층과 서남 규슈의 농
민층에 새로운 가치관을 불어넣있다.

오이타 역 앞에는 이 지역의 영주였던 오토모 소린의 동상과 그를
천주교도로 개종케 했던 사비에르 신부의 동상이 함께 서 있고, 오이
타가 일본 남만문화의 발상지라는 표지석도 있다.

오토모 소린大友宗麟대우종린(요시시게義鎭의진, 1530~1587)과 그 후계

오토모는 천주교와 합작한 남만 무역으로 경제력을 축적하고 뛰어난 무장력과 능란한 외교술로 세력을 확장해서 16세기 초 규슈 동북부를 지배하는 대영주가 되었다. 당초에는 불교에 귀의했다가 후에 기독교도(천주교도)가 되고 스스로 세례를 받아 그리스도 왕국을 건설하려 했지만, 사쓰마의 시마즈 요시히사島津義久도진의구에 패하고 만년에는 도요토미 산하의 다이묘大名에 머물렀다. 1551년 북부 규슈의 오우치大內대내 가를 복속시키고 하카타를 확보한 뒤, 1554년 숙부인 기쿠치菊池국지 집안의 영지인 히고肥後비후를 차지했다. 이해에 사비에르 신부가 영지에 들어오자 천주교 포교를 허가했다. 1576년 초에 장남에게 자리를 물려주고 첫 부인과 이혼하며 천주교도와 재혼했다. 이어 자신도 사비에르 신부에게서 세례를 받아 휴가日向일향로 출정할 당시에는 그곳에 그리스도교 국가를 건설하겠다는 꿈을 가지고 선교사를 동반했다.

1557년 모리 모토나리毛利元就모리원취가 북부 규슈로 진출하면서 지쿠젠筑前축전 국(현재의 후쿠오카 현 서부 지역)도 확보해 규슈 최대의 판도를 차지했다. 1562년에 모지門司문사 성 전투에서 모리毛利에게 패했지만 평화협상을 맺음으로써 일단 북부 규슈에서의 기득권을 지켰다. 하지만 모리가 평화협정을 깨고 재침하자, 자신은 천주교를 보호하는 사람이고 모리는 천주교 탄압자라고 주장하며 총포와 그에 필요한 다량의 화약을 수입해 전투를 승리로 이끌었다. 1569년에는 규슈 서북부 지역의 실력자인 류조지 다카노부龍造寺隆信용조사용신와의 전투 중에 모리의 재침을 받았지만 이를 잘 막아냈다.

1570년 다시 류조지와 승부를 겨루었으나 대패했다. 1576년 가독家督(일족의 수장)을 장남 요시무네義統의통(일명 '吉統길통'. 1558~1610)에게 물려주었다. 1577년 사쓰마의 시마즈 요시히사島津義弘도진의홍가 휴가 국에 침공하자 출진했지만 1578년에 미미카와耳川이천 전투에서 대패하고는 오다 노부나가織田信長직전신장 정권에 접근했다.

미미카와 전투 후, 영지 내 여러 곳에서 반란이 잇따르고 시마즈 요시히사를 비롯한 인근 영주들의 침공으로 영토가 차례로 잠식되자 오다 노부나가에게 더욱 의존했으나, 혼노지의 변으로 노부나가가 쓰러지면서 허사가 되었다.

1584년에 류조지가 시마즈 집안에 대패할 무렵, 오토모는 류조지가에 빼앗겼던 영지를 대부분 탈환했다. 1585년에 시마즈 요시히사가 북상하면서 단독 항전이 어려워지자 도요토미에게 군사적 지원을 요청했지만, 1586년 12월에는 시마즈 군이 오토모가의 구원에 나선 도요토미 군 선발대마저 궤멸시키고 오토모의 본거지를 공략했다. 소린은 우스키 성에서 대포(후란키 포)를 쏘면서 농성전을 펼쳤지만, 1587년 규슈 평정에 나선 도요토미의 10만 대군이 각지의 시마즈 군을 격파했다. 전국이 역전되었으나 소린은 전염병에 걸려 병사하고 아들 요시무네가 도요토미에게 영지 상속을 인정받았다. 이 보답으로 요시무네는 1590년 도요토미 군의 일원으로 간토關東관동정벌에 참전했다.

요시무네는 1592년 임진왜란에 구로다 나가마사의 제3군으로 6,000 병력을 이끌고 조선에 침입했다. 1593년 초, 제4차 평양성 전투에서 명나라 군에게 포위된 고니시 유키나가가 구원을 요청했지만, 고니시가 전사했다는 오보를 믿고 황해도의 봉산성에서 철수했다. 구원을 요청한 고니시는 이여송의 4만 3,000명 병력과 조선군 8,000명, 휴정대사와 사명대사가 이끄는 승병 2,200명의 공격으로 포위된 상태에서 수많은 병력을 잃고 겨우 탈출했다. 요시무네가 철수하면서 전세는 역전되어 조명연합군이 공세로 전환하면서 고니시의 병력은 궁지에 몰렸고, 행주산성 전투에서도 권율 장군이 지휘하는 조선군에 몰려 퇴각했다. 도요토미는 고니시가 궁지에 몰리게 된 것이 요시무네의 조기 후퇴 때문이라고 판단해 오토모 집안의 영지 대부분을 빼앗아버렸다. 후에 요시무네는 유폐되었고 가신들은 뿔뿔이 흩어졌다.

1598년 히데요시가 죽은 후에 아들 도요토미 히데요리가 그의 유폐를 해제했다. 그는 1600년의 세키가하라關ヶ原 전투 때는 서군(도요토미 측) 장수로 출진해서 우세한 서전을 펼쳤으나, 동군(도쿠가와 편)에 패배하면서 다시 유폐되었다. 요시무네의 차남 요시노리吉乘길승(1577~1612)는 세키가하라 전투에서 동군(도쿠가와 편)의 일원으로 참전했고, 귀향하면서 도쿠가와에게 아버지인 요시무네를 동군으로 전향하도록 회유하라고 명을 받았지만 요시무네는 이미 서군 소속으로 봉기해서 패전하고 투항한 뒤였다. 결국 요시노리가 작은 영지를 받아 가문의 전통을 겨우 계승했다.

메이지 시대인 1871년 사이키佐伯좌백, 오이타, 오카岡강, 히타日田일전 등
이 병합해서 현재의 오이타 현이 성립되었다. 1990년대에 123만 명이
던 이 현의 인구는 대도시로 유출이 계속되면서 오늘날은 120만 명이
채 되지 않는다.

규슈 역사 문화 여행

오이타, 벳푸, 유후인 온천

　오이타는 규슈의 벳푸 만 남쪽 연안에 있는 항구이며 공업도시로 현청 소재지이다. 중세에는 중국(명나라)·포르투갈과의 무역이 성했고, 1930년 초에는 교통요지로 규슈 동부의 중심지가 되었다. 최근에는 반도체와 IC의 생산기지에다 신일본제철의 오이타 제철소를 비롯해 석유화학·제철·금속·기계·섬유·펄프제지 등의 공장이 많다.

　이 시의 현재 인구는 4/만 명으로 규슈 내에서 후쿠오카, 기타큐슈, 구마모토, 가고시마에 이어, 제5의 대도시이다. 이 시에 현 인구의 약 40%가 집중해 있고 오이타 대도시권 인구가 약 70만 명으로 현 인구의 약 60%에 이른다.

　옛날에는 분고 국의 정부国府국부가 있어서 '부나이府内부내'라고 불렸다. 중세에는 오토모 가문의 성시로 발전해 천주교도가 된 영주의 비호 아래, 일본 천주교 선교의 중심지였다.

▲ 오이타에 위치한 서양의학 발상지 기념 비석

시는 오이타가와大分川대분천 강과 오노가와大野川대야천 강이 합류하면서 만든 삼각주와 퇴적지로 이루어진 오이타 평야 및 그 주변의 구릉을 안고 세토 내해의 벳푸 만에 접해 있다. 도심은 오이타가와 하구 서쪽에 있다. 일본원숭이가 서식하기로 유명한 다카사키高崎고기 산과 호요 해협에 떠 있는 다카시마高島고도 지구는 세토 내해 국립공원 구역으로 지정되어 있다.

이 지역은 역사적으로 일본 중세 이래 오토모 가문이 통치했다. 오토모 집안이 규슈의 과반을 통치했을 최성기에는 오이타가 '부나이'로 불렸다. 일본에서 가장 먼저 서양식 의술이 도입되었고, 최초의 서양식 병원이 개설되는 등 남만문화를 적극적으로 수용하며 번성했다. 그러나 규슈의 군웅이 다툴 때인 1586년, 시마즈의 침공으로 그 병원은 불타버렸다.

1597년에 부나이 성의 축성이 시작되고, 1607년에 성이 완성되면서 오이타 시내가 조카마치로 번영했다. 메이지 시대에 부나이에 오이타 현청이 설치되었고, 1911년 오이타 시가 발족했다.

국립대학인 오이타대학大分大学대분대학은 현재 교육복지과학부, 경제학부, 공학부, 의학부의 네 개 학부와 교육학, 경제학, 의학계, 공학, 복지사회과학 등 다섯 개의 대학원 연구과가 있다.

규슈 역사 문화 여행

▲ 벳푸 항에 정박 중인 페리

우리나라에서는 직항편이 없지만, 이 현의 동북쪽 구니사키国東국동 반도에 있는 오이타 국제공항에서는 버스로 오이타 시나 벳푸까지 50분 정도가 걸린다. 선박 편은 오사카에서 출발해 12시간 정도에 벳푸 항 제3부두에 도착하는 유람선인 페리 선플라워Ferry Sunflower가 있다.

오이타 역은 JR 규슈철도의 중심역으로 세 개 철도 노선이 이 역을 지난다. 닛포 본선은 후쿠오카 현 고쿠라에서 오이타와 미야자키宮崎궁기 등을 경유해서 가고시마 역에 이르는 철도 노선이다. 호히 본선은 구마모토에서 히고오스肥後大津비후대진, 나베노立野입야, 아카미스加水석수, 아소阿蘇아소, 미야지宮地궁지 등의 아소산 지역을 거쳐 오이타에 이르는 철도 노선이다. 규다이 본선久大本線구대본선은 후쿠오카 현 구루메久留米구류미에서 규슈를 횡단해 오이타에 이르는 철도 노선으로 그 중간에 히타日田일전와 유후인 온천 등이 있다.

벳푸

오이타 현에서 가장 잘 알려진 곳은 온천의 도시 벳푸이다. 벳푸는 세계에서 그 유례가 드물 정도로 풍부한 온천수가 솟아오르는 온천지대이다. 후쿠오카 공항 국제선 앞에서는 가메노이亀の井 고속버스가 2시간이면 종점인 벳푸 역전의 기타하마北浜북빈까지 거뜬히 실어준다. JR은 후쿠오카의 하카타에서 닛포 본선 특급으로 1시간 50여 분, 기타큐슈의 고쿠라에서는 닛포 본선으로 1시간 정도, 구마모토에서는 3시간 조금 넘게 걸린다. 오이타 시에서는 10~20분 만에 올 수 있다. 원천이 솟아오르는 용출구가 2,500개소를 넘고, 수질이 10여 종에 이르며, 용출량이 8만 9,000톤 이상으로 일본 원천의 10분의 1이 이곳에 몰려 있다. 진흙탕 온천, 모래찜질 온천, 증기 온천, 붉은색 온천, 푸른색 온천, 폭포수 온천, 약탕 온천 등 여러 종류의 온천이 있다.

▼ 벳푸 역전과 벳푸 역전의 상가 축제

옛날에는 백반의 생산에서 지열 발전, 의료 활동, 꽃 재배, 양어장 운영 등에 온천물을 이용했는데, 최근에는 온천 진흙을 피부미용에 이용하는 데까지 온천수 활용의 폭이 넓어져 많은 여행자가 찾는 명소이다.

JR 벳푸 역 앞에는 시내 각

온천을 연결하는 노선버스정류장, 다이쇼大正대정 시대에 지어진 서양식 건물인 역전고등온천驛前高等溫泉이 있다. 역전 거리와 10번 국도가 만나는 곳 부근에 1938년 건축된 일본식 온천 건물로 시영 공동온천인 다케가와라竹瓦죽와 온천이 있다.

시내버스는 벳푸와 간나와鉄輪철륜를 도는 순환버스 노선으로 초록색인 구룻토 버스와 벳푸-간나와-묘반明礬명반 지역을 오가는 왕복 버스로 분홍색의 스팟토 버스 두 개 노선이 있다.

역 앞에서 보면 왼쪽 거리에는 상가 지역이, 오른쪽에는 가이몬지海門寺해문사 공원과 가이몬지 온천이 있다. 특별히 눈에 띄는 것은 벳푸를 유명한 온천지로 키운 아부라야 구마하치油屋熊八유옥용팔(1863~1935. 에히메 현 정미소 집 아들로 태어나 쌀 도매를 하다가 실패하자 35세 때 미국으로 건너가 방랑하다가 기독교 세례를 받고 약 3년간 체류했다. 후에 환락의 온천

▼ 벳푸 역 앞에 있는 아부라야 구마하치 동상

도시 벳푸와 전원적인 온천 보양지 유후인의 기초를 다진 사업가가 된다)가 두 팔을 쳐든 모습의 동상이 서 있다. 그는 '산은 후지, 바다는 세토우치, 온천은 벳푸'라는 캐치프레이즈를 내걸고 벳푸를 근대적 온천관광지로 조성·발전시키는 데 초석을 다진 인물로, 가메노이 호텔과 가메노이 버스 회사의 창설자이기도 하다.

각각 다른 개성을 가진 벳푸 8탕 온천들에는 JR 벳푸 역 앞의 버스 정류장에서 노선버스로 값싸고 쉽게 갈 수 있다

1. 벳푸別府별부 온천은 벳푸를 대표하는 온천지로 도시 중심지인 벳푸 역 인근의 번화가에 위치해 있다. 좁은 골목에 있는 유흥가와 시장거리가 옛날 정취를 그대로 품고 있다.

2. 하마와키浜脇빈협 온천은 시 남쪽인 히가시벳푸東別府동별부 역 가까운 해안가에 있는데 소규모의 공동 욕장이 많아 벳푸 온천 발상지로 불린다. 이곳에는 메이지 시대 화류계의 흔적도 남아 있다.

3. 간카이지観海寺관해사 온천 지역은 가마쿠라 시대 때부터 탕치장으로 번창해온 곳으로 벳푸 역 서쪽 산록에 있다. 지금은 온천휴양지로 근대적인 호텔이 들어서 있다.

4. 호리타堀田굴전 온천은 에도 시대에 개발된 탕치장으로 간카이지 온천보다 더 고지대에 있다. 벳푸 IC 부근에 위치해 유후인, 히타, 다자이후 방면에서 이 온천지대로 들어서는 서쪽 관문이고, 벳푸 케이블카(로프웨이)로 올라가는 입구이기도 하다.

5. 묘반明礬명반 온천은 8탕 중에서 해발 고도가 가장 높은 곳에 위치한 온천으로 유황천이 많으며, 에도 시대부터 전해오는 전통 입

욕제인 유노하나湯の花를 제조하는 오두막집이 이곳에 현존하고 있다.

6. 간나와鉄輪철륜 온천은 증기가 피어오르는 지옥 순례의 중심지로 공동 욕탕과 여관이 밀집해 있고, 돌로 포장된 거리에 유카타 차림의 온천객들이 활보하고 있다. 온천 증기를 이용해 고기부터 채소, 어패류까지 음식물을 훈증해서 '지옥찜'이라는 특유의 맛을 내는 요리를 팔고 있다.

간나와 온천과 가메가와 온천의 지옥지대는 1,000여 년 전부터 김이 솟고, 뜨거운 진흙과 물 등이 분출되는 곳이었기 때문에 일본 문헌인 『분고풍토기』에는 가까이 접근할 수 없고, 가기에도 꺼림칙한 땅이라고 기록될 정도였다. 그래서 사람들이 이곳을 '지옥'이라고 부르게 되었고, 간나와 온천에서는 분출구 자체를 '지옥'이라고 부르고 있다.

지옥들은 온천의 모양이나 특징에 따라 그럴듯한 이름이 붙었다.

• 바다 지옥은 신비한 코발트색 바다를 연상케 하는 연못으로 언뜻 보면 바다 같지만 섭씨 98도의 열탕이 하루에 160만 리터나 솟아난다. 1,200년 전 쓰루미다케鶴見岳학견악(표고 1,375미터)의 폭발로 생겼다.

• 오니이시 보즈鬼石坊主귀석방주 지옥은 회색의 뜨거운 진흙이 크고 작은 공처럼 끓어오르고 있는 모양이 머리 깎은 중머리와 비슷하다고 해서 귀석鬼石이라는 지명과 붙어 귀신 돌의 중머리라는 뜻인 '오니이시 보즈'라는 이름이 되었다.

• 산 지옥은 바위산 여러 곳에서 섭씨 90도의 김이 분출되기 때문

에 붙여진 이름으로 이 온천열을 이용해 아프리카코끼리, 인도
공작새, 흑조, 홍학 등 세계 각국의 진기한 동물들을 사육하고 있다.

• 가마도かまど(부뚜막) 지옥은 온천에서 분출되는 수증기를 이용해
큰 제사에 공양하는 밥을 지었다는 고사에서 유래되었다. 맹렬한
기운의 증기와 함께 고열의 온천이 분출되고 있다.

일본 최초로 다이쇼 시대에 악어 사육을 시작한 귀신의 산鬼山 지
옥은 악어온천으로 더 잘 알려져 있다. 섭씨 98도나 되는 온천열
을 이용해 현재는 100마리가 넘는 세계 각종 악어가 이곳에서 사
육되고 있다.

• 시라이케白池백지 지옥은 분출할 때 섭씨 95도나 되는 무색투명한
뜨거운 물이지만, 연못에 떨어지는 순간 온도와 압력이 떨어지면
서 자연히 청백색을 띠는 온천물로 변한다. 온천열을 이용해 각
종의 대형 열대어를 기르고 있다.

▼ 벳푸의 지옥 안내

7. 시바세키柴石시석 온천은 아름다운 자
연환경에 둘러싸인 조용한 산간 온천
으로 산책로가 있다. 일찍이 1044년 천
황이 이용한 적이 있다는 역사 깊은 온
천이다.

이 온천 지역에 국가 명승으로 지정된
두 개의 특이한 온천이 있다.

• 지노이케血の池(피바다) 온천은 산화
마그네슘 성분 때문에 붉은색을 띤 섭
씨 78도의 뜨거운 진흙이 부글부글 솟

아오르는 곳으로 일본에서 가장 오래된 천연온천이다. 이곳에서 산출되는 붉은색 점토로 피부병에 효험이 있는 '지노이케 연고' 를 만든다.

- 다쓰마키熊卷龍卷(소용돌이) 온천은 증기와 열탕이 강수량에 따라 20~40분 정도 간격으로 일정한 시간이 되면 약 5분 정도 솟아오르는 간헐온천이다. 지하열탕은 섭씨 150도에 달하지만 분출 직후에는 감압에 의한 기화현상으로 100도 이하가 된다. 전에는 완전히 개방된 환경이었지만 관광객이 있는 장소까지 뜨거운 물이 뻗쳐서 위험하기 때문에 최근에는 분출 구멍에 돌 천장을 설치하고 주위도 완전히 콘크리트로 고정해 간헐천의 이미지와는 먼 외관이 되었다. 미국의 옐로스톤 국립공원의 간헐천 축소판 같다. 세계의 간헐천 중에서도 휴지 기간이 비교적 짧은 것 또한 특색이다.

  벳푸 역 앞에서 출발한 초록색 노선버스가 시바세키 온천 지역과 간나와 온천 지역을 거쳐 지상 100미터의 글로벌 타워 전망대 앞을 돌아 다시 벳푸 역으로 순환 운행한다.

8. 가메가와龜川가메가와천 온천은 JR 가메가와 역 수변의 해안가에 있는 온천으로 벳푸 만의 파도 소리를 들으며 온천욕을 즐길 수 있는 곳이다. JR로 가도 되지만 노선버스가 온천 바로 앞에 선다. 이 지역 바닷가에 있는 하마다浜田빈전 온천에서는 가고시마 현의 이부스키 온천처럼 해변 온천 찜질욕도 가능하다.

  벳푸 부근에는 아프리칸 사파리 등 동물들이 살고 있는 야생동물원과 여러 오락시설이 있다. 다카사키 산高崎山고기산 자연동물원에는 약 1,300마리의 일본원숭이가 서식하고 있다. 벳푸 케이블카는 1962년 개설되었으며, 해발 503미터의 고원에서 약 10분 만에 1,300미터의 쓰루미다케 산 정상 부근까지 실어다준다. 네 개의 기둥이 떠받치고 있는 로프웨이의 길이는 1,816미터로 정원 101명이며, 초속 4.1미터이다.

쓰루미다케는 벳푸의 서쪽에 있는 활화산으로 산 정상은 시내보다 10도 정도 온도가 낮아 여름철 피서지가 되지만 봄에도 벚꽃이 만개하고 가을에는 붉은 낙엽이 산록을 덮는다. 겨울에는 눈꽃을 뒤집어쓴 수목 위를 사뿐히 날아올라 산 정상에 실어다주면 유후다케, 구주 연산, 주고쿠와 시코쿠 지방까지 일망할 수 있다. 로프웨이 역에서 산 정상까지 이어진 등산로에는, 벳푸와 오이타의 야경을 볼 수 있는 전망대를 비롯해서 여러 신을 모신 신사가 있다. 이 산길을 오르는 데 약 40분쯤 걸린다.

▼ 다카사키 산 자연동물원의 원숭이 떼

이 산 뒤로는 유후 시에 있는 높이 1,583미터의 활화산 유후다케에 이어, 아소쿠주 국립공원이 있다. 산록에는 숲속 대자연의 유원지인 기지마城島성도 고원 파크 등이 있다.

다케타 일대

다케타는 현의 서부 산악에 위치하고 있다. JR 오이타 역에서 호히 본선을 타고 서남쪽 방향으로 1시간 정도 가면 분고다케타豊後竹田풍후죽전 역이다. JR 구마모토 역에서는 아소를 거쳐야 올 수 있는데 아소에서 규슈횡단특급을 타고 동쪽으로 45분, 미야지宮地궁지에서는 40분 걸린다. 아소구마모토 공항에서는 고속버스로 아소산을 지나 동쪽 방향으로 1시간 40분쯤 걸린다.

2014년의 인구가 2만 4,000명인 소도시로 아소 5악과 소보산祖母山조모산(1,756미터) 등에 둘러싸인 곳으로 조용한 온천과 폭포가 많다. 내륙 산간의 이 소도시는 각각 역사문화가 다른 다케타 지역, 오기荻적 지역, 구주久住시역, 나오이리直入직입 지역을 합쳐 최근에 새로운 시가 발족했다.

명수名水의 마을　　소보 산, 가타무키傾경 산(1,602미터)을 비롯한 아소산 계의 풍요로운 자연 속으로 스며들어 걸러진 맑은 물이 이 시 일원에서는 단비가 하늘 위에서 내리듯이 땅 아래에서 솟아오른다고 한다.

다케타의 샘물은 투명성과 깔끔한 맛으로 높은 평가를 받고 있다.

세이스이泉水천수 샘물은 생수 제조용으로 미네랄이 풍부한 물이고, 가와우다河宇田하우다 샘물은 물을 긷는 사람이 끊이지 않을 만큼 인기 있는 샘물이다.

시라미즈白水백수 폭포 샘물은 오기마치荻町적정에 있는 히나타메陽目양목 계곡 상류에서 솟아나는 샘물로 물 마시는 찻집이 있을 정도이다. 오이노老野노야 샘물은 묘켄妙見묘견 신사 아래의 암반에서 용출되고, 오즈루小津留소진류 샘물은 매분 4톤씩 힘차게 분출되는 나오이리直入직입의 샘물로, 바로 옆에 주차할 곳이 있다. 모미야마籾山인산 샘물은 주위가 논밭에 둘러싸인 한적한 곳에서 솟는 샘물로 천연 그 자체라고 하는데 샘 옆에 그 물로 만든 두부, 고추냉이 등을 판매하고 있다.

하나미즈키花水月화수월 **온천** 분고다케타 역 부근의 공공온천이다. JR역에서 시청 방향으로 나서는 길 바로 옆 도보 2분 거리에 있다. 이 온천은 나트륨염화물이 자연 분출되는 천연온천으로 대욕장은 두 종류가 있다. 하나노유花の湯에서는 부력을 이용해 무릎이나 허리를 마사지하는 운동을 곁들인 건강욕을 할 수 있고, 원적외선 사우나는 편안한 공간에 적절한 발한發汗 온도를 유지하고 있다. 쓰키노유月の湯에서는 아토피성 피부염과 건조한 피부에 효과적인 마이너스 이온욕, 한방약초 사우나, 저주파로 환부의 통증을 완화해주는 전기 목욕 등을 할 수 있다.

2층에 대욕탕이 있고 1층 화실和室에서는 뜸을 뜨거나 마사지를 받을 수 있다. 매주 목요일은 정기 휴관한다.

나가유長湯장탕 **온천**　　　　　이 온천은 다케타 시의 북쪽인 나오이리 지역에 있는데, 대중교통으로 찾아가기는 어려운 것이 흠이다. 비경의 한적한 온천욕을 즐기고 싶은 사람들이 찾는 곳으로 자동차로는 오이타나 유후인에서 30킬로미터 떨어져 있다. 최단 거리는 구주 방면에서는 14킬로미터로 GPS가 있으면 구주 꽃공원花公園에서 이 온천까지 자동차로 빨리 갈 수 있다.

약 400년 전인 1706년, 이 지역에 있던 오카岡강 번 영주가 등산 후에 꼭 이 온천에서 피로를 풀었다고 한다. 그때 영주 전용의 온천탕이 마련되었고, 그것이 '고젠유御前湯어전탕(영주의 탕)'이다.

독일은 온천치료 연구에 100년이 넘는 전통을 가진 나라이다. 이곳에는 이 온천의 상징으로 독일을 연상케 하는, 목조 서양건축물로 된 온천요양문화관이 있다. 독일 와인점이 동네 곳곳에 있는 독일풍의 온천가에 현재 10여 채의 여관이 들어서 있다.

일본에서 매우 드물게 고온의 이산화탄소를 함유하고 있으며 중탄산 이온과 알칼리성 금속(칼슘, 마그네슘), 다량의 철분도 포함되어 있기 때문에, 이 온천욕은 천연 소다 속에 몸을 담그는 셈이라고 한다. 예로부터 온천물을 마시는 음천飮泉 문화가 뿌리내려 여러 장소에 물을 마시는 곳이 있다.

세리카와芹川근천 강변에 있는 가니유カニ湯는 슬픈 사랑의 전설을 간직한 노천온천이다. 한적한 밤중에도 남자 입욕객이 드문드문 들어가는 무료 노상온천이지만 여성들은 들어가기가 좀 머쓱하다. 길에서 계단을 내려가면 탈의장과 라커가 있으므로 그것을 이용하고 자연 속에 입욕하는 기분으로 탕에 들어갈 수 있다. 지금은 바위탕岩湯으로 유명하지만 옛날에는 천연의 경석輕石 안에서 탄산온천이 용출되었다. 탄산천

은 거품이 많은 것이 특징으로, 거품을 뿜는 껍질 같은 경석이 게와 같은 느낌을 준다.

슬픈 전설은 이렇다. 옛날 이 온천을 흐르는 강에 게가 있었다. 어느 날 게는 희고 아름다운 마을 아가씨에게 첫눈에 반했다. 그 게는 인간이 되어 그 아가씨에게 장가를 들고 싶었다. 우연히 이 애달픈 사연을 알게 된 강변의 한 사찰 승려가 "절의 종소리를 100번 들으면 사람으로 변할 것"이라고 일러주었다. 아가씨가 목욕을 하러 왔을 때 승려가 종을 치면서 아가씨를 보고는 그 엄청난 아름다움에 그 또한 첫눈에 반해버렸다. 그래서 종을 99번까지 치고는 "내가 이 아가씨를 가져야지"라고 생각하면서 그 아가씨에게 다가간 순간, 하늘이 갑자기 흐려지면서 장대비가 내려 승려가 벼락을 맞고 말았다. 잠시 후 강물이 빠진 강 속에 집게 모양을 한 큰 바위가 나타나 많은 거품과 함께 물이 솟아올랐다. 이후에 마을 사람들은 이 온천을 '게 온천탕ガニ湯'이라고 부르게 되었다고 한다.

덴마 온천탕天滿湯천만탕은 예부터 지역주민이 애용해온 서민적인 공영 온천욕장으로 온천수 음용장이 설치되어 있다. 세리카와 강변에 들어선 국민숙사 나오이리쇼直入莊직입장에서는 아주 서서히 스며드는 따뜻한 물에 안겨 피부에 닿는 거품으로 즐겁게 몸을 풀 수 있다.

아카가와赤川적천 **온천**　　　　구주久住구주 산 아카가와 계곡에 있는 이 온천은 1185년 사냥 훈련을 하던 병사가 발견했다. 온천물은 여러 가지 미네랄(황산·칼슘·탄산수소나트륨·마그네슘·이온)을 풍부하게 함유한 코발트블루 색으로 내탕과 노천온천에서의 온천욕과 냉천 목욕이 가능하다.

또 일본 3대 천연탕의 유노하나湯の花(온천침전물)로 평가되는 아카가와 온천의 침전물은 천원泉源에서 채취한 후 정제하여 '구주탕화くじゅう湯の華'라는 이름의 의약부외품으로 한정 판매하고 있다. 약 2,000배 농축액인 '아카가와 농축온천수'와 함께 사용해도 좋고, 이 농축 원액으로 만든 사제 비누도 있다.

아카가와소赤川荘적천장 건물 안쪽, 자연에 둘러싸인 '웅비의 폭포'는 옛날부터 불승과 수행자의 수행 장소였기 때문에 현재의 이름이 지어진 1962년 이전에는 '행자 폭포'라고 불렀다. 이 온천은 해발 1,100미터의 구주 고원에서 사계절 각기 다른 비경 속의 외딴 집인 세 개의 원천에서 자연 용출하는 100% 천연 냉광천이다. 온천수는 특히 피부병이나 아토피에 좋고 피부미용 효과가 있다고 한다.

이 온천 지역은 국립공원 특별지역 내에 있기 때문에 전기도 자가 발전해서 쓰고 있고, 별도로 가열하지 않고 원천을 공급하는 내탕과 노천탕을 이용할 수 있다. 노천온천에서 청백색을 띠고 있는 온천물을 마시면 강한 유황 냄새와 함께 쓴 사이다 맛이 난다.

욕탕은 섭씨 25도의 원천수를 그대로 쓰는 욕소와 가열한 욕조 누가지가 남녀별로 따로 있고, 좌우의 욕탕은 매일 남녀가 교대된다. 오른쪽 욕조에서는 폭포를 정면으로 볼 수 있다. 숙박용 객실은 모두 2층에 있다.

자동차로 가려면 오이타 자동차도로의 고코노에 IC에서 남쪽으로 내려와야 한다.

호케인法華院법화원 **온천**　　이 온천은 아카가와 온천보다 더 북쪽 고산지역 해발 1,303미터에 있어서 규슈에서 가장 높은 곳에 있는 온천이다. 칼슘·마그네슘·나트륨 황산염온천으로 근처의 이오다케硫黃岳유황악 화산 분화에 영향을 받는다. 구주 연산의 산허리에 있는 외딴 집에 이 온천산장이 있고, 통나무집과 캠프장도 있다.

　호케인 온천은 약 500년 전인 1470년 한 승려가 입산하여 호케인이라는 수행 도장을 건립하면서 개탕되었다. 호케인은 많은 별원을 가진 사찰이었지만, 메이지 시대의 불교 배척과 다케타오카竹田岡죽전강 번의 지원 중단 등으로 곤궁을 겪다가 1882년 화재로 건물의 대부분이 소실되었다. 최근에는 등산객이 늘어나면서 산막이 들어서서 등산객이 피로를 푸는 온천이 되었다. 자동차는 고코노에에서 드나든다.

　이 외에도 다케타 일대의 오쿠분고奧豊後오풍후에는 독특한 온천이 많다. 구주 고원 한복판의 만텐보滿天望만천망 온천은 노천탕에서 넓은 밤하늘을 조망할 수 있어 이런 이름이 붙었다. 낮에도 구주 고원의 푸른 초원과 아소산의 전망이 뛰어나다. 온천수는 모두 탄산수소염을 함유하며 피로회복 등에 효과가 있다고 한다.

오카조岡城강성 **성터**　　　해발 325미터로 평지보다 95미터 높은 곳에 있는 이 산성 터는 다케타 역에서 동남쪽으로 도보 10분 거리에 있다. 이 성터는 이나바가와稻葉川도엽천 강과 시라타키가와白滝川백랑천 강이 합류하는 지점에 우뚝 솟아 '난공불락'인 천연의 요새임을 느낄 수 있다.

　이 성은 1185년 미나모토노 요리토모源賴朝원뢰조의 막부와 사이가 나

빠진 혼슈의 오노 성 출신의 한 무사가 규슈에 와서 막부의 경쟁자인 요리토모의 동생 요시쓰네義経의경를 맞아들이려고 축성했다가 남북조 시대에 오토모 집안이 접수해서 그 가신들이 증축했다. 1586년부터 이 듬해까지 벌어진 호사쓰豊薩풍살전쟁에서는 시마즈의 대군이 오카 성에 쳐들어왔을 때, 불과 18세인 무사가 성을 지키고 잘 싸워 규슈에서 시 마즈 집안을 정복하려던 도요토미에게 감사장을 받았지만 1593년에 오토모 집안이 영지를 몰수당하자, 그 젊은 무사도 성을 떠났다.

1594년 2월, 나카가와 히데시게中川秀成중천수성(정유재란에 1,500여 병력으로 참전해 전라도와 충청도를 공격한 왜장)가 새로 이 성에 들어와 다시 축성해 근세 성곽의 형식을 갖추었다. 혼마루는 1597년에 완성되고, 1663년에 니시노마루西の丸에 어전을 만들었다.

나카가와 집안은 1869년 메이지 시대까지 14대 275년간 이 성에 살

▼ 오카조 성터에 있는 다키 렌타로 동상

다가 도쿄로 이주하고 성의 건물은 1874년에 오이타 현에 입찰 형식으로 불하되면서 모두 헐렸다. 현존하는 성 일부는 1594년 나카가와 가에서 확장한 것이다.

폐성 후에 다키 렌타로瀧廉太郎농염태랑(1879~1903)가 작곡한 대표적인 일본 가곡 〈황성의 달荒城の月〉(중고등학교 음악 교과서에 실렸다고 함)로 이미지화되어 많은 여행객이 찾는 곳이다. 다키 렌타로는 도쿄 태생으로 내무관료인 아버지를 따라와 다케타에서 자란, 서양음악 도입기에 활동한 일본의 대표적인 음악가이다. 이 성터 안 니노마루 터 앞에는 다키의 동상이 서 있다.

● 유후인

오이타 현의 중앙에 있는 유후由布유포 시는 본래의 유후인由布院유포원 시와 유노하라湯平탕평 촌이 1955년 합병하면서 유후인초湯布院町탕포원정라는 이름으로 개명한 지역이다. 오늘날의 유후인湯布院탕포원 온천은 유노하라湯平탕평 온천과 유후인由布院유포원 온천, 쓰카하라塚原총원 온천의 세 온천을 모두 합친 이름이다. 예약한 숙박시설을 찾을 때는 이 세 개 지역 온천이 모두 유후인湯布院탕포원 온천으로 발음되므로 그 주소를 한자로 확실하게 알아야 혼동을 피할 수 있다.

유후인由布院유포원 **온천**　　해발 1,584미터인 유후다케由布岳유포악 화산의 영향을 받아 852개의 원천에서 분당 3만 8,600톤의 풍부한 온천수를 쏟아낸다. 이 원천수는 벳푸 온천에 이어 일본 전국 제2위라고 한다.

과거 한국전쟁 중에는 미군 점령지에 미군이 주둔하고 있어서 전선에서 휴가 나온 군인들을 위한 환락가에 그들을 상대하는 매춘부들이 거주하던 촌동네로 호텔과 환락업소가 가득했다. 1960~1970년대에 걸쳐 영화제, 음악제 등을 개최하면서 여성들이 찾고 싶은 온천으로 이미지를 바꾸어 오늘날은 아주 인기 높은 온천지대가 되었다.

유후인을 오가는 JR 규다이 본선은 후쿠오카 현 구루메久留米구루메 역에서 오이타 현 오이타 시까지 145킬로미터를 잇는 철도 노선으로 유후코겐由布高原유포고원 선이라는 애칭을 가지고 있다. 이 노선에 속한 주요 역은 구루메, 히타日田일전, 분고모리豊後森붕후삼, 유후인, 오이타 역이다. 유후인 역에서 내리거나 노선버스를 타고 버스센터에 내려도 된다.

기차역에서 마을 방향으로 유후미도리由布見通リ 거리가 곧게 뻗어 있고, 긴린코金鱗湖금린호 호수에 이르는 유노쓰보카이도湯の坪街道에는 각종 잡화점과 레스토랑, 미술관이 산재한다. 최근에는 많은 중국관광객이 찾아와 왁자지껄 흥청거린다.

숙박시설은 시끌벅적한 거리에서 벗어나 조용한 냇가나 숲속, 언덕 위 등에 있다. 수량이 풍부하고 온천마을 여러 곳에서 물이 솟기 때문에 여관이 한 곳에 밀집하지 않고, 부지도 넓어 마을의 모습이 느긋하다. 게다가 개발 규제로 고층 건물도 없는 전원적인 모습으로, 네온사인이 반짝이는 유흥가도 없다.

이 같은 형태의 도시 조성에 앞장서온 유후인 다마노유玉の湯나 가메노이亀の井를 비롯한 고급 여관이 많다. 요즘은 규슈 제1위 온천으로 꼽혀 연휴 등의 성수기에는 숙박시설을 찾기 어렵다.

풍부한 온천수 덕분에 공동 온천도 많다. 긴린코 호수 옆에는 동전을 통 속에 넣고 바로 들어갈 수 있는 남녀 혼욕 온천탕인 시탄유下人湯가 있다.

JR 역전에서 온천 방향 정면에 보이는 유후다케 산이 거리의 랜드마크이다. 아침에는 산간분지 특유의 아침 안개가 독특하다. 아침 안개는 겨울에 기온이 낮고 복사 냉각이 일어나기 쉬운 맑은 겨울날에 잘 보인다. 분지의 바로 동쪽에는 해발 1,160미터인 구라키倉木장목 산이 있어 주변이 밝아지면서부터 분지의 아침 안개가 걷힌다.

유후인은 조용하고 전원적인 온천마을이었지만 벳푸 온천을 개발한 아부라야 구마하치가 자신의 개인 별장을 만들면서 온천휴양지가 되기 시작했다. 그는 유후다케 기슭의 조용한 온천지가 마음에 들어, 긴린코 호수 근처에 개인 별장을 짓고 가메노이 호텔의 손님과 내외 저명인사를 초청·접대하면서 여관도 몇 채 세웠다. 다이쇼 말기에는 '낭만주의'를 익히고 독일 유학에서 돌아온 임학자가 독일의 바덴바덴에서 배워 자연을 많이 도입한 조용한 온천지 조성을 제안해 온천 개발에 관심이 커졌다.

하지만 오늘날의 유후인이 되기까지 주민 중심으로 두 차례에 걸쳐 개발 반대운동이 크게 일어났다. 최초의 반대운동은 1952년 댐 건설 반대운동이었다. 당시에 유후인 분지에 거대한 댐을 만들고 그 댐 호반을 관광지로 만들겠다는 구상이 있었다. 현지에 막대한 보상금도 지급하기로 하며 행정부와 의회가 이를 추진했으나, 주민들이 강력한 반대운동을 펼쳐 이듬해에 댐 건설계획이 백지화되었다. 청년단장으로 첫 촌장에 당선된 의사 출신 이와오岩男穎一암남영일가 이 반대운동의 리더

규슈 역사 문화 여행

로 '산업·온천·자연이 있는 산야山野의 융합'을 기치로 내걸고 건전한 보양온천지 조성에 매진했다. 1950년대 무렵에 마을이 심각한 재정 위기에 빠지자 당시 많은 탕치객을 유치하며 재정이 넉넉했던 유노하라 마을湯平村탕평촌과 1955년에 합병했다. 그는 이 시기에 온천지의 환락가화에 반대하고 자연과 환경 보존이라는 신념을 가지고 20년 가까이 촌장을 지냈다. 그는 당시 농업협동조합장도 겸임하며 농협에서 비용을 차용하면서까지 이곳 출신 유명 영화감독과 박물관 직원을 유럽에 연수 보내면서, 문화적인 분위기 조성을 이끌었다. 그는 연수를 마친 개성 강한 리더를 지역 온천 경영자로 키워냄으로써 유후인이 현재 모습의 온천지대가 되도록 만들었다.

두 번째의 반대운동은 1970년의 당초 자연보호운동으로 시작된 골프장 건설 반대운동이었다. 당시 골프장 건설 예정지는 벳푸에서 유후인의 입구에 이르는 습지로 귀중한 동식물이 자라는 자연의 보고였다. 이 운동의 주동자는 관광업자가 된 전 영화감독과 박물관 직원이어서 언론의 관심도 컸다. 이 운동을 지원하는 시민단체는 1973년에 사파리 공원 진출계획도 저지하고, 지역 청년들을 뽑아 50일간 유럽 시찰 연수를 보냈다. 그들은 독일의 보양온천지 모습을 보고 돌아와 골프장 건설 반대에서 더 나아가, 좋은 지역 만들기 운동을 펼치며 현재 모습의 온천지대를 만드는 데 앞장섰다. 둘 다 풀뿌리 운동의 귀감으로 우리도 배울 만하다.

1975년 4월 유후인에 지진이 발생했을 때, 피해가 커서 규슈횡단도로를 비롯한 주요 도로가 큰 타격을 입으며 '유후인이 괴멸됐다'라는 소문이 퍼져나갔다. 여기서 '유후인의 건재'를 전국에 홍보하기 위해 관광협회에서는 쓰지^{辻섭}마차를 운행해, 전원 풍경과 어우러지는 가두 마차 돌풍을 일으켰다. 이들이 만든 이벤트에 지식인·문화인을 끌어들이고 '유후인 음악제', '유후인 영화제' 등의 이벤트를 만들어 '예술의 마을 유후인'을 전국적으로 알렸다. 지금 널리 알려진 유후인의 주요 행사는 대부분 이 시기에 시작된 것이다.

1981년 11월, 유후인 마을에 리조트 개발의 물결이 밀어닥쳤다. 하지만 외부자본의 유후인 용지 매입으로 땅값이 폭등하는 것을 막기 위해 유후인은 지역의 농촌 경관을 보존하면서 성장하는 것을 목표로 1990년 9월에 '풍요로운 마을 만들기 조례'를 제정했다. 성장관리를 모색하면서 후쿠오카·기타큐슈 도시권을 비롯해 규슈 일대에서 당일치기 손님을 끌어들이고 유후인을 규슈를 대표하는 관광지의 하나로 관광투어에 포함시켰다. 그 결과로 자가용 차량과 관광버스가 몰려 메인 스트리트인 '유노쓰보카이도^{湯の坪街道}'가 교통 혼잡을 일으키기도 한다. 옛 유후인의 전원적인 모습은 많이 없어졌지만 아직도 평온한 온천마을의 모습을 꾸준히 지켜가고 있다.

유노하라^{湯平탕평} 온천　　　　　　　오늘의 유후인을 만든 원조 온천마을이 유노하라 온천이다. 이 온천은 무로마치 시대(15세기경)부터 위장병의 탕치용 요양온천으로 알려진 곳이다. 유후인 온천의 선배 온천인 이 온천은 유후인 역에서 택시로 30분쯤 들어간 산중에 있지만 제2차 세계대전 전에는 벳푸에 이어 규슈에서 두 번째로 많은 온천객이 찾았던 휴양지였다. 1950년대에는 유후인 온천 지역이 한국전 참전 미군의 휴양지로 개발되는 것을 못마땅하게 생각하는 일본인들이 많이 찾았

다. 돌 다다미를 깐 오래된 골목길에 겨우 차 한두 대가 어렵게 교차할 수 있지만 비탈진 좁다란 골목길 양쪽으로는 석식과 조식이 포함된 여관비를 받는 작은 여관들이 꾸준히 온천 영업을 하고 있다. 20세기 초의 방랑시인 다네다種田山頭火종전산두화(자세한 것은 제8편 미야자키 현 시부 시 부분 참조)도 이 온천에 들렀다고 한다.

JR 규다이 본선의 유노하라 역에서는 3.5킬로미터 떨어져 있어 자동차로 10분, 걸어서

▲ 유노하라 온천 입구와 유노하라 온천 여관

약 1시간이면 이 온천에 갈 수 있고 나올 때는 기차 시간에 맞춰 대개 여관 측에서 기차역까지 자동차로 손님을 배웅한다. 유노하라 역은 특급열차로 유후인 역에서 15분 내외, 오이타 역에서 30분 정도 걸리고, 보통열차로는 유후인 역에서 20분, 오이타 역에서 55분쯤 걸린다. 유후인에서 유노하라까지 택시를 타면 30분쯤 걸린다.

쓰카하라塚原총원 온천 유후 시와 벳푸 시의 경계를 이루는 가란다케伽藍岳가람악(해발 1,045미터의 활화산으로 유황산硫黃山이라는 별명을 갖고 있음)의 산 서쪽 중턱에 있는 온천이다. JR 유후인 역에서 택시로 약

오이타 현

20분 정도 걸리고 벳푸의 묘반明礬명반 온천에서 약 30분 걸리는 곳이다.

유산(황산) 염천이어서 원천은 녹색으로 보인다. 알미늄과 철분 함유량이 많고 일본에서 두 번째 강산성 온천으로(1위는 다마가와玉川옥천 온천玉川溫泉)온천으로 거품이 일지 않는다. 피부에 좋다고 하는데 아토피성 피부염이나 무좀 등에 효과가 있다고 한다. 유후인 3대 온천 가운데 하나로 꼽힌다.

욕조까지 모두 나무로 만든 옥내탕과 내산성의 콘크리트 공동 노천탕에다 가족탕도 있다. 온천 뒷산에는 원천지인 지옥지대가 펼쳐진다. 지열이 높은 곳을 걸으면 고무로 된 구두바닥이 녹아내리는 경우가 있으므로 조심해야 한다. 비가 내리면 이 지옥지대에서 곧바로 데워져 온천이 되기 때문에 수량과 온천의 성분 농도는 강우량과 밀접한 관계가 있는 것이 특징이다. 겨울철에는 적설량 때문에 휴업하는 경우가 많다.

온천에서 걸어서 5분 거리에 가란다케伽藍岳가람악의 화구가 있다. 이 화산 분출구는 매년 확대되는 추세이고 그 활동도 활발해서 위험하기 때문에 출입을 금지하고 있다.

오이타 현의 다른 볼거리

히타

오이타 시 서북부에 위치한, 산으로 둘러싸인 분지에 있는 인구 7만 명의 소도시로, 한마디로 이 도시의 여름 날씨는 전기 히터를 틀어놓은 깃처럼 덥다.

JR 규다이 선이, 후쿠오카의 구루메에서 철도 거리로 48킬로미터인 이 도시를 거쳐 유후인, 오이타를 연결하고 있다. 특급열차는 하카타 역에서 동쪽으로 1시간 10분, 구루메 역에서 40분 걸리고 오이타 역에서는 서쪽으로 1시간 40분, 유후인 역에서 1시간 내외로 걸린다. 기타 큐슈의 고쿠라 역에서는 히타히코산日田彦山일전언산 선 보통열차로 2시간 10분 걸린다. 고속버스는 후쿠오카 공항에서 1시간 20분, 덴진에서

1시간 30분, 벳푸에서 1시간 20분 걸린다.

주변의 높은 산에서 많은 하천이 흘러나와 봄부터 가을까지 아침저녁으로 낮은 안개가 짙게 깔린다. 여름철에는 벼락의 발생 빈도도 매우 높다. 분지 특유의 기후로 여름에는 무척 덥고 겨울은 혹독하게 춥다. 오이타 현에서 적설이 많은 지역으로 꼽히며 시내 중심부에서도 10센티미터 정도의 적설을 자주 볼 수 있다. 주위 산지는 해발 약 1,000미터가 대부분이고, 일부 산간 마을은 해발 1,200미터 정도나 된다.

최근 인구 추세를 보면 1970년 8만 7,000명에서 2010년 7만 명으로 줄었다. 예부터 강을 이용한 수운의 중심지였지만 지금은 임업이 주요한 지역 산업이다.

히타의 상징인 미쿠마가와三隈川삼외천(지쿠고가와筑後川축후천) 강은 구스가와玖珠川구주천 강을 비롯해 가게쓰가와花月川화월천, 다카세가와高瀬川고뢰천, 구시카와串川관천 강 등의 지류가 시내에서 합류해 히타가 물의 도시다운 경관을 이루도록 만든다. 예부터 미쿠마가와 강이 벌목한 목재의 수송 경로로 이용돼 19세기 말 이전에는 히타의 제니부치錢淵전연 주변이 상류에서 운반되어온 목재의 집적지였다. 지금도 이 부근에는 많은 제재소가 있다.

강은 움직일 수 있는 물막이可動堰가동언로 나누어져 일부는 호수를 이루고 있다. 목재가 뗏목이 되어 강을 흘러 내려가기 때문에 자연히 목재의 집적지가 되었다. 또 수면이 넓어져서 히타에는 이를 이용한 뱃놀이 문화가 태어나 내륙항다운 면모를 갖추었다. 히타 역에서 버스로 5분 거리, 미쿠마가와 강변에 원천 온도 섭씨 40~42도의 단순온천과 원천 온도 섭씨 64.5도인 나트륨-탄산수소염-염화물 온천인 일고여덟

규슈 역사 문화 여행

채의 여관이 있다. 히타 부근의 아마가세 온천과 유노쓰루 온천이 대표적이다.

아마가세天ヶ瀬 온천

JR 히타 역에서 13분(특급열차)이나 16분(보통열차)이 걸리는 아마가세 역 부근인 구스가와玖珠川구주천 강변에 있다. 벳푸, 유후인과 함께 오이타 3대 온천지대로 꼽히는 이 온천은 유황천과 단순온천이 있다.

예전에는 하천 부지 어디를 파도 부드러운 감촉의 온천이 솟아났다고 한다. 강변을 따라 여관과 민박집에 공동노천탕과 노천온천이 있다. 여러 개의 요금 상자에 100엔을 넣고 들어가 온천욕을 할 수 있다. 공동노천탕은 JR 아마가세 역에서 걸어서 1분에서 15분 정도에 갈 수 있다. 24시간 문을 여는 곳도 몇 군데 있다. 관광안내소에서 '아마가세 온천 패스포트'를 구입하면 이 지역 어느 곳에서나 온천욕을 할 수 있다.

공동노천탕은 온천마을의 각 자치회가 관리하고 있는데, 청소하는 날은 오후에야 들어갈 수 있다. 수건, 비누는 각자 지참하는 것이 원칙이고, 현지 주민들노 함께 입욕하는 노천탕이어서 규칙이 엄격하다. 강변에 있기 때문에 호우로 강수량이 늘어나는 때는 강 가운데 있어서 물속에 잠기는 공동노천탕도 있다.

유노쓰루湯ノ釣 온천

아마가세 역에 내리면 여기저기에 유노쓰루 온천의 안내판이 보인다. 역 앞에서 모리마치행 버스로 약 5분 거리이다. 아마가세 온천의 약 2.5킬로 상류에 위치한 한적한 온천으로 수질은 나트륨-탄산수소염 염화물천으로 섭씨 45~65도이고 무색투명해서 마실 수 있다.

● 고코노에 지역

구주 연산 북쪽 산록의 고원지대인 한다飯田반전 고원의 산간마을로 인구 1만 명 정도인 소도시 고코노에마치九重町구중정가 있고 이곳에 고코노에九重구중 9탕이라고 하는 다양한 종류의 온천과 광천이 있다.

간노지고쿠寒の地獄 온천　　구주 연산의 등산로 입구, 벳푸-유후인과 아소를 연결하는 도로 연선의 구주 산 북쪽 기슭인 해발 1,100미터의 한다飯田반전 고원에 있는 외딴 온천이다. 온천 바로 앞에 버스정류소가 있으며, 유후인 역과 아소 역에서 버스 편이 있지만 편 수도 적고 시간대도 치우쳐 있다. 황화수소가 녹아 있는 냉천으로 원천 온도가 섭씨 14도이지만 분당 용출량은 매우 많다.

우물물처럼 차가운 물이어서 옛날에는 〈냉천 행진곡〉이라는 노래를 부르며 들어갔다고 한다. 혼욕이기 때문에 수영복과 하의를 착용한다. 옆에는 난로를 피운 난방실이 마련되어 있어 냉천과 난방실을 오가는 것이 이 온천의 전통적 목욕법이다.

조자바루長者原장자원 온천　　조자바루 온천과 그 인근에 있는 홋쇼星生성생 온천, 마키노토牧の戸 온천, 간노지고쿠寒の地獄 온천을 포함해 조

자바루 온천향이라고 한다. 탄산수소염천과 단순 황화수소천으로 간노지고쿠를 빼고는 원천 온도가 섭씨 42도이다. 규다이 본선의 히타에서는 동쪽으로 1시간, 유후인에서 서쪽으로 20분 걸리는 분고나카무라豊後中村풍후중촌 역에서 내려 버스로 약 40분 걸리는 고원 일대에 10채의 여관이 있다. 당일치기 입욕 시설은 구주등산로입구久重登山口구중등산구 헬스센터 한 곳뿐이다.

유쓰보湯坪탕평 온천

분고나카무라 역에서 구주 산 등산로 입구 방향 버스로 약 40분 거리인 유쓰보 정류장에서 하차한다. 유황천과 단순온천이 있으며 수온은 섭씨 45~70도이다. 구주 연산의 서북쪽에 위치한 와이타涌蓋용개 산의 동쪽 자락, 구스가와 강 상류의 유쓰보가와湯坪川탕평천 강변에 있는 온천으로 근처에 오다케大岳대악 지옥이 있어 오래전부터 자연 온천이 솟았지만, 1950년대에 지역 주민들이 민박을 시작해서 '유쓰보 민박촌'이라고도 불린다. 저렴한 숙박 요금과 신선한 야채나 산나물이 인기이다.

호센지宝泉寺보천사 온천

단순온천으로 규다이 본선의 분고모리 역에서 하차해 버스를 타고 '호센지 온천 입구'에서 내린다.

와이타 산의 산간, 마치다가와 강변에 위치한 온천지로 수량이 풍부하다. 여관마다 노천온천탕과 실내온천탕을 갖추고 있다. 또 공동온천에 있는 돌로 된 통을 그대로 욕조로 사용하는 약사탕·바위 노천탕도 있다.

약 1,000년 전에 한 승려가 찾았다는 온천으로 대지진 때 큰 삼나무의 뿌리에서 뜨거운 물이 흘러나왔다는 전설이 있다. 호센지는 처음 온천을 찾은 승려를 모시는 사찰 이름이다.

● 　　　　　　　　　　　　　　　　　　　우스키

　　오이타 현의 동해안에 위치하는 도시로 국보인 우스키 석불과 간장醬油으로 유명하다. 경제적으로 현청 소재지인 오이타 시와 밀접한 관계가 있다. 인구는 4만 명 정도이다.

　　동부는 분고豊後풍후 수도에 접하고, 북쪽은 사가노세키佐賀関사가관 반도, 남쪽은 나가메長目장목 반도에 둘러싸여 있고 우스키 강 하구 주변의 평지에 시가지가 형성되어 있다. 우스키 만에는 구로시마黒島흑도, 쓰쿠미지마津久見島진구견도 섬이 떠 있다. 북쪽에 오이타 시, 남쪽에 사이키佐伯좌백 시, 동쪽에 쓰쿠미津久見진구견 시, 서쪽에 분고오노豊後大野풍후대야 시가 있다.

우스키臼杵구저 **성**　　　　우스키에 있던 성으로 오토모 소린이 1561

▼ 우스키 마애불

년 모리 모토나리와의 싸움에 패한 후, 1562년 우스키 만에 떠 있는 뉴시마丹生島단생도에 새 성을 쌓고 오이타의 부나이府內부내에서 이사하면서 오토모가의 거점이 되었다. 에도 시대에는 우스키 번청이 있었다.

뉴시마는 북쪽, 남쪽, 동쪽이 바다에 둘러싸여 있고, 서쪽도 간조 때만 갯벌이 육지로 이어질 뿐 물이 차면 섬이 되는 천연의 요새이다. 뉴시마란 '금속광석을 산출하는 섬'이라는 뜻이다. 소린은 바닷가 절벽에 성을 쌓아 이 섬 전체를 성곽으로 만들고 갯벌을 간척해서 성 아랫마을을 조성했다.

성에는 3겹 3중의 천수각과 31개의 망루를 만들었다. 평면 규모가 같은 2층짜리 겹 망루를 만들어 2겹 망루가 되게 했다. 폐번 후에는 천수각 이하 건물 대부분이 헐리고 주위의 바다도 매립되었다. 현재 성곽의 중심 부분은 도시공원으로 정비되어 돌담과 물이 없는 해자(가라

▼ 복원된 우스키 성의 니노마루

호리(空堀공굴)만 남아 있다. 니노마루의 망루와 혼마루 입구 망루가 현존한다.

포르투갈인 선교사 프로이스의 기록에 따르면, 성 아랫마을에 천주교 시설을 많이 건립했고 성내에 예배당도 있었다고 한다.

1586년 시마즈 군이 침공했을 때, 포르투갈에서 입수한 거포 '후란키 포'를 동원해 시마즈 군을 물리쳤지만 성과 성 아랫마을이 큰 피해를 입었다.

임진왜란에서 오토모 요시무네가 도요토미에 밉보여 교체되면서 이시다 미쓰나리의 매제가 3년간 이 성에 있었다. 1597년 오타 가즈요시太田一吉태길일성가 입성해 성 아랫마을 부흥과 성의 근세 성곽화가 이루어지면서 현재 모습의 기틀을 다졌다.

세키가하라 전투 후 1600년에 이나바 사다미치稻葉貞通도엽정통가 입성해 메이지유신 때까지 그 후손이 이 성에 거주했다. 메이지 시대인 1873년, 성내 건물이 일부만 남고 불하되어 철거되었고 1887년 성 주변의 바다를 매립해 육속되었다.

1877년 세이난전쟁 때, 분고 방면 전투에서 사쓰마군의 공격에 대비해 옛 우스키 번의 가신이 농성전으로 저항했지만 성이 함락되었다. 그러나 며칠 후 신정부군 네 개 대대와 군함 세 척의 원군이 들어와 우스키 성을 탈환했다.

후렌風連풍연 종유동　　　　외기의 침입이 적고 풍화가 억제되며, 출입구가 한쪽밖에 없는 폐쇄형이어서 1926년에야 현지 청년단이 발견했다. 오랫동안 사람의 영향을 받지 않아 섬세하게 성장한 종유석

오타 가즈요시太田一吉(생년 미상~1617)

미노노美濃미농 국 출신으로 도요토미의 가신이 되었다가 임진왜란 때는 감시역을 맡아 진주성 전투에 참가했고, 임진왜란 때 오토모 요시무네大友吉統대우길통가 황해도 무단 철수로 이 지역의 영주에서 파면되면서 이시다 미쓰나리石田三成석전삼성와의 친분으로 이 성을 차지했다. 정유재란 때는 남원 전투와 울산성 전투에 참가했다. 귀국 후에는 문치관료파로서 무단파와 대립했다. 1600년, 세키가하라 전투에서는 조카를 동군에, 아들을 서군에 참전시키고 자신은 병이라고 칭하고 성에 머물렀다. 그러나 그 태도가 서군에 가담하고 있는 것으로 보여 동군 측의 구로다 조스이(구로다 나가마사의 부친)와 나카가와 히데시게에게 공격을 받아 항복했다. 하지만 이때 그는 나카가와에게 항복하는 것을 치욕이라고 생각해 철저한 교전으로 크게 손해를 입힌 후(사가노세키 전투), 평소부터 친분이 있던 구로다에게 성을 내주었다. 이후 교토에 은거하다가 1617년에 사망했다.

이나바 사다미치稻葉貞通도엽정통(1546~1603)

1546년 미노노 국에서 태어났다. 1567년 오다 노부나가가 침공해 오자, 아버지와 함께 항복해서 그의 부하로서 각지를 전전하며 전투를 벌이다가 1579년에 미노의 작은 성주가 되었다. 1582년 4월에 이 성을 수비하고 있을 때 반란군에 포위되었다. 지원군의 도움으로 수비에 성공했지만 노부나가에게 소환되면서 성주도 교체되었다.

1583년 오다의 후계자 다툼 때는 도요토미 편이었고 적극적이지 않았지만, 1587년의 규슈 정벌에서 공을 세워 시종무관에 임관되었다. 임진왜란 때는 조선 반도에 쳐들어왔고, 1600년 세키가하라 전투에서는 처음에는 서군이었지만, 나중에는 동군에 가담해 공을 세우고 분고 국 3개 군에 영지를 가진 초대 우스키 성주가 되었다.

의 형상과 아름다운 하얀색이 잘 보존되고 있다.

종유동은 신구 두 개 동굴로 이루어진다. 옛 동굴은 깊이가 약 500

미터로 금세계, 은세계, 용궁성의 세 개 구역이 있다. 가장 안쪽에 넓게 퍼진 용궁성의 중심에는 높이 10미터, 둘레 16미터의 범위에 100개 이상의 석순들이 솟아 있다. 새 동굴은 옛 동굴이 있는 산보다 100미터 높은 곳에 있고 깊이는 약 82미터로 짧은 동굴이다.

● 나카쓰

이 도시는 오이타 현의 서북쪽 끝 지역, 후쿠오카 현과의 경계에 있다. JR 역과 시청 등의 중심지는 시 동북쪽 해안이다.

도시 규모로 오이타, 벳푸에 이어 인구 8만 5,000명으로 현 내 제3도시이다. 도심인 성 아랫마을이 있고, 아오노도몬靑の洞門, 후쿠자와 유키치福澤諭吉복택유길의 옛 집, 나카쓰 성 등 역사적 건조물이 있다. 시역 남부에 야바케이耶馬渓야마계 계곡이 있다.

나카쓰는 시 서쪽의 야마쿠니가와山国川산국천 강을 사이에 두고 기타큐슈 지방과 가까운 지역이어서 후쿠오카 현으로 통근·통학하는 인구가 매우 많다. 시 남부에 있는 야마쿠니마치山国町산국정는 나카쓰 시내보다 히타 쪽이 가깝기 때문에 히타 시와 관계가 깊다. 북부는 스오나다周防灘주방탄에 면하고, 남부의 야마쿠니마치는 대부분이 산간 지역이다.

현에서 최대 규모의 농업 지대인 야마쿠니가와 강 유역에는 나카쓰 평야가 펼쳐져 있다. 세토 내해식 기후로 온난하지만, 강수량은 규슈 지방에서는 적은 편이다.

규슈 역사 문화 여행

나카쓰 성

이 성은 전략가로 이름 난 구로다 요시타카黒田孝高흑전효고(구로다 간베에黒田官兵衛흑전관병위. 도요토미의 1급 참모로 규슈 공략의 선봉장이었고 임진왜란과 정유재란에 군감으로 참전했다. 세키가하라 전투에서 동군

▲ 나카쓰 성

소속으로 벳푸에서 오도모의 서군을 격파했다. 구로다 나가마사의 친부로 천주교인이다)가 축성을 시작해 호소카와 다다오키細川忠興세천충흥가 완성했다.

스오나다로 흘러드는 나카쓰가와中津川중진천에 세워진 사다리 외곽식 평성이다. 해자에는 바닷물이 흘러드는 수성水城으로 이마바리今治금치 성·다카마쓰高松고송 성과 더불어 일본 3대 수성 가운데 하나로 꼽힌다. 혼마루를 중심으로 북쪽에 니노마루, 남쪽에 산노마루가 있다. 전체적으로의 식삼삭형을 이루고 있었기 때문에 부채에 빗대서 부채성(센조扇城선성)이라고도 불렸다. 망루가 22개이고 성문은 여덟 개이다.

천수각의 존재 여부는 불분명하다. 1588년 건축된 돌담은 현존하는 근세 성곽 돌담으로는 규슈에서 가장 오래된 것이다. 혼마루 남쪽의 해자와 돌담은 나카쓰 시에서 복원했다.

후쿠자와 유키치福澤諭吉복택유길의 옛 집터　　도쿄에 있는 2대 명문사학의

하나인 게이오기주쿠慶應義塾경응의숙대学의 창설자 후쿠자와 유키치(1835~
1901)가 유소년 시절을 보낸 옛 집터가 나카쓰 역에서 걸어서 15분 거
리에 있다. 1835년 오사카의 나카쓰 번저에서 태어난 그는 두 살 때 아
버지를 여의고, 선대들이 살았던 이곳에 와서 지냈다. 후쿠자와는 어
릴 때 한학과 유학을 배우고, 형의 권유로 난학蘭学(네덜란드 학)을 공부
하기 위해 나가사키로 떠났다. 현존하는 이 집은 16세 때 사들인 것으
로 스스로 개조해 2층을 공부방으로 사용했다. 현재는 후쿠자와 기념
관이 되었는데 이곳에 유품 등을 전시하고 있다.

후쿠자와 유키치는 일본 무사 출신 학자이자 계몽사상가, 교육자로
현행 일본은행권(1984년 첫 제조) 1만 엔 권에 그의 초상이 있다. 그의
부하와 제자 중에서 우시바 다쿠조牛場卓蔵우장탁장(1850~1922)와 이노우에
가쿠고로井上角五郎정상각오랑(1860~1938)를 조선에 보내 우리나라 최초의
근대 신문인《한성순보漢城旬報》편집 업무를 지원해준 적이 있지만, 그
역시 정한론자로 조선을 침략한 일본인임에는 틀림없다.

그는 1860년 미일 수호통상조약 비준을 교환하기 위해 파견되는 사
절단의 호위함 함장 시종으로 도미했다. 그는 독학으로 영어를 깨우쳤
기 때문에 귀국 후에는 유럽에 파견되는 일본 관리들과 함께 통역관
으로 홍콩, 싱가포르를 거쳐 마르세유에 도착해 유럽 각지를 둘러보고
런던만국박람회도 관람한 후에, 유럽 서적을 구입해 귀국했다. 또한
이 책들을 열심히 읽고 이 책들을 기본으로 사전이나 주석서 등을 저
술하기도 했다.

1882년 3월 정부 주도로 창간 예정이던《지지신보(時事新報시사신
보)》를 스스로의 손으로 창간했다. 불편부당不偏不黨을 사시로 내건 이

신문은 발행 취지의 끝부분에 "오직 우리들의 주의主義는 일신일가의 독립보다 한 나라의 독립에 미치려고 하는 정신으로 현재의 정부든, 이 세상의 많은 정당이든, 여러 공상의 회사든, 여러 학자의 집회든, 그 상대를 가리지 않고, 친구로서 이 정신으로 돕고, 이 정신에 위배되는 것으로 보이는 자는 또한 그 상대를 가리지 않고 모두 적으로 삼아 이를 배척할 뿐"이라고 적고 있다.

그는 김옥균과의 만남을 계기로 조선의 개화파 진영과 접선했다. 1882년 여름 임오군란 수습에 참여하고 더 나아가 프랑스 공사에게 부탁해 프랑스 함대와 당시의 자유당 무사들로 민병대를 조직해서 한반도에 보낼 계획을 세웠지만 이토 히로부미에 의해 기각된다. 1884년 청나라에서 완전히 독립하고 위에서부터의 개혁을 주장하는 갑신정변이 실패하자, 1885년 3월 16일 《지지신보》에 '탈아론脫亞論'을 발표하고, 8월에는 "조선 인민을 위해 조선의 멸망을 축하하자"라는 사설을 실었다.

만년의 후쿠자와는 여행이나 저술 활동을 하는 데 많은 시간을 보냈다. 또 《지지신보》 사설에 메이지 정부의 국가사회주의적인 서양화·근대화를 비판하고, 기독교를 비롯한 종교 비판("여러 종교가 있지만 그 치이는 보통 차와 홍차의 사이 정도이므로, 어느 것을 마셔도 큰 차이가 없다." 1897년 9월 4일자 《지지신보》 사설)을 싣는 등 그의 관심은 다방면에 이르렀다.

아오노도몬青の洞門　　　이 터널은 한 스님이 30년에 걸쳐 교슈호競秀峰경수봉 봉우리에 끌과 망치만을 사용해 파내어 1763년 개통한 명소이다. 개통 후에 통행인과 마소에게 요금을 징수했다고 전해

져, 일본에서 가장 오래된 유료 도로라고 일컬어진다.

1906년부터 1907년에 걸쳐 육군훈련장으로 가는 수송로 정비를 위해 차량이 통과될 수 있도록 확장되었다. 이 공사 후에 당초의 원형은 많이 없어졌지만 터널 속 창문 등의 일부에 수작업을 한 자국이 남아 있다.

야바케이耶馬渓 **계곡**　　　야마쿠니가와의 상류·중류와 그 지류 유역으로 풍화 작용이나 하천의 침식 작용으로 생긴 동굴이 많은 계곡이다. 신일본 3대 경승지(홋카이도 고마가타케駒ヶ岳, 후지산과 함께)의 하나로 꼽힌다.

화산분출물인 응회질 바위와 용암으로 된 대지의 침식으로 생긴 기암이 이어져 있다. 혼야바케이本耶馬渓본야마계는, 아오노도몬, 교슈호를 중심으로 하는 강 상류 일대인데 절벽 쪽 가파른 곳은 쇠사슬 등을 타고 다닐 수 있다. 아오노도몬 동굴에서 500미터 정도 하류에 있는 야바케이 다리는 길이 116미터로 일본 최장의 석조 아치다리이다. 아치는 서양적 외관이어서 '네덜란드 다리'라는 애칭으로 불린다. 야바케이 다리의 1.5킬로미터 상류에 길이 89미터의 라칸지바시羅漢寺橋나한사교, 4킬로미터 상류에 83미터 길이의 바케이橋馬渓橋마계교 다리가 있다.

신야바케이深耶馬渓심야마계는 야마쿠니가와의 지류에 위치한 계곡이다. 한 번에 8경을 볼 수 있다 하여 붙여진 이름으로 가을에는 바위 절경과 단풍을 모두 감상할 수 있다. 근처에 온천도 있다. 침식을 받은 암벽이 병풍처럼 우뚝 솟아 있는 우라야바케이裏耶馬渓이야마계는 가나요시카와金吉川금길천 상류 계곡에서 구스마치玖珠町구주정와의 경계에 있는데 주변에는 이후쿠伊福이복 온천이 있고, 온천수로 양식한 자라 요리가 명물이다.

그 밖에도 오쿠야바케이奥耶馬渓오야마계 등 아름답고 정취 있는 계곡이 많이 남아 있다.

니시타니西谷서곡 온천　　　　니시타니의 자연에 둘러싸인 이곳에는 온천뿐 아니라 통나무집, 길이 140미터의 롤러 슬라이더, 억새 지붕 캠프장이 있다. 통나무집 여덟 동은 모두 2층으로 4~5명이 충분히 묵을 수 있는 넓이에 각종 조리 도구까지 갖추고 있다. 억새지붕 집이 모두 네 동 있는데 화로방과 일본식 방이 있고 5~6명이 충분히 묵을 수 있는 공간이다. 별도 요금을 받는 바비큐 시설은 숙박객만 이용할 수 있는데 사계절 바비큐 파티를 즐길 수 있는 식사 광장도 있다. 영업시간은 오전 10시부터 오후 6시까지이며 세 번째 수요일은 쉰다.

JR 닛포 본선 나카쓰 역에서 노선버스 가키사카柿坂시판행으로 갈아타고 30분 가서 나카지마中島중도에 내려 택시로 15분을 더 가야 한다.

사이키

오이타 현의 동남부에 있는 평야 지대에 건설된 시로 사이키 번의 성시로 번창해서 예부터 풍부한 해산물과 산나물이 만나 '세계 제일, 사이키 스시'를 캐치프레이즈로 관광객 유치에 힘을 쏟고 있다.

오이타 시에서 남동쪽 약 60킬로미터 떨어진 현 제일 남쪽의 도시이다. 동부는 분고 수도에 접하고 일본 유수의 리아스식 해안 지대가 펼쳐진다. 사이키 시도 닛토해안 국정공원 지역으로 분고 후타미가우

▲ 후타미가우라 해안과 부부바위

라 해안의 명승지로 꼽힌다. 가장 유명한 것은 높이 17미터의 남자바위男岩와 높이 10미터의 여자바위女岩가 길이 65미터, 지름 최대 75센티미터, 무게 2톤의 줄로 연결되어 있다. 일출의 명소로 꼽히며 매년 12월 두 번째 일요일에는 새해를 대비해 주민들이 줄을 교체한다. 연말부터 연초에 걸쳐 전등을 켜놓으며 또 3월 상순과 10월 초순에는 부부바위 사이의 한가운데로 해가 뜨는 모습을 볼 수 있다. 이 부부바위는 사이키 역에서 12분 정도 북쪽에 있는 아자무이浅海井천해정 역에서 바다쪽으로 10분 정도 걸어야 하는 거리에 있다.

사이키는 미야자키 현의 최북단 도시인 노베오카延岡연강와 9월부터 석 달 동안의 새우잡이 기간에는 신선한 새우 요리 축제를 같이 하는 등, 긴밀한 관계를 유지하고 있다. 노베오카까지는 JR 특급이 1시간, 보통열차는 1시간 20분 걸린다.

규슈 역사 문화 여행

미야자키
현

후쿠오카
사가
나가사키
구마모토
오이타
미야자키
가고시마

Kyushu

미야자키는 예부터 태양이 떠오르는 동쪽에 있어서 '히무카노구니 ひむかの国'(태양을 향한 나라라는 뜻)라고 불렸다. '히무카노구니'는 히무카의 나라라는 뜻으로, 미야자키 현 휴가日向일향를 예전에는 히무카로 발음한 데서 유래한다. 일본의 건국신화도 이곳에서 시작되었고, 백제 왕족들이 피난 간 곳이라는 전설도 있는 지역이다. 특히 겨울에는 피한시로도 좋아 스포츠 팀들이 이 현 각지에서 겨울 트레이닝 캠프를 차린다. 현의 인구는 1970년 105만 명 선이었으나 1995년 117만 5,000명을 피크로 2010년에는 113만 5,000명으로 줄었다. 가장 뚜렷한 원인은 인구의 대도시 집중 현상일 것이다.

1871년 새로운 현 제도가 성립하면서 현재의 미야자키 현 지역이 미미쓰美美津미미진 현과 미야코노조都城도성 현으로 재편되었다. 1873년에 옛 휴가 국의 영역에 미야자키 현이 새로 설치되었는데, 현의 정치적 필요에 따라 현의 중앙부에 현청을 설치해야 했으므로 당시에 한촌이었던 현재 위치로 현청이 옮겨졌다. 1876년에는 미야자키 현이 가고시마 현에 합병되었다. 1877년 세이난전쟁으로 당시에 미야자키 지역도 전쟁터가 되었고, 이 전쟁이 끝난 후에 사쓰마와 오스미 지역 부흥과 진도를 맞추기 위해 1883년 이 지역에 미야자키 현을 부활시키고 다섯 개 군을 설치했다. 1943년에는 남부 규슈 최대의 공군기지가 들어섰는데 이 기지가 오늘날의 미야자키 공항이 되었다. 1945년 3월에는 미군이 이 현 일대에 대규모 공습을 가했다.

현재 미야자키 현은 군사기지로서도 매우 중요한 곳이다. 이 현에는 또한 육상자위대의 에비노えびの 주둔지와 미야코노조都城도성 주둔지가 있다. 가장 가까운 훈련장으로 미야코노조 훈련장, 다카노미네高ノ峰 사격장과 기리시마 훈련장이 있다. 일본은 자위대를 군대로 전환해 끊임없이 제국주의의 부활을 꿈꾸는 것이 아닌가 하는 생각을 하며 1996년 무렵 한밤중에 아내와 함께 미야자키 시내를 걷다가, 러시아에서 온 거리의 여인에게 유혹을 당해보기도 했다.

▼ 미야자키 도심 다치바나도리의 뒷골목

항공자위대는 고유군 신토미초児湯郡新富町아탕군신부정에 비행장을 갖춘 뉴타바루新田原신전원 기지를 두어 일본 최대 기량을 가진 비행교육부대를 배치하고 미일합동훈련을 위해 정기적으로 활주로 보수 등을

규슈 역사 문화 여행

행하고 있다.

일제강점기에 이곳은 육군 공정부대 기지였는데 종전 후에는 1957년 항공자위대 기지가 되고, 조종학교 분교가 설치되어 주로 T-33기의 훈련장이 되었다. 1957년에는 이 분교를 비행교육단으로 개칭했고, 1960년에는 지토세千歲천세 기지와 마쓰시마 기지의 항공부대도 이동해 왔다. 1962년에는 F-86F 전투기비행대가 설치되었다가 1964년에 비행교육단과 함께 쓰이키築城축성 기지로 이동해 가고, F-104J/DJ 전투기로 편성된 새 비행부대가 주둔하고 있다. 1980년에는 재일 미군기지로 새로 제공되면서 1983년에는 쓰이키 기지의 비행교육대가 다시 이 기지로 이동해 오고 1985년에는 새 비행단이 설치되었다. 2000년부터는 F-15DJ 비행교육기지가 되었다.

이 기지는 JR 닛포日豊일풍 본선 휴가신토미日向新富일향신풍 역에서 차로 약 5분 거리에 있다. 매년 11월 말부터 12월 초순에 걸쳐 블루 임펄스Blue Impulse(일본 항공자위대의 곡예비행대가 보통 여섯 대의 비행기로 벌이는 곡예비행)의 전시 비행을 포함한 항공제를 개최한다.

다카하타야마高畑山고전산 항공기지   구시마串間곳간에 위치한 해발 518미터의 다카야마高山고산(후쿠오카 소재) 정상 부근에 있는 항공자위대의 기지이다. 항공자위대 가스가春日춘일 기지의 분둔 기지이다.

구시마는 미야자키의 서남쪽 70킬로미터에 있는 소도시로, 동부는 서북태평양의 휴가나다日向灘일향탄, 남부는 가고시마 현 시부시志布志지포지 만이다. 해안선으로 이어진 구시마 일대는 니치난日南일남 해안 국정공원 지역이다.

해상자위대의 에비노えびの 송신소　　　　에비노 시 북부의 구릉지에
있는 이 송신소는 잠수함용 초장파VLF 송신시설이다. 건설 당시에 주민
들의 반대운동도 있었지만, 1986년 시와 주민이 합의해 1991년에 완
성했다. 해상자위대는 충실한 잠수함 통신을 위해, 1980년대 초반부터
초장파 송신시설을 정비했다. 당초에는 송신소 위치로 후쿠오카 현을
검토했으나 최종적으로 이곳에 건설했다.

초장파 통신시설로는 일본에서 유일한 곳이다. 전파 특성상 안테나
도 거대해서 높이 약 160미터부터 약 270미터까지 4기基 2열列, 모두
여덟 개의 철탑 사이에 안테나 와이어를 두르고 있어 일본에서 가장
큰 안테나이다.

미야자키 현의 교통　　　　국제선 항공편이 우리나라 인천공
항과 타이완 타오위안桃園도원 공항에서 각각 취항하고 있다.

우리나라에서 미야자키로 가는 직항은 아시아나항공이 주 3편 운항
하고 있다. 대한항공은 가고시마로 주 3편 운항한다. 가고시마 공항에
서는 고속버스로 2시간 남짓 걸린다. 오이타에서는 기차로 약 3시간이
걸리고, 구마모토에서는 고속버스로 약 3시간 걸린다.

닛포日豊일풍 본선은 남 규슈의 가고시마를 출발해 서쪽에서 동쪽으로
갔다가 규슈 동해안을 남북으로 종단하여 고쿠라小倉소창까지 이어주는
철도 노선인데, 이 노선의 주요 역 가운데 하나가 미야자키 역이다. 미
야자키 공항에서 시내로 들어오는 철도도 미야자키 역에 정차한다.

미야자키 역에서 북쪽으로는 다카나베高鍋고과(20분)-쓰노都農도농(10분
추가)-휴가(20분 추가)를 거쳐 이 현의 가장 북쪽 도시인 노베오카(20

분 추가)까지 특급으로 약 1시간 10분 걸린다. 노베오카에서 오이타(2시간 10분)에서 벳푸를 거쳐 고쿠라(1시간 30~40분 추가)까지는 약 4시간이 소요된다. 철도편으로 미야자키에서 고쿠라까지 약 5시간을 잡아야 하는 거리이다. 고쿠라에서 규슈의 관문 후쿠오카까지는 급행으로 55분이나 걸린다.

미야자키에서 서쪽인 가고시마까지는 2시간 30분 정도 걸린다. 서쪽 방향 첫 환승역인 미나미미야자키 역에서는 지방교통선인 니치난日南일남 선이 분기해 가고시마 현의 시부시志布志지포지까지 연결되어 있고 보통 1시간 정도 걸린다. 하지만 이 노선은 시부시까지 직행이 드물고 환승해야 하는 열차가 많다.

두 번째 환승역인 미야코노조 역에서는 지방교통선인 깃도吉都길도 선이 가고시마 현의 요시마쓰吉松길송 역까지 1시간 30분 걸려 운행한다. 이 깃도 선은 요시마쓰에서 '새우고원えびの高原 선'이라는 별명을 가진 히사쓰肥薩비살 선에 연결되어 히토요시人吉인길를 거쳐 가고시마 본선의 구마모토 현 야쓰시로八代팔대 역까지 뻗어 있는 열차선이다.

세 번째 환승역인 하야토 역에서는 요시마쓰 행 히사쓰 선이 특급과 보통열차를 합쳐 1~2시간 만에 한 내 정노가 운행되고 있다. 하야토에서 산간온천이 많은 기리시마霧島무도 온천-가레이가와嘉例川가례천-히나타야마日当山일당산 마을에 정차하고 요시마쓰에 이르는 이 철도선의 총 운행시간은 1시간 남짓이다.

미야자키 시내의 중심인 미나미미야자키 역 앞에서는 많은 노선버스가 시내에서 인근 시와 마을을 오간다. 신칸센과 연결하기 위해 구마모토 현의 신야스시로新八代신팔대 역으로 가는 고속버스도 있다.

규슈에서 수도권까지 가장 가까운 항구였던 옛 아카에_{赤江적강} 항을 이어받은 미야자키 항은 아직도 해운의 흔적으로 미야자키 카페리가 오사카 남항까지 운항되고 있다.

미야자키에서 남행하는 철로인 니치난_{日南일남} 선은 니치난·난고_{南鄉남향}·구시마를 거쳐, 가고시마 현 동남부에 위치한 시부시 시에 이르는 정차역 대개가 무인역으로 완만열차가 운행하고 있다. 완만열차는 기관사 한 사람이 기차도 운행하고 요금도 받는다. 이 선의 종착역인 가고시마 현의 시부시 역 역시 무인역이다.

미야자키에서 시부시까지는 완행(보통)열차로 3시간 걸린다. 이 완행열차는 아오시마_{靑島청도}까지 약 30분, 니치난까지는 다시 1시간 20분, 난고는 니치난에서 15분, 거기서 구시마까지는 또 40분, 그리고 종점인 시부시까지 약 20분 더 달린다. 쾌속열차는 몇 군데 간이역만 무정차하고 달리지만 2시간 30분 정도 걸리니까, 띄엄띄엄 있는 열차를 꼭 기다려서 탈 필요까지는 없다.

미야코노조에서 출발해서 미야자키에 도착하는 특급열차는 1시간 정도 걸리고 보통열차는 미야코노조에서 출발해 동쪽으로 다노_{田野전야}, 기요타케_{淸武청무}를 거쳐 미야자키까지 1시간 20분 걸린다.

미야자키 공항에서 미야자키 시내를 잇는 미야자키 공항선은 특급열차와 보통열차가 모두 있고 남과 북 어느 쪽으로도 연결되어서 이 공항이 규슈 서남부의 중추 공항이 되었다.

깃도 선은 미야코노조에서 북쪽을 향해 고바야시_{小林소림}·에비노 교마치_{京町경정} 온천을 거쳐 다시 남쪽으로 가고시마 현 유스이초_{湧水町용수정}, 쓰루마루_{鶴丸학환}, 요시마쓰_{吉松길송}에 이르는 노선으로 1시간 30분 정도 소요된다.

　히사쓰 선은 규슈 종단 신칸센이 정차하는 구마모토 현의 야쓰시로八代팔대 역에서부터 미야자키 현 에비노 시의 마사키真幸진행, 가고시마 현의 요시마쓰, 구리노栗野율야, 오스미요코가와大隅横川대우·횡천, 기리시마 온천, 가와이가와, 효키야마表木山표목산를 지나 하야토에 이르는 남북 종단 철도 노선이다. 기리시마에서 하야토까지는 30분 정도, 요시마쓰까지도 30분이 걸리는데 특급도 별로 시간 단축이 되지 않는다. 몇 개 역은 특급도 있지만 대개는 보통열차만 운행되므로 먼저 오는 열차부터 타면 된다. 이 노선들은 전 구간이 단선이다. 또 JR 규슈 관내에서 사용되는 철도계 IC승차 카드로 승차할 수 있는 역이 전혀 없다.

미야자키 시와 주변의 중소 도시

미야자키 시는 현의 중앙 동쪽에 있다. 지리적으로 시는 미야자키 평야의 남단에 위치하고 있는데 오요도가와大淀川대정천 강이 시 중앙을 거쳐 휴가나다의 바다로 흘러든다. 남쪽에는 와니쓰카鰐塚악총의 일부가 깊은 산지이지만, 시가지는 대부분이 평지이다.

연 평균기온이 섭씨 18도, 연간 강수량이 2,500밀리미터에다, 연간 일조 시간도 2,000시간을 넘는다. 봄은 3월 중순부터 4월까지로 변화가 심한 날씨에, 저기압이 동쪽을 통과하고, 팬 현상으로 뜻밖의 고온이 며칠씩 계속되기도 한다.

여름인 5월 하순부터 7월 상순에 걸쳐 장마가 오고 장마가 끝날 무렵에는 호우가 쏟아지는 날이 많다. 규슈에서는 더위가 덜한 편이고 열대야는 극히 드물다. 8월 평균기온은 후쿠오카에 비해 섭씨 1도 가까이 선선하다. 9월 초반에는 늦더위에 이어 태풍이 내습하고, 11월이면 싱그러운 가을이 된다.

　겨울은 비교적 따뜻하지만 서풍이 강하고 건조하며 맑은 날이 많다. 가고시마를 비롯해 규슈 서부나 북부에 눈이 내릴 때도 산지가 눈구름의 발달을 막기 때문에 미야자키는 맑은 날이 많다. 눈이 내리지 않는 해도 있고, 1961년 이후의 기상 통계로 적설량이 1센티미터 이상인 해가 세 번(1975년, 1987년, 2005년)뿐이었다. 기록적 한파가 내습한 2005년 12월 22일에 1센티미터의 적설량이 관측되었는데 이것은 20년 만에 처음이고 12월의 적설량으로는 60년 만의 일이라고 야단법석이었다. 낮에는 따뜻하지만, 다음 날 아침은 방사냉각으로 최저기온이 영하가 되는 날이 많다. 봄이 가까워지면 늦겨울에도 구름 끼는 날과 비 오는 날이 많아진다. 일반적으로 생각하는 '규슈의 기후'에 가장 잘 들어맞는 곳이 이 도시라고 해도 좋다.

　시 남부인 아오시마青島청도 이남의 연안지역은 서리가 내리지 않는다. 3월 중순부터 4월까지는 날씨 변덕이 심하다. 저기압이 동해를 통과할 때는 기온이 오르고 팬 바람으로 고온현상이 나타나 섭씨 30도 가까운 날도 있다. 기후로 보아 관광하기 좋은 시기는 10월 하순부터 3월 초순까지이다.

　시의 중심 시가지는 다치바나도리橘通り가 남북으로 꿰뚫고, 다카치호도리高千穂通り가 동서로 관통한다. 남쪽에는 오래된 시가지인 조가사키城ヶ崎와 인접하는 나카무라中村중촌가 있고, 북쪽에는 작은 거리인 하나가시마花ヶ島, 에히라江平강평가 있다. 그 중간에 현청이 들어서면서 시가지가 확대되어 남북으로 길게 이어지게 되었다. 1960년대부터 뉴타운이 속속 들어서 시 인구가 계속 늘고 있다. 옛 영주의 성 아랫마을이

아닌 지역이 도심이 된 곳은 나가사키와 이곳뿐이라고 한다.

1551년 오요도가와 강 오른쪽 둑 하구 부근에 성 아랫마을이 들어선 것이 미야자키가 도시화되는 첫걸음이었다. 이 성 아랫마을은 아카에赤江적강 항을 장악한 상인의 마을로 교역이 행해지면서 서민문화가 발달해 번영을 누렸다. 그 이외의 지역은 농촌이며 각 번의 소유지와 천황의 영지가 복잡하게 뒤얽힌 변경의 땅이었다.

제2차 세계대전이 끝난 뒤, 시의 인구가 10만 명을 넘어서면서 미야자키는 규슈 남부의 대표적인 도시로 변모하고, 신혼여행지로 각광을 받게 되면서 유명 도시 대열에 끼게 되었다. 1980년대 인구는 33만 명이었지만 2000년에는 39만 2,000여 명까지 늘었고 2010년에는 40만 명이 넘었다. 규슈에서는 나가사키에 이어 일곱 번째로 큰 도시이다.

시가지는 미야자키의 상징인 오요도가와 강에 가설된 오요도大定대정 대교와 다치바나 다리橋가 도시를 남북으로 가르고 있다. 중심 시가지를 남북으로 관통하는 두 개의 큰길 위에 두 개의 큰 다리가 있다. 서쪽에는 다치바나 다리를 건너 남북으로 다치바나도리立花通り가 뚫려 있고, 더 동쪽의 오요도대교를 건너서는 오이마쓰도리老松通り가 남북으로 미야자키 역 앞에 이른다.

다치바나 다리를 건너 미야자키 현청 앞을 지나는 다치바나도리와 JR 미야자키 역에서부터 주로 상업지역이 밀집한 거리를 동서로 횡단하는 다카치호도리의 교차점을 중심으로 도심이 형성되어 있다. 동쪽에 있는 오요도대교를 건너 북쪽으로 미야자키 역을 거치는 오이마쓰도리가 두 개의 주요한 남북도로라면, 좀 더 서쪽에 있는 다치바나 다리를 관통하는 큰길이 도시의 중앙이다.

규슈 역사 문화 여행

남쪽의 오래된 시가지에서 조가사키城ヶ崎와 인접하는 나카무라와 북쪽의 작은 거리인 하나가시마·에히라의 중간쯤에 현청이 있고, 현청에 가까운 가미벳푸 마을上別府村상별부촌이 시가지가 되면서 남북으로 길게 연속된 도심지가 되었다.

외국인 관광객을 위한 시내 및 주변 관광지용 버스카드는 1일권이 1,000엔으로 일본인 카드보다 싸다. 판매 창구는 공항버스 안내소, 시 관광안내소, 역 버스센터, 미야자키 아오시마 팜비치 호텔, 미야자키 관광호텔, 시가이야 액티비티센터 등 여섯 곳이다. 이 카드를 구입하려면 여권, 귀국항공권 또는 여정표 등을 제시해야 하고, 버스카드에 이름과 이용 날짜 등을 기입하게 되어 있다. 이 카드로 미야자키와 그 주변 지역의 노선버스를 평일이나 주말에 관계없이 하루 종일 이용할 수 있다. 버스카드에는 관광지 안내, 주요버스 승강장과 소요 시간 및 노선지도, 추천하는 관광코스 등이 기재되어 있다. 추천하는 코스로는 아오시마 리조트 코스, 니치난 해안코스, 아야綾能 크래프트 코스 등 세 개 코스가 있다.

아오시마 리조트 코스 버스는 야마가타야 백화점이나 미야자키 역 앞에서 출빌해 고도모노구니こどものくに(어린이 나라. 장미원과 보트 놀이시설이 있는 가족 오락시설) 정문 앞, 아오시마(귀신빨래판 섬과 주변), 아오시마 아열대식물원, 아오시마야(특산품점), 미치노에키 페닉스(귀신빨래판 바다를 내려다보는 위치)를 거쳐 역 앞으로 돌아오는 코스로 3시간 정도 걸린다.

니치난 해안코스는 같은 곳에서 출발해서 오비조카飫肥城下옥비성하(돌벽, 술 창고, 무사 가옥, 상인 거리 등의 유적), 우도鵜戸제호 신궁 입구, 아오야마 팜비치 호텔을 거쳐 돌아오는 코스로 5시간 정도 걸린다.

아야 크라프트 코스는 공예품 제작 체험코스로 미야코宮交궁교 다치바나도리 지점 앞에서 출발해 슈센노모리酒泉の社(술 테마파크와 유리공예 제작 체험), 아야대합실綾待合所능대합소(이곳 출신 공예가의 작품을 전시·판매하고 도예·직물·염색을 체험하는 공방이 있음)을 거쳐 노무라 증권 앞으로 돌아오는 코스로 승차 시간은 2시간 이내이고 승하차 장소와 체류 시간은 자유이다.

자유여행객이라면 이 추천코스에 얽매일 필요가 없다. 이쪽저쪽 추천코스를 따라가다가 정류장마다 붙여놓은 버스 노선과 시간표를 잘 보고 체력과 컨디션에 따라 행선지를 정해도 될 만큼 미야자키의 대중교통은 잘 갖춰져 있다.

오요도가와 남쪽에 있는 구시가지는 미나미미야자키南宮崎남궁기 역이 중심이다. 이 역 부근에 고속버스터미널인 미야코시티宮交シティ와 쇼핑센터들이 몰려 있다. 현 전역으로 가는 일반버스는 물론이고, 후쿠오카, 나가사키, 구마모토, 가고시마, 교토·오사카·고베, 노베오카로 가는 고속버스의 터미널도 이곳이다. 이곳에서 출발하는 가고시마 공항행 고속버스는 1일 일곱 번 왕복하는데 약 2시간 10~20분 정도 걸린다.

미야자키 시내 근처에 있는 관광지로는 미야자키 페닉스동물원, 페닉스 시가이아 리조트, 플로란테 미야자키, 시민의 숲속 공원, 미야자키 현 종합운동공원(스포츠랜드 미야자키), 미야자키 현 종합문화공원(현립 미술관, 현립 도서관, 예술극장), 평화대공원, 미야자키 현 종합박물관 등이 있다.

JR 니치난 선의 기하나木花목화 역 서쪽 출입구에서 가까운 곳에 미야자키대학 캠퍼스가 있다. 의학부 캠퍼스는 대학병원과 함께 기요타케 淸武청무에 있다. 이 대학은 1949년 설립된 옛 미야자키대학과 1974년 설립된 옛 미야자키의과대학이 통합되어 2003년 발족했다. 현재 교육문화학부, 농학부, 공학부, 의학부의 네 개 학부, 대학원 연구과 여섯 개가 설치되어 있다. 대학원은 교육학연구과, 간호학연구과, 공학연구과, 농학연구과, 농학·공학 종합연구과, 의학·수의학 종합연구과 등이 있다.

미야자키 현의 역사와 유물을 볼 수 있는 현 종합박물관은 JR 미야자키진구宮崎神宮궁기신궁 역에서 10여 분 걷는 거리에 있다. 현립 예술극장(메디아트 현민문화센터)은 무대예술 종합시설로 파이프오르간을 갖춘 홀과 연극홀 등이 있다. 후나쓰카船塚선총에 있는 현 종합문화공원 내에 위치한 현립 도서관은 1902년 개관해서 110년이 넘는 역사를 자랑하는데, 장서수가 66만 7,000권을 넘는다. 이 문화공원 부지 내에 현립 미술관도 있다.

시가이아Seagaia **리조트**　　　이 리조트는 관광 미야자키의 부흥을 목표로 한 '미야자키·니치난 해안리조트 구상'의 핵심 시설이다. 야마자키초山崎町산기정에 있고 정식 명칭이 '피닉스 시가이아 리조트Phoenix Seagaia Resort'이다. 이 시설은 미야자키 현과 시가 출자하고 민간자본도 투자한 민관공동의 거대 프로젝트로, 개업 초기에는 '미야자키 시가이아'라고 불렀다. 'Seagaia'라는 명칭은 영어로 바다를 뜻하는 'Sea'와 지구를 의미하는 'Gaia'를 혼합한 조어이다.

바다를 옆에 두고 달리는 접근 도로 역시 어안이 벙벙할 정도로 절

▲ 시가이아 컨벤션 센터

경이다. 태평양에 접한 10킬로미터의 해안에 위치해 있으며, 미야자키 시에서 예전에 조성한 방풍림이 있던 해안부의 숲을 벌채한 후에 1993년 7월에 세계 최대급의 실내수영장 '오션 돔'과 골프 코스 등 일부의 영업을 시작했다.

뒤에 초고층 호텔인 '셰러턴 그랜드 오션 리조트Sheraton Grande Ocean Resort'와 국제대회가 개최되는 골프장인 '피닉스 컨트리 클럽Phoenix Country Club', 국제 규모의 회의장인 '월드 컨벤션 센터 서밋World Convention Center Summit' 등을 비롯해 별장식 콘도, 자연동물원, 식물원과 위락시설 등이 들어서서 1994년 10월에 전면 개관했다. 남국의 정취가 물씬 풍기는 이곳에서 2000년 7월에는 세계정상회의 외무장관회의가 열리기도 했다.

이 사업은 총사업비 2,000억 엔이 투입되었지만, 이용객 수가 적어서 연간 200억 엔 전후의 적자가 발생했고 2001년에는 누적 부채가 3,261억 엔에 이르렀다가 회생절차를 거쳐 미국 투자회사에 약 160억 엔에 팔렸다. 그 후에 75억 엔을 투자해 골프 시설과 온천 시설을 늘리고, 고급 여행객을 유치하는 등, 경영 개선을 도모하면서 우리나라와 중국 관광객을 적극 유치하고 있지만, 2007년에는 중핵시설인 '오션 돔'을 폐쇄했다.

현재의 주된 시설인 셰러턴 그랜드 호텔은 높이 154미터에 43층 고층 호텔이고, 시설 내에 미국식 콘도미니엄 타입의 장기체류형 호텔도 있다.

JR 미야자키 역에서 시가이아 버스로 25분 정도 소요되고, 공항에서 직행버스도 운행된다. 시가이아 내에서는 무료 셔틀버스로 이동할 수 있다.

다치바나橘귤 **공원**　　　　　종전 후에 미야자키 시가 치수사업의 일환으로 오요도가와 강변에 조성한 수변공원과 친수공간이며 시내의 대표적인 산책로이다. 이 강변공원에는 세계에 자랑할 만한 꽃의 거리가 있고 다리 위의 인도에도 불빛 찬란한 등을 달아놓아 야경 또한 멋지다.

공원 부근에는 나트륨염화물 온천에 섭씨 45.6도 정도의 수온으로 즐길 수 있는 약알칼리성 다마유라たまゆら 온천이 있다. 이 온천수를 사용하는 네 개 호텔 가운데, 오요도가와의 산책하기 좋은 호텔프라자 미야자키는 14층의 흰색 건물로 별관인 온천관에 사우나와 노천온천 등이 있다. 미야자키 관광호텔은 가장 늦게 지어진 도시형 호텔이고, 호텔 하마쇼浜荘빈장는 미야자키 IC에서 10분 거리에 있어 접근성이 가장 좋고 여성들에게 특히 인기가 있다. 호텔 긴주金住금주는 어패류 구이와 소고기 구이가 명물이다.

사이토西都서도 **온천**　　　　　미야자키 시의 서쪽인 사이토 시에 있다. 나트륨탄화수소염 온천으로 사이토 IC에서 차로 약 5분 거리에 있다. 지하 1,000미터에서 자연적으로 용출되는 약알칼리성에 라돈이 함유된 천연온천수는 용출되는 온도가 섭씨 38도이다. 숙박시설도 있고 일부 온천은 야구 선수들의 전지훈련 장소로 이용되고 있다.

니치난日南일남 **해안국정공원**　　미야자키 현의 남부에서 가고시마 현 시부시 만(오스미 반도 동쪽에 접한 활 모양의 만. 제8장 가고시마 현 참조) 서쪽의 기모쓰키가와肝属川간속천 강 입구까지의 해안과 바다를 포괄하는 해상 국정공원이다. 국정공원은 대개가 행정구역상 니치난 시에 속한다. 공원 내의 주요 명승지는 아오시마, 호리키리 고개堀切峠굴절치, 우도鵜戸제호 신궁, 도이미사키都井岬도정갑, 비로지마枇榔島비랑도(가고시마 현 시부시) 등이 있다.

●　　　　　　　　　　　　　　　　니치난 시

　인구 약 5만 7,000명인 니치난日南일남 시는 현의 남부에 위치하는 시로 오비飫肥어비 성과 빼어난 풍광을 자랑하는 니치난 해안국정공원의 중심지로 역사와 자연이 어우러진 관광지이다. 일본 해류의 영향으로 온난한 기후에 강수량도 풍부하다. 하지만 여름부터 가을까지는 태풍이 빈번하게 접근해 자주 큰 피해를 입히기도 한다.

　일본의 전국시대에는 천연의 양항인 아부라쓰油津유진 항을 품고 있는 오비 성을 둘러싸고, 이 지역 다이묘인 이토伊東이동와 시마즈島津도진 가문이 100년 이상에 걸쳐 다툼을 벌인 무대였으나 도쿠가와의 조정으로 에도 막부 시대에는 이토 가문의 성시가 되었다.

　　　　　　　　　　　　규슈 역사 문화 여행

1950년 오비 인근의 마을들이 합병해서 시가 형성되었다. 성 아랫 마을 역사와 문화를 짙게 간직한 상업의 중심 오비 주민과, 예로부터 어촌이어서 어업과 해운업을 중심으로 활기 넘치는 항구 마을 아부라 쓰의 주민은 의식이나 성격의 차이가 커서 청사 설치의 주도권을 놓고 심하게 다투었기 때문에 여러 차례 협의가 결렬되었다. 하지만 양쪽 주민들은 계속해서 협의를 진행해 새 도시의 청사를 양쪽 마을의 중간 이며 새 도시 중앙에 있는 아가타吾田오전 마을에 두기로 하고, 도시 이 름도 미야자키 현의 옛 이름인 '휴가日向'에서 '일日'을 취하고 그 남쪽 에 있다는 뜻으로 '남南'을 따서 '니치난日南' 시로 정했다.

그 후 1955년 우도鵜戸제호 등을 편입하고 2009년에는 기타고北郷북향와 난고南郷남향 등을 합병해 2009년 현재의 니치난 시가 되었다. 니치난 시 내에는 족탕과 당일치기 온천을 비롯해 많은 온천장이 있다.

아오시마青島청도와 귀신빨래판鬼の洗濯板　　　아오시마는 미야자키 시내 를 벗어난 니치난 해안의 북쪽 끝에 있는 둘레 1.5킬로미터의 작은 섬 으로 아열대식물들이 섬을 가득 채우고 있다.

미야자키 도심에서 니치난 방면으로 향하는 JR이나 버스로 약 30~40분이 걸린다. JR 니치난 선의 고도모노쿠니 역이나 아오시마 역, 또는 버스정류장에서 내리면 도보로 접근할 수 있다. 아오시마 역 주 변에서 바닷가로 나오면 휴가나다의 파도치는 해변과 귀신빨래판鬼の洗 濯板기노센타쿠이와의 경관도 즐길 수 있다. 파도의 침식 작용으로 만들어진 경관의 이름에 걸맞게 귀신이 빨래하는 판처럼 아오시마 섬 주변을 둥 글게 감싸고 있다.

▲ 아오시마 귀신빨래판

아오시마의 주위에는 약 30분이면 해안을 한 바퀴 돌 수 있는 길이 있다. 귀신빨래판 곳곳이 최적의 촬영 장소인데, 부근에는 남녀노소를 막론하고 밀려오는 파도를 타거나 보면서 '바닷가 물놀이'를 즐기는 장면을 볼 수 있다. 고도모노쿠니 역에서 내려 아이들이 놀이도 즐기게 하고 아이를 유모차에 싣고 해안을 따라 파도치는 태평양을 보면서 걷는 젊은 부부의 모습도 상쾌해 보인다. 섬 인근의 아오시마 아열대식물원에 가면 계절마다 다른 꽃들을 볼 수 있다.

아오시마 해변의 귀신빨래판으로 불리는 커다란 톱니바퀴 같은 신기한 바위 바닥은 지질학적 설명으로 사암층과 서로 침식해서 형성된 해안 지형이라고 한다. 바다 바닥海床이 융기해서 형성된 아오시마 섬과 오랜 세월에 걸친 파도로 침식된 자국이라는데 독특한 모양을 나타내고 있는 것이 신기할 뿐이다. '귀신빨래판'의 정식 명칭은 '아오시마의 융기 해상海床과 기형 파식흔波蝕痕'이다. 아오시마에서 남쪽으로 긴차쿠지마巾着島건착도까지 약 8킬로미터에 달하는 해안선에도 이와 같은 해변이 곳곳에 펼쳐져 있어 그야말로 보기 드문 절경이다.

규슈 역사 문화 여행

인근에는 여러 온천호텔이 있다. 온천가는 휴가나다까지 연이어 형성되어 있는데 탄산수소염 온천이 많고, 탕량이 풍부하지만 용출 온도가 섭씨 25도로 낮은 편이다.

호리키리 고개堀切峠굴절치 　잘 포장된 국도 옆 바닷가 언덕 위에 차들도 쉬어 갈 수 있게 만들어놓은 쉼터가 있다. 이 도로는 1889년 건설되었다고 하니 아주 오래된 길이다. 이 고개를 드라이브할 때는 북쪽에서 남쪽으로 내려오다가 이곳에 들르는 것이 좋다. 산 비탈길을 지나면 갑자기 전면의 시야가 열리고 나뭇잎 사이로 검푸른 망망대해 태평양에, 고개 아래는 온통 귀신빨래판의 바위가 이어져 눈길을 끈다.

이 고개에서 미치노에키 페닉스道の駅フェニックス까지 약 1킬로미터의 보도가 2009년부터 해안 산책을 하기 좋은 길로 만들어졌다.

오비飫肥어비 **성** 　옛 휴가 국 남부(현재 니치난 시)에 있는 일본의 성이다. 에도 시대에는 이토 가문의 오비 성 번청이 있었던 곳으로 오비 시가지 북부의 구릉에 구획을 나누어 몇 곳의 구루와曲輪곡륜(일본의 성과 내외의 토지를 석벽이나 해자 등을 이용하여 일정 구획으로 나눈 구역)를 설치한 평산성平山城이다.

이 성은 휴가 지역에서 세력을 넓힌 무사가 축성을 시작했으나, 1458년 규슈 제패를 노리는 사쓰마의 시마즈가 이 지역 북쪽에서 힘을 키운 이토의 남하에 대비해서 시부시 성주로 시마즈 가문의 일족을 입성시켰다. 1484년 휴가의 중북부를 지배하는 이토가 오비를 침공해 당시의 당주가 전사하자, 이토 가문의 본격 침공을 두려워한 시마즈가

▲ 오비 성의 정문

영토를 빼앗았다.

하지만 당주를 잃은 이토 가문은 오비 성에 대한 집념이 대단해서 끊임없이 오비를 침공했다. 1567년 이토 가문은 숙원이던 오비 성 탈환에 성공했지만, 1572년에 이토가 전투에서 패배해 몰락하자 시마즈 집안이 휴가 국 전역을 다스리게 되면서 오비도 다시 시마즈 집안이 지배하게 되었다.

이토의 몰락으로 양가의 싸움이 종지부를 찍은 듯했지만 오비를 잃은 이토 측이 규슈 정벌에 나선 도요토미 히데요시에 붙어 활약한 전투의 공로로 다시 오비 땅을 되찾았다. 이어 이토는 세키가하라 전투에서 도쿠가와의 동군 측에 가담한 몇 안 되는 규슈 다이묘의 하나였기 때문에 에도 시대에도 계속해서 오비를 차지할 수 있었고, 이후 메이지 시대에 오비 번이 폐지될 때까지 이 성을 소유할 수 있었다.

이토 가문이 오비를 침공한 1484년부터 도요토미의 다이묘로서 오

규슈 역사 문화 여행

비 성주가 되는 1587년까지는 103년이라는 긴 세월이 걸렸다. 이 정도로 장기간에 걸쳐 이토 집안과 시마즈 집안의 양대 세력이 일관되게 성 하나를 두고 다툰 사례는 일본의 전사에서도 드물다고 한다.

이 역사도 별난 성은 1978년에 성문을 복원했고, 혼마루 터에는 니치난 시립 오비초등학교가 들어섰다. 이 소도시의 작은 성에서 아이들은 봉건 영주들이 치고받은 전란에 대해 어떤 교훈을 배우고 있을까.

우도鵜戸제호 **신궁**   니치난 해안의 바다 가운데로 난 길을 따라 들어간 섬 안의 휴가나다 바닷가, 깎아지는 낭떠러지 절벽 중간, 자연의 바위 동굴 안에 마련된 신사이다. '우도鵜戸제호'란 일본어로 내부가 공동空洞이라는 뜻이라고 한다. 신사로서는 매우 드물게, 도리이鳥居오거(신사 입구에 세운 기둥문)에서 신전까지의 경내가 내리막길이다. 동굴은 동서 29미터, 높이 8.5미터의 바위 속이 오랜 세월 바닷물에 침식되면서 자연적으로 파인 것이다. 국가 지정 천연기념물이다.

동굴 속 조금 떨어진 바위 구멍에 돌을 던져 넣으면 소원이 이뤄진

▼ 우노 신구

다는 속설도 있다. 부부화합, 안전 출산, 어업, 항해의 신을 모시고 있다.

JR로는 미야자키 역에서 니치난 선을 타고 이비이伊比井이비정 역에서 내려 니치난 또는 오비행 노선버스로 갈 수 있고, 아부라쓰油津유진 역에서는 미야자키 역전 또는 공항행 노선버스를 타고 약 20분 정도 간 다음, 우도 진구 앞에서 내려 10분 정도 걸어 들어간다. 노선버스도 미야자키 역전에서 출발하는 니치난행이나 오비행 버스를 타고 우도 진구 앞에서 내리면 된다. 미야자키 역 앞의 버스센터에서 이곳으로 가는 여러 노선버스를 1시간~1시간 10분쯤 타고 우도 진구 앞에서 내려 20분 정도 걸어도 된다.

산멧세니치난サンメッセ日南 공원　　우도 진구에서 조금 북쪽, 가까운 곳에 이 공원이 있다. 미야자키 시내에서 직행할 때, 기차나 자동차로 40분에서 1시간 정도 걸린다. 이 공원은 언덕 전체가 해시계로 되어 있는 태양의 언덕, 사람 얼굴 모양의 거대한 돌들이 서 있는 모아이モアイ 광장, 모아이 곶 목장 등이 있고 부근에 약광석藥鑛石으로 몸을 덥히는 특수온천인 아라시노유嵐の湯도 있다.

모아이 광장에는 일곱 개의 모아이가 서 있다. 모아이는 남태평양 폴리네시아에 있는 이스터 섬Easter Island(우리나라 안면도나 완도 정도 크기(180제곱킬로미터)에 인구 4,000명이 사는 작은 섬이지만 현재 칠레령으로 칠레 해군과 해병대가 주둔하고 있다)에 건설된 석상으로, 그곳 사람들은 숲을 개척해서 경지를 확대했기 때문에 섬의 자연환경이 현저히 황폐해졌다. 그 결과 식량난이 발생하고 부족 간 전쟁으로 섬 사람 전체가 거의 멸망 직전까지 내몰렸다. 이스터 섬의 역사는 종종 '전쟁과 환

규슈 역사 문화 여행

경 파괴가 종말에 이른 20
세기 문명의 선례'라고 불
린다. 그래서 당초 각 부족
의 수호신으로 건립된 무
수한 모아이들이 섬 사람
들의 투쟁 과정 속에 무참
하게 내팽개쳐져서 섬 곳
곳에 버려져 있다. 이 모아

▲ 산멧세니치난 공원의 모아이 석상

이들에서 옛 신들은 인류가 스스로 멸망해가는 모습을 바라보며 억울
해하고 있다고 한다.

이 공원에 20세기 말 복원된 모아이상은 태평양을 건너와 니치난
해안에 재생해 인류 비극의 역사를 끝내기 위해서는 전쟁을 그만두고
지구환경을 사랑해야 함을 알려준다. 이 공원에 있는 또 하나의 상징
인 '지구 감사의 종'은 자연의 돌로 만들어졌지만 돌기둥에 새겨진 설
명이 여행객의 가슴을 요동치게 만드는 것 같다. 인간 중심적 사고를
넘어 지구 친화적인 감사의 마음으로 여러 종교를 넘어서 지구환경 보
존을 소망히는 마음을 담아 '지구를 향한 메시지'로 환경 이념을 제언
하고자 이 종을 건립했다고 한다. 종소리가 내는 잔잔하고 맑은 울림
은 지구에 감사하는 마음과 모아이들의 절실한 염원을 함께 부르는 듯
하다.

특수온천인 아라시노유嵐の湯에서는 목욕옷과 수건을 빌려주고 방문
객은 1시간 30분 동안 이 욕장을 이용할 수 있다. 미네랄을 다량으로
함유한 자갈 모양의 약석藥石에서 천연광석의 힘을 느끼게 해 이 공원

에서의 시감視感을 명상으로 정리하면서 심신의 피로를 풀기에 좋다. 욕장 2층에 있는 카페에서는 파도치는 태평양을 바라보며 해안에 부서지는 하얀 물결을 볼 수 있다.

도이미사키都井岬도정갑 　　이 현의 최남단인 구시마串間곶간에서 뻗어나온 곶이다. 니치난 해상국정공원 지역 안쪽 시부시 만 동쪽에 해당하는 와니쓰카わにつか 산지를 중심으로 사암과 이암泥岩, mudstone(퇴적암의 일종)으로 이루어진 높이 200미터 내외의 산지가 폭 2킬로미터, 길이 약 4킬로미터에 걸쳐 바닷속에서 돌출해 있다. 곶의 주위는 약 10미터의 해식애海蝕崖에 둘러싸여 있고, 동쪽 맨 앞 255미터의 절벽 위에 도이미사키 등대가 있다. 곶의 앞쪽에 미사키みさき 신사가 있으며, 부근 골짜기에는 약 3,000그루의 소철나무 자생림이 있다.

또한, 이곳에는 미사키말御崎馬어기마이라고 불리는 야생마가 자연적으로 서식하고 있다. 이 말은 다카나베高鍋고과 번이 군용 말로 방목을 시작했다가 나중에 야생화한 것이어서 국가 천연기념물이라고 한다.

도이미사키 등대는 해발 255미터에 높이 15미터, 불빛의 도달 거리 37해리로 1929년 점등했다. 일반에 공개하고 있는데 등대에 올라서면 270도 각도까지 태평양의 전망을 볼 수 있다. 이 곶 끝에서는 멀리 보이는 작은 섬이 감자를 씻는 원숭이로 유명한 고지마幸島행도이다. 교토대학 영장류 연구시설이 있는 무인도인 이 섬은 구시마 동쪽 이시나미石波석파해안에서 200미터 떨어진 곳으로 간조 때는 걸어서 건널 수도 있다.

휴가

이 현의 동북쪽 해변에 있는 인구 6만 4,000명인 중소도시이다. 휴가나다에 접해서 온난하고 강수량이 많지만, 일조량도 전국에서 가장 많은 곳 가운데 하나이다. 이 현의 다른 곳처럼 태풍의 영향을 받기 쉽고 자주 큰 피해를 받는다. 호소시마細島세도 항이라는 천연의 양항이 있어서 어선들이 근해에서 잡은 물고기를 육지로 인양하는 곳으로 예부터 현의 해상출입구 역할을 해왔다. 오늘날에는 규슈 유수의 공업지대이기도 하다.

휴가는 1578년 11월 오토모大友대우 집안과 시마즈島津 집안이 규슈의 패권을 다툰 미미카와 전투耳川の戰い의 현장이었다. 미미카와는 휴가 시 번화가의 남쪽에 있는 항구인 미미쓰美美津미미진에서 태평양으로 흘러든다.

당시 규슈는 서북부를 지배하는 류조지龍造寺용조사 가문과 중부를 지배하는 오토모 가문, 남부를 지배하는 시마즈 가문까지 세 가문이 정립·대결하고 있었다. 1577년 말 시마즈가 중부 규슈의 휴가를 침공하자 오토모가 6만 대군을 이끌고 응전했으나 이곳 미미카와에서 괴멸적 타격을 입었다.

오토모는 사비에르 신부에게 세례를 받아 휴가로 출정할 당시에는 선교사를 동반했고 그곳에 그리스도교 국가를 건설하겠다는 꿈을 가지고 있었지만 패전함으로써 그 꿈은 수포로 돌아갔다. 일본 내 기독교 신앙이 자라난 주요 도시가 되었을지도 모를 휴가 시내에 보이는 교회당이 사비에르 선교의 흔적이다.

그 후 수백 년이 지난 메이지 시대에도 휴가는 세이난전쟁의 패 알려진 전투지였다. 아마도 지정학적으로 군사요충지이기 때문인지 지운이 그러한지 모르겠지만, 이 조용한 항구와 광활한 들판, 아름다운 산세가 왜 하필 전쟁터가 되어야 했을까?

휴가는 또 20세기의 유명한 일본 단가短歌(일본 고유의 시이며, 5·7·5·7·7의 5구 31음을 기준으로 읊음)와 배구俳句(일본 고유의 짧은 시이며 5·7·5의 3구 17음으로 읊음) 작가인 와카야마 보쿠스이若山牧水약산목수 (1885~1928)의 고향이기도 하다. 술과 여행, 자연을 좋아했던 와세다 대학 영문학과 출신의 이 시인은 휴가의 자연 속에서, 아마 풍류객의 품성과 기질을 타고 났을지도 모르겠다.

우마가세馬ヶ背　　　　닛포 해안국정공원의 명소 가운데 하나로 호소시마의 끝에 있는 틈새 절벽이다. 지하에 녹아 있던 암석이 분출되어 냉각·응고될 때 생긴 균열로 바닷가 바위 사이에 파도치는 물길이 생겼다. 주차장에서 우마가세 바로 앞까지, 15분 정도 쉬엄쉬엄 힘 안 들이고 걸을 수 있는 길이 있다. 아열대 활엽수가 우거진 산책길 끝의 작은 곶 우마가세에 서서 틈새로 보면 푸른 바다는 수평선까지 이어져 태평양 저 멀리 하늘과 맞

▼ 우마가세와 우마가세 안내판

규슈 역사 문화 여행

닿아 있다. 길이는 200미터 정도이고, 갈라진 폭은 10미터인데 높이는 수직 70미터의 낭떠러지이다. 이 곳의 이름은 바위의 색깔이 말의 등과 비슷한 밤색이고, 말의 등처럼 좁은 암벽이기 때문에 지어졌다고 한다.

미미쓰美美津미미진   현의 중북부, 휴가 시의 남부에 있는 마을이다. 16세기 규슈 제패를 위한 전투지로 유명한 미미카와 강이 휴가 나다의 바다로 흘러드는 곳으로 명나라와 교역할 때 이용된 무역항이었고, 에도 시대에도 세토 내해 항로의 서쪽 끝이었다. 오랜 세월이 흐른 지금에는 당시 건물·부지 및 상가, 조선·수운업자의 집, 어민의 집 등이 남아 있다. 마을에는 일본 정부가 국가의 전통적 건조물 보존지구로 선정해서 특별 관리하고 있는 지역도 있으므로 옛날의 일본 동네를 구경하는 기분으로 나들이할 만한 곳이다.

구다라노사토百済の里(백제마을)   미야자키 현의 서북 산간부에 있는 난고손南郷村남향촌 마을은 구주 산지에 연이어 산포다케三方岳삼방악, 시미즈다케淸水岳성수악(혼슈 북알프스에 있는 같은 이름의 산은 '쇼주다케'라고 읽지만 규슈의 이 산은 '시미즈다케'라고 읽음) 등 해발 1,000미터를 넘는 험준한 산악에 둘러싸여 있는 분지로 맑고 깨끗한 물이 흐르는 산골 마을이다. 현재의 행정구역으로는 미사토초美郷町미향정에 속한다. JR이 통과하는 도시로는 휴가 역이 가장 가깝다. 이 마을 한복판에 백제 왕족 후손들을 신으로 모시고 제사를 지내는 미카도神門신문 신사가 있다.

이 마을은 휴가 역에서 서쪽으로 38킬로미터 떨어진 산골에 있다.

▲ 서부 쇼소인

노선버스로 이 마을에 가려면 휴가 역 히가시구치東口동구 앞에 있는 버스정류장에서 미카도행을 타고 1시간 20분 정도 가야 한다. 버스는 하루 네 번 왕복하는데 첫 버스가 오후 1시에 출발해 2시 넘어서 이 마을에 도착하게 된다. 시내로 돌아오는 버스 막차가 3시 30분 정도이니 당일치기로 백제마을을 충분히 둘러보기는 어렵다. 관광안내소가 소개하는 택시로는 왕복 2시간의 운행시간을 포함해, 3시간 대절에 2015년 11월 기준 9,600엔을 지불했다. 구마모토 현의 히토요시에서는 48킬로미터 떨어져 있는데 자동차로 1시간 20분 거리이다.

마을의 대표적인 관광자원은 왕족의 유품이 전시된 '서부 쇼소인西の正倉院'이지만 초라해 보였다. 한적한 시골 느낌이 났지만, 마을을 찾는 백제의 후예인 한국 사람도 드물고 아름다운 단청이 채색된 백제의 집百済の館도 마냥 쓸쓸할 뿐이었다.

이 마을을 둘러본 다음에는 백제의 정기가 서린 이 마을의 여관에서 1박을 하거나 '난고南郷 온천 야마기리山霧산무'(단, 목요일 휴관)에 머무

는 것이 좋겠다. 미카도 신사 뒷산 언덕에 있는 난고 온천 '야마기리'
는 지하 1,500미터에서 뽑아 올린 온천수로, 일본의 많은 온천이 내걸
듯이 '미인의 물' 성분을 많이 포함하고 있다. 실내탕과 노천탕이 있고
약탕, 사우나 등을 갖추고 있다. 욕조에서는 규슈의 깊은 산줄기와 함
께 산간 마을 풍경이 보인다.

　이 마을에 전해져오는 이야기에 따르면, 서기 660년경 신라·당나
라 연합군에 패한 백제의 왕족 일행이 일본에 망명한 뒤, 일본의 내란
과정에서 이곳 난고南鄕남향로 이주했다고 한다. 이 전설을 오늘에 전하
고 있는 것으로 '시와스마쓰리師走祭り'가 있고, 왕족의 유품으로 나라奈良
의 쇼소인正倉院정창원에 있는 구리거울과 동일한 당화육화경唐花六花鏡이 난
고의 '서부 쇼소인西の正倉院'에 전시되어 있어 역사적 사실을 뒷받침한
다. '서부 쇼소인'은 '나라
쇼소인'의 원래 설계도를
바탕으로, 1996년 미사토
초에 천연 목재를 사용해
서 재현해놓은 것이라고
한다.

　전설에 따르면 아버지
정가왕禎嘉王이 미사토초
난고에 살았고, 아들인 복
지왕福智王은 약 90킬로미
터 떨어진 기조초木城町목성
정(현재의 다카나베)에 살

▼ 난고손 관음사와 난고손 야마기리 온천

미야자키 현

왔다고 한다. 왜 이들 부자가 서울-장호원 거리만큼 떨어진 곳에 살아야 했는지 그 까닭은 모르겠지만, 이들은 죽은 후에 각각 살던 마을의 신으로 모셔졌다. 서기 718년에 창건되어 부왕을 모신 난고의 미카도神門신문 신사와 왕자를 모신 기조(고유군 기조초児湯郡木城町아당군목성정)의 히키比木비목 신사 사이에서 수일에 걸쳐 부자가 대면하는 '시와스마쓰리師走祭り' 행사가 오랜 세월 동안 계속되어왔다고 한다.

남의 나라 역사이지만 근대에 이르러 이곳은 규슈 전역을 뒤흔든 1877년 세이난전쟁의 격전지였던 점이 애잔한 느낌을 더해준다. 5월 말, 히토요시 공방전에서 패배한 사이고의 사쓰마군 유격대가 정부군 제2여단을 맞아 싸우다가 패주하면서 8월경에 이곳 미카도에서 최후의 결전을 벌였다. 제1차 전투 당시 발사된 탄환이 최근까지 큰 소나무의 줄기에 깊이 박혀 있었다고 한다. 이 싸움에서 패배한 사쓰마군은 미카도의 간온지觀音寺관음사에서 진용을 재건했지만, 정부군의 동향을 염탐하던 두 밀정만 붙잡혀 처형되었다. 정부군이 오이타에 상륙했다는 소식이 전해지면서 사쓰마군은 이곳에서 결사항전의 의지를 다졌다. 6월 중순경 정부군 포병대가 현재 '연인의 언덕恋人の丘' 부근에 포진했지만 보병대가 물이 불어나 건너지 못하고 사쓰마군의 진지 아래쪽에서 공격을 준비했다. 새벽이 되면서 포병이 발사한 한 발의 대포를 시작으로 보병이 일제 사격을 개시해 오자, 사쓰마군 병사들이 돌격했지만 거의 전사하고 말았다고 한다.

이 산골마을 사람들은 천둥 같은 대포 소리에 놀라 뒷산 등으로 도피했고, 이 전투에서 패한 사쓰마군 잔류 병력은 철수하면서 휴가 시내 부근에서 격전을 치른 뒤에 노베오카에 주둔하던 본대에 8월 7일에

쇼소인正倉院정창원

　쇼소인은 나라奈良나량 시 도다이지東大寺동대사 대불전 북서쪽에 있는 대규모 목조창고로 8세기경 일본 천황가와 관련된 물품을 비롯해 당시의 미술공예품 다수를 간직하고 있는 시설이다. '도다이지'의 일부로 유네스코 세계문화유산으로 등록되어 있다.

　쇼소인에 보관된 보물에는 일본 제품, 중국 당나라나 서역, 멀리는 페르시아 등의 수입품을 포함한 회화, 필적, 금공예, 옻칠공예, 목공예, 칼, 도자기, 유리그릇, 악기, 가면 등 고대미술과 공예작품이 많다. 그 가운데는 구양순歐陽詢의 진적眞蹟병풍, 왕희지王羲之·헌지獻之 부자의 진적, 신라의 문서 등도 있다. 또한 가위, 유리잔, 칼, 사리기舍利器 등의 통일신라 시대의 유품과 신라금(일본에서는 백제금이라 함), 신라먹, 신라종 등이 소장되어 있다.

　일본 학자들은 이들 유물이 중국 대륙에서 직접 또는 한국을 거쳐 들어온 것이라고 하나 우리 학계에서는 8세기 일본의 공예품 제작 능력, 재료의 생산 여부, 일본의 조선·항해 수준 등을 고려해볼 때 당나라 제품이기보다는 통일신라의 제품일 가능성이 더 크다고 주장한다.

　이곳에 소장된 '쇼소인 문서' 가운데 서기 755년 무렵의 신라 민정문서인 '신라장적新羅帳籍'도 있다. 이 문서는 1950년대에 발견되었는데 신라 농촌 사회의 구조와 토지제도 등을 연구하는 데 귀중한 자료라고 한다. 평상시에는 공개하지 않고 매년 10월 하순부터 11월 초순에 걸쳐 나라 국립박물관에서 '특별전시-쇼소인전正創院展' 때만 공개한다.

합류했다. 노베오카에 집결했던 사쓰마군은 8월 16일, 패전을 거듭하다가 사이고 다카모리의 해산 명령으로 대부분 흩어지고 사이고 대장을 최후까지 보위하는 병력은 다카치호高千穂고천수 쪽으로 피하면서 다시 이곳의 흙을 밟았다고 한다.

미사토초 난고손이 내려다보이는 언덕 위의 육각정은 백제의 수도 부여의 낙화암 백마강변에 지어진 백화정을 흉내 낸 것이라고 한다. 이 정자에는 한국에서 우정의 표시로 보낸 '인연의 종'이 있다. 우리말로 '백제의 고향 부여에서 백제마을 난고손에 보내는 소리'라는 글이 새겨져 있다. 장삿속이겠지만 연인, 부모자식, 형제 등이 이 종을 치면 사이가 좋아진다고 홍보한다. 현대에 이르러 일본 중앙정부가 각 지방의 특색을 관광상품으로 만들기 위해 노력한 흔적이긴 해도 난고손을 둘러보면 일본인들이 우리나라 삼국시대의 선조들과 교류한 사실을 재확인할 수 있다.

●   노베오카

미야자키 현의 북부 지역 중심으로 인구 약 12만 5,000명(2015년 6월 추계)의 중규모 도시이다. 제2차 세계대전 전에는 아사히카세이旭化成 욱화성의 창업지로 유명한 굴지의 공업도시이다. 20세기 초에 창립된 아사히카세이는 오늘날 화학, 섬유, 주택, 건축 용재, 전자, 의약품, 의료 분야 등의 사업체를 통괄하는 순수 지주회사가 되어 도쿄에 본사를 두고 있다. 과거 화학공업의 중심지로 기업의 부침에 따라 도시의 성쇠가 직결된 곳이었지만 현재는 산업사회에서 정보사회로 변천하면서 인구가 줄고 있다.

호리가와祝子川축자천 **온천**   온천이 규슈 산지의 험준한 산으로

둘러싸여 있어서 노천탕에서 높이 1,643미터로 우뚝 솟은 오쿠에<ruby>大崩<rt>대붕</rt></ruby>산의 화강암 바위산을 조망할 수 있다. 온천수는 탄산수소이온 소다로 약알칼리성이며 수온은 섭씨 33.2도이다. 온천에 가는 길은 노베오카 역전 버스센터에서 호리가와행 버스를 타고 종점에서 내리면 된다. 1시간 10분 정도 걸린다.

미 야 코 노 조 시

미야코노조는 시마즈 가문이 발상한 역사 깊은 도시이다. '시마즈'
라 하면 가고시마가 떠오르지만 사실은 미야코노조가 이 가문을 연 시
조의 첫 부임지이다. 이후에 시마즈 집안은 가고시마 지역으로 본거지
를 옮겼지만, 15세기 무렵 시마즈 집안에서 분가한 혼고北郷義久북향의구가
이 땅에 미야코노조都之城도지성라는 이름의 성을 쌓고 도시 이름을 미야
코노조시마즈都城島津도성도진로 바꾸어 에도 시대까지 사쓰마 번 내의 작
은 자치령으로 통치를 계속했다. 이 도시에서는 아직도 사쓰마 사투리
를 쓰는 등 사쓰마 문화가 짙게 남아 있다.

규슈 남부지역 통치자인 사쓰마 번주는 그 내부를 113개 지역으로
나누어 부하들이 소영주를 맡아 다스리게 했다. 사쓰마 번 내에는 번
주가 직접 통치하는 '직할령'도 있었지만 미야코노조 지역처럼 가신이
독자적으로 다스린 사적 영토私領도 있었다.

가고시마 지방의 영주 시마즈 요시히로島津義弘도진의홍와 시마즈 집안

시마즈 요시히로島津義弘도진의홍(1535~1619)는 임진왜란과 정유재란에 우리나라를 침략한 왜장이다. 그의 집안은 조상 대대로 사쓰마 지방의 슈고 다이묘였으며 그는 다카히사島津貴久도진귀구의 차남으로 태어났다. 형은 요시히사義久의구, 동생은 도시히사歲久세구와 이에히사家久가구이다. 집안의 내력, 요시히로의 전투 기록, 근대화 과정 참여 등을 살펴보자.

시마즈 집안

1185년 단노우라 전투에서 헤이가를 물리치고 가마쿠라 막부 시대를 연 미나모토노 요리토모源賴朝뢰조가 규슈 남부지역의 장원관리인으로 고레무네惟宗忠久유종충구를 임명해서 휴가日向일향, 오스미大隅대우, 사쓰마薩摩살마 3개국의 슈고守護수호(각 지방의 경비·치안 유지를 담당하는 관직)를 맡겼다. 그 후 대를 이어 이 집안은 남부 규슈의 태수로서 부귀영화를 누렸다.

고레무네는 오사카 인근의 고향을 떠나 영지에 부임한 후에 자신이 다스리는 장원의 이름을 따서 시마즈島津忠久도진충구로 성을 바꾸고, 미야코노조(현재 미야자키 현)에 집을 지어 이사했다. 후에 시마즈 가는 가고시마 지역으로 본거지를 옮겼다. 당시의 일본은 일곱 개 도道 한 개 특별지구畿內기나이에 80개의 국國으로 구성된 봉건국가였다.

요시히로의 전투 경력

요시히로義弘는 임진왜란 당시 4번대 선발대로 조선을 침공했다. 정유재란 때 이순신 장군이 전사한 노량해전 당시 일본 측 지휘관이었으며, 남원성을 점령하면서 조선의 도공 80명을 강제로 일본으로 데려간 장본인이다.

1554년 아버지와 함께 일본 최초로 총포가 동원된 실전인 오스미 지방의 이와쓰키기岩劍암검 성 전투에 처녀 출전했다. 1557년 오스미의 호족 가모蒲生포생 토벌전에서 화살 다섯 발을 맞고도 적의 수급을 베어 서전을 승리로 장식했다. 1560년 휴가 지방의 이토 요시스케伊東義祐이동의우가 침입해서, 오비 성의 친척이 위기에 처하자 종가회의의 결정으로 소수 병력만 이끌고 오비 성으로 출진했다. 1562년까지 이 성에서 버텼으나 시마즈 본가가 오스미 영주인 기모쓰키肝付간부의 공격을 받자 본가로 돌아오면서 오비 성을 포기했다. 1563년 오스미 북부가 이토에게 점령되었지만 곧 탈환하고 그때부터 이노성飯野반야 성을 자신의 근거지로 삼았다. 1566년 이토가 이 성을 재탈환하려고 하자, 급히 큰형 요시히사, 동생 도시히사와 함께 출전했지만, 한때 재편성된 이토의 부대에 의해 고립됐다. 삼형제는 겨우 퇴로를 찾아 모두 사지를 빠져나왔다. 형제간 우의가 돈독했다.

1566년, 수도승이 된 아버지 다카히사의 뒤를 이어 큰형 요시히사가 당주 자리에 올랐다. 요시히로는 지략이 뛰어난 형을 보좌해 시마즈가의 세력 확대에 크게 공헌했다. 1572년, 숙적인 이토를 격파하고 1577년에는 규슈 남부를 거의 차지했다.

이 지역을 포기한 이토 일족은 규슈 북부의 오토모에게 귀순했다. 1578년에 미미카와耳川이천 전투를 지휘하여 오토모 군을 격퇴하고, 1581년에는 야쓰시로八代팔대 영주인 사가라相良상량가 귀순하자 그를 영주에 재임명했다. 그 후에 아소阿蘇아소 등 규슈 중부의 반대 세력들을 정리하고 분고 지방으로 쳐들어가 규슈 북부 영주인 오토모의 영토를 하나하나 점령해갔다. 그는 다이묘인 형을 대신해 사쓰마군 총대장으로서 직접 진두지휘를 맡았다.

1587년 파죽지세로 규슈 통일을 목전에 둔 시점에 도요토미가 보낸 10만 연합군을 맞아 총대장으로 분전했으나, 일본을 거의 통일한 도요토미의 연합군을 상대하기에는 역부족이었다. 형 요시히사가 먼저 항복했지만 그가 이끄는 시마즈 군 본대는 수만 병력에 포위돼 이를 모르고 있다가 마지막 결전을 앞둔 상태에서 형이 직접 설득하러 오자 항복했다. 이에 도요토미는 원래 영지였던 사쓰마, 오스미 지방에 더해 휴가 지방까지 시마즈 가문의 영지로 인정해주어 규슈 남부 전체를 사실상 지배했다.

패전의 책임을 진 형은 출가하고, 뒤를 이어 요시히로가 당주 자리에 올랐지만 형이 집안의 정치적·군사적 실권을 계속 쥐고 있었다. 다이묘직 이임이 도요토미와 그 측근들의 기획으로 형제가 서로 권력다툼을 해서 싸우게 되면 영지를 바로 몰수할 심산이었다는 설이 있다.

1588년 관백이 된 도요토미는 이 형제를 교토로 불러올렸다. 같이 상경한 형제는 천황과 도요토미를 만났고, 이때 동생인 요시히로에게만 일본 유

규슈 역사 문화 여행

수의 귀족 성씨인 도요토미를 하사하는 등 분열책을 계속해서 썼지만, 시마즈 형제는 평생 우애를 지켰다.

임진왜란 참전

임진왜란에서는 1만 명의 병력 동원을 명령받았지만, 영지 내부 사정이나 민중 폭동 등 때문에 병력 동원이 지지부진했다. 하지만 가장 늦게 병력을 충원하여 4번대로 모리 휘하에서 왕년의 적수였던 휴가의 이토 요시스케와 같이 강원도까지 쳐들어갔다. 평화협상 중인 1593년 아들이 전쟁터인 조선에서 병사했다.

정유재란이 일어나자 1597년 7월, 1,000여 척의 전선을 총집결시키고 고니시, 도도 다카토라藤堂高虎둥당고호 등과 수군 연합함대를 조직해 칠천량 해전에서 원균이 지휘하던 조선 수군을 격파했다. 8월에는 남원성 전투를 치르고 북상했다가 다시 내려와 10월 말부터는 사천에 머물렀다. 1598년 9월의 사천 선진리성에서 7,000명의 병사로 조명연합군 3만(시마즈의 보고는 20만 명, 선조실록 10월 12일 기사에는 명군 2만 6,800과 조선군 2,215으로 합계 2만 9,015명이라고 기록되었음)을 상대로 승리했다(사천 전투). 시마즈가의 문서인 정한록征韓錄에는 적병 3만 8,717명을 죽였다면서 도쿠가와도 이 전투를 전대미문의 승리라고 평했다고 한다. 우리 자료를 참조하면 비전투원을 참살한 숫자를 더했거나, 가문의 전투 능력을 과시하기 위한 것으로 보인다.

1598년 말, 시마즈는 순천왜성에 고립된 고니시를 구출하기 위해 출동했다가 이순신과 등자룡鄧子龍이 이끄는 조명연합함대와 만나 노량에서 해전을 벌였다. 결과는 엄청난 참패였음에도 고니시 부대의 퇴로 확보라는 목적 달성에는 기여했다.

일본 내 쟁패

세키가하라 전투가 발발하자 그는 이시다와 고니시, 모리의 서군에 가담했다. 결국 고바야카와 히데아키, 와키자카 야스하루脇坂安治협판안치 등의 잇따른 배신으로 승기가 도쿠가와의 동군 쪽으로 기울자 요시히로는 전황을 파악하고 적진을 정면으로 돌파, 가고시마로 철수했다. 1,000명 이상이 출정해서 퇴각 작전 때 300여 병사만 살아남았지만, 포위망을 돌파하면서 다수가 전사해 사쓰마로 돌아온 병력은 80여 명에 불과했다. 이후 그는 도쿠가와와 화해를 도모하는 한편, 동남아시아와의 교역을 바탕으로 군비를 증강했다. 도쿠가와는 가토, 나베시마鍋島直茂파도직무를 주축으로 사쓰마 토벌군을 보내지만 번번이 패했고, 장기전이 되면 막 출범한 막부의 위신을 손상할까 우려해 정벌 중단을 명령했다.

1602년 결국 도쿠가와에게 아들 다다쓰네忠恒충항를 인질로 보내는 조건으로 타협하면서 영지를 확보했고, 패전자가 아니어서 나름대로 주민들의 존경을 받으며 이 지역의 대영주로 에도 시대에도 계속해서 위세를 보존했다.

후에 다다쓰네는 1603년 류큐(오키나와)에 출병해 영향력을 강화하고 아마미奄美암미 군도를 직할령으로 삼았다.

근대화 사업

에도 막부 말엽인 1856년 가고시마 번주 나리아키라島津斉彬도진제빈는 자신의 양녀 아쓰히메篤姬독희를 쇼군 도쿠가와가에 시집보내어 가문의 기득권을 지키게 했다. 1857년에 별장인 센간엔 정원 내의 석등에 가스관을 설치하고 점화해서 등불로 이용했다. 이 때문에 이 정원은 일본 가스등의 원조로 꼽히는 곳이 되었다.

영국 상인이 영주에게 불경 행위를 한 사건이 폭력 사태를 촉발했는데, 이 사건 때문에 일어난 1863년 사쓰마-영국 해군 간 전쟁에서 크게 당한 이후 영주는 이를 반면교사로 삼아 강력한 중앙집권의 현대국가로 왕정을 복고하는 메이지유신을 주도했다. 유신 3걸 중 두 명인 오쿠보 도시미치大久保利通대구보리통와 사이고 다카모리西郷隆盛서향용성를 포함해 영지 출신 인재 다수가 중앙정치 무대, 군부와 국제사회에 등장하게 했다.

1865년 센간엔 일부에 일본 최초의 서양식 아치형 석조건물을 짓고 유럽식 제철소와 유리 공장을 건설하는 등 근대화 사업(슈세이칸集成館집성관 사업)을 벌였다. 1888년에 이 터는 아들 다다요시島津忠義도진충의 공작 일가의 거처로 쓰이다가 손자 다다시게島津忠重도진충중 때부터 후손들이 도쿄로 이주하면서 1923년부터 박물관이 되었다. 이 별장은 1949년, 화족제도가 폐지되어 시가 관리하다가, 1957년에는 시마즈 집안에 반환되었다.

일반에게 공개된 이 집안의 재물(센간엔, 슈세이칸, 미야코노조 시마즈 저택)들을 둘러보면서 1,000년 가까운 세월, 이 집안이 영화를 누리는 비결은 무엇일까 생각해보게 된다.

보신전쟁戊辰戰爭무진전쟁(1868~1869. 메이지유신 과정에 일어난 내전으로 지방 영주가 보유하고 있던 토지와 인민을 조정에 돌려주었음) 이후, 한세키호칸版籍奉還판적봉환에 따라 당시의 미야코노조 영주는 그 영지를 시마즈에게 반납해서 이 땅은 가고시마 현으로 넘어갔다. 메이지유신 정부는 이 지역 통치자를 새로 임명했지만 지역 무사들이 심하게 반발해 지역의 행정 운영방침을 변경했다. 우선은 전국적 정책에 따라 1871년 오요도가와 강 이남의 오스미 반도가 '미야코노조 현'이 되었고 이곳이 현청 소재지였지만, 1873년 미야자키 현이 발족하면서 새 현에 편입되었다.

지리적으로 기리시마 산의 동쪽 비탈에서 서쪽의 분지로 이어지는 지형으로, 이 현에서는 서남쪽 맨 끝에 있는 현 제2의 도시이다. 2014년 말 인구는 약 16만 6,000여 명으로, 1980년 17만 2,000여 명에 비해 2000년대 이후 계속해서 줄고 있다.

가고시마 공항에서 버스로 1시간 30분, 미야자키 공항에서는 1시간 정도 걸린다. 거리는 양쪽 다 45킬로미터 정도이다. 미야자키 시에서 서남쪽으로 약 50킬로미터, 가고시마 시에서 동북쪽으로 약 90킬로미터 떨어져 있다. 시의 북부에서 서쪽과 남쪽은 가고시마 현에 접하고 있다. 거의 남북으로 오요도가와 강이 시의 중앙을 흐르고 있고, 서쪽은 기리시마霧島무도 산지, 동쪽은 각 방송국의 송신소가 있는 와니쓰카鰐塚악총(표고 1,118미터) 산지에 둘러싸여 있다.

기리시마의 다카치호高千穗고천수 봉우리는 이 도시에 속한다. 이 봉우리는 천손天孫(일본 토속종교인 신토의 최고신 아마테라스 오미가미天照大神천조대신의 손자)이 땅을 통치하기 위해 3종 신기(칼, 보석, 거울)를 가지고 강림했다는 전설이 있는 곳이다. 일본 옛 신화에는 미야자키 현 북쪽의 다카치호뿐 아니라 인접하는 구마모토 현의 아소 외륜산 일대 아래쪽의 다카치호까지 포함된 소보祖母조모 산과 그 주변도 다카치호라고 불렀다. 신화인 만큼 증명하기 어렵지만, 현재는 다카치호가 기리시마 산지의 이 봉우리라는 것이 정설이다.

강으로는 와니쓰카 산지에서 흘러내리는 오키미즈카와沖水川충수천 강이 가고시마 현의 기리시마 산의 1만 년 전 활화산 나카다케中岳중악(해발 1,345미터)에서 발원한 오요도가와 강과 합류해서 미야자키 시내를 거쳐 휴가나다로 흘러든다.

호수로는 다카치호 화산의 모습이 투영되는 미이케御池어지 호수가 있다. 미이케는 직경 약 1킬로미터, 둘레 3.9킬로미터, 수면이 해발 약 305미터에 수심 93.5미터로 거의 원형인 화산호이다. 화산호로는 수심이 일본에서 제일 깊다(우리나라 백두산 천지의 수심은 평균 수심 213미터, 최대 수심 384미터이다. 한라산 백록담의 수심은 108미터). 호수에서 유출되는 강이 없으며 숲에 둘러싸여 있고, 호반에는 공원과 캠프장이 있을 뿐이다. 이 호수는 약 4,200년 전에 기리시마의 화산 활동으로 마그마 수증기가 폭발하면서 형성된 화구의 터에 물이 채워져 생겼다. 화산이 폭발할 때 날아다니던 가벼운 돌(경석)이 주변의 지층에 남아 있다. 호수 바닥에는 태평양전쟁 때 본토 결전을 위해 준비해둔 무기와 탱크가 가라앉아 있다고 한다.

내륙부의 분지에 위치하고 있기 때문에 연 평균기온은 미야자키 시보다 낮다. 비가 많은 지역이지만 미야자키 시내보다는 강수량이 약간 적다.

방송은 가고시마와 미야자키 두 현의 경계에 위치해 두 현의 전파가 모두 잘 잡힌다. 철도는 기타큐슈의 고쿠라에서 가고시마 주오 역까지 이어지는 JR 규슈 닛포 본선과 가고시마 현의 요시마쓰에서 미야코노조에 이르는 JR 깃토吉都길도 선의 분기역이다.

미야코노조는 2011년 1월 분화를 시작하면서 화산 연쇄폭발로 이어진 기리시마 연산의 신모에다케新燃岳신연악(1,421미터)의 화산재가 편서풍을 타고 동쪽으로 500킬로미터까지 날아가면서 큰 피해를 입었던 곳이다. 산간 마을인 야마다山田산전 마을과 미이케 마을이 큰 피해를 입었고, 신모에다케 반경 4킬로미터 이내는 통행을 전면 금지했지만 축산 지역인 핀계로 가축 사육에도 큰 피해를 입었다.

아오이다케青井岳청정악 **온천** 이 시의 야마노쿠치초山之口町산지구정에 있는 온천으로 시 동쪽인 와니쓰카 산지의 '아오이다케 자연공원' 내에서 용출된다. 나트륨 탄산수소염 염화온천으로 용출 온도는 섭씨 37.3도이다. 온천수가 미끈미끈하고 걸쭉한 것이 특징으로, 2003년 개업했다.

닛포 본선의 아오이다케 역에서 걸어서 5분 거리에 있다. 미야자키 시내와 미야코노조 시내에서 하루에 네 번 왕복하는 노선버스로 15분쯤 걸리는 아오이다케 온천 버스정류장에서 내리면 바로 앞이다. 숙박 시설은 소규모인 아오이다케쇼青井岳荘청정악장 한 곳뿐이다.

가네미다케金御岳금어악 공원　　　가네미타케 산은 해발 472미터로 미야코노조의 남쪽 니치난 시와의 경계에 있으며, 미야코노조 시의 대표적인 조망 명소인 산정 전망대가 있다. 휴게소가 있는 이 전망대에서는 기리시마 연산과 미야코노조의 시가지를 한눈에 볼 수 있다. 미야코노조 시내에서 차로 20분 정도 걸리는 이곳은 분지 가운데 높은 곳이어서 행글라이더를 타는 사람이 보인다. 가을부터 봄까지 아침에는 분지 특유의 안개가 끼는 날이 많다.

미야코노조 시마즈의 저택　　　이 저택은 1879년 미야코노조에 건축된 시마즈의 저택이다. 그가 한때 가고시마로 옮겼다가 돌아와 세운 것으로 1935년에 육군 대연습 등에 대비해 크게 개축했다. 제2차 세계대전 후에 2층 부분을 증축했고, 1972년에는 천황이 숙박하는 것에 대비해 일부를 개축했다. 이 저택은 미야코노조 시가 시마즈가에서 기증받아 2008년에는 저택과 시설 일부를 국가등록 유형문화재로 지정했고, 미야코노조 시마즈 전승관伝承館을 정비해 일반에게 공개했다. JR미야코노조 역에서는 걸어서 25~30분 정도 걸리고, 니시미야코노조西都城 역에서는 15분 걷는 거리에 있다.

세키노오 폭포関之尾滝관지미랑　　　오요도가와 강의 상류인 쇼나이가

▲ 세키노오 폭포

와庄内川장내천 강의 폭포로 큰 폭포大滝대롱, 남자폭포男滝남롱, 여자폭포女滝여롱 세 폭포가 있다. 나무 사이에서 흘러내리는 큰 폭포는 폭 40미터, 높이 18미터로 칼데라 분출물인 용결응회암溶結凝灰岩(화산의 분화로 공중에 방출된 분출물이 지상으로 떨어진 후에 그 열과 중량 때문에 그 일부가 녹고 압축되어 형성된 응회암의 일종)이 침식되어 만들어졌다. 폭포 상류에는 세계 유수의 구혈甌穴(조약돌이나 물술기로 강바닥의 암반이 깎여 만들어진 웅덩이)이 있다. 오랜 세월에 걸쳐 생긴 크고 작은 수천 개의 깊은 웅덩이(구혈)가 강바닥에 있다. 웅덩이는 현재도 만들어지고 있는 중이다. 폭포에서 상류 600미터, 최대 폭 80미터에 걸쳐 퍼져 있는 웅덩이들이 자연의 엄청난 박력을 잘 보여주고 있다.

이시야마간논이케石山観音池석산관음지 공원　　이시야마간논이케는 원래

1842년에 만들어진 인공 연못으로 지금도 당시의 수문과 수신비水神碑가 남아 있다. 공원 내에는 보트, 유람차, 슬라이더, 산책길, 전망대로 올라가는 리프트, 야외 무대, 산장, 캠핑장이 있고, 간논観音관음 사쿠라 마을에는 온천과 온천 풀이 있다.

아지사이アジサイ 공원 수국의 공원으로 야마노쿠치초山之口町산지구정에 있다. 수국만 21종 2만 8,000그루가 심어져 있다. 수국은 '일본에서 제일'을 목표로 하며 지금도 계속해서 심고 있다. 공원 내에는 붓꽃 정원, 정자풍의 전망대와 40여 종 5만 그루의 꽃나무가 있다. 해발 210미터의 정상에는 성을 복원한 전망대가 있고 서쪽으로 기리시마 연산과 동쪽으로 와니쓰카鰐塚악총 산계의 산들로 둘러싸인 미야코노조 분지를 한눈에 볼 수 있다. 야마노쿠치초 역에서 1.5킬로미터 거리이다.

가미요네上米상미 공원 JR 미마타三股삼고 역에서 2킬로미터 떨어져 있어 차로는 5분 거리이지만 걸어서는 20여 분 걸린다. 미마타초 사무소에서 1.5킬로미터 동쪽에 있다. 약 700년 전 당시 미야자키를 지배하던 이토가 축성했으며, 시마즈가 이토와의 싸움 끝에 빼앗았던 가바야마樺山화산 성을 철거한 부지를 공원으로 만들었다. 정상에 성터의 표지석이 있다. 공원에는 왕벚꽃 500그루가 심어져 있다. 3월 하순부터 4월 초순에 활짝 피어 밤 벚꽃 축제가 열리고 이 기간에는 오후 6시 30분부터 9시 30분까지 조명을 밝힌다.

규슈 역사 문화 여행

시이바에椎八重추팔중 **공원**　　시이바에 공원 일대는 봄철에 피는 철쭉과 진달래가 산비탈의 대지를 빨갛게 물들인다. 공원 정상에 있는 전망대에서 내려다보면 붉은 진달래와 주위 산봉우리의 삼나무가 조화롭게 채색되어 멋진 풍경을 이룬다. 정상 부근에는 8겹벚꽃八重桜팔중앵도 핀다. JR 미마타 역에서 10킬로미터로 차로 10분은 가야 하는 거리이다.

도고 시계노리는 조선 도공의 직계후손인 박수승의 아들로 이곳에서 태어나 5살까지 박무덕이란 이름을 썼다. 이 마을의 한복판에 그의 생가로 고풍스러운 옛집이 남아 있고 현재는 지역 공민관과 함께 '도고 시계노리 기념관'이 있다.

가고시마
현

후쿠오카
사가
나가사키
구마모토
오이타
미아자키
가고시마

Kyushu

규슈의 서남쪽에 있는 현으로 점재하는 많은 낙도(사쓰난 제도薩南諸島살남제도)와 두 개의 반도(사쓰마薩摩살마 반도와 오스미大隅대우 반도)를 포함하는 현이다. 현의 남북 거리는 600킬로미터이고, 해안선은 2,722킬로미터에 이른다.

가고시마 현에서 본토本土라고 부르는 사쓰마 지방과 오스미 지방은 기리시마霧島무도의 동서에 있는 산지로 대부분 고지대이고 평야가 매우 적다. 현의 섬은 605개이며, 본토에서 떨어진 섬으로 다네가시마種子島종자도와 야쿠시마屋久島옥구도를 포함한 오스미 제도, 도카라トカラ 열도, 아마미奄美엄미 군도 등이 있다. 최북단은 시시지마獅子島사자도(아마쿠사 제도의 남단), 최남단은 오키나와沖繩충승 바로 북쪽의 요론지마与論島여론도이다.

가고시마 지역은 에도 막부 시대에 대토지를 소유한 일본 제2대 영주의 성읍으로 발달했다. 중국과 남태평양의 여러 섬과 가까웠기 때문에 일찍부터 무역이 발달했으며, 중국과 유럽 문화가 유입되는 문호가 되었다. 근세에 들어와서는 유럽의 새로운 기계문명을 받아들인 일본 공업근대화의 발상지이기도 하다.

축산업도 번성해서 흑돼지와 검은 소가 가고시마의 대표적인 브랜드이다. 특산 음식으로 돼지 뼈를 푹 고아서 요리한 돈코쓰豚骨돈골, 청어 비슷한 생선의 등뼈를 제거하고 요리한 기비나고キビナゴ, 참마와 쌀가루로 만든 가루칸輕羹경갱 과자, 가고시마식 된장인 사쓰마지루薩摩汁살마즙 등이 있다.

현 내에는 활화산 사쿠라지마桜島앵도 등을 비롯해 여러 화산이 있다. 온천 원천이 약 2,730개소로 오이타 현에 이어 전국 2위이다.

가고시마를 중심으로 하는 규슈 남부 지역은 예부터 '사쓰마'라고 불린다. 이 지방의 유력한 통치자는 시마즈島津도진 일가이다. 이 집안의 자세한 내력은 이 집안의 규슈 첫 부임지인 미야코노조가 속한 제7장 '미야자키 현'을 참조하시라.

나는 가고시마를 자주 방문했지만 2014년 10월 12일의 방문은 매우 독특했다. 일요일 오후 시간에 맞추어 느긋이 여행을 떠나려던 나는 당일 오전에 항공사에서 태풍 때문에 결항되었으니 항공권 구매여행사를 통해 환불을 받으라는 전화를 받았다. 동행하는 친구는 이미 인천공항으로 향하고 있었다. 나도 한참을 생각하다가 공항에 나갔다. 공항 카운터에는 후쿠오카행 비행기가 운항되고 있다고 해서 그 비행기를 탔다. 후쿠오카로 입국해, 하카타 역에서 신칸센 열차를 타고 1시간 30분 만에 가고시마 주오中央중앙 역에 내렸다. 하카타 역에서는 1시간에 두 편꼴로 가고시마 주오 역행 신칸센이 운항된다.

규슈 역사 문화 여행

가고시마 공항에는 우리나라 국적기가 취항하고 있고 대만과 홍콩으로 오가는 직항편도 있으며 국내선도 여러 지역과 연결되어 있다. 현 내와 미야자키 현의 각지에서 드나드는 교통편도 많다. 공항터미널 빌딩에는 현 내외 여러 곳으로 가는 직통 버스가 있고, 구마모토행과 미야자키행 도시 간 버스도 있다. 가고시마 공항 남쪽 버스정류장에서는 규슈 자동차도로 본선에 위치해서 규슈 각지와 혼슈 방면을 잇는 장거리 고속버스가 발착한다. 가고시마 공항에서 논스톱으로 가고시마 주오 역을 거쳐 덴몬칸으로 가는 셔틀버스를 타면 약 40분 만에 가고시마 주오 역에 도착한다. 자동차 편으로는 고속도로의 미조베溝辺구변 가고시마 공항 IC로 출입할 수 있다.

가고시마 공항은 온천을 상징으로 해서 지하 약 1,500미터에서 용출하는 온천수로 족욕을 할 수 있도록 국내선 1층 3번 출구 앞에 천연 온천 족탕이 있다. 가까운 철도역은 JR 히사쓰肥薩비살 선의 무인역으로 기리시마 시의 하야토초隼人町준인정에 있는 가레이가와 역이다. 이 공항에서 약 4킬로미터 떨어져 있어 자동차로는 10분 정도 걸리지만 노선버스 차편은 드물고 불편하다. 철도 접속노선으로는 닛포 본선의 고쿠부國分국분 역(기리시마 시청 소새시)에서 공항행 노선버스로 갈아탈 수 있다. 고쿠부에는 깨끗한 중소 호텔이 많고 공항에 출입하는 버스도 많다.

고쿠부 역 앞에서 발착하는 버스는 시부시志布志지포지에서 출발하는 하루 4~5편의 버스가 공항으로 가고, 기리시마 시청 앞에서는 가노야鹿屋녹옥 방면 버스가 정차한다. 고쿠부에서 공항까지는 버스로 20분쯤 걸린다.

가고시마 주오 역에서 동쪽으로 기리시마 신궁까지 특급열차로 1시간이 채 걸리지 않고, 규슈 남부의 동쪽 끝인 미야자키까지 2시간 30

분 정도 걸린다.

1914년 1월 12일에는 사쿠라지마의 화산이 폭발하면서 진도 7의 지진이 발생해 주민 58명이 사망했지만, 1945년 6월 17일 연합군의 가고시마 대공습 때는 이보다 훨씬 많은 약 2,300명이 사망했다. 자연재해보다도 인재가 무섭다는 말이다.

가 고 시 마   시

　남부 규슈의 거점도시로 현청 소재지이다. 현재 인구는 60만 명이 넘는다. 1901년 6월 개통한 가고시마 철도는 규슈 북부의 모지門司문사 항에서 후쿠오카의 하카타-구마모토-야쓰시로를 거쳐, 이 현의 센다이川內천내와 가고시마까지를 연결하는 노선이다. 최근에 개통된 신칸센은 하카타에서 1시간 30분 만에 가고시마 주오 역에 도달하는데, 구간별로는 하카타에서 구마모토까지 30~40분, 구마모토에서 센다이까지 40~50분, 거기서 가고시마 역까지 10~20분 정도 걸린다.

　오래전부터 사쓰마 번의 성시인 가고시마는 1889년 4월에 일본 최초로 시제가 시행된 31개 도시 가운데 하나이다. 현재는 후쿠오카, 기타큐슈, 구마모토에 이어 규슈 제4위 도시이다. 제2차 세계대전 중에 공습으로 시가지의 90%가 파괴되었으나, 전후 관광과 상공업 도시로 부흥했다.

가고시마 현　　　　　　　　　　　　　　　　　　　　**375**

가고시마 현 인구의 약 35%가 이 시에 몰려 살고 있다. 이제는 규슈 신칸센 완전 개통에 따라 남부 규슈의 지역 거점인 이 시가 북부 규슈와 짧은 시간에 연결되기 때문에 오히려 도시의 인구가 유출될까 걱정이라고 한다. 아직까지는 남부 규슈 지방문화의 중심지로 열대식물원과 시립 미술관, 시립 과학관, 근대문학관(메르헨칸), 시립 도서관, 시민 체육관 등의 문화시설과 가고시마대학 등의 교육기관이 있다. 뛰어난 경치가 이탈리아의 나폴리와 비슷하기 때문에 '동양의 나폴리'라고 불린다. 온천의 원천이 270곳 있어서 현청 소재지 중에서는 일본 제일이다. 대중목욕탕의 더운물은 대부분 온천수이고, 공중 온천요금도 무척 싸다.

　가고시마 시의 중심 시가는 고쓰키가와甲突川갑돌천 강의 삼각주에 자리하고 있다. 시가지가 위치한 가고시마 만 건너에는 가고시마의 상징이자 일본 최초의 국립공원인 활화산 섬 사쿠라지마櫻島앵도가 연기를 뿜고 있다. 활화산의 최고점 높이는 1,117미터이다.

　연 평균기온은 섭씨 18도로 온난하나, 연 강수량이 2,560밀리미터로 5월부터 7월까지 많은 비가 내리며 여름과 가을에 태풍의 통로가 되는 경우도 많다.

● 　　　가고시마 시의 번화가와 상업 지구

덴몬칸天文館천문관　　　가고시마 주오 역에서 걸어서 15분 거리이고 노면전차는 '덴몬칸天文館천문관' 바로 앞에 정차한다. '덴몬칸'이 최고의 번화가·환락가로 그 주변에 남부 규슈 지역을 관할하는 많은 회사의 지사와 지점 등이 있다. 덴몬칸 중심부에서는 종횡으로 얽힌 큰 거리에 부티크, 카페, 놀이 시설, 음식점 등 수많은 상점이 있다. 하지만 신칸센이 개통되면서 최근에는 가고시마 주오 역 주변, 가고시마 시 중남부의 신흥 번화가와 교외형 대형 상업시설의 등장으로 옛 명성을 많이 잃었다.

사쿠라지마 화산의 낙진落塵과 여름의 강한 햇살, 태풍 등을 피하기 위해서 약 2킬로미터에 이르는 아케이드가 지붕을 맞대고 있다.

덴몬칸은 에도 시대에 사쓰마 번주가 천체 관측과 연구시설로 건립한 메이시칸明時館명시관(일명 '天文館')에서 유래한다. 메이지 시대까지는 공터로 한적한 곳이었으나, 20세기 초부터 노면전차가 등장하고 가고시마자鹿児島座녹아도좌(1918년 화재로 소실된 극장)를 비롯해 많은 영화관이나 극장이 개관했다. 밤낮 구별 없이 많은 사람이 몰리면서 술집이나 식당이 생기고 홍등가 등도 나타났다. 센니치초千日町천일정와 야마노쿠치초山之口町산지구정 근처에는 그때 원형이 형성되어 아직까지 남아 있다. 또한 20세기 초에 건립된 야마가타야山形屋산형옥 백화점이 고베 서쪽에서는 최초로 철근 콘크리트 구조의 대형 건물이어서 그 주변이 점차 쇼핑 지역이 되어 오늘에 이르고 있다.

가고시마 주오 역 지구　　　　신칸센이 개통함에 따라 가고시마 주오 역을 중심으로 지하통로로 연결된 방사상放射状 상업지구가 형성되었다. 역전 상권을 석권하는 '아뮤 플라자'가 역과 연결되어 지하 1층부터 6층까지 들어서 있고 옥상에 설치된 대관람차 '아뮤란'이 정점 91미터 높이까지 회전한다.

간마치上町상정 **지구**　　　　　　가고시마 역의 동북쪽 방향 주변 등을 윗마을이라 하여 간마치라고 부른다. 500년 이상의 역사를 자랑하는 오랜 상업지구인 다테바바竪馬場견마장, 오가와초小川町소천정와 야스이초易居町역거정 등이 있고 시청 주변에는 '메이잔보리名山堀명산굴' 식당가가 있다.

센간엔, 사이고난슈西郷南洲서향남주 현창관, 난슈南洲남주 공원, 아쓰히메篤姬독희(1836~1883)의 생가인 이마이즈미시마즈今和泉島津금화천도진 집터 등이 있다.

아쓰히메는 1835년 이곳에서 태어나 시마즈가의 양녀가 되고, 1856년 에도 말기 13대 쇼군의 정실 후처로 들어갔다. 그녀가 태어난 곳일 뿐 거주한 적은 없지만 난세에 그가 시마즈 가문을 가고시마의 명문으로 잘 지켰다고 하여 생가 터는 돌담을 둘러 오늘날까지 잘 보존하고 있다. 가고시마 시티뷰 버스로 순환하는 코스에 있다.

가모이케鴨池압지 **지구**　　　　　　1972년 매립지로 규슈전력 가고시마 빌딩, 미나미니혼南日本남일본 신문회관 등의 고층빌딩과 대규모 아파트 단지인 요지로가하마与次郎ヶ浜 지역, 가고시마대학 주변의 대학가를 중심으로 형성된 기샤바騎射場기사장 지역, 가고시마 현청, 현 경찰 본부·현 의회 의사당이 이전한 고리모토郡元군원 ·우스키宇宿우숙 지역 등이 이 지구이다. 고리모토 우스키 지역에는 페리 승강장·노면전차의 고리모토 역·이부스키마쿠라자키指宿枕崎지숙침기 선과 전철의 환승이 가능한 JR 미나미가고시마南鹿児島남녹아도 역 등이 있어 대중교통의 중심지이다.

JR 이외에 가고시마 시내의 각종 교통편을 이용할 수 있는 공통 이용권Welcome Cute은 1일권이 1,000엔이다. 이 티켓으로 이용할 수 있는 노선은 가고시마 시티뷰, 사쿠라지마 아일랜드뷰, 노면전차, 시영 노선버스, 사쿠라지마 페리, 관광전차, 순환크루즈 등이다. 이용권은 주오 역 종합관광안내소나 사쿠라지마 항 등에서 판매한다. 민영 버스와 일반 페리를 이용할 때는 별도 요금을 내야 한다.

가고시마 시내의 주요 관광지를 주유周遊하는 버스는 3개 노선이 있다. ① 가고시마의 역사를 둘러 볼 수 있는 시로야마·이소 코스, ② 가고시마 만을 따라 달리는 워터프런트 코스, ③ 가고시마의 밤을 구경하는 야경 코스 등이다.

이 주유버스의 가고시마 주오 역 승차장은 역 동쪽 출구 앞의 동東 4번 버스승강장이다. 1회 요금은 190엔이나 1일 승차권은 600엔이니까 진짜 주유周遊를 즐기려면 1일 승차권이 낫다. 어느 정류장에서나 승하차할 수 있고 자유롭게 관광하다가 다음 버스를 타면 된다. 버스 코스별 승강장은 다음과 같다.

시로야마城山성산 **· 이소**磯기 **코스**   1시간 동안 가고시마의 역사를 탐방하는 코스이다. 가고시마 주오역을 출발하여 이신후루사토칸-사비에르 공원-사이고 동상-사쓰마 의사비-사이고 동굴-시로야마-사이고 동굴-사쓰마 의사비-난슈 공원 입구-센간엔-이시바시石橋석교 기념공원-가고시마 수족관-돌핀 포트-덴몬칸을 거쳐 가고시마 주오 역으로 돌아온다. 노란색 띠를 두른 버스로 첫차는 오전 9시, 막차는 오후 5시 20분이다. 약 30분 간격으로 하루에 17편 운행한다.

워터프런트 코스   바다와 돌고래와 푸른 하늘을 모티브로 꾸

사비에르 천주교회와 사비에르 공원

가고시마의 천주교회인 카데드랄·사비에르 교회는 사비에르 공원과 마주하고 있다. 전차가 다니는 큰길에서 시로야마 공원으로 오르는 첫 번째 골목길에 사비에르와 초기 신도들의 동상, 기독교 전래지라는 표지도 있다. 이 조그마한 공원 건너편에 있는 천주교 성당 앞 도로에 가고시마 시에서 설치한 '하얀 중이라고 불린 성사聖師'라는 이름의 입간판이 서 있다. 본문에는 '이곳에서 일본의 그리스도교 역사가 시작되었다'라고 시작하는 간단한 역사 해설이 있다.

시마즈島津도진 가문의 보다이지菩提寺보리사(대대로 절의 취지宗旨에 귀의하여 선조의 위패를 모시고 있는 절)인 후쿠쇼지福昌寺복창사에 닌지쓰忍室인실라는 노승이 선교사 사비에르를 만나서 '박학하고 예의바른 사람'이라고 인품을 평가해, 두 사람이 친하게 사귀면서 서로를 하얀 중白坊主백방주와 까만 중黑坊主흑방주이라고 불렀다고 한다.

사비에르는 1549년 8월 15일 가고시마 출신 일본인의 안내로 가고시마에 상륙해 일본에 그리스도교 포교의 첫발을 대디뎠다. 시마즈가의 당주 다카히사貴久귀구(1514~1571)는 사비에르를 대면한 뒤에 영내 포교를 허가했다. 하지만 후에 불교도의 심한 반대에 부딪친 데다, 기대했던 남만 무역선이 오지 않았으므로 다카히사는 사비에르에게 냉담해졌다. 사비에르는 가고시마를 떠나 히라도平戶평호, 야마구치, 분고豊後풍후(현재의 오이타) 등을 전전하다가 말레이시아의 말라카로 돌아갔다.

프란시스코 사비에르 신부 Francisco de Xavier (1506~1552)

스페인과 프랑스 사이에 분쟁이 끊이지 않았던 바스크 지역에서 태어나 파리대학에서 수학했으며 1534년 몽마르트르 성당에서 예수회 창립을 선서한 멤버 가운데 한 사람이다. 1549년에 일본에 천주교를 전파하러 왔다. 아버지는 프랑스 귀족 출신이었다.

포르투갈 왕 조안 3세João Ⅲ의 후원으로 1542년 포르투갈령 인도 서해안의 고아Goa로 파견되었다. 후에, 중국 광동성을 거쳐 1549년 가고시마에 와서 이 지역 영주인 시마즈 다카히사를 알현하고 선교 허가를 받았다. 하지만 불교 승려와의 논쟁 때문에 이 지역을 떠나, 1550년 히라도(현재 나가사키 현)로 가서 선교 활동을 계속했다. 1551년에 사비에르는 포르투갈의 인도 총독과 고아 주교의 친서 및 망원경, 피아노, 탁상시계, 거울, 안경, 소총 등을 가지고 다시 야마구치山口산구에 들어가 영주를 설득했다. 이때 들여온 안경이 일본에 처음으로 들어온 안경이라고 한다.야마구치의 영주는 사비에르에게 선교를 허용하고 신앙의 자유를 인정하면서 폐사된 절을 일행의 주거 겸 교회로 제공했는데, 이곳이 일본 최초의 상설 대성당이 되었다.

이어 사비에르는 포르투갈 선박이 오이타에 도착했다는 소식을 듣고, 그곳으로 가서 1551년 9월, 영주인 오토모 소린의 보호를 받으며 선교 활동을 벌였다. 그는 2년여 일본에 체류하다가 1552년 2월 천주교도가 된 일본인을 대동하고 고아로 귀환해 그를 사제 양성학교에 입학시켰다.

1552년 4월, 사비에르는 일본 전역에 포교하기 위해서는 일본 문화에 큰 영향을 미친 중국 선교가 불가결하다고 생각하고 중국에 입국하려고 했으나, 건강이 악화되어 병사했다.

그는 일본인에게 매우 우호적이었지만 동성애(남색)가 일본에서 공공연하게 이뤄지는 것에 크게 놀랐다고 하며, 초기에는 통역의 잘못으로 천주교가 불교의 일파로 착각되어 승려로 환대받기도 했다.

사비에르 공원

민 푸른색 버스가 가고시마 만의 매력을 즐기게 하는 1시간 10분짜리 순환코스이다. 가고시마 주오 역을 출발해서 이신후루사토관-덴몬칸-돌핀 포트-가고시마 수족관-이시바시(석교) 기념공원-센간엔-기온노스 공원-난슈 공원 입구-사이고 난슈 현창관-사쓰마 의사비-사이고 동상 앞-덴몬칸을 거쳐 주오 역으로 돌아온다. 낮 시간에 약 1시간 15분 간격으로 하루에 여덟 편이 운행된다.

야경 코스　　　　　저녁 시간에 가고시마 시내를 1시간 동안 돌면서 야경을 둘러보는 코스이다. 가고시마 주오 역을 출발해 덴몬칸-돌핀 포트-시청 앞-시로야마(15분간 정차)-사이고 동상 앞-덴몬칸을 거쳐 가고시마 주오 역으로 돌아온다. 매주 토요일 오후 7시와 8시에 두 대가 운행하며 관광객이 많을 때는 증편하기도 한다.

사쿠라지마 페리　　　　가고시마 시가지와 사쿠라지마를 약 15분에 연결하는 페리로 하루 166편 24시간 운항하고 있다. 사쿠라지마 연락선 중에는 사쿠라지마와 긴코錦江금강 만을 감상하면서 바다를 가깝게 즐길 수 있는 '요리미치 크루즈 선'이 매일 한 편 운항하고 있다.

　페리 부두는 노면전차 가고시마 역에서 걸어서 약 7분 거리에 있다. 버스는 가고시마 수족관 바로 앞에 있다. 수족관 입구에서 내리면 도보로 약 5분이다.

●　　　　　　　　　　　　　　가고시마 성

　시로야마城山성산 산기슭 높이 107미터의 언덕에 있는 가고시마 성은 사쓰마의 영주 시마즈 가문이 대대로 살던 저택용 성이다. 지붕 모양은 학이 날개를 펼친 듯했기 때문에 쓰루마루 성鶴丸城학환성이라는 별명이 있다. 성을 수비하는 천수각이 없는 성으로 현재까지 성터와 호수, 돌담, 돌다리 등이 남아 있다.

시로야마는 시내 중앙부에 있는 산과 구릉으로 일본의 마지막 내전인 세이난전쟁의 마지막 격전지이다.

사이고 다카모리西鄕隆盛서향용성는 사쓰마 번의 무사薩摩藩士살마번사, 군인, 정치가였다. 그는 절친한 고향 친구인 오쿠보 도시미치, 조슈 번의 기도 다카요시木戸孝允목호효윤(가쓰라 고고로桂小五郎계소오랑에서 개명함)와 함께 메이지 '유신 3걸'의 한 사람이다. 현재도 사이고 군 사령부가 있던 동굴(통칭 '사이고 동굴'), 사이고가 자결한 곳 등 세이난전쟁과 관련된 역사 유적이 남아 있다. 가고시마는 재해가 잦고 곤충 피해도 많은 지역이어서 성이 여러 차례 소실·파괴되어 개축했으나 1874년에 불탄 후에는 재건되지 않았다.

약간 북쪽 미나미니혼방송 시로야마송신소 부근 정상이 해발 123.4미터이다. 도보나 자동차로 오를 수 있는 이 공원에는 아열대식물이 무성하게 사생하고 있다. 산은 높지 않지만, 가고시마 시가지와 사쿠라지마를 보기에 좋은 위치에 있고, 야경을 보기에도 적절한 곳이다. 긴코 만, 가고시마 시가와 북쪽으로 기리시마 연산, 남쪽으로 가이몬 다케開聞岳개문악(사쓰마 반도의 남쪽 끝에 있는 높이 924미터의 화산)의 거대한 파노라마를 즐길 수 있다.

이 성은 1604년 요시히로의 삼남 다다쓰네忠恒충항(1576~1638)가 축성했다. 실전에 사용되지 않다가 수백 년이 지난 1863년 8월 가고시마

만 일대에서 벌어진 사쓰마 번과 영국 간의 전쟁薩英戰爭살영전쟁 때, 영국 함대 함포 사격의 목표물이 되었다.

1901년 이후 성터는 제7고등학교(일본 전국에 7개 설치되었던, 4년제 대학 예과 또는 전문부 수준의 교육 기관) 부지, 전후에는 가고시마대학 의학부 등으로 사용되다가, 현재는 가고시마 현 역사자료 센터, 가고시마 현립 도서관과 박물관, 가고시마 시립 미술관등이 들어서 있다.

센간엔仙巖園선암원과 **쇼코슈세이칸**尚古集成館상고집성관   센간엔은 가고시마 시 북쪽 바닷가인 요시노초吉野町길야정에 있는 시마즈 가문의 별저 터

▼ 쇼코슈세이칸 정문

와 그 정원으로 일명 이소테이엔磯庭園기정원이라고도 한다.

1658년에 당시의 영주가 만들기 시작해 약 230년에 걸쳐 역대 영주가 개축해왔다. 차경기법借景技法을 이용해 정원 한가운데인 이소고텐磯御殿기어전에서 사쿠라지마와 가고시마 만을 볼 수 있게 만든 일본식 정원이다.

에도 말기에는 제28대 당주가 이 땅의 일부에 유럽식 제철소와 유리 공장을 건설하는 등 근대화 사업을 전개했다.

규슈 역사 문화 여행

1857년에는 원내의 석등에 가스관을 설치하고 점화시켜 등불로 이용했기 때문에 일본 가스등의 뿌리 중 하나로 꼽히는 곳이기도 하다.

1888년에는 소실된 가고시마 성 대신에 번주의 후손인 시미즈 다다요시 공작 일가의 거처로도 사용했지만, 그의 사후에는 후손들이 도쿄로 이주해 사는 사람이 없었다. 1949년 화족제도 폐지로 시가 관리하다가, 1957년에는 시마즈가에 반환되었다.

쇼코슈세이칸은 센간엔 부지 한쪽에 있는 일본 최초의 서양식 아치형 석조건물로 사쓰마 번주가 1865년에 이곳에 설립한 유럽식 기계공장이었는데 1923년에 박물관으로 개관했다. 오늘날은 시마즈 가문의 900년에 걸친 역사자료, 희귀한 각종 유품과 유물들을 상설 전시하고 있다. 특히 사쓰마·영국 전쟁 때 실제로 사용한 철제 150톤의 대포가 실물 크기로 복원되어 있다.

● # 사이고 다카모리

사학교 터私学校跡사학교적　　　　　사학교 터는 메이지 시대 초기에 시로야마마치城山町성산정에 있던 사립학교 부지로 현재는 가고시마 의료센터가 입주해 있다. 이 사학교는 세이난전쟁이 일어나는 직접적 원인의 하나가 되었고, 또 사쓰마군의 주력을 배출한 학교이다.

1874년 6월 육군대장 겸 근위도독近衛都督에서 하야한 사이고는 이곳에 육군 장교 양성을 위한 '유년학교', '총대학교', '포대학교' 등 세 개 학교를 설립했다. 교육 내용은 주로 한문 음독과 군사 교련이었다. 이

▲ 사쓰마 의사비

학교가 설립된 진짜 목적은 불평이 있는 사족士族의 폭발을 막는 일이었다. 그래서 입학할 수 있는 자격은 사족으로 한정했다.

1877년 1월 29일, 이 학교 학생이 가고시마 지방을 수비하던 군대의 탄약고를 습격하면서 세이난전쟁이 일어났다. 이 학교는 이 전쟁 후 폐교되었다.

이 사학교의 터에는 현재까지 무수한 탄흔이 남은 벽이 그대로 있다. 주변에 가고시마 성터, 시로야마, 사쓰마 의사비, 가고시마 현 역사자료센터 레이메이칸黎明館여명관, 현 합동청사 등이 가까이 있다. 사이고와 관련된 것으로 사이고 동굴, 사이고 다카모리 최후의 땅, 난슈南洲남주 신사 등도 가깝다.

사이고 다카모리西鄕隆盛서향융성 동상　　　가고시마 시립 미술관 인근 국도 변에 사이고가 육군대장 정장을 입은 동상의 모습으로 서 있다. 이 모습은 메이지 6년인 1873년의 육군 특별대연습 때 군복을 입은 것이라고 한다. 이곳의 동상이 건립되기에 앞서, 사이고가 자결한 후 21년 만인 1898년에 도쿄 우에노上野상야 공원에 건립된 평상복 차림에 애견을 데리고 있는 사이고의 동상이 세워졌다. 이곳에 있는 동상의 키는 3.7미터로, 우에노 공원에 있는 동상보다 1.55미터 더 높다.

우리나라에서는 쿠데타 세력에 가담하지 않았다는 이유로 장군들이 이등병으로 강등되어 전역당하기도 했으며, '유신의 심장'을 쏜 김재규 중앙정보부장이 역적으로 몰려 처형된 지 37년이 지났다. 그럼에도 그에 대한 재평가가 이루어지지 않은 상황과 비교되어 만감이 교차한다. 패전하면서 죽은 반란군 두목을 추모하는 동상을 죽은 지 20년 만에 수도 도쿄에 하나를 세운 것도 모자라, 60년 만에는 반란지이며 고향인 가고시마에까지 하나 더 세운 이유는 무엇일까?

▲ 사이고 다카모리 동상

끝난 지 60년이 지난 한국전쟁이 아직 휴전 상태이기 때문인지는 모르겠지만, 적

장에 대한 이야기를 들어보지 못한 우리나라와는 무언가 크게 다른 점이 있다. 인증사진을 찍기에는 도로 건너편의 옛 가고시마 시 공회당(현재는 시 중앙공민관) 앞에 설치된 촬영대가 좋다.

사이고 다카모리 주엔노치西鄉隆盛終焉の地　　1877년 9월 24일 세이난전쟁 최후의 날, 사이고와 그를 따르는 간부가 자결 또는 전사한 곳이다. 이곳에 설치된 기념비 비문에는 "정축지역丁丑之役 교전 몇 달, 사쓰마 군은 나가이무라長井村장정촌에서의 근접 포위를 뚫고, 연속 전투를 벌인 후에 가고시마로 돌아와 시로야마에 진을 친다. 9월 1일 관군이 이를 포위한다… 24일 새벽, 관군

▼ 사이고 다카모리 주엔노치

가고시마 현

사이고 다카모리西鄕隆盛서향융성

사이고 다카모리(1828~1877)는 가고시마에서 태어나 사쓰마 번주 시마즈 나리아키라島津斉彬도진제빈에 발탁되어 활동을 시작했다. 하지만 번주가 사망한 후에 한때 히토쓰바시 요시노부一橋慶喜일교경희(1837~1913, 도쿠가와德川덕천가의 일족)를 쇼군將軍장군으로 옹립하려는 히토쓰바시 파에 속했다. 히도쓰바시 파는 에도 막부가 천황의 칙허를 받지 않고 조인한 미일수호조약에 반대했기 때문에 막부의 탄압을 받았다. 사이고도 에도 막부에 쫓기며 가고시마 남쪽 섬 아마미오시마奄美大島엄미대도에서 3년 동안 숨어 지냈다.

오쿠보 도시미치大久保利通대구보리통(1830~1878)의 중재로, 사이고는 1862년 당시 사쓰마 최고 실세인 시마즈 히사미쓰島津久光도진구광(1817~1887)의 부름을 받아 사쓰마 병사를 이끌고 상경하게 되었는데, 그 과정에서 오해가 생겨 또 2년간 작은 섬에 유배되었다.

1864년, 그는 제1차 조슈長州장주정벌에 참모로 임명되어 유화책을 펴면서 조슈 번의 실력자와 만나 삿초동맹薩長同盟살장동맹을 성립시켰다. 제2차 조슈정벌에서 에도 막부가 패하자, 기도 다카요시, 오쿠보 도시미치와 함께, 왕정복고 공작을 진행하고 보신전쟁戊辰戰爭무진전쟁(1868~1869에 걸쳐 왕정복고로 메이지 신정부를 수립한 사쓰마 번·조슈 번 등을 중심으로 한 정부군과 옛 막부 세력 간에 벌어진 일본의 내전)으로 막부를 타도하고 에도에 무혈 입성했다.

1869년 메이지천황은 권력을 되찾는 데 공헌한 인물들 중에서 사이고에게 가장 높은 위계를 주었다. 사이고는 1871년 정부군사령관으로 1만 명의 군사들을 이끌고 나머지 여러 번을 복속시키면서 새 정부의 정책을 주도했다.

1871년 11월, 메이지 정부는 강대국을 따라잡기 위해서 실제로 눈으로 보고 배워야 한다고 해서 오쿠보, 이토 히로부미伊藤博文이등박문(1841~1909) 등 60여 명의 정부 주요 인물을 해외에 파견했다. 이때 사이고는 해외에 나가지 않고 봉건정치의 개혁을 단행해 학제 공포, 태양력 채용, 징병령 포고, 국립은행 조례 공포 등을 주도했다.

오쿠보 등이 귀국한 뒤에 사이고는 무력에 의한 정한론(거류민 보호를 명분으로 조선에 군대를 파견하여 개국시켜야 한다는 입장)과 방법이 약간 다른 견한론(조선 개국을 권유하기 위해 사절을 파견하자는 입장)을 주장하면서 자신이 조선에 파견되는 견한遣韓 사절이 되겠다고 자청했다. 사이고의 '견한론'은 당시의 정세로 보아, 한국에 자신이 파견되면 죽거나 감금될 것이 분명했으니, 이를 빌미로 결국 조선을 침략하는 전쟁을 일으키려는 것으로, 약간의 차이는 있지만 결과적으로는 '견한론'도 '정한론'과 같이 한국 출병이라는 점에서 똑같다는 것이 중론이었다. 그래서 사이고의 파견이 일단 결정되었지만 천황은 외유에서 돌아온 파견 반대론자들의 의견을 받아들여 결정을 번복했다. 파견 반대론자 중에는 국제법(만국공법)을 숙지하고 귀국한 사이고의 옛 동지 오쿠보 등도 포함되어 있었다. 그들 논리는, 우선 조선은 당시 국제법상 중국의 속국으로 간주될 가능성이 높아 섣불리 군대를 파견했다가는 국제적으로 궁지에 몰릴 가능성이 높다는 것이었다. 하지만 1873년 사이고는 오쿠보를 비롯한 반대론자들과의 논쟁 끝에 그들과 완전히 결별하고 100여 명의 지지자를 대동해서 가고시마로 돌아와버렸다.

1875년 9월, 일본 군함 '운요호雲楊號운양함'가 강화도에서 조선군과 포격전을 벌인 뒤, 영종도를 습격하여 민간인을 살상했다(강화도 사건). 포격전을 이유로 일본은 조선에 한일수호조약이라는 불평등조약을 들이대며 개국을 강요했다. 일찍이 일본이 미국의 페리 함대에게 당하면서 배운 것을 조선에게 되풀이한 것이다. 무력에 의한 개국이라는 시각에서 보면 정한론이나 강화도 출병이나 다르지 않지만, 강화도 사건은 국제 외교적 측면을 고려한 고도의 조선 침략 전략이었다.

고향으로 돌아간 사이고는 1877년 자신의 영향력하에 있는 사학교 생도들이 궐기한 세이난전쟁이 발발하면서 사쓰마군의 총대장이 되고, 약 6개월간 과거의 절친 오쿠보가 지휘하는 정부군과 맞붙어 전투를 벌였으나 패전하면서 시로야마에서 자결했다. 그때 그의 나이 만 49세였다. 그의 무덤은 세이난전쟁의 전사자가 묻힌 난슈南洲남주 공원에 있으며, 그를 신으로 모신 신사가 같은 부지에 있다.

의 무리가 압박해 온다. 옹은 이미 결정한 것이 있어, 무사들을 이끌고 시로야마에서 내려온다. 탄환이 빗발치고, 그중에 몇은 쓰러진다. 옹은 마침내 이와사키 다니구치岩崎谷口암기곡구의 진지를 지키며 자결한다. 나이 51세(세는나이를 쓰고 있음). 그의 부하들도 모두 그를 따른다. 지금이 비석이 있는 곳이 바로 그 종언의 땅이다…(이하 생략)"

사이고 우타케야시키아토西郷武屋敷跡서향무옥부적　　　이곳은 사이고가 조선에 사절을 파견하자는 생각이 중론의 반대에 부딪쳐, 1873년 가고시마에 돌아온 뒤 1877년 세이난전쟁이 일어나기 전까지 4년 동안 살았던 저택이 있는 곳이다.

여기서 사이고는 사족의 청소년 교육을 위해 사학교私學校를 창설하고 한시에 능한 학자와 동거하면서, 가까운 집안 자제들의 교육을 맡기도 했다. 저택은 세이난전쟁에 그을린 것을 1880년 그의 동생이 재건했지만 지금은 공원이 되고, 당시의 우물만 남아 있다.

●　　　　　　　　　　　가고시마의 볼거리

오쿠보 도시미치大久保利通대구보리통 **동상**　　　유신 3걸의 한 사람으로 세이난전쟁의 정부군 사령관인 오쿠보(1830년~1878년)의 동상은 고쓰키가와 강변 '다카미바시高見橋고견교' 다리 옆에 있다. 그는 사이고의 젊은 날 절친한 친구였지만 서로 맞서는 적장이 되었다. 그 역시, 일본의 근대화에 주력한 공적이 크다. 그는 1866년 사카모토 료마坂本龍馬판본용마

(1836~1867)의 소개로 조슈 번의 이와쿠라 도모미岩倉具視암창구시와 비밀리에 연합해 사쓰마-조슈동맹薩長同盟살장동맹을 맺고, 막부 시대를 마감하며 메이지 천황이 집권하게 되는 친위 쿠데타를 기획했다. 그는 내무대신 직에 있던 1878년 5월 도쿄에서 세이난전쟁에 참여했던 시미다 이치로島田一郎도전일랑 일당에게 암살당했다. 암살의 원인은 기득권이 위협받는 것에 대한 반발이었다. 이 사건을 계기로 일본의 정계는 조슈 번(현재의 야마구치 현) 출신들이 장악하게 되었다.

시코쿠 섬의 도사土佐토좌 번 출신인 사카모토 료마는 에도 시대 후기의 대표적인 검객이자 무사로, 왕정복고를 주도해 실질적으로 일본의 근대화를 이끈 인물이다. 그는 서로 대립하던 사쓰마 번과 조슈 번의 동맹 및 막부와 번의 통일을 성사시킴으로써, 메이지유신을 통해 일본이 중앙집권적인 근대국가가 되는 발판을 마련했다. 범인이 도망쳤기 때문에 여러 설이 있지만, 그가 31세의 아까운 나이에 교토에서 암살당한 것은 분명하다. 일본에서는 오다 노부나가, 도쿠가와 이에야스와 함께 일본 역사상 가장 위대한 인물 가운데 하나로 꼽힌다.

그는 이 현 출신인 사이고와 오쿠보의 정치적 동지였을 뿐 아니라, 의사의 딸인 나라사키 료楢崎龍유기룡(1841~1906)와 1866년 일본 최초로 신혼여행을 오는 등 가고시마와 인연이 깊다. 그가 배에서 내린 곳에 가까운 덴포잔天保山천보산 공원 남쪽에 있는 다리 앞에 여행하는 자세를 취한 료마 부부의 동상이 있다.

가고시마鹿児 현립 박물관　　　이 박물관은 가고시마 현 남북 600킬로미터에 이르는 자연을 소개하는 박물관이다. 본관 1층에는 기획

전시실, 2층에는 자연종합전시실, 3층에는 자연사 응용전시실이 있고, 별관에 다카라야마天保山(가고시마 현 문화센터), 4층에 플라네타리움, 화석전시실이 있다.

덴포잔天保山公園천보산 공원　　　덴포잔 공원은 고쓰키가와 강의 하구에 있다. 사쓰마 번이 재정 개혁으로 얻은 수익금으로 고쓰키가와 강을 준설하고 하천의 수상교통을 정비하면서 하류에 흙을 쌓아 올려 형성된 산더미에 조성되었다.

이 일대는 에도 시대에 사쓰마 번의 덴포잔 조련장이 있던 곳으로, 서양식 조련과 포술 등 군사훈련이 행해졌고, 번주가 1851년부터 1858년까지 병사의 훈련을 사열했던 곳이다. 이 병영은 현재의 덴포잔 중학교 부지 내에 있다.

이 공원에는 1863년 일어난 사쓰에이전쟁薩英戰爭살영전쟁 때 사용된 덴포잔 포대의 유적이 있다. 이 포대가 양군 간의 전쟁에 불을 당겼다.

덴포잔 공원과 그 주변에 동상 두 개가 있다. 하나는 덴포잔을 만든 사람의 동상이고, 다른 하나는 사카모토 료마의 신혼여행 기념비이다.

●　　　　　　　　　　　　　　　사쿠라지마

가고시마 페리 부두에서 배를 타고 15분이면 사쿠라지마에 닿는다. 인근 긴코 만 해상을 순환하며 사쿠라지마로 가는 순환 크루즈는 매일 한 편 11시 5분에 가고시마 본항을 출항해 50분 만에 사쿠라지마에 내

▲ 사쿠라지마 전경

려준다.

　부두에 내리면 용암해안공원 족탕이 있다. 잠시 온천수에 발을 담그고 땀을 닦은 후, 부두 앞에서 시영 버스를 타면 약 1시간 동안 가라스지마烏島오도 전망대-아카미즈 전망광장-유노히라 전망대를 거쳐 출발지로 돌아온다. 첫 버스는 오전 9시, 막차는 오후 4시 30분이고 하루 여덟 편이 운행된다.

　부두에서 남쪽 해안을 따라 차로 15분 거리에 후루사토古里고리 온천이 있다. 이 온천에는 긴코 만을 바라보며 당일치기로 입욕할 수 있는 노천탕과 숙박시설이 있다. 거기서 차로 약 5분 더 가면 1914년 대분화 때 흘러내린 용암 위에 새워진 아리무라有村유촌 용암전망대가 있다. 이 전망대는 360도 전체를 전망할 수 있는 장소이다. 여기서 좀 더 가면 남쪽으로 다루미즈 시가지로 향하는 길과 동쪽으로 기리시마 시로 가는 갈림길이 나온다. 이 갈림길을 지나 북쪽으로 '구로카미 뷰'에서

가고시마 현

는 아직도 활발하게 화산 연기를 뿜어내는 쇼와 분화구를 볼 수 있다. 이렇게 해서 다시 서쪽으로 도는 길을 따라 긴코 만 주변을 일주하면 시라하마 온천센터, 사쿠라지마중학교를 거쳐 부두로 되돌아온다.

사쿠라지마는 오늘날 가고시마 만 내에 있는 동서 약 2킬로미터, 남북 약 10킬로미터, 둘레 약 55킬로미터, 넓이 약 77제곱킬로미터의 반도가 되었다. 대자연의 변화는 2만 3,000~2만 6,000년 전, 바닷속 활화산인 온다케御岳어악(사쿠라지마 기타다케北岳북악)의 활동으로 용암이 분출되면서 오늘날의 사쿠라지마를 만들었다. 약 1만 3,000년 전에 기타다케가 해상으로 모습을 드러낼 때 분출된 화산재의 지층이 규슈 남부 각지를 덮었다. 유사 이래 분화가 되풀이되었고, 약 4,500년 전부터 화산 활동은 미나미다케南岳남악로 옮겨져 여전히 분화를 계속하고 있다. 인간에게는 바다 가운데 우뚝 솟은 산과 분화가 아주 이채로워서 가고시마의 상징이 되고 있다.

예전에는 섬이었지만, 1914년 일어난 대규모 분화로 반도와 섬 사이의 바다가 메워지고 섬 동쪽에 있는 오스미 반도와 연결되어 이제는 섬이 아니다. 2013년 9월에도 이 섬의 남쪽 화구에서 폭발적 분화가 일어났다. 화산은 아주 격렬하게 화산재를 분출해, 5,000미터(5킬로미터) 상공까지 치솟았다.

사쿠라지마의 대부분을 구성하는 온다케는 남북으로 나란히 기타다케, 나카다케中岳중악, 미나미다케로 이루어져 있는데 산허리에도 기생화산側火山측화산들이 많다.

기타다케는 사쿠라지마의 최고봉으로 높이 1,117미터, 거기서 남쪽으로 900미터 떨어져 있는 나카다케는 높이가 1,060미터인데 분화된

규슈 역사 문화 여행

기록은 없고, 그 서쪽 경사면에 있는 히키노다이라引ノ平(해발 565미터)는 그 동북부에 다이쇼 대분화 때의 서쪽 분화구가 있다.

나카다케 남쪽 500미터인 미나미다케 산정에는 직경 700미터의 화구가 있고, 그 속에 두 개의 작은 화구가 있다. 이 분화구는 1955년 이후 활발한 화산 활동을 펼쳐 산 정상의 화구에서 반경 2킬로미터 이내가 경계구역으로 출입이 금지됐다. 남쪽 산허리에는 야스나가安永안영 대분화(대폭발)의 화구, 동쪽의 산허리에는 쇼와昭和소화 분화의 화구가 있다.

미나미다케의 서쪽에 있는 유노히라湯之平탕지평(해발 373미터) 전망대에서 위를 쳐다보면 온다케의 정상 부근이 보인다. 동쪽에는 하루타春田춘전 산(해발 408미터)이 있다.

미나미다케 동쪽 경사면에는 곤겐權現권현 산(해발 350미터)과 나베鍋과 산(해발 359미터)이 있다.

현재는 산자락이 바다까지 뻗어 평지는 거의 없지만, 북서부와 남서부 해안가에 비교적 완만한 경사지대가 농지로 이용되고 있다. 온난다습한 기후이면서 표면에 나무가 부족하고, 토양이 화산 분출물로 구성되어 물을 품기 어렵기 때문에 강은 대부분이 건천乾川이다.

메이지 이진에는 인구가 2만 이상이었지만, 여러 차례의 대폭발로 인구가 감소해 2010년에는 약 5,600명이 살고 있다.

8세기경부터 분화 기록이 있고 역사에 자세히 기록된 화산 분화만 30회 이상이다. 그중에 세 번은 대폭발이었다.

| 사쿠라지마의 폭발 기록 |

분메이文明문명 대폭발

1471년 9월 12일 대폭발이 일어나면서 기타다케北岳북악의 동북쪽 산허리에서 용암이 유출돼 다수의 사망자가 발생했다. 이어 1473년에도 분출이 있었고, 1475년 8월에는 서남부에서 폭발이 일어나 용암이 유출되었으며, 1476년 9월에 다시 폭발해 많은 사망자를 내면서 오키코지마沖小島충소도와 가라스지마烏島오도가 형성됐다.

야스나가安永안영 대폭발

1779년 11월 지진이 빈발하다가 1780년 11월 8일(음력 10월 1일) 아침부터 우물물이 끓고 수면이 변색하는 등 이변이 관찰됐다. 정오 무렵에는 미나미다케 산정 부근에서 흰 연기가 나오고 오후에 섬 남부에서 대폭발이 개시되면서 동북부에서도 분화가 시작되었다. 저녁에는 남쪽 화구 부근에서 화산 용암이 흘러내리면서 다음 날 아침까지 대량의 경석과 화산재가 분출됐다. 에도와 나가사키에도 낙진이 있었다는 기록이 있다. 11월 9일에는 기타다케와 미나미다케에서도 용암이 뿜어져 나오기 시작해, 11월 10일에 해안에 이르렀다.

1780년 8월 6일과 1781년 4월 11일에 동북쪽 해상에서 해저 분화가 일어나 사쿠라지마 동북 해상에 여섯 개의 화산섬이 형성되었다가 몇몇 섬은 곧 수몰됐지만 가장 큰 모에지마(현재의 니지마新島신도)에는 1800년부터 사람이 들어가 살게 됐다. 폭발 후에 가고시마 만 북부 연안의 해수면이 1.5~1.8미터 상승했고, 지반이 침강했으며, 153명이 사망했다.

다이쇼大正대정 대폭발

1914년 1월 12일부터 4월까지 일어난 대폭발로 58명이 사망하고, 112명이 부상당했다. 흘러내린 용암이 사쿠라지마의 서쪽과 동남쪽 해상으로 퍼져나가 그동안 해협(거리 최대 400미터, 최심부 100미터)으로 떨어져 있던 이 섬과 오스미 반도가 붙어버렸다. 또 화산재는 혼슈의 도호쿠東北 지방에서까지 관측되었고, 용암 분출량이 약 32억 톤(도쿄돔의 1,600배)에 달했다. 이 폭발로 사쿠라지마의 지반이 최대 1.5미터나 침강했다. 폭발지 중심부 밑, 깊이 약 10킬로미터의 땅속에 축적되어 있던 마그마가 분출되어 섬 북쪽 해상에 넓게 퍼졌다.

폭발의 전조로 1913년 6월 29일부터 30일까지 약한 지진이 있었다. 12월 24일에는 해수 온도가 상승했다. 1914년 1월에는 동북쪽 땅의 온도가 상승하면서 겨울철임에도 뱀, 개구리, 도마뱀 등이 활동하는 모습이 목격됐다. 1월 10일에는 약한 지진이 발생했고 11일에는 산 정상 부근에서 암석이 붕괴하면서, 산허리에서 흰 연기가 피어올랐다. 1월 12일 오전 8시부터 10시까지 산 중턱에서 버섯구름 모양의 흰 연기가 목격됐다.

대폭발은 1914년 1월 12일 오전 10시 5분, 산 서쪽 중턱에서 검은 연기가 피어오르고 약 5분 후, 큰 소리와 함께 시작됐다. 약 10분 후에는 동남쪽 산 중턱에서도 폭발이 시작되면서 연기가 상공 3,000미터 이상에 달했고, 암석이 약 1,000미터까지 솟았다. 오후에는 분연이 상공 1만 미터 이상에 달하고 섬 전체가 먹구름으로 뒤덮였다. 큰 소리와 진동이 계속되면서 폭발이 반복됐다. 오후 6시 30분에는 리히터 규모 7.1의 강진이 발생해 대안인 가고시마 시내에서도 돌담과 가옥이 무너졌다. 1월 13일 오전 1시경 폭발은 절정에 달했다. 분출된 고온의 화산탄으로 섬 곳곳에서 화재가 발생하고 많은 경석輕石이 섬 안과 해상에 떨어지고 대량의 화산재가 바람을 타고 날아가 오스미 반도 등에 쌓였다. 오후 8시 14분에는 불기둥이 솟고 화산 쇄설물이 흘러내려 섬 서북부의 몇몇 부락이 전소했다.

1월 15일에는 사쿠라지마 서쪽 부락이 흘러내린 용암에 뒤덮이고, 1월 16일에는 용암이 해안에 이르러 1월 18일에는 가라스지마가 용암에 포위됐다. 섬 동남쪽의 화구에서 흘러내린 용암도 해안에 도달해 폭발 전에는 수심 72미터이던 세토瀬戸 해협도 매립되고 1월 29일에는 사쿠라지마가 오스미 반도와 육지로 연결되었다. 용암의 유출을 포함한 화산 활동은 1916년에야 거의 끝났다.

1914년 1월 10일 밤부터 주민의 불안이 확산되면서 현지의 행정 관계자가 가고시마 측후소에 문의했는데, 지진 진원이 가고시마 시 북쪽이므로 사쿠라지마는 피난할 필요가 없다는 대답이 돌아왔다. 그러나 1월 11일부터 주민 중에 대피자가 나오기 시작했다. 섬 동부와 서북쪽 지역에서는 청년회가 중심이 되어 노약자를 우선 대피시켰다. 섬 서부의 요코야마橫山횡산 주변은 측후소를 믿는 사람이 많아서 피난이 늦어져 1월 12일 오전의 분화가 개시된 후에야 해안 각처로 대피하는 주민이 몰려 큰 혼잡이 빚어졌다.

섬 동쪽의 세토 해협은 해면에 떠오른 경석의 두께가 1미터를 넘었다. 가고시마 시는 정박 중이던 선박을 긴급하게 징용했으나 구조선으로 활용하지 못하자, 어떤 마을에서는 해안에서 뛰어내려 헤엄쳐서 대안으로 건너려다가 익사하는 사람이 잇따랐다.

이 사건 때문에 히가시사쿠라지마東桜島동앵도 소학교에 있는 폭발기념비에는 '주민은 이론을 신뢰하지 말고 이변을 만나면 미리 대피를 준비하는 것이 중요하다'라는 글이 남아 '과학 불신의 비'로 불린다.

쇼와昭和 폭발

다이쇼 대폭발 이후 잠시 잠잠하다가, 1935년 미나미다케 동쪽 산허리에 새로운 화구가 형성되어 간헐적 분화를 반복했다. 1939년 11월 화산이 폭발하면서 쇄설이 흘러내리는 것이 관찰됐다.

1946년 1월부터 폭발이 빈발하더니 3월 9일에는 화구에서 용암이 흘러내리다가, 3월 11일 밤부터 연속적으로 폭발하면서 해안에서도 불기둥이 관찰됐다. 용암은 남북으로 갈라져 북쪽에서는 몇몇 마을을 메우며 4월 5일 해안에 이르렀고 남쪽은 5월 21일 해안에 이르렀다. 이 폭발은 그해 11월경에 끝났지만 이후에도 산발적으로 분화가 일어났다.

미나미다케 산정 분화구 활동(1955~2006)

1955년 10월에 미나미다케 산정 분화구에서 대량의 화산 자갈礫石분석 분출로 사망자 1명, 부상자 11명이 발생했다. 1967년 8월에도 화산 쇄설물이 흘러내렸으나 그 후 폭발 횟수가 줄어들다가 1969년경에는 일단 멈췄다. 그러나 1972년 10월 2일 오후 10시경에 미나미다케 산정에서 다소 큰 폭발 분화가 발생해 분출된 고온의 화산 자갈로 산불이 발생했다. 1973년부터 연간 수십 회부터 수백 회 정도 폭발을 반복하며 낙진이 이어졌고, 낮에도 어둑어둑한 날이 많았다. 1974년 5월, 1976년 11월, 1979년 11월의 분화에서도 화산 쇄설물이 발생해 작업원 등이 사망했다.

화산 활동은 1985년 절정에 달해 연간 474차례의 폭발이 있었다. 진동으로 주택의 유리창이 파손되고 화산 자갈로 자동차의 유리창 파손이 잦았으며 가고시마 시가지까지도 낙진 피해가 발생했다. 송전선의 절연 불량에 따른 정전, 도로에 쌓인 화산재로 인한 미끄럼 사고, 철도에서는 선로의 포인트 고장으로 인한 열차의 지연과 운휴, 신호등 오작동으로 인한 교통사고, 항공기의 조종실 유리창 파손, 화산재로 인한 농작물 피해 등이 보고되었다.

1986년 11월 23일에는 사쿠라지마의 한 호텔에 지름 약 2미터, 중량 약 5톤의 분석이 낙하해 건물의 지붕과 바닥을 뚫고 투숙객들과 종업원을 덮쳐 모두 여섯 명이 부상하는 재해도 발생했다. 1990년대에 들어서 2000년대 초반까지 폭발 횟수가 줄었다.

최근 10년간 쇼와 분화구 활동

2006년 6월 4일 미나미다케의 쇼와 분화구 근처에서 소규모 분화가 발생한 이후, 폭발 횟수가 다시 증가하고 있다. 2006년부터 2012년 사이에 종래의 기록을 훨씬 넘는 폭발적 분화의 영향으로 분화구의 크기가 2006년 11월보다 약 2.5배 커졌다.

최근의 특징은 1980년대의 미나미다케 분화보다 연기의 높이가 낮고, 분화구에서 분출되는 용암이 많다는 것이다. 최다 폭발을 기록한 1985년과 비교했을 때 낙진량 자체는 줄었지만, 폭발할 때마다 흘러내리는 뜨거운 용암이 국자로 물을 붓듯 분화구 주변에 뿌려졌다. 분화구 주변의 출입은 엄격히 금지되고 있다.

지난 2013년 8월 18일 16시 31분 쇼와 분화구에서 폭발적 분화가 발생, 연기의 높이가 이 분화구가 활동을 재개한 2006년 이후 가장 높은 5,000미터까지 올라갔다. 2013년 10월의 한 학술회의에서 홋카이도대학 연구진은 화산분화구 통로가 확대되고 있을 가능성을 지적했다.

기 리 시 마 시 와 긴 코 만

　기리시마 시는 가고시마 현의 중앙부, 긴코 만의 북쪽에 있는 시로 2005년 11월, 고쿠부国分국분 시와 인근 여섯 개 마치町정를 합병하여 탄생했다. 시청은 고쿠부에 있다. 인구가 12만 7,000명 정도로 이 현에서 두 번째로 인구가 많다.

　기리시마 일대는 예부터 사쓰마 지방과 오스미 지방, 미야자키 현을 연결하는 교통의 요충지이다. 가고시마 공항을 비롯하여 규슈 각지를 연결하는 도로·철도가 이 도시에 있다. 기리시마 산과 온천, 가고시마 신궁, 히나타야마日当山일당산 온천, 묘켄妙見묘견 온천, 마루오丸尾환미 온천과 화산으로 잘 알려진 곳이다.

　시역에는 아모리가와天降川천강천, 다카하시가와高橋川고교천, 아미카케가와網掛川망괘천 등이 긴코 만으로 흘러든다. 기리시마 시 남쪽이 가고시마 만이고 기리시마긴코완霧島錦江湾무도금강만 국립공원 지역에 속한다. 가라쿠니다케韓国岳한국악를 비롯한 20여 개의 화산과 많은 화산호가 있고, 적송 등 자연림과 고산 진달래가 유명하다.

● 기리시마 연산

규슈 남부의 가고시마 현과 미야자키 현의 경계를 이루는 화산군으로 잘 알려진 산들을 총칭하여 '기리시마 연산'이라고 한다.

이 산들은 서쪽에서 동쪽으로 에보시다케烏帽子岳오모자악(988미터), 오나미이케大浪池대랑지(1,411미터), 가라쿠니다케韓国岳한국악(1,700미터), 신모에다케新燃岳신연악(1,421미터), 나카다케中岳중악(1,421미터), 오하치御鉢어발(1,408미터. 분화구의 모습이 밥통을 닮아서 붙여진 이름), 다카치호高千穂고천수 봉(1,574미터), 후다고이시二子石이자석(1,320미터)로 이어지며 펼쳐져 있다. 그중 최고봉은 가라쿠니다케이다.

이 산에 오르는 트레킹 코스는 매우 많다. 대개 출발점은 기리시마 온천시장이라는 조그만 상가지구가 있는 마루오丸尾환미이다. 고쿠부의 이와사키 영업소에서 1,000엔에 구입할 수 있는 기리시마 연산 주유 버스의 1일 승차권으로 마루오를 거쳐 기리시마 온천역으로 내려가거나, 다카치호가와라高千穂河原고천수하원까지 올라갈 수도 있다. 마루오에서 에비노えびの 고원까지 약 30분이 걸리며, 거기서 다카치호가와라까지 30분이 더 걸린다.

유사 이래 계속해서 불을 내뿜는 활화산으로는, 특히 신모에다케와 다카치호 봉峰의 기생화산인 오하치가 대표적이다. 오하치는 기생화산으로 직경 약 600미터에 깊이 약 200미터인 분화구를 가지고 있다.

가라쿠니다케는 이오_{硫黄유황} 산(1,310미터)에서 1시간 30분 정도 올라가야 하고 대피소가 있는 오나미이케 호수까지 내려오려면 약 1시간이 걸린다. 이 호수에서 오나미이케 휴게소까지는 30~40분, 에비노 고원 캠프장까지는 1시간이 걸린다. 이 호수 주위는 1,411미터인데 주위가 험한 산이라서 한 바퀴 도는 데 약 2시간을 잡아야 한다. 신모에다케로 가는 등산로는 많이 있으나, 화산 활동 때문에 분화구 중심의 3킬로미터 외곽에서부터 입산통제를 하는 곳이 많다.

일본 건국신화의 무대이기도 한 다카치호 봉은 전형적인 성층 화산으로 기리시마 연산 가운데서 제2봉이다. 이 봉우리는 활화산으로 1914년 1월 8일에 분화구가 폭발했던 오하치와 반대쪽(동쪽) 능선에 높이 약 1,320미터의 후다고이시를 거느리고 있다.

다카치호 봉은 해발 970미터 정도의 다카치호가와라에서 등산로로 2.3킬로미터이지만, 표고차가 600미터로 경사가 상당한 데다 분화구까지 적갈색으로 바랜 용암 비탈길이 울퉁불퉁해서 오르기 어렵다. 또 분화구를 지나 산꼭대기까지 가는 길은 모래와 자갈이 섞여 무너지기 쉬운 길이지만, 정상에 올라가면 그 전망이 아주 장관이다. 등산에 소요되는 시간은 2시간 정도 걸린다.

이 산의 위용은 검푸른 화산호수인 미이케_{御池어지}에 잘 투영되어 있다. 이 호수의 산봉우리가 미야자키 현과의 경계이다. 삼림 속에 둘러싸인 미이케는 호반 주위가 4.3킬로미터이고, 최대 수심은 103미터로 일본에서는 가장 깊다(우리나라 백두산 천지와는 비교할 수 없을 만큼 작은 호수이다. 천지는 둘레가 14.4킬로미터, 평균 깊이 213.3미터, 최대 수심

규슈 역사 문화 여행

384미터이다).

이 장엄한 자연의 산을 중심에 놓고 행정체계는 아주 복잡하다. 이 산의 서쪽 끝에 있는 구리노다케栗野岳율야악(1,102미터)-가라쿠니다케-시모에다케를 거쳐 동쪽 끝 봉우리인 다카치호 봉을 잇는 능선의 서쪽은 가고시마 현이고, 동쪽은 미야자키 현이다. 이 산채의 북쪽 경사면은 고바야小林소림이고 남쪽 경사면은 미야코노조都城도성이다.

에비노 고원(억새 평원)　에비노 시의 남쪽, 가라쿠니다케 아래, 해발 1,200미터의 넓은 고원지대로 가을이면 풀, 나무, 이삭이 새우 빛깔이 된다고 해서 '새우'의 고원이라는 뜻으로 '에비노 고원'이라고 불렀다. 최근에는 화산 연기가 품어져 나오지 않아 새우 빛깔로 물드는 현상이 나타나지 않는다. 그래서 요즘은 마을 이름을 그대로 두고, 참억새가 고원의 바람에 흔들리는 광경을 그대로 옮겨 이름을 '억새 평원(스스키가바라すすきヶ原)'이라고 바꿔 부르고 있다. 이 고원을 거쳐 북쪽으로 내려가는 자동차 길이 있다. 산록은 기리시마 산의 북부 지역으로 원시림과 고산식물들이 가득히 자라고 있고, 많은 목장과 낙농공장이 있나.

억새 평원에서 보면 가장 높이 우뚝 솟은 가라쿠니다케와 떡시루나 찜통 같은 모양 때문에 이름이 붙여진 고시키다케甑岳증악(1,301미터)를 비롯해서 크고 작은 산과 벌판이 있고, 고시키다케 등산로 가까이에 후도이케不動池부동지, 30~40분 거리에 롯칸논미이케六観音御池육관음어지, 시라토리白鳥백조 산(1,363미터) 아래쪽에 뱌쿠시이케白紫池백자지 등의 화산호수가 있다. 세 개의 화산호수를 모두 보려면 에코뮤지엄센터에서 출발해 보통 걸음으로 2시간 정도 걸어야 한다.

에코뮤지엄센터는 에비노 고원의 풍요로운 자연을 소개하는 자연 박물관으로 가라쿠니다케 등산로에서 가까운 에비노 고원의 1번 도로와 30번 도로 갈림길에 있다.

가라쿠니다케韓国岳한국악   가라쿠니다케는 우리말로 '한국악'으로 읽히므로 우리나라와 무슨 연관이 있는 것은 아닌가 짐작하기 쉽다. 가라쿠니다케, 즉 한국악韓国岳은 일본 규슈의 화산 산봉우리 이름 가운데 하나로 예부터 산봉우리의 이름이다.

최근에 일본인의 상술이 한국인의 정서와 결합해서 구구한 설명을 덧붙인다. 예컨대 정상에서 한국(한반도)까지 볼 수 있을 만큼 높은 산이므로 '한국을 보는 산(가라쿠니노미다케)'으로 불렸다는 설이 있다. 실제로는 정상에서도 한반도가 보일 리 없는 먼 곳이다.

에비노 고원을 대표하는 관광지인 이 산악 이름의 유래로 에도 시대 이전은 산 정상 부근의 등산로가 험로이고 초목이 잘 자라지 못하는 공허한 땅이어서 '빈 나라(무나구니空国공국 또는 가라쿠니虛国허국)'라고 불리게 됐다고 한다. 하지만 한국인 관광객들에게 더 어필하는 것은 전자일 것이므로 현지에서는 전자의 설을 강조하는 안내문이 많다.

이 산은 규슈 남부를 품은 기리시마 산 화산의 최고봉으로 기리시마 시, 미야자키 현의 에비노와 고바야의 경계를 이룬다.

기리시마 연봉에 오르는 등산로는 화산 활동 때문에 입산이 규제되는 등산로와 입산이 가능한 등산로가 따로 있다. 이오 산 부근에서 가라쿠니다케 등산로를 따라 오르면 산봉우리 정상에 지름 900미터, 깊이 300미터의 분화구가 있어 비가 많이 내리면 연못이 되기도 한다. 겨울에는 자주 눈이 내려 서리 같은 얼음霧氷이 되므로 분화구나 나무가 눈으로 만든 옷을 입은 것 같다고 말한다. 북서쪽 산허리에 에비노 고원이 넓게 자리 잡고 있고, 남서쪽 산허리로 내려가면 오나미이케大浪池대랑지 연못이 있다.

산허리의 무성한 숲에 야생 노루가 많다고 주의하라는 표시가 있다. 정상 부근에는 철쭉과 억새를 비롯해 여러 종류의 이름 모를 꽃나무도 보인다. 정상 부근까지 기리시마와 고바야를 잇는 도로가 뚫려 있고 곳곳에 등산로 표시가 있다. 주차장과 관광안내소가 있는 에비노 고원 쪽 길이 가장 일반적인 루트이다.

산 정상에서는 기리시마 산과 다카치호 산봉우리를 바라볼 수 있고, 맑은 날 멀리로 사쿠라지마도 조망할 수 있다. 산정 부근의 도로에서 언덕을 조금 올라가면 능선 아래로 분화구와 산비탈이 보인다.

역사상 이 산 정상에서 화산이 폭발했다는 기록은 없지만 1768년에 서북쪽 산허리에서 용암이 분출되어 이오 산이 형성되었다는 기록이 있다. 이 산은 비교적 새로운 화산이지만 옛날에 형성된 화산인 시리토리 신, 히나모리다케飯盛岳이수악(1,344미터), 시시코다케獅子戸岳사자호악 (1,428미터), 오나미이케 등과 함께 형성됐다. 산체를 형성하는 지질은 용암이다. 산체가 형성된 후에 분화구 북서부에서 폭발이 일어나 서쪽의 분화구 비탈이 무너져 내렸다.

이 지역은 일본에서 가장 비가 많이 내리는 지역으로 연간 강수량이 4,500밀리미터 이상인데 그중 절반이 6월부터 8월 사이에 내린다. 동북쪽 산록에는 예부터 목장이 많았고 메이지 시대 이후에도 여러 국영 목장이 설치되어 군마를 길렀다.

기리시마 연산의 화산호수

• 롯칸논미이케六觀音御池육관음어지: 호수면이 빛을 띠는 산성호로 직경 400미터, 둘레 1,500미터, 수심 14미터이다. 활엽수와 침엽수가 섞여 있는 숲이 연못 주위를 감싸고 있다.

▼ 롯칸논미이케

• 후도이케不動池부동지: 에비노 고원을 거치는 1번 지방도로 연변에 위치한, 화산호수 중에서 가장 작은 연못이다. 직경 210미터에 수심 9미터인 연못의 물은 산성도가 높고 빛이 난반사하며 신비한 코발트블루 색을 띠고 있다.

• 뱌쿠시이케白紫池백자지: 예전에는 천연 스케이트장으로 이용되었던 화산호로 직경 250미터에 수심 1미터 정도로 얕은 호수이다. 호수 밑바닥까지 선명하게 보이는 연못으로 물가에 매우 가까운 곳까지 다가갈 수 있다. 겨울철에는 서리 같은 얼음霧氷이 눈앞에 보인다.

그 밖의 볼거리와 산중 온천

• 쓰쓰지가오카つつじヶ丘: 에비노 고원의 족욕 쉼터에서 가까운 곳으로 넓은 진달래 군생지이다. 5월 하순부터 6월 중순까지는 엷은 분홍

규슈 역사 문화 여행

색, 연보라색, 담홍색 등 꽃 색깔과 크기 등이 품종별로 미묘한 차이를 보이는 진달래가 일품이다.

- 롯칸논도六観音堂육관음당: 롯칸논미이케 주변의 전망대 옆에 있다. 이전에는 육관음상을 모신 불당이 있었다. 후에 소와 말의 수호신인 마두馬頭 관음보살을 모시게 되었다고 한다.

- 족욕 쉼터 에비노 고원足湯の駅 えびの高原: 30번 지방도로로 에비노 고원에 들어가면 바로 왼쪽에 족욕 쉼터가 있다. 수온은 섭씨 35~36도이고, 24시간 발을 담글 수 있다.

- 에비노 고원 아이스 스케이트장: 해발 1,200미터 고지에 있는 규슈 최남단 스케이트장이다. 날씨가 맑게 갠 겨울날에는 눈으로 화장한 듯한 가라쿠니다케가 배경이 된다. 12월 상순부터 3월 상순까지 개장한다.

- 시라토리白鳥백조 온천: 시라토리 산 서북쪽에 있다. 우에유上湯상탕과 시타유下湯하탕가 있다. 우에유는 사이고 다카모리가 요양하러 찾았다는 역사 깊은 온천으로 에비노 시가지가 한눈에 내려다보이는 노천탕이 있다. 보기 드문 천연 증기탕과 지하수가 흐르는 차가운 냉탕을 동시에 이용할 수 있다. 시타유는 우에유의 아래, 에비노 고원으로 가는 산 중턱에 위치한 초록으로 둘러싸인 정원풍 노천탕으로 캐빈이 있다. 부근에 사이고 다카모리 문학비가 있다.

- 에비노 고원 캠프촌: 기리시마 국립공원 내의 해발 1,200미터 고지에 있다. 소나무로 뒤덮인 캠핑장은 여름철 평균 기온이 섭씨 24도로 야영객이 선호하는 피서지이다. 캠프장은 겨울철에 폐쇄된다.

기리시마의 온천마을

기리시마 온천마을　　기리시마 시내에서부터 유스이초^湧 水町^{용수정}까지 해발 600미터에서 850미터의 산중턱에 흩어져 있는 온천들을 일컫는다. 단순 황화수소 성분의 유황천으로 원천 온도는 섭씨 36~80도로 다양하다. 기리시마 연봉의 남쪽 산 중턱이다. 온천시장을 중심으로 10여 개의 숙박시설이 있다.

온천물의 양이 매우 많고 곳곳에서 뜨거운 온천물이 물안개를 피워 올리고 있다. 대규모 리조트형 호텔과 온천욕 용도로만 마련된 작은 숙소도 있다. 온천시장 앞에 족탕을 갖춘 선물상점과 스낵을 비롯한 환락적인 밤거리도 있다. 족탕 둘레에는 뜨거운 온천 증기로 삶은 달걀, 옥수수, 떡 등을 파는 노점도 있다. 대표적인 온천은 하야시다^{林田} ^{임전} 온천과 마루오^{丸尾환미} 온천이다.

- 하야시다 온천: 해발 800미터의 롯케이유엔^{綠溪湯苑녹계탕원}(에이노 오^{米之尾영지미} 온천)에 인접한 온천지로, 도로 등이 잘 정비된 근대적 온천휴양지이다. 이곳에 이와사키 호텔이 있다.
- 마루오 온천: 보통 기리시마 온천이라고 부른다. JR 닛포 본선의 기리시마진구 역에서 이와사키 호텔행 버스로 약 15분 올라가면 이 온천 앞이다. 가고시마 공항에서 직접 이와사키 호텔을 오가는 버스도 있다.

기리시마^{霧島무도} 신궁　　기리시마진구^{霧島神宮무도신궁} 역에서 버스로 5분 거리에 있는 신궁 부근의 온천들로 단순온천과 유황수소온천이 있다. 수량이 풍부하다.

온천은 기리시마 신궁을 중심으로 기리시마 산 중에서 분화가 계속되고 있는 신모에다케^{新燃岳신연악} 중턱에서 기리시마가와^{霧島川무도천} 강을 따라서 기차역에 이르는 남북 약 8킬로미터의 범위에 있다. 이 마을은 쇼와 초기에 기리시마 신궁의 참배객을 위한 온천의 필요성 때문에 신궁에서 약 5킬로미터 떨어진 신모에다케 산중턱에서 온천물을 끌어와 개장했다. 민영 국민숙사 기라시마미야마소^{霧島みやま莊}는 해발 800미터에 있는데 신궁에서 시 방향으로 차로 15분 거리이다.

시오히타시^{塩浸염침} 온천　이 온천은 1806년 학이 상처를 치료한 적이 있다고 하여 학의 탕^{鶴の湯}이라고도 부른다. 1866년 5월에 사카모토 료마가 온천욕으로 창상^{創傷}을 치료했고, 이듬해부터 탕치장으로 유명해졌다. 온천 일대가 아모리가와 강의 지류가 흐르는 시오히타시온센료마^{塩浸温泉龍馬염침온천용마} 공원이다.

부근 강가에 흰색의 소금 고형물이 붙어 있었기 때문에 '시오히타시^{塩浸염침} 온천'이라는 이름이 붙었다. 1969년에 온천센터가 개업하고 1989년에는 사카모토 료마를 관광의 상징으로 내세우면서 료마의 탕치 기념비석을 세워놓았다.

료마자료관과 온천욕장이 같은 건물 내에 있기 때문에 입욕 시설은 공간이 좁으며, 당일치기 온천으로 남탕인 료마노유^{龍馬の湯}, 여탕인 오료노유^{お龍の湯}가 있다. 입구에 '료마와 오료가 결연한 족탕'이라는 이름의 무료 족탕이 있다.

가 고 시 마 현 의 남 부 와 동 부

● 가고시마 부근

미야마美山   현재 가고시마 현 히오키日置일치 시의 히가
시이치키초東市来町동시래정에 속하는 미야마 마을은 옛 이름이 이곳을 흐
르는 강 이름인 나에시로가와苗代川묘대천로 사쓰마 도자기의 오랜 전통을
간직하고 있다.

이곳은 임진왜란 때 남원성 전투에서 왜장 시마즈가 끌고 간 조선
인 도공들의 집단거주지로 박평의朴平意 등 남녀 43명과 그 후손들이 대
대로 살았던 곳이다. 1598년 시마즈가 사쓰마로 끌고 간 조선인 도공
은 이 외에도 약 30명 정도가 더 있는데 그들은 구시키노串木野곶목야와 마
에노하마前之浜전지빈에 상륙해 서로 다른 장소에서 도공 생활을 해야 했
다. 붙잡아 간 사람 중에서 귀국이 허용된 사람은 왕족 한 명뿐이고 도

▲ 미야마 안내도

공 가운데 두 명은 시마즈의 영지이지만 멀리 떨어진 오키나와로 보내 도자기를 굽게 했다.

사쓰마에 도착해 나에시로가와 이외의 지역에 살게 된 우리 선조들은 여러 차례 현지 주민들의 습격을 받아 가옥이 부서지거나 약탈에 시달리다가 차례로 이곳에 모여들어 도자기를 굽고 생활을 이어갔다.

임진왜란 때 왜장들이 붙잡아 간 우리나라 백성들은 수만 내지 수십만이라고 하는데, 그들이 붙잡혀 가는 길은 고행이었다. 붙잡히면서부터 왜장들의 영지인 일본 각지까지 오로지 걸어서 이동해야 했고, 걷지 못하면 그대로 죽여버렸다. 이 만행을 저지른 목적은 첫째가 조선 출병으로 침략에 동원된 일본 농민의 인력 보충, 둘째가 외국에 노예로 팔기 위한 목적, 셋째가 조선의 발달된 과학 기술을 가진 사람을 잡아가 왜장 영지에서 그들을 부려먹으며 재부를 쌓는 것이었다. 왜장들이 잡아간 도자기 기술자만 수천 명이 넘는다고 한다.

시미즈가 붙잡아 간 도공들의 집난서주지가 된 나에시로가와 강변의 이 마을에 정착한 조선인들은 1605년 조상신으로 단군을 모신 사당 교쿠장구玉山宮옥산궁를 지어 단군 제사를 지냈지만 1917년에는 이 사당 이름이 일본 신사인 다마야마玉山옥산 신사로 바뀌었다. 이 사당은 예전에 조선옷으로 단장한 도자기 장인과 그 가족들이 음력 8월 14일 조선말로 된 축문을 읽고 단군 신에게 노래와 춤을 바치면서 고국에 돌아갈 수 있게 해달라고 빌었던 곳이다. 하지만 세월이 흐르면서 이들의 문화는 일본 현지 문화와 융합되고 사당은 신사가 되어 항해와 어업의 신, 도자기의 신을 모셨다고 한다.

1603년 사쓰마 번은 박평의를 촌장에 임명하고 도자기 제조를 허용했다. 1675년에는 번주가 이곳에 별저를 마련하고 조선 도공에 대한 보호와 통제를 병행하는 정책을 폈다. 외부와의 통혼을 금하고 일본 이름과 일본식 의복 착용을 불허했다. 이것은 도자기 제조를 엄중 감시하면서 영주 전용의 도자기 생산과 조선 풍속의 유지를 강제함으로써 일본 사회와 철저히 격리시키는 통치술이었다. 번주가 교대로 1년간 에도에 가서 살아야 할 때는 도공들이 조선식 춤과 노래를 부르게 하고 마을에서 선발된 어린아이들이 조선옷을 입고 에도에 이르게 했다. 이와 함께 번주는 이 지역 주민에 대한 일본인의 범죄행위를 엄벌하고, 마을의 지도층은 향사, 일반 주민도 그에 준한 신분으로 대우해 주는 관례가 보장되었다. 하지만 메이지유신 이후에는 조선 후손들의 성을 일본식으로 모두 바꾸게 했다.

이 마을 출신자 중에 1946년 제2차 세계대전의 A급 전범으로 20년 금고형을 선고받고 복역 중 스가모巢鴨소암 구치소에서 옥사한 도고 시게노리東鄉茂德동향무덕(1882~1950)가 잘 알려져 있다. 도고는 1937년 주독 일본대사로 재임한 적이 있는 친독파이지만 일본, 독일, 이탈리아의 3국 동맹을 반대했고, 왕실의 은밀한 지시하에 종전 공작 임무를 수행했다. 그러나 그는 도조 내각의 외상으로 일제의 태평양전쟁 개전 당시의 외상이었기 때문에 전범 재판에 회부되었다. 그는 조선 도공의 직계후손인 박수승朴壽勝의 아들로 이곳에서 태어나 5살까지 박무덕朴茂德이란 이름을 썼다. 이 마을의 한복판에 그의 생가로 고풍스러운 옛집

이 남아 있고 현재는 지역 공
민관과 함께 '도고 시게노리
기념관'이 있다. 그의 후손들
은 모두 일본 외교가에서 활약
하고 있다.

▲ 도고 시게노리 기념관

　바른 역사 교육을 위해서
는 이 지역과 지리에 더해, 특
히 심수관 후대와 박수승의 후
대들의 삶을 가감 없이 가르쳐
외국에 가서 살더라도 우리의 후대들이 삶의 진정한 지향을 찾을 수
있게 균형 잡힌 교육을 해야 한다. 사회교육에 역사·지리 교육이 필요
한 이유이다.

　미야마 마을에 가는 길은 JR 가고시마 주오 역에서 센다이川內천내행
으로 약 30분 걸리는 히가시이치키東市来동시래 역에서 내려 히오키 시 커
뮤니티 버스로 갈아타고 마을 앞에서 내린다.

　센다이 방면으로 히가시이치키 다음 역인, 온천으로 유명한 유노모
토湯之元탕지원 역에서노 노선버스가 있지만 가장 가까운 역은 히가시이치
키 역이다. 역에서 이 마을까지는 약 1.5킬로미터인데 보통 걸음으로
30분 정도 걸린다. 잘 포장된 도로로 차들도 별로 없으니까 웬만하면
걸어가기를 권한다. 내가 마침 이 마을을 찾은 날은 도자기 축제가 있
는 날이라 히가시이치키 역 바로 전 역인 이주인伊集院이집원에서 이 마을
을 오가는 무료버스가 1시간에도 몇 대씩 운행되고 있었다.

　유노모토 역에서는 걸어서 10분 정도의 가까운 거리에 약간의 유황

가고시마 현

성분을 함유한 단순온천인 유노모토 온천이 있다. 크지는 않지만 원탕
打込湯타입당 부근에는 옛날식 탕치장의 분위기가 남아 있고 사쓰마 도자
기 가마에서 생산된 식기를 사용하는 숙소가 많다.

하야토隼人　　　　하야토 역은 가고시마 주오 역에서 동북으
로 올라오는 닛포 본선이 동쪽으로 미야자키를 향하고 있고, 야쓰시
로-히토요시-요시마쓰-기리시마 온천을 거쳐 남행하는 히사쓰 선의
남쪽 종점이 되는 환승역이다. 역 주변에 이온몰 하야토고쿠부점, 기
리시마 시청 하야토 청사 등이 있다. 가고시마 주오 역에서 출발해 요
시마쓰까지 하루 두 차례 왕복하는 칠흑색의 특급 관광열차 '하야토의
바람はやとの風'호가 경유한다. 가고시마 주오 역에서 요시마쓰까지 1시
간 20분이 걸리는데 이 열차 내에서 긴코 만, 사쿠라지마, 기리시마 연

▲ 하야토 역

　　　　　　　　　　　　　　規슈 역사 문화 여행

산 등의 경관을 즐길 수 있다.

하야토란 옛날 규슈 남부의 사쓰마·오스미에 살던 종족(소수민족)인 하이토はいと에서 유래되었다. 그 옛날에 이들은 오랑캐 취급을 받았다가 후세에는 민첩하고 용맹한 이 지방 출신을 지칭하는 보통명사가 되었다. 아주 옛날에 때때로 하야토들은 반란을 일으켰지만 8세기경에는 조정에 복속되어 주로 궁내의 경비를 맡았다. 근대에는 가고시마 남자를 칭하는 말이 되었다. 하야토의 준隼은 송골매 등의 맹금류를 뜻하는 한자어이다.

가고시마 현 남부

이부스키指宿지숙   이부스키는 사쓰마 반도의 남쪽 끝에 있는 인구 약 4만 2,000여 명의 관광도시이다. 일본의 하와이라고 불릴 정도로 기후가 온난하다.

2004년 12월 노무현 대통령이 고이즈미 준이치로小泉純一郞소천순일랑 일본 수상과 회담한 곳으로 우리나라 매스컴에 등장한 도시이기도 하다.

가고시마 시에서 남쪽으로 약 50킬로미터 떨어진 곳으로, 시의 북동부에서 동부·남부·서남부가 동중국해와 가고시마 만에 접해 있다. 시의 중앙부에 규슈에서 가장 큰 호수인 이케다池田지전 호수가 있으며 그 동쪽 3킬로미터 떨어진 곳에 직경 1.3킬로미터, 수면의 높이 120미터, 수심 56.5미터인 우나기이케鰻池만지가 있다.

서남쪽 거의 끝 동중국해 해변에는 카이몬다케開聞岳개문악가 있다. 높이 924미터의 화산으로 산록의 동북쪽 절반은 육지에, 서남쪽 절반은 바다에 면해 있는데 산 모양이 원추형이어서 별명이 사쓰마후지薩摩富士 살마부사이다. 시가지는 주로 해안가에 형성되어 있지만 카이몬다케 부근 지역에는 내륙에도 시가지가 있다.

JR 가고시마 주오 역에서 마쿠라자키枕崎침기로 가는 총연장 88킬로미터의 이부스키마쿠라자키指宿枕崎지숙침기 선에는 이부스키 역이 있다. 특급은 1시간 이내, 보통열차로는 1시간 30분 정도 걸린다.

이 철도 노선은 사쓰마 반도의 동쪽 해안과 남쪽 끝을 돌아 관광도시 이부스키와 항구도시 마쿠라자키를 연결하며, 가고시마 시로 통근·통학하는 사람들의 발 노릇을 하고 있다. 하루 네 편 가고시마 주오 역에서 출발하는 야마가와山川산천행 쾌속열차는 첫차가 오전 7시 51분, 막차가 오후 6시 48분에 있다. 이부스키 역에서 야마가와 역까지는 5~6분 걸린다.

이부스키에서 마쿠라자키행 열차는 하루 다섯 편뿐인데 야마가와를 거쳐 간다. 첫차가 오전 6시 9분에, 막차는 오후 6시 26분에 출발한다. 소요 시간은 1시간 10~20분 정도 걸린다.

야마가와 항의 이오카이도活お海道는 특산물 시장으로, 일본에서 대표적인 관광시설로 공인하는 미치노에키道の駅에 지정되었다. 이 이름은 가고시마 지역의 사투리로 '이오活お'가 물고기魚를 가리키는 사투리인 데서 유래되었다.

이부스키 온천　　　이 시의 동쪽에 있는 온천으로 모래찜질로 유명한 스리가하마攝ヶ浜 온천, 이부스키 역 북쪽에 있는 특수작물 재배

용인 야지가유弥次ヶ湯 온천, 니가쓰덴二月田이월전 역 서쪽에 있는 니가쓰덴 온천 등을 총칭하는 말이다. 1960년경에는 유명 관광지로 '동양의 하와이'라고 불리며 많은 신혼여행객들을 맞았던 곳이다. 가고시마 공항에서는 직행버스로 약 1시간 35분 걸린다.

수질은 대체로 나트륨염화물 온천이지만 지역이나 굴착 깊이에 따라 염분 농도나 미네랄의 성분이 다르다. 활동하고 있는 원천이 대체로 500곳이고 하루 총 용출량은 약 12만 톤이다. 분출 온도는 섭씨 50~60도이지만 100도에 이르는 곳도 있다. 온천의 수원은 이케다 호수와 우나기이케 연못에 고인 빗물, 가고시마 만의 바닷물이 지하에서 혼합된 것이라고 한다. 대규모 숙박시설은 스리가하마 부근에 집중되어 있다.

'이부스키'라는 명칭은 '유뷰슈쿠湯豊宿탕풍숙'라는 말에서 유래되었다고 한다. 에도 시대 이전은 고온의 온천과 증기가 품어 나오는 곳이 여럿 있다고 하여 위험한 곳으로 인식되었지만, 삼베의 가열 처리와 취사나 목욕용으로 오래전부터 온천수를 이용해왔다.

스리가하마摺ヶ浜 온천

JR 이부스키 역에서 도보로 약 5분 거리에 동남쪽 해안선을 연이어 펼쳐져 있다. 이곳은 길이 약 1킬로미터의 모래사장에 온천에서 가열된 고온의 모래를 이용해서 모래찜질을 하는 세계적 명소로 알려져 있다. 모래찜질이란 유카타浴衣욕의를 입고, 적당한 온도의 모래에 몸을 파묻고 따뜻하게 목욕하는 방법이다. 혼자서 하기는 어려우므로 삽을 든 직원이 온천객의 몸에 모래를 퍼붓는다. 머리에는 수건을 감거나 모자를 써서 모래가 두발頭髮에 들어가지 않도록 주의해야 한다.

모래찜질하기 좋은 곳은 바닷가의 3층 건물인 스나무시회관 샤라 쿠砂樂사락이다. 바로 앞에 버스정류장이 있다. 큰 짐은 출입구가 있는 2층의 코인 로커에 넣고 1층으로 내려가 안내 표시를 따라 바닷가로 나가면 온천물로 덥혀진 모래에 몸을 묻고 찜질을 즐길 수 있다. 비가 올 때도 입욕할 수 있다. 내가 갔던 2014년 10월 13일에는 태풍에 밀려온 쓰레기를 치우느라 공영 회관이 영업을 하지 않았다. 나트륨염화물 온천이고 용출 온도는 섭씨 82도이다.

사쓰마 번주가 이 온천을 영주의 온천탕으로 이용했고, 모래찜질도 오래전부터 행해졌다고 한다. 모래사장이 태풍 등에 의해 자주 침식되고 모래찜질 온천욕장에 영향을 주기 때문에 모래의 움직임을 억제하는 제방이 설치되어 있다. 인근 해안에서도 모래를 적당하게 파내면, 모래찜질할 만한 곳이 있다. 바닷가 고온의 모래에다 고구마나 계란을 묻어두면 바닷물로 적당히 간을 맞춘 찐 고구마나 삶은 계란이 된다.

유노사토湯之里탕지리 온천, 오무레大牟礼대모례 온천, 가타구치潟口사구 온천, 가타야마潟山사산 온천 등은 주로 농업용이나 어업용으로 쓰이는 온천이다.

이부스키 가이몬開聞개문 걷기 코스　　　일본에서 가장 남쪽에 있는 JR 니시오야마西大山서대산 역에서 출발해 가이몬 역까지 도착하는 걷기 코스이다. 니시오야마 역에서 밭길을 걸어 사쓰마 반도의 최남단인 나가사키바나長崎鼻장기비 곶에 도착하면 하얀 등대가 사람들을 맞는다. 나가사키바나의 검은색 모래 해변을 따라 걸으면 눈앞에 사쓰마 후지산 가이몬다케가 보인다.

파도 소리를 들으며 바닷가의 소나무 숲길을 한동안 걷고 나면 작은 포구인 가와지리川尻천고가 나오고, 곧 수만 평의 허브 농장이 펼쳐진다. 코스의 마지막은 가가미이케鏡池경지 연못을 거쳐 종점인 가이몬 역이다. 별로 힘 들이지 않고 아름다운 바닷가 풍광을 즐기면서 걸을 수 있다. 코스의 총거리는 약 13킬로미터로 3~4시간 정도 걸린다. JR 이부스키 역에서는 노선버스로 30~40분 정도 걸리는 제법 먼 거리이다.

야마가와山川산천 항과 네지메根占근점 항을 오가는 페리

이부스키 야마가와 항에서는 가고시마 만을 건너 네지메 항으로 오가는 페리가 하루 네다섯 편 있다.

네지메에 있는 온천 넷피칸ネッピ一館은 남국의 풍치 속에서 온천욕을 즐길 수 있는 '미인 온천탕'이다. 1,203미터의 땅속에서 솟아나는 온천수가 겨울에는 몸속부터 따뜻하게 해준다. 염화나트륨 온천으로 황토색 온천수에 몸을 담그는 노천탕 역시 색다르다.

네지메에서는 가노야鹿屋녹옥와 다루미즈垂水수수를 거쳐 가고시마로 돌아갈 수도 있고, 동쪽으로 우주공간관측소를 거쳐 미야자키로 갈 수도 있다. 그 길럼길은 긴코錦江금강이다.

미야자키 쪽에서는 기차를 타고 시부시까지 온 다음에 오사키大崎대기를 거쳐 이 온천에서 하루를 묵고 네지메에서 페리로 바다를 건너 이부스키로 갈 수 있다.

미나미큐슈南九州남구주

옛날 지도에는 나오지 않는 신생 도시로 2007년 사쓰마 반도의 남부에 있는 여러 마치町정가 합병해 편성되었다. 가고시마 시에서 남쪽으로 약 36킬로미터 떨어져 있다. 북쪽에 가고시마, 서남쪽에 마쿠라자키, 동남쪽에 이부스키, 서쪽에 미나미사쓰마가 있고 남쪽은 동중국해에 접해 있다.

기요미즈이와야清水岩屋청수암옥 공원, 지란후모토知覽麓지람록의 무가武家 저택군群과 지란 성터, 일제 육군 특공대 교육장 자리에 들어선 지란특공평화회관, 기요미즈 마애불 등의 유적과 에이추오えい中央 온천이 있다. 이부스키에서는 자동차로 1시간 거리이다.

미나미사쓰마南さつま 남부 규슈의 가장 서쪽에 있는 도시로 현재 인구는 약 3만 8,000명이다. 후키아게하마吹上浜취상빈 바닷가에 태평양전쟁 말기, 일제 육군 자살특공대의 출격지인 만세이万世만세 비행장이 있다. 현재는 이곳 모래언덕에서 모래 축제, 자전거 모래 타기 대회 등이 열린다.

시 관광과는 자동차 여행자가 가봐야 할 곳으로 마나미사쓰마 해도海島 8경을 소개하고 있다. 8경은 ① 다카사키高崎고기 산 전망소(사쓰마 반도와 사키노야마崎ノ山 일대), ② 다니야마谷山곡산(계단식 밭), ③ 고하마後浜후빈(노마코 곶野間岬야간갑 일대), ④ 가사사笠沙입사 미술관(오키아키메지마沖秋目島충추목도) ⑤ 오치미즈落水낙수(바다 저 멀리로 보이는 거북이 모양의 가메가오카亀ヶ丘 암벽은 높이 387미터로 산정에 올라가면 동중국해와 남부 사쓰마의 모래언덕 등이 보임), ⑥ 마루키자키九木崎환목기(도마리우라泊浦박포 일대), ⑦ 기신칸輝津館휘진관(보노쓰 역사자료센터, 높이 27미터와 21미터의 작은 두 섬인 쌍칼 바위双劍石쌍검석 주변), ⑧ 미미토리토게耳取峠이취치(마쿠라자키 시가지와 가이몬다케) 등의 전망소이다.

가고시마 동부

시부시志布志지포지　　　시부시 만 깊숙이 자리 잡은 인구 3만 명
정도의 항구 마을이다. 시부시 만은 오스미大隅대우 반도 동쪽에 있다. 만
은 가고시마 현 기모쓰키군肝属郡간속군 기모쓰키초肝付町간부정, 히자키火崎화기
부터 미야자키 현 구시마串間곳간 시의 도이미사키都井岬도정갑까지 이르는
활 모양으로 총연장은 약 80킬로미터이지만, 만의 입구는 20킬로미터
에 불과하다.

　도시의 중앙부는 시부시 만 쪽으로 내려오는 완만한 비탈이지만, 북
부는 기복이 심한 산과 구릉이다. 만의 안쪽인 동북에서 서쪽 해안선
은 모래밭이지만 만 입구 양측인 남쪽 해안과 도이미사키 주변은 해안
까지 산지이다. 또 만의 북쪽 거의 중앙에 있는 시부시 항에서 약 5킬
로미터 떨어진 곳에 만에서 유일한 섬(무인도)인 비로지마枇榔島비랑도가
있다. 이 섬에는 아열대성 식물이 자생하고 있어 국가 천연기념물로
지정되어 있다. 이 섬에 작지만 여름에는 해수욕장과 캠프장으로 이용
할 수 있는 모래사장이나 간소한 시설이
있다.

　미야자키에서 출발하는 JR 니치난 선
의 종착역으로 외항선 화물 컨테이너 터
미널이 있다. 이 항구에서 출발하는 컨테
이너선은 우리나라 부산, 중국, 타이완과
필리핀을 드나든다. 작은 시내이지만 마
도로스들이 찾는 유흥가가 긴자銀座은좌 거

▲ 시부시 긴자 거리

가고시마 현

▲ 시부시 역

리에 있다.

이 항구에 취항하는 일본 국내선 정기항로로, 오사카 남항까지를 매일 왕복하는 페리가 있다. 남부 규슈 지역 화물은 규슈 북부의 항구보다 이곳이 가까워서 비용이 절감된다고 한다.

시부시 항 주변에 국가 석유 비축기지가 있고, 기모쓰키 쪽의 만 입구에는 일본 최초의 인공위성 발사장과 우치노우라內之浦내지포 우주공간 관측소가 있다. 가고시마 시내에서 사쿠라지마, 다루미즈, 가노야를 거쳐 자동차로 1시간 20~30분이면 이곳에 충분히 도착할 수 있다. 노선버스도 있다.

시부시에서는 이와가와嵒川암천와 고쿠부를 거쳐 가고시마 공항까지 가는 노선버스가 하루에 네다섯 편 있다. 오전 6시과 오전 8시 30분, 오후 3시 30분, 오후 2시, 오후 3시 40분에 출발한다. 버스정류장은 JR 시부시 역에서 걸어서 3분 정도인 우체국 부근에 있다. 가고시마 공항까지 1시간 40~50분 정도 걸린다.

가고시마 주오 역행 버스는 역전 버스정류장에서 오전 7시 15분, 오후 1시에 출발하는 두 편이 있는데 센간엔 앞 등을 거쳐 2시간 30분 정도 걸린다. 시부시 일원의 관광 포인트들을 둘러본다.

• 다구리미사키㸚クリ岬 해수욕장: 레저용 수영장, 대관람차, 바나나

▲ 호만지 경내와 호만지 불당

보트 등의 유원지 설비를 갖춘 종합 레저 시설로, 수질도 맑아서 여름에는 많은 관광객이 찾는다.

• 요모기노사토蓬の郷 온욕장: 양파 목욕, 제트 목욕, 물안개 사우나, 히노키 욕조를 비롯해 모두 16종류의 온욕 설비가 갖춰져 있다. 물은 지하수를 끌어온 것으로 특히 냉탕이 인기가 있다. 장어가 많이 양식되는 곳이기 때문에 장어 요리와 현지 두부를 사용한 정식, 숯불구이, 각종 냄비요리를 제공하는 식당이 함께 있다.

• 국민숙사 볼베리아 다구리ボルベリアダグリ: 시부시 만에서 다구리 곶을 바라보는 언덕에 자리 잡은 온천욕장으로 수질은 약알칼리성의 탄산수소염인데 서온으로 분출되는 물을 덥혀서 사용한다. '볼베리아'란 '다시 가고 싶은 곳'이란 뜻의 스페인어이다. 객실은 30실밖에 안 된다.

• 다케노岳野다케노 산: 시청 북쪽에 있는 해발 274미터의 산으로 정상까지 20분이면 걸어오를 수 있다. 정상에서는 동남쪽으로 시부시 만과 서쪽 멀리 사쿠라지마가 보인다.

• 호만지宝満寺보만사: 나라 시대에 지어진 절로 율종의 밀교 사원이었다. 1316년에 재건될 무렵부터 나라사이다이지奈良西大寺나랑서대사에

서 들여온 여의륜 관음상을 본존으로 삼았다고 한다. 이 본존이 순산에 영험이 있다고 알려져 백제 승려 일라日羅(?~583)가 창건했다는 이치조인一乗院일승원, 지겐지慈眼寺자안사와 더불어 '사쓰마 3대 명찰'로 불리는 큰 절이었다. 그러나 1879년 메이지의 불교 배척으로 폐사되었다가 1936년에 재건되어 현재 간논도觀音堂관음당 등만이 남아 있다. 또 최근에 무로마치 시대 양식의 연못식池泉式지천식 정원이 조그마하게 복원되었다. 요즘도 술戌의 날에는 순산을 기원하는 사람들로 주차장이 꽉 찬다.

• 우리나라의 김삿갓과 비슷한 다네다 산토카種田山頭火종전산토가가 1930년 가을 시부시에 와서 구걸을 하며 이틀을 묵으면서 읊었다는 구비句碑가 절 부지에 있다. 우리의 김삿갓이 자신의 힘으로는 어쩔 수 없는 체제를 한탄했다면 다네다는 개인의 기구한 운명을 한탄했다. 일본 전통시인 하이쿠俳句배구에 관심 있는 사람은 알아두어야 할 이름이다.

다네다 산토카種田山頭火(1882~1940)

다네다 산토카(본명 다네다 쇼이치種田正一종전정일)는 일본의 대표적인 하이쿠 시인俳人배인이다. 배인이란 하이쿠俳句배구를 읊거나 짓는 사람을 말한다. 하이쿠란 5.7.5의 17음으로 구성된 일본의 정형시로 세계 최단의 정형시이다. 17문자, 17음, 17어이다. 그는 특히 자유율 하이쿠(정형 하이쿠에 비해 형식에 얽매이지 않고 만들어진 하이쿠)의 가장 저명한 시인 중 한 사람이다.

그는 1882년 12월에 야마구치 현 호후防府방부에서 대지주의 장남으로 태어났다. 초등학교 재학 중인 1892년 어머니가 33세의 젊은 나이로 우물에 투신해 자살하자 그 충격이 전 생애에 미쳤다. 1902년 9월 와세다대학 문학과에 입학했으나 1904년 신경 쇠약으로 자퇴하고 귀향했다. 부친은 양조장을 인수했으나 사업이 부진했다.

1909년 결혼해 이듬해 장남을 낳았다. 1911년, 호후에서 향토 문예지가 창간되자, 그 잡지에 하이쿠를 비롯해 산토카山頭火산두화라는 호로 외국문학을 번역해 발표했다. 1913년 들어 자유율의 하이쿠를 '소운層雲층운'에 게재했다.

1916년 산토카는 '소운'에서 두각을 나타내면서 하이쿠 명인 가운데 한 사람이 되었다. 한편으로는 부친의 양조장 재건을 도왔지만 결국 파산하고 부친은 행방불명이 되었다. 산토카는 처자식과 함께 구마모토로 이사해 고서점을 개업했지만 경영이 어려웠다. 액자점으로 전업했지만 그것도 잘되지 않자 아내에게 맡겨버렸다. 이 무렵 동생이 자살하면서 그는 더욱 술에 빠졌다. 1919년 처자를 구마모토에 남겨둔 채 단신으로 상경한 뒤, 1920년 호적상 이혼했다.

1923년, 관동대지진을 당해 그는 구마모토의 부인에게 돌아왔다. 그가 구마모토 시내에서 만취해, 노면전차를 멈추게 하는 자살 미수 사건을 일으키는 것을 본 지인이, 소도조曹洞宗조동종(송나라에서 전파된 일본 선종의 하나)의 절 주지에게 부탁해 출가했고 1924년 미도리 간논도味取観音堂미취관음당의 주지가 되었다.

1925년 절을 나와 떠돌이 생활로 서일본 각지를 돌아다니며 시구를 짓고, 여행지에서 쓴 하이쿠를 '소운'에 계속하여 투고했다.

1929년 구마모토로 돌아왔다가 다음 해 다시 여행을 떠났다. 1932년 고향 야마구치에 암자를 정했지만 또다시 자살 미수에 그쳤다. 그 후 도호쿠東北동북 지방 등지를 여행한 뒤에 1938년 고향 근처인 야마구치의 유다湯田탕전 온천가로 와서 살았다. 1939년 시코쿠의 마쓰야마松山송산로 이주해 한 암자에 들었지만 이듬해 이곳에서 죽었다. JR 호후 역 덴진구치北口북구와 유다 온천 역 앞에도 그의 석상이 서 있다. 시부시 역 앞에는 그의 시부시 방문 이야기가 이렇게 입간판으로 서 있다.

"방랑시인 다네다가 시부시를 방문한 것은 1930년 가을이었다. 10월

10일 후쿠시마(도호쿠 지방)에서 도보로 시부시에 와서 2박을 지내며 거리에서 탁발을 하고, 12일 시부시 역에서 기차로 미야코노조 쪽으로 갔다. 이 사이에 산토카는 46구를 읊었는데, 이 여행일지 '교코쓰키行乞記行걸기, 저 산을 넘어서'에는 당시의 시부시 모습이 생생하게 그려져 있다. 술을 사랑한 산토카는 물 찾기㈜㈜㈜에도 명인이었다. 여행으로 세월을 보낸 일생 가운데 물을 읊은 시구가 많고, 가는 곳마다 물을 맛보고 물에 마음을 의지하면서 그의 만년은 깨끗하고 편안한淸澄청징 심경이 되었다."

세계적인 식물의 보고 비로지마批榔島비랑도　　니치난 해안국정공원의 핵심으로 시부시를 대표하는 경관 하나가 시부시 만 바다 위 약 4킬로미터에 떠 있는 아름다운 모습의 섬이다. 주변 둘레가 약 4킬로미터이고 최고점은 해발 83미터이며 남북으로 길쭉한 모양의 무인도이다. 이 섬은 특별천연기념물로 지정되어 일본의 희귀 식물이 자라는 대표적인 원시림과 다양한 종류의 아열대성 식물이 군락을 이루고 있다. 부두가 있는 북쪽 경사면에는 상록 활엽수가 울창하고, 섬의 중앙부 밀림에는 아열대성 덩굴식물, 양치식물이 번창한다.

●　　　　　가고시마 남쪽의 섬들

　가고시마에서 오키나와 사이에는 많은 섬이 있다. 내가 가보지는 못했지만 독자들과 지리 공부를 함께했으면 한다. 가고시마 시에 가까운 위치에 있는 섬부터 멀리 떨어진 오키나와 부근에 이르기까지, 590킬로미터의 해상에 떠 있는 섬들 가운데 알려진 섬으로는 다네가시마^{種子島종자도}, 야쿠시마^{屋久島옥구도}, 아마미오시마^{奄美大島암미대도}와 요론지마^{与論島여론도}를 들 수 있다.

다네가시마^{種子島종자도}   가고시마에서 남쪽으로 115킬로미터 떨어져 있다. 페리로 약 1시간 35분, 가고시마 공항에서 항공편으로는 35분 걸린다. 이 현의 사람이 사는 섬 중에서는 가장 동쪽에 있으며 인구는 약 3만 3,000명으로 아마미오시마에 이어 두 번째로 많다. 섬의 최고점은 282미터로 바다 쪽에서 보면 대부분이 나지막하다. 이 섬의 중심도시는 니시노오모테^{西之表서지표}이다. 16세기 유럽에서 동아시아에 총포가 처음으로 전해지면서 화승총은 물론 제조 기술과 사격술도 이 섬에 전해졌다. 임진왜란 때 왜군이 들고 왔던 화승총도 대부분 이곳에서 만들었다.

야쿠시마^{屋久島옥구도}   가고시마에서 남쪽으로 약 145킬로미터 떨어진 곳으로 인구는 1만 3,000명을 넘는다. 크기는 우리나라의 울릉도 세 배만 하다. 섬의 최고봉은 미야노우라다케^{宮之浦岳궁지포악}로 해발 1,936미터나 된다. 이 섬까지는 가고시마에서 선편으로 2시간이 넘게 걸리고, 가고시마 공항에서는 비행기로 약 35분이 걸린다. 이 산은 최근 들어 우리나라 등산가들도 이따금 찾는 곳이다. 수천 년의 세월을 지켜온 거목^{巨木}들이 태고의 신비를 간직하고 있다. 섬 전체가 이 거대한 산의 기슭이라고 할 정도이다.

이 섬에는 표고에 따라 아열대와 온대, 한대 등의 다양한 기후대가 펼쳐진다. 해안선에는 아열대식물이 자라지만 산정으로 올라갈수록 고산식물과 온·한대 식물이 자란다. 원숭이와 사슴이 사람 수만큼 산다고 할 정도로 인간과 동물이 공존하는 곳이다. 거기다가 1,000년 이상의 수령을 가진 삼나무와 열대성 활엽수림이 산중턱까지 도로를 덮을 정도이다.

아마미오시마奄美大島암미대도　　오스미 제도에서 가장 큰 섬으로 가고시마에서 서남쪽으로 약 380킬로미터 떨어져 있다. 인구는 4만 6,000명을 넘는다. 메이지유신 후에 중앙정치 무대에서 물러나 있던 사이고 다카모리가 잠시 머물렀던 곳이다. 최고봉인 유완다케湯湾岳탕만악는 높이 694미터. 배편으로 가고시마에서 약 11시간, 비행기로는 가고시마 공항에서 약 55분 걸린다. 가고시마 공항에서도 이 섬을 다녀오는 우리나라 등산객을 더러 만날 수 있다.

요론지마与論島여론도　　가고시마에서 남쪽으로 약 590킬로미터 떨어진 곳으로 아마미오시마보다 오키나와 섬의 북부가 훨씬 가깝다. 인구는 5,300명 정도. 배편으로는 20시간 정도 걸리지만 비행기로는 가고시마 공항에서 1시간 20분 정도 걸린다.

규슈 역사 문화 여행

깊이 있는 여행을 위한 규슈 안내서

초판 1쇄 펴낸날 2018년 1월 24일
초판 2쇄 펴낸날 2018년 4월 30일
지은이 유일상
펴낸이 한성봉
책임편집 허명성
편집 안상준 · 이동현 · 조유나 · 이지경 · 박민지
디자인 전혜진
본문 디자인 김경주
마케팅 박신용 · 강은혜
기획홍보 박연준
경영지원 국지연
펴낸곳 스토리존
등록 2015년 8월 11일 제2017-000039호
주소 서울시 중구 소파로 131[남산동3가 34-5]
페이스북 www.facebook.com/storyzone
전자우편 storyzone1@naver.com
블로그 blog.naver.com/storyzone1
인스타그램 www.instagram.com/dongasiabook
전화 02) 757-9724, 5
팩스 02) 757-9726

ISBN 979-11-88299-02-7   03910

이 도서의 국립중앙도서관 출판예정도서목록(CIP)은
서지정보유통지원시스템 홈페이지(http://seoji.nl.go.kr)와
국가자료공동목록시스템(http://nl.go.kr/koilsnet)에서
이용하실 수 있습니다.(CIP제어번호: CIP2018001552)